Administration et bibliothèques

COLLECTION BIBLIOTHÈQUES

Administration et bibliothèques

Yves Desrichard

Préface de Jean-Louis Pastor

ÉDITIONS DU CERCLE DE LA LIBRAIRIE

« Collection Bibliothèques »
sous la direction de Martine Poulain

35, rue Grégoire-de-Tours – 75006 Paris
ISBN 10 : 2-7654-0934-X
ISBN 13 : 978-2-7654-0934-2
ISSN 0184-0886

Mes remerciements vont avant tout à Marie-Thérèse Jarrige et à Jean Péchenart, auteurs des deux premières éditions de cet ouvrage. Si le plan et le texte ont été entièrement revus, je me suis largement appuyé sur le travail réalisé par eux avec des moyens incomparablement moins aisés qu'aujourd'hui.

Remerciements au « comité scientifique » qui a accepté de relire attentivement de larges parts de cet ouvrage :

Philippe Pinçon (Bibliothèque universitaire du Pacifique) ; Aline Girard-Billon (Service technique des bibliothèques de la Ville de Paris) ; Yves Alix (Bulletin des bibliothèques de France) ; Jean Mallet et tout particulièrement Jean-Louis Pastor (Ministère de la fonction publique) et encore plus particulièrement Claudine Belayche (Innovative Interfaces).

Remerciements à tous ceux qui, à un titre ou à un autre, ont contribué au contenu de cet ouvrage :

Frédéric Blin (Sous-direction des bibliothèques et de l'information scientifique et technique) ; Odile Faliu (Bibliothèque nationale de France) ; François Rouyer-Gayette (Direction du livre et de la lecture) ; Nic Diament (Centre national du livre pour enfants) ; Sylvie Colley (Bibliothèque publique d'information) ; Isabelle Dussert-Carbone (Bibliothèque publique d'information) ; Jean-François Jacques (Bureau des bibliothèques, de la lecture publique et du multimedia, Direction des affaires culturelles de la Ville de Paris) ; Mireille Pénichon (Agence bibliographique de l'enseignement supérieur) ; Laurence Roussel (Agence de mutualisation des universités et des établissements d'enseignement supérieur) ; Michel Vigoureux (Direction du livre et de la lecture) ; Caroline Wiegandt (Bibliothèque nationale de France) ; Christophe Evans (Bibliothèque publique d'information) ; Cécile Desauziers (Bibliothèque publique d'information) ; Chistophe Pavlidès (Médiadix) ; A l'ensemble du personnel de la bibliothèque du Pôle Métiers du livre de l'Université de Paris-X ; Mireille Pastoureau (Bibliothèque de l'Institut de France) ; Michèle Lenoir (Bibliothèque centrale du Muséum national d'histoire naturelle) ; Marie-Renée Cazabon (Bibliothèque du Collège de France) ; Geneviève Deblock (Bibliothèque du Conservatoire national des arts et métiers) ; Brigitte Rozet (Bibliothèque du Conservatoire national des arts et métiers).

Merci à Martine Poulain de m'avoir fait confiance pour cette refonte.

Sommaire

Préface

Voici donc la troisième édition de l'ouvrage *Administration et bibliothèques* que les Éditions du Cercle de la Librairie ont publié pour la première fois en 1990.

L'utilité de ce traité n'est plus à démontrer et je connais bien des responsables, ou de simples usagers, qui souhaiteraient disposer dans d'autres domaines d'un livre qui regroupe en un seul volume, commentés et explicités de la manière la plus pratique, l'ensemble des lois et règlements, ainsi que des institutions, qui régissent une activité de service public. Celui-ci présente l'avantage de n'être pas seulement descriptif mais de rappeler, jusque dans les principes fondamentaux de notre organisation politique, l'insertion du service des bibliothèques dans la société française.

Que les bibliothèques soient le principal vecteur culturel de la nation, et le moins onéreux pour l'utilisateur, voilà ce que ce livre rappelle implicitement. En effet, il n'est pas une institution, une administration, voire un comité d'entreprise, qui ne dispose d'une bibliothèque. En nous les présentant, cet ouvrage nous le confirme. Car même si c'est un lieu commun de dire que nous faisons partie « d'une société du livre », nous en doutons de plus en plus et sommes heureux de nous voir assurer que cela reste vrai.

Bien sûr, en écrivant cela, je n'oublie pas que les bibliothèques sont aussi le lieu d'accès à tous les médias, et la formidable modernisation qu'elles ont connue depuis les années 1980 est là pour nous le rappeler. Mais même si le terme de « médiathèque » a eu tendance bien souvent à supplanter celui de « bibliothèque », c'est ce dernier qui s'impose en matière d'organisation administrative comme dans l'esprit de l'usager. Cette nouvelle édition n'avait donc pas à changer le titre de ce livre qui garde toute son actualité.

Cette édition nous parvient profondément remaniée par Yves Desrichard. S'appuyant sur son expérience professionnelle solide et diversifiée, il ne s'est pas contenté d'actualiser l'édition de 1996, mais a revu et réorganisé chacune des parties de l'ouvrage tout en en conservant la structuration afin de respecter l'esprit des deux précédentes éditions.

Ainsi, l'introduction d'une nouvelle partie portant sur les institutions européennes apparaît bien utile, à l'heure où le droit européen infléchit de plus en plus l'organisation de l'administration française et les règles qui régissent son action. Ainsi les réformes, encore récentes, du droit applicable aux agents non titulaires ou aux marchés publics s'éclairent par l'intégration grandissante de l'administration française à ces institutions. Par ailleurs, il introduit avec un souci pédagogique indéniable, dans la partie réservée à la présentation du budget de l'État, la loi organique sur les lois de finances (LOLF), qui apparaît encore fort obscure à bien des administratifs.

Je disais plus haut qu'Yves Desrichard n'avait pas modifié la structuration antérieure de ce manuel. Ce n'est pas tout à fait vrai. Il a, en effet, réinséré la présentation des bibliothèques dans celle de l'organisation administrative dont elles dépendent. Ce parti pris présente l'avantage de renforcer l'inscription des bibliothèques dans leur organisation administrative et d'en comprendre les particularités. Car, si les bibliothèques se caractérisent par leur finalité et leur domaine d'excellence, leur organisation administrative se distingue par leur administration de rattachement. On présente souvent l'administration française comme un monolithe, ce qui n'est pas exact, y compris entre les différentes administrations de l'État. Par exemple, si l'on parlait de « NABUCO » à un gestionnaire du ministère de la Culture, il ne saurait vraisemblablement pas de quoi il s'agit… tout du moins jusqu'à ce qu'il ait le réflexe de consulter cet ouvrage. C'est pourquoi, dans la mesure où celui-ci est destiné également aux candidats aux concours des bibliothèques, son côté « manuel administratif » est une bonne chose. Elle l'est aussi pour les personnels qui peuvent ainsi disposer rapidement d'une présentation de l'univers administratif dans lequel ils évoluent.

La partie consacrée à la fonction publique a dû causer bien du souci à l'auteur. Les changements qui sont intervenus depuis dix ans sont nombreux et souvent fondamentaux.

En effet, les gouvernements successifs, depuis la fin des années 1980, n'ont cessé de chercher à réformer l'administration pour mieux adapter son organisation et son action aux besoins du service public. Bras séculier au service de la nation et de ses citoyens, l'administration se confond avec le « service public » qui en est devenu le synonyme. Elle se doit donc d'évoluer avec lui. Or celui-ci est confronté à des enjeux majeurs qui remettent en question son organisation traditionnelle. Parmi ceux-ci, nous nous contenterons d'en citer trois, deux institutionnels, un sociologique : la décentralisation, l'intégration européenne, le besoin de transparence.

La décentralisation a eu pour conséquence de ne plus voir dans l'administration de l'État, qui reste toutefois le régulateur de l'intérêt général, le seul dépositaire de l'ancienne notion de « bien public » dont celle de « service public » est l'héritière. Elle a fait émerger de nouveaux acteurs de « service public » aux côtés de l'administration de l'État, qui ont nécessité la construction d'une fonction publique autonome aux compétences équivalentes à celle de l'État. Si les bibliothèques ont connu depuis la Révolution un système dual, avec les bibliothèques municipales d'un côté et celles de l'État de l'autre, ce n'est que depuis 1991 que les premières sont dotées de cadres d'emplois de fonctionnaires comparables aux corps de l'État, comme Yves Desrichard nous le rappelle.

À l'opposé, on a tendance à présenter la construction européenne comme une remise en cause de la notion de « service public à la française ». Certes, cette notion est étrangère aux différents traités européens où elle se trouve réduite à la notion de « puissance publique » et est comprise au sens le plus large comme « la sauvegarde des intérêts généraux de l'État et des autres collectivités publiques » (CJCE, 3 juin 1986, République française). Elle a surtout pour conséquence de ne plus centrer l'intérêt général sur le seul intérêt national mais sur celui, partagé, d'une communauté de nations. Il en résulte des conséquences concrètes tant dans l'élaboration des décisions administratives, qui nécessitent toujours plus d'arbitrages en partenariat avec les autorités européennes, que dans l'organisation de la fonction publique, qui verra désormais des ressortissants des différents pays de l'Union européenne intégrer la fonction publique française pour être des acteurs du service public. La mise à jour de tous les textes récents relatifs à cette question par Yves Desrichard s'avérait bien indispensable.

Le besoin de transparence est manifestement l'axe fondamental qui sous-tend les principales réformes de l'action administrative depuis une trentaine d'années. Débutée avec les grandes lois sur la communication et la motivation des actes administratifs, la loi sur les archives, qui devrait connaître une prochaine réforme, et la mise en place de la Commission nationale informatique et libertés, la nécessité pour l'administration d'agir en toute transparence, est devenue incontournable si elle veut être comprise et acceptée par les Français. La réforme de la loi organique des lois de finances (LOLF), dont le premier principe est de rendre lisible l'utilisation des crédits de l'État, s'inscrit dans cette démarche. Cette adaptation de l'action administrative ne nécessite pas forcément la publication de textes législatifs ou réglementaires. La mise en place ces dernières années d'une véritable administration électronique s'inscrit dans ce contexte, et les différents acteurs des bibliothèques savent que ces établissements ne doivent pas seulement conserver et prêter, mais aussi communiquer, faire connaître, au point de nécessiter l'apparition de nouveaux métiers de médiateurs, de webmestres, etc.

Ces différentes réformes sont autant de manifestations de la recherche, par l'administration publique française, d'une nouvelle cohérence permettant d'adapter l'outil administratif à la nouvelle donne politique et sociale et de relégitimer ainsi l'action publique. Celle-ci ne peut ignorer ceux qui sont chargés de sa mise en œuvre. Il est possible de constater à cet égard une réelle continuité depuis 1990 dans l'amélioration de la gestion des personnels dans la fonction publique. Trois axes peuvent être distingués : améliorer et uniformiser le déroulement des carrières, favoriser la mobilité, responsabiliser les agents.

L'amélioration des carrières connaît deux grands moments, dont l'un, toujours en cours, n'est peut-être pas encore visible pour les intéressés : les accords dits « Durafour », qui ont uniformisé les carrières des catégories C, B et de A type tout en supprimant la catégorie D, et les actuels accords dits « Jacob », qui ont engagé un vaste mouvement de fusion des corps, amélioré les reclassements et favorisé la promotion interne en substituant au système du pyramidage statutaire le système des « promus/promouvables ».

Ces réformes facilitent la mobilité des agents mais ne sont pas les seules. La suppression des quotas de détachements, la suppression de certains visas en sont d'autres, moins apparentes. Les récentes mesures en faveur de l'installation des personnels, l'accroissement des crédits sociaux, l'accent mis sur la formation continue, devraient également favoriser à moyen terme la mobilité nécessaire à l'adaptation du service public.

La responsabilisation des agents répond à divers facteurs. L'élévation du niveau de formation des personnels intégrant la fonction publique, l'évolution de l'action administrative qui ne requiert plus seulement l'application de normes, l'accroissement des moyens de communication qui court-circuitent la voie hiérarchique, ont rendu nécessaire la reconnaissance individuelle du travail des fonctionnaires. À cette fin, plusieurs mesures de nature individuelle ou collective ont été prises : mise en place des cercles de qualité puis des centres de responsabilité dès les années 1980, individualisation progressive des rémunérations par le biais des indemnités ou de la NBI (nouvelle bonification indiciaire), introduction de l'évaluation qui devrait se substituer à l'ancienne notation et, surtout, reconnaissance, au-delà des statuts, des métiers.

Ces réformes, parfois tâtonnantes et souvent mal comprises, tendent pourtant à la reconnaissance du fonctionnaire en tant qu'acteur du service public et porteur de ses valeurs. Aujourd'hui, la légitimité du service public, le « pouvoir » de l'administration, résident dans sa compétence et sa capacité à être un acteur des nouvelles régulations de la société. Ce n'est donc que par leur capacité à faire reconnaître leur savoir scientifique ou technique que les fonctionnaires légitimeront leur valeur sociale et seront « le seul garde-fou contre la déréliction du service public » comme l'écrit Luc Rouban dans *Le Fonctionnaire détrôné*.

Pour cela, il convient qu'ils connaissent l'univers public dans lequel ils évoluent. C'est ce à quoi répond, pour les bibliothèques, cet ouvrage.

Celui-ci, remanié par les soins d'Yves Desrichard, remplira son office, celui de proposer à des personnes qui ne sont pas expressément formées à être des praticiens du droit administratif, un panorama clair, complet et actualisé des différents aspects du droit qu'il convient de connaître dans l'exercice de la gestion des bibliothèques et de leurs personnels. Et je tiens à le remercier ici d'avoir eu la témérité de me demander cette présentation.

Jean-Louis Pastor

I. L'organisation du droit

Le droit peut être défini comme « l'ensemble des règles juridiques socialement sanctionnées qui s'appliquent au fonctionnement des institutions d'un État et fixent les rapports entre les citoyens qui le composent[1] ».

Le droit est essentiellement composé de règles écrites et inclut un ensemble de sources de nature et de portée très diverses : règles nationales, locales, adoptées par les États, par les organismes professionnels, conventions collectives, contrats, etc., voire simple coutume.

Cet ensemble vivant est ordonné selon une hiérarchie, en prenant en compte le fait qu'une règle nouvelle doit respecter les règles antérieures de niveau supérieur, peut modifier les règles antérieures de même niveau, entraîne l'abrogation des règles inférieures contraires. Pour être valables, les actes administratifs doivent être publiés ou notifiés, selon que leur portée est générale ou individuelle.

En guise d'introduction à cet ouvrage, le présent chapitre se propose de présenter rapidement les différentes sources possibles du droit, et d'indiquer la hiérarchie qui régit leur application sur le territoire national.

1. Sources internationales

1.1. Traités et accords internationaux

Conclus entre plusieurs États, les traités et accords internationaux supposent pour entrer en vigueur d'être ratifiés ou approuvés. Certains traités s'appliquent directement dans l'ordre juridique français, d'autres impliquent d'être transposés par une norme interne[2]. C'est notamment le cas de tous les traités et accords qui relèvent du droit communautaire.

1. Cette présentation doit beaucoup à la remarquable rubrique « À propos du droit » qui figure sur le site de Légifrance (http://www.legifrance.gouv.fr).
2. La présentation dans le chapitre correspondant des différentes réglementations européennes permet d'affiner cette définition.

L'article 45 de la Constitution de 1958 (voir plus bas) stipule que les traités internationaux ratifiés par la France ont une autorité supérieure aux lois.

1.2. Droit communautaire

L'appartenance de la France à l'Union européenne entraîne l'application sur le territoire national de nombreux textes issus du droit communautaire, dont le détail est présenté dans le chapitre consacré aux principales institutions européennes, et à leur fonctionnement.

2. Sources nationales

2.1. La Constitution de 1958

Les règles qui constituent – hors le respect des traités internationaux – la loi suprême de l'organisation juridique sur le territoire national[1] sont celles de la Constitution du 4 octobre 1958, qui incluent le Préambule de la Constitution du 27 octobre 1946, ainsi que la Déclaration des droits de l'homme et du citoyen du 26 août 1789.

Le Conseil constitutionnel assure le respect des règles définies dans la Constitution, et est notamment saisi pour avis de toutes les lois dites « organiques » – c'est-à-dire susceptibles de modifier ou de compléter le texte de la Constitution.

2.2. Les lois

Proposées par le Parlement ou par le gouvernement[2], les lois sont adoptées par le Parlement, mais le président de la République peut demander aux citoyens de se prononcer par référendum sur un projet de loi visant à l'organisation des pouvoirs publics ou sur la ratification des traités. Les lois proposées par le Premier ministre sont des projets de loi, celles proposées par le Parlement des propositions de loi.

La loi concerne un domaine défini de matières, précisé dans l'article 34 de la Constitution, et qui a trait aux droits fondamentaux du citoyen et aux bases du régime démocratique, soit notamment : droits civiques et garanties fondamentales,

---

1. Quoique les juristes s'interrogent sur le caractère parfois supérieur de certains textes, les directives notamment, issues du droit communautaire.
2. Dans une proportion qui est en général de 20 % pour le Parlement et de 80 % pour le gouvernement.

crimes et délits, statut des fonctionnaires, impôts, etc. La loi détermine aussi les « principes fondamentaux » dans d'autres domaines : libre organisation des collectivités locales, enseignement, droit du travail, droit syndical et Sécurité sociale, etc.

Tout ce qui n'est pas du domaine de la loi est du domaine du règlement (voir plus bas).

Conformément à la hiérarchie des règles, les lois sont subordonnées à la Constitution : le président de la République, le Premier ministre, 60 députés ou 60 sénateurs peuvent saisir le Conseil constitutionnel pour vérifier, avant sa promulgation, la conformité d'une loi à la Constitution. Ce n'est toutefois pas une obligation, sauf, logiquement, pour les lois organiques.

Les règles relatives à l'entrée en vigueur des textes législatifs et réglementaires ont été modifiées par l'ordonnance n° 2004-164 du 20 février 2004. Désormais, les textes entrent en vigueur le lendemain de leur publication au *Journal officiel*. Certains actes peuvent, en cas d'urgence, entrer en vigueur le jour même de leur publication.

2.3. Les textes à valeur réglementaire

2.3.1. Les ordonnances

Conformément à l'article 38 de la Constitution, le gouvernement peut demander au Parlement, pour l'exécution de son programme et pour une durée limitée, l'autorisation de prendre des mesures qui sont du domaine de la loi, sous forme d'ordonnances. Il s'agit, dans ce cas, d'une confusion, forcément temporaire, du pouvoir législatif et réglementaire.

Ces ordonnances, contrairement aux lois, sont des actes réglementaires jusqu'à leur éventuelle ratification par le Parlement.

2.3.2. Les règlements

On distingue trois types de règlements, selon l'autorité dont ils émanent :

– les décrets, pris par le président de la République ou par le Premier ministre ;
– les arrêtés, pris par les ministres (arrêtés ministériels) ou plusieurs ministres (arrêtés interministériels), mais aussi par les préfets ou les maires ;
– les décisions réglementaires, prises par les autorités déconcentrées de l'État.

Parmi les décrets, on distingue :

– les décrets en Conseil d'État, pris en application d'une loi ;
– les décrets du président de la République ;
– les décrets du Premier ministre ;
– les décrets simples.

Comme les lois, les décrets sont publiés au *Journal officiel* et sont applicables le lendemain de leur publication. Les arrêtés ministériels, les actes des autorités administratives indépendantes le sont aussi, même si les arrêtés ministériels sont, aussi, publiés ultérieurement dans les bulletins officiels propres à certains ministères.

Les actes des autorités locales obéissent à des modalités de publication particulières.

2.4. Les circulaires et les instructions

Les circulaires et les instructions sont, en principe, dépourvues de valeur réglementaire. Il s'agit essentiellement d'instructions données aux services concernés pour la bonne application des lois et décrets, ou pour préciser l'interprétation à donner de certaines dispositions.

Seules les circulaires les plus importantes font l'objet d'une publication au *Journal officiel*. Les autres sont publiées dans les bulletins officiels des ministères, voire directement adressées, sans publication spécifique, aux services intéressés.

2.5. Les conventions collectives

Si le Code du travail fixe les règles générales applicables aux conditions de travail, quel que soit le secteur d'activité considéré, les partenaires sociaux du secteur privé – employeurs et salariés – négocient entre eux des conventions et accords spécifiques.

Les conventions collectives définissent ainsi l'ensemble des conditions de travail et des garanties sociales applicables aux salariés des structures concernées. Les accords collectifs, eux, ne portent que sur un domaine particulier (salaires, temps de travail, etc.).

Ces accords ou ces conventions peuvent être conclus au niveau d'une branche d'activité (ensemble des entreprises exerçant la même activité sur un territoire donné), mais aussi d'une entreprise ou d'un établissement spécifique.

3. La jurisprudence

La jurisprudence est une interprétation du droit faite par les juges pour trancher les litiges qui sont portés devant eux.

3.1. La jurisprudence internationale

Cette jurisprudence est exercée essentiellement par quatre cours ou tribunaux, créés tous les quatre sous l'égide des Nations unies :

– La Cour internationale de justice, dont le siège est à La Haye (Pays-Bas), règle les différends d'ordre juridique qui lui sont soumis par les États.

– Le tribunal pénal international pour l'ex-Yougoslavie doit notamment traduire en justice les personnes présumées responsables de violations graves du droit international humanitaire.

– Le tribunal pénal international pour le Rwanda doit, comme son nom l'indique, traiter des crimes commis par les Rwandais lors du génocide de 1994.

– La Cour pénale internationale doit traiter des autres cas de génocide.

3.2. La jurisprudence européenne

La jurisprudence en matière de droit européen est assurée par deux cours aux missions distinctes[1] :

– La Cour de justice des communautés européennes : institution juridictionnelle de la Communauté, elle assure la mission de protection juridictionnelle lorsque le droit communautaire est contesté, ou qu'il s'agit de le faire appliquer (par exemple en cas de non-transposition par un État, dans les délais prévus, d'une directive). Elle est compétente pour tous les litiges, qu'ils impliquent des États membres, des institutions communautaires, des entreprises ou des particuliers.

– La Cour européenne des droits de l'homme : située à Strasbourg, elle s'occupe de toutes les violations de la Convention européenne de sauvegarde des droits de l'homme et des libertés fondamentales.

3.3. La jurisprudence nationale

La jurisprudence au niveau national est exercée par le Conseil constitutionnel, par le Conseil d'État pour l'ensemble des jurisprudences administratives, par les juridictions judiciaires et par le tribunal des conflits.

3.3.1. Le Conseil constitutionnel

Outre la jurisprudence en matière de constitutionnalité des lois évoquée plus haut, le Conseil constitutionnel peut être appelé à se prononcer sur l'existence d'une contradiction entre la Constitution et un traité qui n'a pas encore été ratifié. Ses

1. Les institutions citées dans cette partie sont traitées dans le chapitre spécifique consacré au fonctionnement de l'Union européenne.

décisions sont exécutoires, ce qui signifie que, en cas de contradiction, et dans la mesure où le traité a une valeur supérieure à celle de la Constitution, celle-ci doit être révisée avant la ratification du traité.

3.3.2. Le Conseil d'État et les autres juridictions administratives

Juge suprême des juridictions, le Conseil d'État assure l'unité de la jurisprudence administrative sur le plan national[1]. Celle-ci s'exerce dans les trois domaines qui constituent en cette matière les missions du Conseil :

– juge de cassation pour les pourvois formés contre les arrêts rendus par les cours administratives d'appel, et contre les décisions juridictionnelles des juridictions administratives spécialisées (par exemple commission d'aide sociale) ;

– juge d'appel pour certains jugements de tribunaux administratifs, notamment en matière d'élections ;

– juge de premier et de dernier ressort, notamment pour les requêtes formées contre les décrets, lcs actes réglementaires des ministres, etc.

Le Conseil d'État procède lui-même à un classement de ses arrêts qui en détermine l'importance.

D'autres juridictions administratives génèrent leur propre jurisprudence, notamment la Cour des comptes.

3.3.3. Le tribunal des conflits

Le tribunal des conflits, chargé des conflits de compétence entre les juridictions judiciaires et administratives, génère sa propre jurisprudence.

3.3.4. Les juridictions judiciaires

La Cour de cassation, qui se prononce sur la forme des jugements et sur le fait que la loi a été correctement appliquée par les tribunaux et les cours d'appel, génère la jurisprudence judiciaire. C'est aussi le cas de certains arrêts et jugements rendus par d'autres juridictions judiciaires[2].

---

1. Voir le chapitre II.
2. Voir le chapitre II.

Codification et consolidation des textes législatifs et réglementaires

La codification et la consolidation des textes législatifs et réglementaires ont pour but de faciliter l'accès du citoyen à l'ensemble des textes, selon le principe « Nul n'est censé ignorer la loi ». Il s'agit cependant de deux opérations de nature différente.

La codification a pour but de rassembler et d'organiser les textes épars et concernant un même domaine dans un ensemble cohérent et harmonisé. Les codes distinguent :

– les parties L.O. (Lois organiques), L. (Lois), regroupées dans la partie législative ;
– les parties R. (Décrets en Conseil d'État) et D. (Décrets simples) qui sont regroupés dans la partie réglementaire ;
– la partie A. (Arrêtés) éventuellement.

Il existe ainsi un très grand nombre de codes, tous disponibles sur le site Légifrance décrit plus loin : Code du travail, Code de la propriété intellectuelle, etc.

La consolidation est une technique de présentation des textes sans valeur juridique, consistant, plutôt qu'à juxtaposer le texte initial et ceux qui l'ont ensuite modifié, à présenter une version à jour.

Ainsi, dans la base Légifrance, les textes modificateurs n'apparaissent pas en tant que tels, et leur contenu est directement intégré dans le code, la loi ou le décret qu'ils modifient. Mais on peut les trouver dans leur intégralité en consultant le *Journal officiel* correspondant.

4. L'organisation administrative française : généralités

L'organisation administrative française distingue des portions du territoire national dotées de la personnalité morale, les collectivités territoriales ou les établissements publics territoriaux, et des portions de territoire sans personnalité morale, les circonscriptions administratives. Les deux types se recoupent géographiquement, mais non pour ce qui est de leur gestion : territoriale dans le premier cas, par l'État dans le second cas. L'État est lui-même une personne morale.

L'État a une vocation administrative générale sur tout le territoire national, tandis que les collectivités territoriales constituent des cadres d'administration générale, mais dans une circonscription territoriale limitée, tandis que les établissements publics ont une vocation administrative spécialisée, nationale ou territoriale.

Les principaux types de collectivités territoriales sont : la commune, le département, la région, auxquels il faut adjoindre les établissements publics territoriaux.

Les circonscriptions administratives sont : la commune, le canton, l'arrondissement, le département, la région.

4.1. La notion de personne morale

4.1.1. Définition

Une personne morale est définie comme un groupement de personnes organisé en vue d'atteindre un objectif précis.

Une personne morale est toujours créée pour atteindre un objectif déterminé, fixé avant sa création. Toutes les activités de la personne morale doivent être centrées sur cet objectif. De ce fait, les activités de la personne morale sont strictement limitées dans leur compétence.

La personne morale est en elle-même titulaire de droits et obligations, et est différente des individus qui la composent et la font fonctionner. Ces derniers ont mis en commun des biens ou leur activité, en vue d'atteindre un objectif spécifique à travers elle.

La personne morale peut être établie à but lucratif ou désintéressé. L'individualisation de la personne morale s'effectue par son nom, son domicile et sa nationalité. Elle peut être titulaire d'un patrimoine, c'est-à-dire d'un ensemble de biens, qu'elle gère par l'intermédiaire de ses organes, et elle peut agir en justice.

4.1.2. Typologie

Plusieurs catégories de personnes morales existent en droit français. On différencie ainsi :

– les personnes morales de droit public, comme l'État, les collectivités territoriales (les départements, par exemple), les établissements publics tels que les universités ou les hôpitaux, certaines bibliothèques ;

– les personnes morales de droit privé, à but lucratif ou non. Parmi les personnes morales à but lucratif, on peut citer les sociétés anonymes et les sociétés civiles professionnelles ; parmi les personnes morales à but désintéressé, on peut citer les associations et les fondations, les syndicats, etc. Les syndicats ont pour objet exclusif la défense des intérêts professionnels ; les associations peuvent avoir des buts très différents, sauf la réalisation et le partage de bénéfices.

4.2. La notion de circonscription

La notion de circonscription diffère selon qu'elle concerne l'État ou une collectivité territoriale.

Pour les collectivités territoriales, la circonscription, dotée de la personnalité morale, est la limite géographique d'exercice de leurs compétences.

Pour l'État, les circonscriptions administratives correspondent au fonctionnement d'une action déconcentrée de l'État, ou à une division électorale. Outre les circonscriptions correspondant géographiquement aux circonscriptions territoriales, il existe un découpage spécifique pour les départements, divisés en arrondissements et en cantons[1].

L'arrondissement est administré par le sous-préfet sous l'autorité du préfet du département (il y a 326 arrondissements) ; le canton est une circonscription électorale héritée de la Révolution française, dans le cadre de laquelle sont élus les conseillers généraux (3 800 cantons environ).

5. Organisation et fonctionnement des établissements publics

5.1. Définition

Un établissement public est un service public doté de la personnalité morale qui, sur un territoire donné, gère des compétences spécifiques. Il est rattaché à l'État ou à une collectivité territoriale chargée de le contrôler.

Il se distingue de la concession (gestion d'un service public confiée à un particulier) et de la régie (service public sans personnalité morale). Si la loi fixe les règles concernant la création de catégories d'établissements publics[2], la création d'établissements publics appartient au pouvoir réglementaire.

Distinct de la personne qui l'a créé, l'établissement public peut être défini comme un centre d'intérêts, destiné à remplir certaines missions, titulaire de droits et obligations définis dans les textes qui le fondent.

5.2. Principes

La majorité des établissements publics comporte un conseil délibérant non élu (généralement un conseil d'administration) et un exécutif, généralement le président du conseil, lui-même non élu, qui représente l'établissement, et un agent comptable.

L'établissement public a un budget propre, généralement alimenté en partie par la collectivité publique qui l'a créé, et possède en propre des biens. En tant que personne morale de droit public, il a un pouvoir de taxation, le pouvoir

1. Il existe d'autres types de circonscriptions : militaires, judiciaires, etc.
2. Comme spécifié dans l'article 34 de la Constitution de 1958.

d'expropriation, des pouvoirs de contraintes à l'égard de tiers, etc. Il peut introduire des recours en justice, ou encore recevoir des dons et des legs en relation avec ses spécificités.

Les établissements publics accomplissent généralement une mission de service public et bénéficient d'une certaine autonomie. Cette autonomie reste relative, car l'établissement public est soumis au contrôle de son autorité de tutelle. En matière financière notamment, le budget des établissements publics est soumis à un contrôle étroit.

5.3. Catégories

Il existe différents types d'établissements publics, selon leur nature et selon leur tutelle.

• Établissements publics nationaux ou territoriaux : un établissement public national est rattaché à une personne morale de droit public (par exemple l'État), un établissement public territorial à une collectivité territoriale (par exemple un département).

• Établissements publics administratifs (EPA) : ils sont soumis à un régime de droit public pour leur organisation et pour leur fonctionnement (la Bibliothèque nationale de France ou la Bibliothèque publique d'information sont des établissements de ce type). Ils remplissent une mission d'intérêt général autre qu'industrielle et commerciale et, contrairement aux EPIC (voir plus bas), leurs ressources ne viennent pas principalement de redevances perçues sur les usagers de leurs services. Les personnels des EPA sont essentiellement des fonctionnaires, ou des agents de droit public relevant de statuts particuliers.

• Établissements publics à caractère industriel et commercial (EPIC) : il s'agit d'entreprises publiques ayant pour but de développer un secteur économique (par exemple la SNCF, l'Institut national de l'audiovisuel, etc.). Ils ont été créés pour faire face à un besoin ne pouvant pas être correctement effectué par une entreprise privée soumise à la concurrence. Ils sont soumis très largement à un régime de droit privé pour leurs activités (pas de fonctionnaires dans le personnel, sauf exceptions), mais leur organisation et les rapports qu'ils entretiennent avec leur tutelle sont largement soumis au droit public : les chefs de service et l'agent comptable sont des agents de droit public[1], contrairement au reste du personnel.

Certains établissements publics exercent conjointement des missions de service public à caractère administratif d'une part, à caractère industriel et commercial d'autre part.

---

1. Et cela alors même que les règles comptables applicables sont celles de la comptabilité commerciale.

Il existe de nombreux types d'établissements publics même si, juridiquement, on distingue uniquement les EPA et les EPIC : établissements publics à caractère scientifique et technologique (EPST), établissements publics locaux d'enseignement (EPLE), établissements publics d'enseignement supérieur et de recherche, établissements publics de coopération intercommunale, etc.

Quoiqu'ils soient encore peu nombreux[1], on peut citer aussi les établissements publics de coopération culturelle (EPCC), qui permettent de regrouper au sein d'un même établissement une ou plusieurs collectivités territoriales et l'État, pour assurer la gestion commune d'un patrimoine culturel (musée, etc.).

Les établissements publics à caractère scientifique, culturel et professionnel

Même si leur structure sera précisée dans le chapitre correspondant[1], il convient de faire un sort particulier aux établissements publics à caractère scientifique, culturel et professionnel (EPSCP ou EPCSCP).

En effet, depuis la loi dite « Savary » du 26 janvier 1984, les universités, desquelles font partie les bibliothèques universitaires et les services communs de la documentation, sont toutes des EPSCP à part entière. De ce fait, elles sont dotées de la personnalité morale : elles possèdent un patrimoine, peuvent agir en justice, passer des contrats, etc.

Les EPSCP bénéficient de l'autonomie pédagogique, administrative et financière : ils définissent leur politique de formation et de documentation, leur politique de recherche, déterminent leur statut et, dans le cadre de la réglementation nationale, ont une liberté d'action et de décision (pas d'obligation d'en référer au préalable au ministère de tutelle).

Les EPSCP gèrent leurs ressources, qu'elles proviennent de l'État, des collectivités territoriales, ou qu'il s'agisse de ressources propres. Ils votent leur budget, dans certaines conditions : le budget doit être en équilibre, respecter l'affectation des moyens alloués par l'État ou par tout organisme ou collectivité public ou privé, ouvrir les crédits nécessaires au respect des obligations et des engagements de l'établissement.

Pour autant, autonomie ne signifie pas indépendance. Les EPSCP sont soumis à la tutelle de l'État assurée par le recteur d'académie, chancelier des universités, et celui-ci exerce un contrôle *a posteriori*. Par exemple, le projet de budget doit être communiqué au recteur, et son approbation peut être expresse (le recteur signifie son accord) ou implicite (pas de réponse dans un délai de quinze jours suivant la date de réception).

1. Voir le chapitre II.

1. Et que, à la date de parution de cet ouvrage, aucun n'inclut de bibliothèque.

6. La documentation administrative

6.1. Les organismes officiels et leurs produits

6.1.1. La Documentation française

Direction d'administration centrale des services du Premier ministre, la Documentation française exerce une mission de service public en matière d'information générale sur l'actualité politique, administrative, économique et sociale française et étrangère. Elle a vocation à exercer une activité éditoriale pour le compte des administrations de l'État et des organismes publics.

Éditeur et diffuseur, la Documentation française publie en propre une vingtaine de titres de périodiques et collections d'ouvrages. Elle diffuse également les publications d'autres administrations, organismes publics et para-publics. Sa production éditoriale compte plus de 600 nouveaux titres par an, pour 7 000 titres disponibles.

La Documentation française est l'opérateur et le webmestre de « service-public.fr », le site portail de l'administration française, et édite également le portail « vie-publique.fr », qui se propose de faciliter l'accès aux ressources et données utiles concernant le débat public.

La Documentation française gère une bibliothèque sur l'actualité politique, économique, sociale et culturelle en France et dans le monde (230 000 ouvrages, 2 500 périodiques, etc.), un centre de documentation internationale avec 5 000 dossiers sur les grandes questions internationales et une photothèque.

Parmi les revues éditées par la Documentation française, on peut citer : *Les Cahiers français*, *La Documentation photographique*, *Problèmes économiques*, *Les Études de la Documentation française*, etc. Et parmi les collections, *Découverte de la vie publique*, *Formation administration concours*, *Photodoc*, etc.

[Le site de la Documentation française : http://www.ladocumentationfrancaise.fr]

6.1.2. La direction des Journaux officiels

6.1.2.1. Organisation

La direction des Journaux officiels est chargée de l'édition et de la diffusion des textes législatifs et des principaux textes réglementaires, de leur organisation en banques de données et de l'édition des débats parlementaires et annonces légales sur supports papier et numérique.

La Direction est un des services du Premier ministre. À ce titre, elle est placée sous l'autorité du Secrétariat général du gouvernement et dirigée par un préfet, nommé en conseil des ministres. Organisée en deux sous-directions, elle comprend une dizaine de services et emploie près de six cents personnes.

6.1.2.2. Activités

Les Journaux officiels réalisent un travail d'édition, de production et de diffusion de la norme juridique. Ils tiennent à jour neuf bases de données juridiques, offrant ainsi une information complète sur la réglementation française en vigueur, ainsi que la principale jurisprudence s'y rapportant. Depuis 2002, ces bases sont consultables sur <www.legifrance.gouv.fr>.

6.1.2.3. Produits

• Ouvrages

Les collections du *Journal officiel* comprennent plus de six cents ouvrages, notamment tous les codes officiels, les séries « Législation et réglementation » et « Loi au quotidien », les rapports officiels, les conventions collectives, etc.

• Périodiques

Les Journaux officiels éditent près de quarante périodiques, parmi lesquels :

– *Journal officiel Lois et décrets* : désormais authentifié sous forme électronique, le *Journal officiel (JO)* publie les textes législatifs et réglementaires de la République française, à l'exception des textes relatifs à l'état et à la nationalité des personnes. Les textes sont classés par ordre hiérarchique, de la loi aux circulaires, et présentés par ministère. La publication des textes au *JO* les rend exécutoires. Une large part du *JO* est désormais consultable en ligne (voir présentation du service <www.legifrance.gouv.fr>).

– Les débats parlementaires du Sénat et de l'Assemblée nationale : compte rendu intégral des séances.

Les Journaux officiels ont pour mission d'éditer plusieurs journaux d'annonces légales :

– Le *Bulletin officiel des annonces des marchés publics (BOAMP)* publie l'ensemble des avis d'appel public à la concurrence de l'État, des collectivités territoriales et des établissements publics, ainsi que les avis d'attribution des marchés.

– Le *Bulletin des annonces légales obligatoires (BALO)* publie les avis à caractère obligatoire des sociétés faisant appel publiquement à l'épargne.

– Le *Bulletin officiel des annonces civiles et commerciales (BODACC)* publie les annonces légales concernant les entreprises : création, vente, modifications, mutations et cessations d'activité, etc.

– Le *Journal officiel associations et fondations d'entreprise* publie les annonces de création, de modification et de dissolution d'associations loi de 1901, et des fondations d'entreprise.

Les annonces du *BOAMP*, du *BALO* et du *JO Associations* sont aussi consultables sur <www.journal-officiel.gouv.fr>.

• Produits électroniques

Les Journaux officiels assurent la gestion de deux sites, le site du *Journal officiel* proprement dit (www.journal-officiel.gouv.fr) et le service public de diffusion du droit sur l'Internet (www.legifrance.gouv.fr) (voir plus bas).

• Bases de données

Les Journaux officiels assurent la gestion et la diffusion d'un grand nombre de bases de données juridiques, économiques et financières, parmi lesquelles : JADE (la jurisprudence administrative), CONSTIT (la jurisprudence du Conseil constitutionnel), KALI (les conventions collectives), CNIL (les délibérations de la Commission nationale de l'informatique et des libertés), LEGI (les codes, les lois et règlements), LEX (les liens, les références et les résumés des textes publiés au *Journal officiel Lois et décrets*), etc.

Les annonces publiées dans une partie des bulletins édités par les Journaux officiels sont aussi disponibles sous forme de base de données. C'est le cas du *BOAMP*, du *BALO*, du *JO Associations et fondations d'entreprise* et du *BODACC*.

[Le site des Journaux officiels : http://www.journal-officiel.gouv.fr]

6.1.3. L'Insee

L'Institut national de la statistique et des études économiques (Insee) est une direction générale du ministère de l'Économie, des Finances et de l'Industrie.

Sa mission est de collecter, de produire et de diffuser des informations sur l'économie et la société française afin que tous les acteurs intéressés (administration, mais aussi entreprises, chercheurs, médias, enseignants, particuliers) puissent les utiliser pour effectuer des études, faire des prévisions et prendre des décisions.

L'Insee comprend une direction générale, située à Paris, et 24 directions régionales (22 en France métropolitaine et 2 outre-mer). Les organes régionaux assurent pour leur région toutes les fonctions de l'Insee : ils sont à la fois des échelons de collecte de l'information, des services d'étude et des pôles de diffusion de l'information statistique, économique et sociale.

L'Insee publie un certain nombre de bulletins d'analyses statistiques issues des données collectées, comme le *Recueil d'études sociales* ou *Économie et statistiques*.

L'Insee gère en outre le répertoire SIRENE, système national d'identification des personnes physiques et morales et de leurs établissements. L'Insee attribue un identifiant unique, le numéro SIREN, aux personnes morales et physiques, et le numéro SIRET à chacun de leurs établissements.

SIRENE est un outil de connaissance du système productif, qui sert de base pour toutes les investigations statistiques sur les entreprises, enquêtes ou exploitations de sources administratives.

[Le site de l'Insee : http://www.insee.fr]

6.1.4. Eurostat

Eurostat a été créé en 1953 pour répondre aux besoins de la Communauté du charbon et de l'acier. Sa mission consiste à fournir à l'Union européenne un service d'information statistique. Eurostat est l'office statistique des Communautés européennes, et son siège est situé à Luxembourg.

Eurostat exploite et publie des informations statistiques comparables au niveau européen. Il ne collecte pas de données, cette tâche incombant aux instituts de statistique des États membres, qui vérifient et analysent les données nationales avant de les transmettre à Eurostat. Ces données sont consolidées pour permettre leur comparabilité.

[Le site d'Eurostat : http://epp.eurostat.cec.eu.int]

6.1.5. Les centres interministériels de renseignements administratifs

Les centres interministériels de renseignements administratifs (CIRA) ont été créés en 1959. Ils sont directement rattachés au Secrétariat général du gouvernement, et ont pour missions essentielles de renseigner le public sur les droits auxquels ils peuvent prétendre, les démarches qu'ils doivent accomplir, les obligations qu'ils doivent respecter.

Les domaines concernés couvrent un très large panorama en matière de législation, réglementation et procédure administrative : fiscalité, douanes, Trésor, concurrence et consommation, travail, emploi et formation professionnelle, fonction publique, Europe, affaires sociales et santé, Sécurité sociale, urbanisme et logement, justice, éducation nationale, intérieur et collectivités locales…

Les CIRA proposent des mesures de simplification ou de réforme administratives, et assistent les services publics qui en font la demande dans la mise en place de dispositifs d'information du public.

6.2. Ressources en ligne

6.2.1. Légifrance

Légifrance, « service public de la diffusion du droit », offre accès à un ensemble très important de documents législatifs et réglementaires : textes publiés au *Journal officiel*, conventions collectives, jurisprudence des cours et des tribunaux, normes émises par les institutions européennes et traités et accords internationaux de la France.

Parmi les textes les plus importants, Légifrance propose notamment :

– l'ensemble des codes officiels (une soixantaine), les lois, ordonnances, décrets et arrêtés, les conventions collectives nationales étendues, les bulletins officiels ;

– la jurisprudence du Conseil constitutionnel, du tribunal des conflits, du Conseil d'État, des cours administratives d'appel et des tribunaux administratifs, de la Cour de cassation, des juridictions d'appel et des juridictions du premier degré.

Des liens permettent aussi de consulter d'autres textes disponibles sur d'autres sites : traités communautaires, textes publiés au *Journal officiel de l'Union européenne* (Eur-Lex), jurisprudence européenne, engagements internationaux de la France (par le biais de la Direction des archives du ministère des Affaires étrangères), jurisprudence internationale.

Différents types d'accès sont possibles, notamment thématiques.

Les textes officiels incluent la version en vigueur, la version d'origine, les textes modificateurs ou d'abrogation, les textes pris pour son application et, pour les lois les plus récentes, les travaux parlementaires qui ont précédé leur vote[1].

La recherche experte permet de reconstituer l'évolution d'un texte dans ses versions successives, l'ensemble des textes publiés au *Journal officiel* en texte intégral depuis 1990, etc. L'ensemble des textes en vigueur, quelle que soit leur ancienneté, est référencé, et tous ceux qui l'ont été ces cinquante dernières années.

Cet ensemble est complété par une rubrique d'actualités juridiques et un ensemble complet de liens vers d'autres sites juridiques.

[Le site de Légifrance : http://www.legifrance.gouv.fr]

6.2.2. Service-public

« Service-public.fr » a pour mission d'informer l'usager de l'administration française, et de l'orienter vers les services qui lui permettent de connaître ses obligations, d'exercer ses droits et d'accomplir ses démarches.

De ce fait, la structuration du site est réalisée en fonction des sujets de préoccupation des usagers, et non en fonction de l'organisation administrative. Ainsi, pour les particuliers, on trouve des rubriques telles que : famille, succession, déménagement, élections, logement, papiers, etc., et pour les entreprises et les professions indépendantes : création d'entreprise, réglementation des ventes, aides financières, fiscalité, réglementation du travail, etc. On y trouve aussi les formulaires en ligne indispensables pour certaines démarches.

L'espace « Vie-publique.fr » (voir plus bas) est une extension de ce service, pour la connaissance des institutions et des politiques publiques.

---

1. La simplicité d'utilisation de Légifrance a fait considérer qu'il n'était pas nécessaire de mentionner dans le corps de cet ouvrage, sauf exceptions, les références plus précises des textes officiels évoqués. Sont mentionnées soit la référence du texte, soit la date de sa promulgation (et non de sa publication) de façon à ce que le lecteur puisse non seulement retrouver les textes qui l'intéressent, mais encore bénéficier de tous les ajouts ou modifications éventuels apportés, ainsi que des textes liés au texte considéré, par exemple les décrets d'application d'une loi.

Le portail donne aussi accès à des listes de sites internet publics, nationaux et internationaux, à l'annuaire de l'administration, et à d'autres sites offrant une documentation sur l'administration, comme Légifrance. Il est en outre possible d'utiliser un service de questions/réponses en ligne.

Le portail « Service-public.fr » est enrichi et mis à jour grâce à un « premier cercle » de contributeurs qui inclut : les centres interministériels de renseignements administratifs (CIRA), la délégation aux usagers et aux simplifications administratives (DUSA), la Direction des journaux officiels et la Documentation française, coordonnateur éditorial et opérateur du portail. D'autres partenaires (administrations, collectivités locales, etc.) participent à son évolution.

[Le site de Service-public.fr : http://www.service-public.fr]

6.2.3. Vie publique

« Vie-publique.fr », édité par la Documentation française, se propose de faciliter l'accès des internautes aux ressources et données utiles pour appréhender les grands sujets qui animent le débat public.

À travers une quarantaine de rubriques, le site offre des informations officielles à jour sur le cadre administratif dans l'ensemble des activités : logement, transport, formation professionnelle, délinquance, santé, retraites, élections, etc.

Le site propose de nombreux liens vers d'autres sites, essentiellement des sites officiels (gouvernements, institutions, organismes publics, etc.).

[Le site de Vie publique : http://www.vie-publique.fr]

6.2.4. Le portail d'accès au droit de l'Union européenne

Le site Web d'EUR-Lex est le point d'accès unique à l'ensemble des textes juridiques de l'Union européenne dans toutes les langues officielles, et fournit un accès direct aux bases documentaires gérées par les institutions européennes ou par l'Office des publications officielles des communautés européennes.

Les documents sont regroupés en différentes rubriques :

– *le Journal officiel de l'Union européenne* : publié chaque jour en vingt langues, le journal comprend deux parties, la série L (Législation) et la série C (Informations, travaux préparatoires et avis) ;

– les traités : traités constitutifs (notamment ceux instituant la Communauté européenne du charbon et de l'acier, la Communauté économique européenne, le traité sur l'Union européenne), traités d'adhésion, traités modifiant les traités de base ;

– la législation : règlements, directives, décisions, statuts et règlements intérieurs des institutions et des organes communautaires, avis, recommandations et résolutions du Conseil, etc. Des liens permettent d'accéder au « Répertoire de la législation communautaire en vigueur » et à la « Législation consolidée » ;

– la législation en préparation : l'ensemble des documents correspondant au processus législatif ou budgétaire ;
– la jurisprudence : décisions de la Cour de justice des Communautés européennes, du Tribunal de première instance, les avis de la Cour de justice, les conclusions des avocats généraux ;
– les questions parlementaires ;
– les documents d'intérêt public : dans ces documents, la Commission européenne exprime son point de vue sur une question d'intérêt général pour la Communauté : livres blancs, communications, rapports, livres verts, etc.

Le site propose en outre un certain nombre d'informations sur l'élaboration du droit de l'Union européenne, et des fiches techniques du Parlement européen.

[Le site d'EUR-Lex : http://europa.eu.int/eur-lex/]

II. Institutions de la France

1. La Constitution de 1958

La France est actuellement régie par la Constitution de 1958, élément fondateur de la Ve République, entrée en vigueur le 4 octobre 1958. La Constitution définit l'ensemble des lois fondamentales qui régissent l'organisation et le fonctionnement des pouvoirs publics, et qui constituent la loi suprême de l'État.

La Constitution de 1958 reprend le Préambule de la Constitution de 1946 (qui institua la IVe République) qui, elle-même, se référait à la Déclaration des droits de l'homme de 1789. Elle comprend quinze titres divisés en quatre-vingt-douze articles. L'article 5 de la Constitution affirme que « le président de la République veille au respect de la Constitution ».

Diverses réformes ont modifié le texte initial, notamment l'élection du président de la République au suffrage universel (1962) et la réduction du mandat présidentiel à cinq ans (2000).

Les lois de décentralisation, et notamment la loi du 2 mars 1982 relative aux droits et libertés des communes, des départements et des régions, et les lois des 7 janvier et 22 juillet 1983 ont quant à elles profondément modifié l'organisation et les compétences des différentes collectivités territoriales (communes, départements, régions).

2. L'État

L'État est une personne morale de droit public. Il est défini par une nation (peuple lié par une histoire commune s'exprimant dans la même langue), un territoire (délimité par des frontières) et un pouvoir politique (qui représente la nation et élabore les lois et règlements). La tutelle de l'État s'exerce sur : le territoire métropolitain ; les départements d'outre-mer (DOM) (Guadeloupe, Guyane, Martinique, Réunion) ; les territoires d'outre-mer (TOM) (Nouvelle-Calédonie,

Polynésie française, Wallis-et-Futuna, Terres australes et antarctiques françaises) ; les collectivités territoriales (Mayotte, Saint-Pierre-et-Miquelon)[1].

Les quatre-vingt-seize départements métropolitains sont répartis en vingt et une régions et une collectivité territoriale à statut particulier (la Corse).

Les institutions sont définies par la Constitution du 4 octobre 1958 et fondées sur la séparation des trois pouvoirs :

– le pouvoir législatif, chargé de proposer et d'établir les lois (Assemblée nationale et Sénat) ;

– le pouvoir exécutif, chargé de proposer et d'exécuter les lois (président de la République et Premier ministre) ;

– le pouvoir judiciaire : indépendant, il juge les différends et sanctionne les infractions aux lois.

[Le texte de la Constitution : http://www.conseilconstitutionnel.fr/textes/c1958web.htm]

2.1. Le pouvoir législatif

Le pouvoir législatif est exercé conjointement par l'Assemblée nationale et par le Sénat, qui composent le Parlement. L'ordre du jour du Parlement est fixé par le gouvernement.

2.1.1. L'Assemblée nationale

Autrement appelée Chambre des députés, l'Assemblée nationale comprend 577 députés élus au suffrage universel direct pour cinq ans. Elle se réunit en une session ordinaire de neuf mois par an, plus éventuellement des sessions extraordinaires. Elle peut être dissoute par le président de la République.

Elle a la charge, avec le Sénat, de la proposition et du vote des lois. Elle contrôle l'action du gouvernement, notamment par la possibilité d'un vote de censure à l'égard de celui-ci. Elle contrôle aussi le vote du budget. Elle a prééminence sur le Sénat, notamment en cas de désaccord sur le texte d'une loi.

[Le site de l'Assemblée nationale : http://www.assemblee-nat.fr/]

2.1.2. Le Sénat

Le Sénat comprend actuellement 331 sénateurs élus au suffrage universel indirect pour neuf ans, renouvelables par tiers tous les trois ans. Ce nombre sera porté à 346 en 2006, et les sénateurs seront désormais élus pour un mandat de six ans. Les collèges de « grands électeurs » sont constitués, par circonscription, des

---

1. La notion de « collectivité territoriale » a, dans ce contexte, un sens différent de celui exposé plus bas (voir § 4). Compte tenu de sa complexité, il n'a pas paru nécessaire de le développer dans le cadre d'une présentation générale.

députés, conseillers régionaux, généraux et municipaux. Le Sénat, qui représente plus particulièrement les collectivités territoriales et les Français installés à l'étranger, ne peut pas être dissous par le gouvernement.

Le Sénat vote les lois, avec l'Assemblée nationale, qui vote en dernier ressort. Il contrôle l'action du gouvernement, mais n'a pas de pouvoir de censure.

[Le site du Sénat : http://www.senat.fr/]

2.2. Le pouvoir exécutif

Le pouvoir exécutif est assuré conjointement par le président de la République et par le Premier ministre.

2.2.1. Le président de la République

Le président de la République est élu au suffrage universel direct pour cinq ans. Il incarne et représente la République française. Il est le chef des armées et préserve l'indépendance de la justice. Recours suprême en justice (par le biais du « droit de grâce »), il dirige la diplomatie française, « domaine réservé ».

Le président nomme le Premier ministre, indique au gouvernement les grandes lignes de son action, et promulgue les lois. Il peut consulter les électeurs par référendum sur un certain nombre de sujets.

[Le site de la présidence de la République : http://www.elysee.fr]

2.2.2. Le gouvernement

Le gouvernement est une entité collégiale (sans structure fixe) composée du Premier ministre et des autres ministres. Il conduit la politique de la nation et assure le bon fonctionnement de l'administration. Il prépare et mène les discussions des projets de loi.

2.2.2.1. Le Premier ministre

Le Premier ministre est choisi et nommé par le président de la République, traditionnellement parmi les représentants de la majorité parlementaire. Il propose au chef de l'État les membres du gouvernement, dont il coordonne et dirige l'activité.

Il « détermine et conduit la politique de la nation » (selon le texte de la Constitution de 1958), et détient le pouvoir hiérarchique sur l'ensemble de la nation (notamment sur la fonction publique). Il assure l'exécution des lois et exerce le pouvoir réglementaire par l'émission de décrets.

[Le site du Premier ministre : http://www.premier-ministre.gouv.fr/]

2.2.2.2 . Les ministères

Le ministère est dirigé par le ministre, autorité administrative centrale et le plus souvent personnalité politique. Même s'il n'y a pas de structure formellement définie par la Constitution de 1958, chaque ministère se compose généralement :

– du cabinet du ministre : collaborateurs personnels du ministre ;
– de l'administration centrale : répartie en directions d'intervention et de gestion ;
– des services extérieurs ou services déconcentrés : relais des services centraux dans l'ensemble du territoire ;
– des corps d'inspection générale et de contrôle : ils coordonnent l'activité des services et assurent l'information et le contrôle ; ils sont rattachés directement au ministre.

Les différents ministères exercent collégialement et solidairement les attributions gouvernementales. Chaque ministère est la structure fondamentale d'encadrement des services publics qui en dépendent, au niveau de l'administration centrale. Il existe plusieurs « types » de ministre : ministre d'État, ministre délégué, ministre et secrétaire d'État.

2.3. Le pouvoir judiciaire

Il existe plusieurs catégories de tribunaux, appelés juridictions, regroupés en deux grands ordres, l'ordre judiciaire et l'ordre administratif, selon la nature des litiges en cause, leur importance ou la gravité des infractions.

Il existe une hiérarchie entre les différentes juridictions. On distingue les juridictions dites du « premier degré », comme le tribunal de grande instance ou le conseil des prud'hommes, des juridictions dites du « second degré », comme la cour d'appel. Les juridictions du second degré ont pour fonction de juger la même affaire une seconde fois, en cas d'appel de la décision rendue en première instance.

2.3.1. Le Conseil supérieur de la magistrature

Le Conseil supérieur de la magistrature est présidé par le président de la République, avec comme « vice-président de droit » le garde des Sceaux, ministre de la Justice. Il comprend deux formations, l'une compétente pour les magistrats du siège, l'autre pour les magistrats du parquet.

Le Conseil donne son avis sur la nomination ou la promotion d'un certain nombre de magistrats, et dispose d'un pouvoir d'avis conforme. Le garde des Sceaux conserve l'initiative, propose les nominations, mais doit se conformer aux avis du Conseil.

[Le site du Conseil supérieur de la magistrature : http://www.conseil-superieur-magistrature.fr/]

2.3.2. La Cour de cassation

Placée au sommet des juridictions civiles et pénales de l'ordre judiciaire français, la Cour de cassation intervient pour examiner les jugements non susceptibles d'appel, sur la forme et non sur le fond. Siégeant au Palais de justice à Paris, elle est composée de six chambres.

[Le site de la Cour de cassation : http://www.courdecassation.fr]

2.3.3. Les juridictions pénales

Il existe cinq juridictions pénales : tribunal de police, tribunal correctionnel, cour d'assises et, pour les mineurs, tribunal pour enfants et cour d'assises pour mineurs.

La procédure pénale est fondée sur la séparation de l'instruction et du jugement d'une affaire, qui doivent être assurés par des magistrats différents. Il n'y a pas de véritable séparation entre les juridictions pénales et les juridictions civiles : le tribunal de police n'étant que le tribunal d'instance statuant au pénal, et le tribunal correctionnel le tribunal de grande instance statuant lui aussi au pénal.

2.3.4. Les juridictions civiles

Il existe neuf juridictions civiles : tribunal d'instance, tribunal de grande instance, tribunal de commerce, tribunal maritime commercial, conseil de prud'hommes, tribunal paritaire des baux ruraux, tribunal des affaires de la Sécurité sociale, tribunal du contentieux de l'incapacité, commission départementale des travailleurs handicapés.

Les principales sont le tribunal d'instance (au moins un par chef-lieu de département et d'arrondissement) et le tribunal de grande instance (TGI) (au minimum un par département). Le TGI a des compétences exclusives notamment sur le droit de la famille, la protection de l'enfance, la propriété immobilière, etc.

2.3.5. Les juridictions administratives

Les juridictions administratives gèrent les litiges nés à l'occasion du fonctionnement des services publics, en vertu de la séparation des pouvoir exécutif et judiciaire. Certaines sont à compétence générale, d'autres à compétence spécialisée.

2.3.5.1. Les juridictions administratives à compétence générale

2.3.5.1.1. Tribunaux administratifs

Les tribunaux administratifs sont les juridictions compétentes de droit commun en première instance ; il en existe trente-sept, et au moins un par région.

Les magistrats des tribunaux administratifs sont recrutés parmi les anciens élèves de l'École nationale d'administration, par concours, ou sélectionnés en fonction de leur expérience antérieure dans l'administration. Ils sont inamovibles et indépendants de l'administration.

Les tribunaux administratifs sont juges en droit commun du premier ressort du contentieux administratif. Ces contentieux peuvent être de deux types :

– Contentieux de légalité : le juge examine la légalité d'un acte administratif, qu'il peut annuler s'il estime qu'il ne respecte pas les règles juridiques, l'auteur de l'acte ayant commis dans ce cas un « excès de pouvoir ».

– Contentieux de pleine juridiction : ce contentieux intervient essentiellement dans le domaine électoral (pour les élections municipales, cantonales, régionales, européennes), ou dans le domaine de la responsabilité (de l'administration en l'espèce). Son règlement peut donner lieu à sanction pécuniaire, à annulation, voire à nouvelle décision administrative.

Parmi les litiges jugés par les tribunaux administratifs, on peut citer : refus de permis de construire, contestation d'un plan d'occupation des sols ou du tracé d'une autoroute, expropriation, demande de réparation des dommages causés par l'activité des services publics, refus de titre de séjour, expulsion d'un étranger, contestations relatives aux impôts directs et à leur recouvrement, litiges relatifs aux marchés publics, etc.

2.3.5.1.2. Cours administratives d'appel

Les cours administratives d'appel (au nombre de huit) sont les juridictions compétentes pour statuer en appel, à la demande d'une personne privée ou d'une administration, contre un jugement du tribunal administratif.

Les magistrats des cours administratives d'appel sont recrutés parmi les anciens élèves de l'École nationale d'administration, par concours, ou sélectionnés en fonction de leur expérience antérieure dans l'administration. Ils sont inamovibles et indépendants de l'administration.

Les cours administratives d'appel sont, dans la majorité des cas, les juridictions d'appel des tribunaux administratifs.

2.3.5.1.3. Conseil d'État

Le Conseil d'État est l'échelon suprême de la juridiction administrative, qui juge les litiges entre les particuliers et l'administration. Il est le juge de cassation des arrêts des cours administratives d'appel et des juridictions administratives spécialisées (voir plus loin).

2.3.5.2. Les juridictions administratives à compétence spécialisée

Il en existe un grand nombre, parmi lesquelles on peut retenir :

2.3.5.2.1. Cour de discipline budgétaire et financière

Créée en 1948, la Cour de discipline budgétaire et financière sanctionne les irrégularités budgétaires et les infractions aux règles de la comptabilité publique commises par les administrateurs de l'exécution du budget, et notamment :

membres des cabinets ministériels, fonctionnaires ou agents civils et militaires de l'État, agents des collectivités territoriales, etc., à l'exception notable des élus politiques et des membres du gouvernement. Elle est composée de membres appartenant au Conseil d'État et à la Cour des comptes.

La mission de cette juridiction est de réprimer l'inobservation des règles relatives aux dépenses et aux recettes de l'État, des collectivités territoriales, des établissements ou organismes soumis au contrôle de la Cour des comptes.

2.3.5.2.2. Chambres régionales des comptes

Les chambres régionales des comptes ont été créées par la loi du 2 mars 1982 ; il en existe une par région. Chaque chambre est présidée par un magistrat de la Cour des comptes. Dans la mesure où elles sont étroitement liées au rôle de l'État dans ses relations avec les collectivités territoriales, elles seront examinées plus loin.

2.3.5.2.3. Cour des comptes

La Cour des comptes est le tribunal d'appel concernant les jugements rendus par les chambres régionales des comptes ; c'est une juridiction de première instance ou d'appel de tous les comptables publics qui sera décrite plus loin dans toutes ses fonctions.

2.3.5.2.4. Tribunal des conflits

Le tribunal des conflits est un organisme arbitral non permanent qui règle les conflits pouvant surgir entre juridictions administratives et judiciaires. La plupart des conflits ont trait à des problèmes de compétence.

Le tribunal des conflits a une composition paritaire : quatre de ses membres sont conseillers d'État et les quatre autres conseillers à la Cour de cassation. Le garde des Sceaux en assure la présidence formelle, avec pour seule fonction de trancher les débats insolubles résultant d'un partage des voix.

2.4. Les organes consultatifs et de contrôle

Il en existe des milliers (comités, conseils), placés auprès de l'administration centrale. Ne sont présentés ci-dessous que les principaux et les plus généralistes.

2.4.1. Le Conseil constitutionnel

Le Conseil constitutionnel est composé de neuf membres et se renouvelle par tiers tous les trois ans. Ses membres sont désignés respectivement par le président de la République et par le président de chacune des assemblées du Parlement (Sénat et Assemblée nationale). Les anciens présidents de la République font, de droit, partie à vie du Conseil constitutionnel. Le président du Conseil constitutionnel est désigné par le président de la République parmi les membres du Conseil.

Les prérogatives du Conseil constitutionnel peuvent se ranger en deux catégories :

– contentieux électoral et référendaire : le Conseil statue sur la régularité de l'élection du président de la République et des opérations de référendum dont il proclame les résultats. Il est également juge de la régularité de l'élection, des régimes de l'éligibilité et de l'incompatibilité des parlementaires ;

– contrôle de constitutionnalité des lois : facultatif pour les lois ordinaires ou les engagements internationaux, obligatoire pour les lois organiques et les règlements des assemblées parlementaires. La saisine facultative peut être faite à l'initiative soit d'une autorité politique (président de la République, Premier ministre, président de l'Assemblée nationale ou du Sénat), soit de 60 députés ou de 60 sénateurs.

Les décisions du Conseil s'imposent aux pouvoirs publics et à toutes les autorités administratives et juridictionnelles. Elles sont insusceptibles de recours.

[Le site du Conseil constitutionnel : http://www.conseil-constitutionnel.fr/]

2.4.2. Le Conseil d'État

Le Conseil d'État est le conseiller du gouvernement. Il examine obligatoirement les projets de loi et d'ordonnance, avant que ceux-ci ne soient soumis au conseil des ministres, ainsi que les projets de décret en Conseil d'État. Le Conseil d'État émet un avis sur la régularité juridique des textes, sur leur forme et sur leur opportunité administrative. Pour autant, que l'avis soit obligatoire ou non, il ne lie pas le gouvernement, qui n'est pas tenu d'en suivre les termes.

Il peut par ailleurs être consulté par le gouvernement sur toute question ou difficulté d'ordre juridique ou administratif. Il indique au gouvernement quels sont, parmi les projets de textes communautaires, ceux qui touchent à des questions législatives et doivent en conséquence être transmis au Parlement.

Le Conseil d'État est l'échelon suprême de la juridiction administrative, qui juge les litiges entre les particuliers et l'administration. Il est le juge de cassation des arrêts des cours administratives d'appel et des juridictions administratives spécialisées. Il juge en premier et en dernier ressort les recours dirigés notamment contre les décrets, les actes des organismes collégiaux à compétence nationale ainsi que le contentieux des élections régionales et de l'élection des représentants français au Parlement européen.

Le Conseil d'État est organisé en formations administratives et en formations contentieuses. Il comprend environ 300 membres : auditeurs, maîtres de requêtes, conseillers en service ordinaire et en service extraordinaire.

[Le site du Conseil d'État : http://www.conseil-etat.fr/]

2.4.3. Le Conseil économique et social

Le Conseil économique et social est une assemblée constitutionnelle consultative placée auprès des pouvoirs publics. Par la représentation des principales activités économiques et sociales, le Conseil favorise la collaboration des différentes catégories professionnelles entre elles et assure leur participation à la politique économique et sociale du gouvernement. Sans pouvoir réel, il examine obligatoirement les projets et propositions de lois d'ordre économique et social.

Le Conseil économique et social comprend 231 membres, répartis en 18 groupes, pour un mandat de cinq ans. Le mode de désignation des conseillers obéit à des règles différentes. 163 d'entre eux sont désignés par les catégories socio-professionnelles. Les 68 autres conseillers sont nommés par le gouvernement.

[Le site du Conseil économique et social : http://www.conseil-economique-et-social.fr/]

2.4.4. La Cour des comptes

La Cour des comptes a été créée par Napoléon Ier en 1807, pour unifier le contrôle des comptes publics. Depuis la Seconde Guerre mondiale, ses compétences ont été très largement élargies.

La Cour est organisée comme une juridiction, présidée par un premier président, et comprend sept chambres composées de conseillers maîtres, de conseillers référendaires et d'auditeurs, ayant tous la qualité de magistrats inamovibles.

Elle a pour mission de contrôler obligatoirement l'État, les établissements publics nationaux, les entreprises publiques, les organismes de Sécurité sociale.

Elle peut aussi contrôler, facultativement, certains organismes de droit privé, les organismes d'intérêt général faisant appel à la générosité publique, les organismes bénéficiant de concours financiers de l'Union européenne, les organismes habilités à recevoir des taxes parafiscales, des impositions de toute nature, des cotisations légalement obligatoires.

La Cour a trois missions principales :

– Le contrôle de régularité : la Cour est chargée de vérifier auprès des comptables publics ou de tous ceux qui ont manipulé des deniers publics si les recettes ont été recouvrées et si les dépenses ont été payées conformément aux règles comptables en vigueur.

– Le contrôle de gestion : la Cour ne juge pas les ordonnateurs, mais vérifie le bon emploi des fonds publics, soit à l'occasion du jugement des comptes des comptables de l'État et des établissements publics, soit directement en examinant la gestion des ordonnateurs.

– L'assistance au Parlement et au gouvernement : la Cour assiste le Parlement et le gouvernement dans le contrôle de l'exécution des lois de finances et l'application des lois de financement de la Sécurité sociale.

La Cour produit chaque année un certain nombre de rapports, notamment sur l'exécution de la loi de finances, sur l'ensemble des organismes de financement de la Sécurité sociale soumis à son contrôle, ainsi que son rapport public annuel.

La Cour des comptes est aussi le tribunal d'appel concernant les jugements rendus par les chambres régionales des comptes ; c'est une juridiction de première instance ou d'appel de tous les comptables publics.

[Le site de la Cour des comptes : http://www.ccomptes.fr/]

2.5. Les autorités administratives indépendantes

Les autorités administratives indépendantes constituent l'ensemble des instances administratives non rattachées au gouvernement ou à un département ministériel qui contrôlent le fonctionnement de certaines activités dont l'exercice met en jeu des libertés fondamentales.

Ces instances sont investies de pouvoirs différents : pouvoir d'autorisation (Conseil supérieur de l'audiovisuel, par exemple pour l'attribution des fréquences de radio) ; pouvoir de sanction (Conseil supérieur de l'audiovisuel, qui peut suspendre l'activité d'une chaîne de radio ou de télévision) ; pouvoir réglementaire (Commission des opérations de Bourse) ; pouvoir de recommandation.

On trouvera ci-dessous une présentation des principales autorités.

2.5.1. Le médiateur de la République

Le médiateur de la République traite les réclamations des citoyens concernant le fonctionnement de l'administration, à condition qu'elles relèvent de sa compétence (cinq secteurs d'instruction : social, judiciaire, fiscal, agents publics, affaires générales).

Nommé pour six ans et irrévocable, il examine au cas par cas l'inadaptation de certains textes ou procédures, les excès de certains comportements et propose des solutions sur mesure et des réformes de fond.

[Le site du médiateur de la République : http://www.mediateur-republique.fr/]

2.5.2. La Commission nationale de l'informatique et des libertés

La Commission nationale de l'informatique et des libertés (CNIL) a été instituée par la loi du 6 janvier 1978 relative à l'informatique, aux fichiers et aux libertés. Il s'agit d'une autorité administrative indépendante qui a pour mission essentielle de protéger la vie privée et les libertés individuelles ou publiques. Elle est chargée de veiller au respect de cette loi, dite « Informatique et libertés ».

La CNIL informe les personnes de leurs droits et obligations, et propose au gouvernement les mesures législatives ou réglementaires de nature à adapter la protection des libertés et de la vie privée à l'évolution des techniques ; elle donne un avis sur toutes les créations de traitements informatiques du secteur public et reçoit les déclarations de traitements du secteur privé. Le non-respect de ces formalités par les responsables de fichiers est pénalement sanctionné.

[Le site de la CNIL : http://www.cnil.fr/]

2.5.3. La Commission d'accès aux documents administratifs

La Commission d'accès aux documents administratifs (CADA) a été créée par la loi du 17 juillet 1978 qui reconnaît à toute personne un droit d'accès aux documents administratifs.

Par ses avis et ses conseils, la CADA veille à la transparence de l'action administrative. Elle fait connaître son interprétation des textes applicables et peut proposer au gouvernement les modifications nécessaires pour améliorer l'exercice du droit d'accès.

En plus de son rôle de veille et de conseil, la CADA est aussi une voie de recours précontentieuse pour toute personne qui se voit refuser l'accès à un document administratif ou n'obtient pas de réponse dans un délai d'un mois.

La CADA comprend dix membres dont trois magistrats, trois élus, un professeur d'université, deux membres nommés ès qualités et un représentant du Premier ministre.

[Le site de la CADA : http://www.cada.fr]

2.5.4. Le Conseil supérieur de l'audiovisuel

L'organisation et le fonctionnement du Conseil supérieur de l'audiovisuel (CSA) ont été définis par un décret du 26 juillet 1989.

Le CSA est composé d'un collège de neuf membres nommés par décret du président de la République. Trois membres sont désignés par le président de la République, trois par le président du Sénat et trois par le président de l'Assemblée nationale.

Parmi les missions du CSA, on peut retenir :

– la nomination des présidents des télévisions et des radios publiques ;

– la délivrance des autorisations aux stations de radio en ondes moyennes et en modulation de fréquence, aux télévisions locales, aux chaînes de télévision diffusées par câble, par satellite, par Internet, etc. ;

– la gestion et l'attribution des fréquences destinées à la radio et à la télévision.

En outre, le CSA rend des avis au gouvernement sur les projets de lois et de décrets qui concernent l'audiovisuel, veille au respect du pluralisme politique et syndical sur les antennes, et peut sanctionner les stations de radio ou les chaînes de télévision qui ne respectent pas la réglementation en vigueur.

[Le site du CSA : http://www.csa.fr]

3. Les relations entre l'État et les collectivités territoriales

3.1 Schéma organisationnel

Sur un même territoire géographique, l'État, par le biais de ses services centraux ou déconcentrés ou de ses établissements publics, et les collectivités territoriales et les établissements publics territoriaux gèrent la vie locale.

Les lois de décentralisation, en particulier la loi du 2 mars 1982 « relative aux droits et libertés des communes, des départements et des régions », ont profondément modifié le paysage administratif français, en reconnaissant aux unités décentralisées des compétences et des ressources propres, et en redistribuant des moyens financiers (par le biais de dotations/transferts) et humains (transfert de gestion de personnels de services transférés).

Par ailleurs, l'État a accentué la déconcentration de ses services, pour une meilleure administration au niveau local. Les administrations centrales définissent les politiques, coordonnent et réglementent les services déconcentrés, qui ont charge de mettre en œuvre ces politiques au plus près des administrés. La loi du 6 février 1992 et le décret du 1er juillet 1992 portant charte de la déconcentration ont largement renforcé le rôle de ces « services extérieurs de l'État », plus communément appelés désormais services déconcentrés.

3.1.1. L'administration territoriale (décentralisation)

La décentralisation est le transfert de compétence des pouvoirs de l'État à des collectivités territoriales, qui sont autant de personnes morales de droit public. Les collectivités territoriales concernées par la décentralisation sont la région, le département et la commune.

3.1.2. La représentation de l'État (déconcentration)

La déconcentration, qui concerne essentiellement les services de l'État, consiste à transférer la gestion effective et la mise en œuvre de la politique de l'État des services centraux à des services locaux, dits déconcentrés. Cette déconcentration s'exerce au niveau des circonscriptions administratives, la région et le département essentiellement.

3.1.3. Fonctionnement

Selon l'article 72 de la Constitution de 1958, les collectivités territoriales s'administrent librement par des conseils élus dans les conditions prévues par la loi. Seule la loi peut créer d'autres collectivités territoriales, ce qui sera notamment le cas des régions, non incluses dans l'article 72. Pour autant, à chacun des échelons territoriaux, un délégué du gouvernement (le préfet) a la charge des intérêts nationaux, du contrôle administratif et du respect des lois.

Chaque collectivité territoriale est donc simultanément une circonscription administrative, mais, comme précisé au chapitre I, il existe des circonscriptions administratives qui ne sont pas des collectivités : les arrondissements et les cantons pour les départements.

3.2. Le contrôle de l'État sur les actes des collectivités territoriales

3.2.1 Contrôle sur les organes des collectivités territoriales

Ces procédures, qui remettent en cause le résultat du suffrage universel, sont relativement rares.

– Révocation : les maires et les adjoints peuvent être suspendus pendant un mois au plus par le ministère de l'Intérieur, et être révoqués en conseil des ministres (le décret de révocation doit être motivé). Cette révocation résulte d'une faute dans l'exercice des fonctions, telle que négligence grave, réalisation de faux en écriture publique, etc.

– Démission d'office : les élus locaux peuvent être démissionnés d'office en cas d'inéligibilité ou d'incompatibilité.

– Dissolution des conseils : les conseils municipaux, généraux et régionaux peuvent être dissous en conseil des ministres lorsqu'ils sont dans l'impossibilité d'exercer leurs attributions.

3.2.2. Contrôle sur les actes des collectivités territoriales

Les actes des collectivités territoriales sont exécutoires. Certains doivent être transmis (pour contrôle de légalité) au préfet ou au sous-préfet et être notifiés ou publiés, selon leur caractère individuel ou général. Le préfet ou le sous-préfet n'exerce qu'un contrôle *a posteriori*, qui ne porte que sur la régularité juridique des actes.

3.2.2.1. Le contrôle de légalité

Le contrôle de légalité concerne les actes des collectivités territoriales, mais aussi ceux des établissements publics de coopération intercommunale, des offices HLM, et des entités qui agissent au nom des collectivités (soit près de 90 000 organismes).

Tous les documents administratifs produits par les collectivités ne sont pas transmis au préfet. Sont concernés notamment : les délibérations, les marchés publics, les conventions relatives aux emprunts, les documents relatifs à l'occupation des sols, les actes individuels relatifs au recrutement et à la carrière des agents, etc. La liste est limitative, mais la transmission obligatoire : un acte ne peut être exécuté que s'il a été à la fois publié *et* transmis ou notifié.

Pour tous les actes non concernés par la transmission, leur exécution est immédiate dès qu'ils ont été publiés ou notifiés.

À compter de la date de réception, le préfet dispose d'un délai de deux mois pour vérifier la validité juridique de l'acte. Il peut aussi être saisi par une personne qui s'estime lésée par l'acte. Le contrôle porte sur la légalité externe ou interne de l'acte : externe, s'il porte sur un vice de forme ou sur l'incompétence du signataire de l'acte ; interne, s'il porte sur le détournement de pouvoir et la violation de la loi.

Si l'acte comporte des irrégularités, le préfet avertit la collectivité concernée. Si celle-ci refuse de tenir compte de cet avis, le préfet peut transmettre l'acte au tribunal administratif (déféré préfectoral). Cette transmission n'est pas obligatoire, et le préfet est seul juge de l'opportunité ou non du recours. Seul le tribunal administratif peut annuler l'acte, qui est susceptible d'appel devant la cour administrative d'appel et de recours en cassation devant le Conseil d'État.

3.2.2.2. Les chambres régionales des comptes

Les chambres régionales des comptes ont été mises en place par la loi du 2 mars 1982. Chaque chambre est présidée par un magistrat de la Cour des comptes et composée de magistrats inamovibles.

Les chambres régionales des comptes assistent le préfet dans le contrôle financier *a posteriori* des collectivités territoriales et des autres organismes concernés.

D'un point de vue juridictionnel, elles jugent l'ensemble des comptes des comptables publics des collectivités territoriales et de leurs établissements publics, des établissements publics régionaux, ainsi que les comptes des personnes qu'elles ont déclarées comptables de fait. Cette compétence est obligatoire et de droit commun.

D'un point de vue administratif, elles exercent un contrôle de gestion sur les comptes et la gestion des entreprises publiques locales, mais aussi d'organismes qui bénéficient du concours financier d'une collectivité locale. Cependant, le contrôle exercé sur ces derniers est facultatif.

Les chambres régionales des comptes ont par ailleurs reçu délégation de la Cour des comptes pour contrôler certains établissements publics nationaux, comme par exemple une partie des universités ou des chambres d'agriculture.

Les budgets des collectivités sont exécutoires dès leur publication, mais leur transmission au préfet doit être faite dans un délai de quinze jours suivant le vote du budget primitif. Le préfet saisit les chambres régionales des comptes dans quatre cas :

– Budget pas voté dans les délais.

– Budget voté en déséquilibre : les budgets de fonctionnement d'une part et d'investissement d'autre part des collectivités doivent être votés en équilibre, c'est-à-dire que l'ensemble des recettes doit équilibrer l'ensemble des dépenses. En cas de déséquilibre, le préfet formule des propositions de rééquilibrage ; si la collectivité refuse d'en tenir compte, le préfet règle et exécute le budget proposé par la chambre régionale des comptes avec les modifications motivées.

– Compte administratif en déficit : quand l'arrêté des comptes de la collectivité fait apparaître un déficit de la section de fonctionnement (dont le pourcentage est variable selon les collectivités), la chambre régionale des comptes fait des propositions de rééquilibrage. Si la collectivité refuse d'en tenir compte, le préfet prend en charge l'exécution du budget.

– Non-inscription de dépense obligatoire : les dépenses nécessaires à l'acquittement de la dette et celles que la loi prévoit expressément doivent figurer au budget de la collectivité concernée ; si ce n'est pas le cas, la chambre régionale des comptes demande au préfet de procéder au mandatement d'office, avec astreinte éventuelle.

Les chambres régionales des comptes peuvent aussi exercer un contrôle *a posteriori* en procédant à des études périodiques des comptes des collectivités.

Les comptes des communes de moins de 2 000 habitants sont contrôlés par les trésoriers payeurs généraux et non par la chambre régionale des comptes.

3.3. Les organes locaux de l'État

3.3.1. Le préfet

Les préfets sont des fonctionnaires nommés en conseil des ministres et placés sous l'autorité du ministre de l'Intérieur. Environ 200, ils sont choisis pour les quatre cinquièmes au moins parmi les sous-préfets et les administrateurs civils hors classe (issus de l'ENA). Les préfets, dont la mutation est décidée de manière discrétionnaire par le gouvernement, n'ont ni la liberté d'opinion, ni le droit de grève, ni la possibilité de défendre leurs droits par la voie syndicale. Chaque préfet dispose d'un cabinet et des services préfectoraux.

Le préfet est le représentant de l'État au niveau du département, qui constitue la circonscription administrative de base de l'action déconcentrée de l'État. De ce fait, si la libre administration des collectivités territoriales est garantie par la Constitution, la loi du 2 mars 1982 a réaffirmé le rôle de contrôle *a posteriori* exercé par le préfet, garant de l'intérêt général.

Le préfet est tout à la fois le représentant de l'État et le directeur des services administratifs de l'État dans sa circonscription.

En tant que représentant de l'État, il est chargé d'informer le gouvernement sur l'état d'esprit de l'opinion dans sa circonscription, de veiller au respect des lois et des décisions gouvernementales ; il est responsable de l'ordre et doit défendre la politique du gouvernement en place. Il assure aussi la représentation juridique de l'État, notamment auprès des personnes morales bénéficiaires de concours financiers de l'État.

En tant que directeur des services déconcentrés des administrations civiles de l'État, il anime et coordonne les services extérieurs de l'État, gère les crédits d'investissement, préside toutes les commissions administratives qui intéressent l'État. Il a une autorité directe sur les chefs des services déconcentrés[1]. Il est ordonnateur secondaire des dépenses de l'État, et peut seul bénéficier des délégations de pouvoir de certains ministres.

Il a par ailleurs des pouvoir étendus en matière de police : maintien de l'ordre public dans le département, police des gares et des aérodromes, police des étrangers, etc.

Il est assisté des sous-préfets qui sont à la tête des arrondissements, dont le nombre varie suivant les départements.

3.3.2. Le préfet de région

Le préfet de région est le préfet du département où se situe le chef-lieu de la région. S'il représente le Premier ministre et les ministres au niveau de la région, il n'est pas, en tant que préfet de région, dépositaire de l'autorité de l'État (il n'a ainsi aucun pouvoir en matière de police). Pour autant, le décret du 29 avril 2004 a renforcé ses pouvoirs, notamment pour ce qui est de la coordination de l'activité des autres préfets de département dans sa région.

En tant que préfet de région, il coordonne l'action des préfets des autres départements, notamment par le biais du comité de l'administration régionale (CAR), qui inclut aussi les responsables des services extérieurs de l'État. Il n'a pas de pouvoir hiérarchique sur les autres préfets, sauf en matière économique et sociale et sur l'aménagement du territoire (notamment dans les négociations sur les contrats de plan entre l'État et la région). Par contre, il assure la direction des services déconcentrés de l'État dans sa région (par exemple, les directions régionales des affaires culturelles).

En tant que circonscription régionale, la région sert avant tout à coordonner les actions de l'État en matière de développement économique et social et d'aménagement du territoire. Elle est aussi la circonscription géographique des politiques de l'État relatives à la culture (notamment par le biais des directions régionales des affaires culturelles), à l'environnement, à la ville et à l'espace rural.

Pour ce qui concerne la région, le préfet de région exerce sur la collectivité territoriale les mêmes compétences que le préfet au niveau du département (vérification du budget, signature des conventions, etc.).

1. Certains services de l'État ne sont cependant pas placés sous l'autorité hiérarchique du préfet : c'est le cas des services d'enseignement, placés sous l'autorité du recteur, et des services financiers, sous celle du trésorier payeur général.

3.3.3. Les services déconcentrés de l'État

Les services déconcentrés sont organisés dans le cadre des circonscriptions administratives (département, région, commune, arrondissement). Pour autant, il demeure une relation hiérarchique forte entre le pouvoir central et les services déconcentrés, qui ne disposent d'ailleurs d'aucune autonomie sur le plan juridique (l'État seul est une personne morale de droit public).

4. Les collectivités territoriales

Une collectivité territoriale est une personne morale de droit public qui exerce des compétences générales sur un territoire donné. Les conseils de ces collectivités sont élus au suffrage universel direct. Une collectivité territoriale porte un nom et regroupe une population. Elle dispose d'un personnel propre, d'un patrimoine et d'un budget spécifiques.

Les principales collectivités territoriales sont les communes, les départements et les régions. Sont aussi des collectivités territoriales la Ville de Paris (à la fois commune et département) et la collectivité territoriale de Corse. Les territoires d'outre-mer (Nouvelle-Calédonie, Polynésie française, îles Wallis-et-Futuna, Terres australes et antarctiques françaises) et les collectivités territoriales de Mayotte et de Saint-Pierre-et-Miquelon sont dotés de régimes particuliers.

La Constitution de 1958, dans son article 72, a défini le cadre de l'administration locale, en énumérant les collectivités territoriales : les communes, les départements et les territoires d'outre-mer. Les autres collectivités territoriales ont été définies par la loi, notamment les régions, instituées par la loi du 2 mars 1982. Selon la Constitution, « ces collectivités s'administrent librement par des conseils élus et dans les conditions prévues par la loi ».

Pour autant, cette libre administration est limitée par le fait que la loi est votée par le Parlement, ce qui interdit entre autres aux collectivités territoriales de porter atteinte aux libertés publiques, de modifier le régime des crimes et délits, de créer des impôts, de modifier le régime des élections.

4.1. La région

La région est la plus récente des collectivités territoriales. Il y a en France vingt-six régions, dont quatre régions d'outre-mer qui sont aussi des départements. Deux autres régions, l'Île-de-France et la Corse, bénéficient d'un statut dérogatoire, la Corse notamment étant une collectivité territoriale à statut particulier.

Les régions ont été créées en 1960, sous forme de circonscriptions d'action régionale. Après l'échec du référendum de 1969 qui souhaitait ériger les régions en collectivités territoriales, elles sont dotées du statut d'établissement public territorial chargé, sous l'impulsion du préfet de région, du développement économique. Les lois du 2 mars 1982 et du 6 janvier 1986 instituent les régions en tant que collectivités territoriales décentralisées.

Les compétences de la région sont orientées vers l'action économique, l'aménagement du territoire et la formation professionnelle. Elle peut décider d'intervenir dans le domaine culturel (aide au développement de l'édition ou de la librairie).

Les recettes de la région découlent notamment des transferts par l'État de ressources comme la taxe sur les cartes grises.

4.1.1. Compétences

Les lois du 2 mars 1982 puis du 13 août 2004 donnent à la région le rôle de « promouvoir le développement économique, social, sanitaire, scientifique et culturel de la région et l'aménagement du territoire ». Ses compétences s'exercent donc dans une série de domaines.

– Démarche planificatrice : établissement d'un schéma régional d'aménagement et de développement du territoire, qui peut comporter la passation de contrats de plan, par exemple entre l'État et la région, dans des domaines comme les transports, l'éducation, l'agriculture, la politique de la ville.

– Aménagement du territoire : orientations générales en matière d'aménagement, de développement des grandes infrastructures, de transports, de grands équipements et de services publics d'intérêt régional.

– Transports : gestion possible des infrastructures de transport, et participation à leur financement ; gestion et financement des transports collectifs d'intérêt régional, comme les transports express régionaux (TER) ; création et aménagement des voies navigables et des ports fluviaux.

– Éducation : construction et entretien des lycées classiques, agricoles, techniques ou spécialisés, les dépenses pédagogiques et de personnel restant à la charge de l'État ; dans le cadre du plan Université 2000, les régions ont été associées au financement des universités, notamment par le biais de la création d'antennes universitaires.

– Formation professionnelle et apprentissage : élaboration d'un programme annuel d'apprentissage et de formation professionnelle, qui sert de base au conventionnement des stages, à la rémunération des stagiaires et aux conventions passées avec les différents organismes gestionnaires de centres de formation d'apprentis.

– Compétence économique : on distingue en cette matière les aides directes et les aides encadrées ; parmi les aides directes, on peut citer la prime régionale à l'emploi (PRE), la prime régionale à la création d'entreprise, les prêts et avances à taux bonifiés accordés aux créations d'entreprises à partir d'un seuil ; parmi les aides indirectes, on peut citer les garanties d'emprunt, l'aménagement d'une zone d'activité, etc.

4.1.2. Les organes de la région

4.1.2.1. Les conditions d'élection

4.1.2.1.1. Le conseil régional

Les conseillers régionaux sont élus au suffrage universel direct pour six ans, à la représentation proportionnelle à la plus forte moyenne, sans panachage ni vote préférentiel. Le scrutin est à deux tours.

Le nombre de conseillers varie suivant l'importance de la population et correspond au double de celui des parlementaires (députés et sénateurs) de la région, sauf pour l'Île-de-France, la Corse, le Limousin et les régions d'outre-mer.

4.1.2.1.2. Le président du conseil régional

Le président du conseil régional est élu lors de la première séance qui suit le renouvellement du conseil. Il est élu pour la durée du mandat, à la majorité absolue aux deux premiers tours et à la majorité relative au troisième tour. Ses fonctions sont incompatibles avec celles de parlementaire européen, de président de conseil général, de maire, de membre de la Commission européenne.

4.1.2.2. Le conseil régional

Le conseil régional définit la politique de la région et règle par ses délibérations les affaires de la région. Il se réunit au moins une fois par trimestre, mais des séances supplémentaires peuvent avoir lieu sur convocation du président, sur demande de la commission permanente ou du tiers des membres du conseil.

Le conseil régional règle par ses délibérations les affaires de la région. Il adopte le budget à la suite d'un débat, et peut scinder les dépenses d'investissement en autorisations de programme qui peuvent être échelonnées sur plusieurs années.

4.1.2.3. Le président du conseil régional

Le président du conseil régional est l'exécutif de la région et, en tant que tel, il est chargé de mettre en œuvre les décisions du conseil régional. Il est chargé de réunir le conseil, qu'il préside.

Il prescrit les recettes et ordonne les dépenses, signe les arrêtés et les conventions de la région, qu'il représente en justice. Il est le responsable des services administratifs et techniques de la région. Il est responsable du personnel et gère le domaine régional.

Le président est aidé dans ses fonctions par les vice-présidents, élus pour la même période et selon les mêmes modalités. Le président du conseil régional peut déléguer une partie de ses compétences aux vice-présidents, mais sa responsabilité reste engagée malgré la délégation.

4.1.2.4. La commission permanente

Créée par la loi du 6 février 1992, la commission permanente représente les différents groupes politiques du conseil régional. La désignation de ses membres se fait à la représentation proportionnelle. La commission se réunit souvent une fois par semaine, et délibère sur toutes les affaires de la région entre les séances du conseil. Elle peut recevoir de larges délégations du conseil, sauf en matière de budget.

4.1.2.5. Le conseil économique et social régional

La région est la seule collectivité territoriale à disposer d'un conseil économique et social régional (CESR), chargé de représenter les « forces vives » de la région. Il est composé de quatre collèges, comprenant respectivement 35 % de représentants d'entreprises et d'activités non salariées, 35 % de représentants des organisations syndicales, 25 % de représentants qui participent à la vie collective de la région, et 5 % de personnes qualifiées. Le nombre de membres du conseil varie entre 40 et 110.

Le CESR a un rôle essentiellement consultatif. Il est obligatoirement saisi des documents relatifs à l'établissement du schéma régional d'aménagement et des orientations générales relatives aux compétences transférées par la loi aux régions.

4.2. Le département

Le département, créé le 9 janvier 1790, est une œuvre de la Révolution française, dont l'organisation repose sur la loi du 10 août 1871. Sa superficie a été déterminée par la possibilité de se rendre à cheval au chef-lieu depuis le point le plus éloigné du département en moins d'une journée. Il existe cent départements, dont quatre départements d'outre-mer. Ils sont divisés en arrondissements (pour la gestion déconcentrée de l'État) et en cantons (circonscription électorale).

Les départements exercent une compétence générale en matière d'action sanitaire, d'aide sociale, de logement et d'équipement rural.

4.2.1. Compétences

Les compétences du département ont été largement étendues par les lois du 2 mars 1982, des 7 janvier et 22 juillet 1983 et du 25 janvier 1985.

– Transports : gestion de la voirie départementale et des transports collectifs, ainsi que des transports scolaires non urbains ; gestion des ports et des voies d'eau.

– Aménagement de l'espace : le département est consulté dans le cadre de l'élaboration des plans locaux d'urbanisme (PLU) et des schémas de cohérence territoriale (SCOT) ; il est associé aux programmes locaux de l'habitat et peut créer des offices HLM ou des sociétés d'économie mixte ; il réalise un plan de développement du secteur rural ; d'autres initiatives locales sont possibles, comme la gestion d'espaces naturels.

– Secteur social : gestion de l'ensemble des prestations légales d'aide sociale ; cette gestion passe par l'établissement d'un règlement départemental d'aide sociale et d'un schéma départemental des établissements et des services sociaux et médico-sociaux ; de nombreuses prestations décentralisées sont désormais gérées par le département, comme l'allocation compensatrice pour tierce personne (handicapés), le revenu minimum d'insertion, l'allocation personnalisée d'autonomie (personnes âgées), l'aide sociale à l'enfance par le biais de la protection maternelle et infantile (PMI), le fonds de solidarité logement (logement social), etc.

– Éducation : financement de la construction et de l'entretien des collèges ; le programme prévisionnel des investissements aux collèges est établi en liaison avec les communes et la région.

– Action culturelle : gestion des bibliothèques départementales de prêt, des établissements d'enseignement public de la musique, de la danse, de l'art dramatique et des arts plastiques ; gestion des archives départementales, auxquelles les communes sont tenues de verser leurs archives.

– Action économique : aides directes en matière de création d'emploi ou d'implantation d'entreprises ; aides indirectes (prises de participation, soutien au maintien du monde agricole, etc.).

Pour accomplir ses missions, le département dispose des revenus des taxes foncières, de la taxe d'habitation, de la taxe professionnelle, etc., et a bénéficié du transfert de certaines taxes jusqu'alors perçues par l'État.

4.2.2. Les organes du département

4.2.2.1. Les conditions d'élection

4.2.2.1.1. Le conseil général

Les conseillers généraux sont élus au suffrage universel direct pour six ans, mais renouvelés par moitié tous les trois ans. La circonscription électorale est le canton, à raison d'un conseiller général par canton. C'est l'État qui définit et remodèle les contours des cantons, ces redécoupages étant destinés essentiellement à atténuer les disparités entre les cantons ruraux, à faible densité de population, et les cantons urbains, à forte densité. Le scrutin est uninominal à deux tours.

4.2.2.1.2. Le président du conseil général

Le président du conseil général est élu après chaque renouvellement partiel, pour trois ans. Pour être élu, il doit disposer de la majorité absolue pour les deux premiers tours de scrutin, pour le troisième tour, la majorité relative suffit. Les vice-présidents sont élus en même temps que le président.

4.2.2.1.3. La commission permanente

Créée par la loi du 6 février 1992, la commission permanente est élue par le conseil général et se compose du président, de quatre à dix vice-présidents et d'autres membres au nombre *a priori* indéfini, dont le nombre est défini par le conseil général. La commission est élue à la représentation à la proportionnelle à la plus forte moyenne.

4.2.2.2. Le conseil général

Le conseil général se réunit à l'initiative de son président au moins une fois par trimestre, ou à la demande du tiers de ses membres ou de sa commission permanente. Il établit son règlement intérieur, fixe l'organisation de son travail, qui s'exerce notamment par le biais de commissions. Parmi celles-ci, on peut citer la commission d'appel d'offres qui traite des marchés publics, et qui est composée à la proportionnelle des tendances politiques du conseil. Chaque projet de délibération est accompagné d'un rapport à l'intention de l'ensemble des conseillers généraux.

Les compétences du conseil général sont notamment la création et la suppression des services publics départementaux, la gestion et l'affectation des biens du domaine départemental, le budget primitif et les décisions modificatives, ainsi que le compte administratif.

4.2.2.3. Le président du conseil général

Depuis la loi du 2 mars 1982, le président du conseil général est l'exécutif du département, en lieu et place du préfet. Il convoque l'assemblée départementale, établit l'ordre du jour, est ordonnateur des dépenses, préside les débats du conseil, prépare les projets de délibération et les exécute ultérieurement. Il gère le domaine départemental sur lequel il dispose d'un pouvoir de police spécial.

Le président du conseil général est le chef des services du département, et le chef du personnel, dont il assure la gestion (nomination, pouvoir disciplinaire, etc.). Il délègue ses compétences aux vice-présidents, mais il a le pouvoir de les retirer en cas de désaccord.

4.2.2.4. La commission permanente

La commission permanente se réunit souvent une fois par semaine et peut recevoir toutes les compétences du département, sauf en matière budgétaire.

4.3. La commune

Instituée par le décret du 14 décembre 1789, la commune est la plus petite des collectivités territoriales. La loi du 5 avril 1884 pose le principe de la compétence générale de la commune : « Le conseil municipal règle par ses délibérations les affaires du ressort de la commune. »

La France compte environ 36 800 communes, dont 21 000 ont moins de 500 habitants, près de 11 000 de 500 à 2 000 habitants – 80 % des communes ont donc moins de 2 000 habitants. Il y a seulement 37 communes qui comptent plus de 100 000 habitants. La moitié de la population française vit dans des communes de plus de 10 000 habitants, soit un peu moins de 1 000 communes.

4.3.1. Compétences

Certaines compétences de l'administration communale sont traditionnelles, d'autres résultent de transferts opérés par les lois de décentralisation, notamment les lois du 2 mars 1982 et du 22 juillet 1983.

– Compétences traditionnelles : gestion de l'état civil, assumée au nom de l'État ; gestion des cimetières ; organisation des recensements et des élections de tous types ; gestion de l'ordre public ; action sociale ; voirie communale ; construction, entretien, équipement des écoles maternelles et primaires ; assainissement et ramassage des ordures ménagères ; gestion du logement social, notamment par le biais des offices publics HLM et des offices publics d'aménagement et de construction (OPAC).

– Compétences transférées : élaboration des documents d'urbanisme (notamment les plans locaux d'urbanisme – PLU, anciennement plans d'occupation des sols) et délivrance des permis d'occupation des sols ; création et construction d'écoles maternelles et élémentaires, après avis de l'État qui reste maître des programmes et de la gestion des enseignants ; intervention dans l'élaboration de la carte scolaire ; action culturelle, notamment par la gestion d'équipements et de manifestations tels que médiathèques, musées, écoles de musique, théâtres, festivals, etc. ; interventions dans le domaine économique, notamment pour soutenir des entreprises en difficulté, garantir des emprunts, maintenir des services nécessaires quand l'initiative privée est défaillante ou absente.

4.3.2. Les organes de la commune

4.3.2.1. Les conditions d'élection

4.3.2.1.1. Le conseil municipal

Le conseil municipal est composé d'un nombre de conseillers variable selon l'importance de la population (de 9 à 69). Paris, Lyon et Marseille bénéficient d'un statut spécial et d'un nombre de conseillers plus important.

Depuis la ratification du traité sur l'Union européenne signé le 7 février 1992, tout citoyen de l'Union a le droit de vote et d'éligibilité aux élections municipales. Cependant, ces citoyens ne peuvent être ni maire, ni conseiller municipal.

Les conseils municipaux sont élus pour six ans. Le mode de scrutin varie selon la taille des communes.

– Communes de moins de 3 500 habitants : élection au scrutin majoritaire, plurinominal de liste à deux tours.

– Communes de plus de 3 500 habitants : élection au scrutin de liste à deux tours ; depuis la loi du 6 juin 2000, la parité entre candidats hommes et femmes est obligatoire pour les listes (cette disposition ne s'applique pas aux communes de moins de 3 500 habitants).

– Paris, Lyon, Marseille : ces commune sont divisées en arrondissements ; des conseillers d'arrondissement sont élus avec les conseillers municipaux (deux conseillers d'arrondissement pour un conseiller municipal) ; l'attribution des sièges des conseillers municipaux se fait comme pour les communes de plus de 3 500 habitants.

4.3.2.1.2. Le maire et les adjoints

Le maire et les adjoints sont élus par le conseil municipal, lors de sa première séance, pour une durée de six ans. L'élection se fait à la majorité absolue des membres du conseil pour les deux premiers tours. En cas d'égalité, on organise un troisième tour, cette fois à la majorité relative. Le nombre d'adjoints est fixé par le conseil, mais ne doit pas dépasser 30 % de son effectif.

4.3.2.2. Le conseil municipal

Le conseil municipal se réunit au moins une fois par trimestre, mais le maire peut le convoquer chaque fois qu'il le juge utile. Dans les communes de plus de 3 500 habitants, le préfet ou un certain quota de conseillers municipaux peuvent aussi demander sa convocation. Le conseil est présidé par le maire, sauf lors du vote du compte administratif. Les séances sont publiques et ne peuvent débuter que si la majorité absolue des conseillers est présente.

Lors de la séance du conseil, des délibérations sont adoptées. Elles sont regroupées dans le registre des délibérations, et reprises dans un procès-verbal porté à la connaissance du public. Le conseil peut créer des commissions municipales composées d'élus pour certains domaines : finances, affaires scolaires, etc.

En l'absence de dispositions contraires, le conseil municipal est compétent pour toutes les affaires de la commune. Ces compétences sont toutefois limitées par celles de l'État (et notamment du maire en tant que représentant de l'État) et des autres collectivités territoriales, ainsi que des établissements publics ou des structures intercommunales auxquelles certaines compétences ont été transférées.

Le conseil vote le budget primitif, le ou les budgets supplémentaires, le compte administratif de la commune. Il gère le patrimoine communal et affecte les équipements aux différents services publics. Il décide de l'occupation du domaine public, désigne les représentants de la commune dans certaines instances extérieures (offices HLM, structures intercommunales, etc.), approuve le plan local d'urbanisme (PLU). Il crée, gère et supprime des services publics locaux, dont il précise les objectifs, les moyens et le mode de fonctionnement (régie directe, concession, délégation de service public).

4.3.2.3. La municipalité

La municipalité est composée du maire et de ses adjoints, élus par le conseil municipal. Elle dispose de pouvoirs spécifiques.

Le maire seul décide des délégations octroyées aux adjoints. La délégation est une possibilité, et non une obligation. Le maire conserve son autorité sur la matière déléguée, même si l'adjoint dispose normalement de l'ensemble des prérogatives du maire liées au domaine délégué.

Le contenu de la délégation est visé par un arrêté du maire, et la durée et le contenu des délégations sont de l'appréciation du maire, qui peut retirer de façon motivée la délégation. Cependant, tout adjoint avec ou sans délégation est officier d'état civil et officiel de police judiciaire – donc agents de l'État pour ces deux domaines.

Le maire est à la fois représentant de l'État, agent de la commune exécutant les décisions du conseil municipal et agent de la commune ayant des pouvoirs propres.

– Représentant de l'État : en tant que représentant de l'État, le maire agit sous le contrôle du préfet et, éventuellement, d'autres représentants de l'État. Il est chargé de la publication et de l'exécution des lois et règlements, et d'autres missions relevant de la sûreté générale, etc. Il a la qualité d'officier de police judiciaire, d'officier d'état civil, et doit organiser les recensements civils et militaires et les opérations électorales de tous types.

– Agent exécutant des décisions du conseil municipal : ses compétences sont liées à celles du conseil municipal et incluent notamment la préparation et l'exécution du budget, la préparation et l'exécution des délibérations du conseil municipal, l'administration des propriétés communales, la direction des travaux communaux, la représentation de la commune en justice, etc.

– Agent ayant des pouvoirs propres : le maire dirige les travaux du conseil municipal, prépare les dossiers et les projets de délibération, etc. Il est titulaire d'un pouvoir de police administratif, qui gère préventivement les risques d'atteinte à l'ordre public, et se distingue donc de la police judiciaire, à caractère répressif. Le maire est le chef de l'administration communale et dispose à ce titre d'un pouvoir général d'organisation des services ; de même, il est le chef du personnel : si les postes sont créés par le conseil municipal dans le cadre de la gestion du budget communal, la nomination et la gestion individuelle des personnels sont de la compétence du maire.

Les décisions du maire se traduisent par des actes réglementaires, les arrêtés.

4.3.2.4. Participation de la population

La loi du 6 février 1992 donne la possibilité de créer des comités d'usagers des services publics locaux, chargés de donner leur sentiment, par exemple, sur les problèmes liés aux transports, à la restauration scolaire, aux équipements sportifs[1], etc.

Elle permet aussi d'organiser des consultations préalables de la population sur des questions d'intérêt local. Cependant, les résultats du vote ne s'imposent pas au conseil municipal. Ces consultations peuvent être à l'initiative du conseil

1. Elle oblige même à la création de comités consultatifs pour les communes de plus de 50 000 habitants.

municipal ou d'un certain nombre d'électeurs, sur des sujets relevant exclusivement des autorités communales.

4.4. L'intercommunalité

Pour remédier à l'éparpillement des compétences entre les 36 000 communes environ que compte la France (ce qui représente 40 % des communes dans l'Europe des 25), le législateur a, dès 1890, favorisé la coopération pour la gestion de services publics entre les communes, en permettant la création de syndicats de communes.

Le décret du 20 mai 1955 institue les syndicats mixtes, qui offrent la possibilité de regrouper des communes, mais aussi des départements et certains types d'établissements publics. Une ordonnance du 5 janvier 1955 autorise quant à elle la création de syndicats intercommunaux à vocation multiple (SIVOM). D'autres ordonnances et lois permettent aussi la création de districts et de communautés urbaines.

Par la loi du 13 juillet 1983, l'État crée neuf villes nouvelles et les dote de structures de gestion, les syndicats d'agglomération nouvelle (SAN) et les établissements publics d'aménagement (EPA). Mais le développement le plus significatif des structures intercommunales est permis par les lois du 6 février 1992 (dite loi Chevènement) et du 12 juillet 1999 (dite loi Voynet) qui les simplifient. Ces lois organisent l'intercommunalité, en incitant très fortement à la création des communautés de communes et des communautés d'agglomération.

La plupart des structures intercommunales ont le statut juridique d'établissements publics de coopération intercommunale (EPCI), même si d'autres formules restent possibles (syndicats notamment).

4.4.1. Syndicats de communes

Ils sont créés par arrêté préfectoral après accord soit des deux tiers des conseils municipaux concernés représentant plus de la moitié de la population totale, soit de la moitié des conseils municipaux représentant les deux tiers de la population totale.

Il en existe deux types : les syndicats intercommunaux à vocation unique (SIVU), qui gèrent une compétence unique, et les syndicats intercommunaux à vocation multiple (SIVOM), qui gèrent un ensemble de compétences. L'ensemble représente actuellement environ 17 000 syndicats.

Ils assurent une (SIVU) ou plusieurs missions (SIVOM), par exemple : gestion d'un cimetière, ramassage des ordures ménagères, assainissement, protection contre l'incendie, gestion d'équipements ou de services publics sportifs ou de loisirs, de crèches, de maisons de retraite, alimentation en eau, etc.

4.4.2. Caractéristiques générales des établissements publics de coopération intercommunale

L'établissement public de coopération intercommunale (EPCI) est administré par un comité ou conseil composé de délégués des communes membres, élus au sein du conseil. Ces conseils gèrent les compétences communautarisées par des délibérations des communes concernées, délibérations sur lesquelles le contrôle préfectoral est le même que pour les communes.

L'EPCI est régi par le principe de spécialité, avec des compétences définies par la loi ou décidées par les communes lors de sa création, mais aussi par un principe d'exclusivité : il est titulaire en lieu et place des communes concernées des pouvoirs de décision et d'exécution sur les compétences transférées. De plus, la loi du 13 août 2004 autorise le transfert aux EPCI de compétences des départements ou des régions, sous réserve d'approbation par ces derniers.

Le président est l'organe exécutif de l'EPCI. Il met en œuvre les délibérations, gère les services et le personnel, exécute les décisions budgétaires. Il est aidé par un bureau avec des vice-présidents. Le président de l'EPCI doit transmettre à chaque conseil municipal un rapport annuel des activités de l'EPCI.

Le comité ou conseil peut créer un ou plusieurs comités consultatifs composés de personnes physiques ou de représentants de personnes morales.

Les ressources de l'EPCI sont de trois ordres : contributions budgétaires ou fiscalisées, fiscalité propre, dotations de l'État.

– Contributions budgétaires ou fiscalisées : chaque commune finance sa contribution en prélevant sa quote-part sur le budget communal ; un supplément à la fiscalité communale peut aussi être prévu.

– Fiscalité propre : elle ne concerne que les communautés de communes et les communautés urbaines, et peut s'exercer notamment par l'adoption d'un système de taxe professionnelle unique.

– Dotations de l'État : dotation globale de fonctionnement, dotation de développement rural, fonds de compensation de la TVA, dotation globale d'équipement, etc. Des financements européens sont aussi possibles.

Il existe trois types d'EPCI, présentés ci-dessous.

4.4.2.1. Communautés de communes

La plupart des communautés de communes concernent les communes rurales ou semi-urbaines. Il n'y a pas de nombre minimum de communes requis par les textes, mais chaque membre de la communauté de communes doit être limitrophe d'au moins un autre membre, et l'ensemble de la communauté ne peut inclure d'enclave (principe de cohérence institué par la loi du 12 juillet 1999).

La création peut se faire par délibérations concordantes des conseils municipaux, mais le préfet fixe le périmètre de la communauté après avis de la commission départementale de la coopération intercommunale, ou après la demande d'un ou de plusieurs conseils municipaux.

La création intervient par arrêté préfectoral après l'accord, dans les trois mois qui suivent, des conseils municipaux à la majorité qualifiée (deux tiers des conseils représentant la moitié de la population ou la moitié des conseils représentant les deux tiers de la population). De ce fait, et en vertu du principe de cohérence, des communes hostiles peuvent être intégrées dans la communauté.

Les compétences des communautés de communes concernent l'aménagement de l'espace, les actions de développement économique intéressant l'ensemble de la communauté et, au choix, une des compétences suivantes : protection et mise en valeur de l'environnement ; politique du logement et du cadre de vie ; création, aménagement et entretien de la voirie ; construction, entretien et fonctionnement d'équipements culturels (par exemple une ou des bibliothèques), sportifs et d'enseignement préélémentaire et élémentaire.

Les ressources des communautés de communes sont constituées par la taxe professionnelle de zone ou d'agglomération et par des recettes issues de la fiscalité additive. Une dotation globale de fonctionnement bonifiée est versée aux communautés qui font appel à la taxe professionnelle unique.

4.4.2.2. Communautés d'agglomération

Les communautés d'agglomération ne peuvent concerner que des agglomérations de plus de 50 000 habitants d'un seul tenant et sans enclave (principe de cohérence), avec une commune centre d'une population supérieure à 15 000 habitants (ou moins s'il s'agit du chef-lieu du département).

La création peut se faire par délibérations concordantes des conseils municipaux, mais le préfet fixe le périmètre de la communauté après avis de la commission départementale de la coopération intercommunale ou après la demande d'un ou de plusieurs conseils municipaux. La commune ayant la moitié de la population concernée doit obligatoirement donner un avis favorable.

La création intervient par arrêté préfectoral après l'accord, dans les trois mois, des conseils municipaux à la majorité qualifiée (deux tiers des conseils représentant la moitié de la population ou la moitié des conseils représentant les deux tiers de la population). De ce fait, et en vertu du principe de cohérence, des communes hostiles peuvent être intégrées dans la communauté.

Chaque commune a un siège au sein de la communauté d'agglomération.

Les compétences des communautés d'agglomération concernent le développement économique, l'aménagement de l'espace communautaire, l'équilibre social de l'habitat, la politique de la ville. Lors de sa création, la communauté d'agglomération doit de plus choisir trois compétences parmi les cinq suivantes : voirie d'intérêt communautaire et parcs de stationnement ; assainissement ; eau ; protection de l'environnement ; équipements culturels et sportifs d'intérêt communautaire (par exemple bibliothèques).

Les ressources des communautés d'agglomération proviennent de la taxe professionnelle unique, perçue en lieu et place des communes, d'une dotation de l'État, et d'un complément de ressources sur les ménages.

4.4.2.3. Communautés urbaines

Les communautés urbaines, structures plus anciennes que les communautés de communes ou les communautés d'agglomération, ne concernent que les grandes agglomérations (population supérieure à 20 000 habitants), la population concernée devant être supérieure à 500 000 habitants. Il en existe actuellement une quinzaine.

Elles sont administrées par un conseil de communauté dont les membres sont élus par les conseils municipaux intéressés.

Les compétences obligatoirement transférées à ces communautés concernent notamment l'urbanisme, l'aménagement des zones d'activités et d'habitat, la lutte contre l'incendie, l'alimentation en eau, les transports urbains, l'assainissement, la collecte des ordures ménagères, la voirie. D'autres compétences peuvent leur être transférées par les communes intéressées.

Les ressources sont issues d'une fiscalité propre, de la taxe professionnelle unique et de dotations de l'État.

4.4.3. Autres formes de coopération

4.4.3.1 Le pays

Ni collectivité territoriale, ni établissement public, le pays est un périmètre partageant une réalité historique, culturelle, etc., et comprend un ensemble de communes ayant passé contrat autour d'objectifs de développement économique. Il peut s'agir d'une simple association, d'une communauté de communes, d'un groupement d'intérêt public, etc.

Le périmètre du pays est défini par arrêté préfectoral, et ses objectifs et son mode de fonctionnement sont précisés dans une charte de pays.

4.4.3.2. L'agglomération

Comme le pays, l'agglomération s'organise autour d'objectifs communs, mais implique la création d'un EPCI.

4.4.3.3. D'autres structures

Les communes qui ne souhaitent pas créer d'EPCI peuvent se regrouper au sein d'associations, de groupements d'intérêt public, ce qui présente l'avantage de pouvoir associer le secteur privé à des projets communs, mais reste limité par le risque de gestion de fait dans le cas de transfert à ces structures de compétences relevant explicitement des communes.

Les syndicats mixtes, les sociétés d'économie mixte, voire de simples ententes entre communes, départements ou régions sont aussi des structures de coopération possibles entre diverses collectivités territoriales et d'autres partenaires.

III. Institutions de l'Europe

1. Les institutions de l'Union européenne

La majorité des institutions européennes se placent dans le cadre de l'Union européenne, association volontaire d'États européens, dans les domaines économique et politique, afin d'assurer le maintien de la paix en Europe et de favoriser le progrès économique et social.

Depuis le 1er mai 2004, l'Union européenne compte vingt-cinq membres. Aux quinze États déjà membres (Allemagne, Belgique, France, Italie, Luxembourg, Pays-Bas, Danemark, Irlande, Royaume-Uni, Grèce, Espagne, Portugal, Autriche, Finlande, Suède) sont venus s'ajouter dix nouveaux États (Chypre, Estonie, Hongrie, Lettonie, Lituanie, Malte, Pologne, République tchèque, Slovaquie, Slovénie). Le 1er janvier 2007, la Bulgarie et la Roumanie adhéreront à l'Union. La Turquie et la Croatie ont le statut de candidat, et la Croatie pourrait y adhérer dès 2007.

L'Union européenne a été créée par le traité sur l'Union européenne dit « traité de Maastricht », signé le 7 février 1992. C'est l'aboutissement d'un processus commencé en 1951 avec la création de la Communauté européenne du charbon et de l'acier (CECA). Elle comprend trois ensembles appelés « piliers » :

– le pilier communautaire, constitué de trois communautés : la CECA, la Communauté européenne et la Communauté européenne de l'énergie atomique (« Euratom ») ;
– la politique étrangère et de sécurité commune ;
– la coopération policière et judiciaire en matière pénale.

L'Union dispose d'un « cadre institutionnel unique » : ce n'est ni une fédération, ni une confédération d'États ; elle n'a pas de personnalité juridique qui lui permettrait par exemple de conclure des accords avec des États tiers (ce rôle est exercé par la Commission européenne).

Même si le distinguo traditionnel entre pouvoirs législatif, exécutif et judiciaire est complexe à établir s'agissant des institutions de l'Union européenne, on peut considérer que :

– Le pouvoir législatif est exercé par la Commission européenne, qui dispose du monopole de l'initiative pour les affaires communautaires, et conjointement par le Conseil de l'Union européenne et par le Parlement européen.
– Le pouvoir exécutif est du ressort de la Commission européenne et du Conseil de l'Union, la Commission étant notamment chargée de l'exécution du budget.
– Le pouvoir judiciaire est assuré par la Cour de justice des Communautés européennes.

2. Institutions décisionnelles de l'Union européenne

2.1. Le Conseil européen

Il réunit les chefs d'État ou de gouvernement des pays membres de l'Union européenne et le président de la Commission européenne, assistés de leurs ministres des Affaires étrangères et d'un commissaire européen. Il ne doit être confondu ni avec le Conseil de l'Europe (qui est une organisation internationale), ni avec le Conseil de l'Union européenne. Centre de décision politique, le Conseil donne les impulsions nécessaires au développement de l'Union et en définit les orientations politiques générales.

Créé en décembre 1974, il est présidé par le chef d'État ou de gouvernement dont le pays exerce pour six mois la présidence du Conseil de l'Union européenne. Il se réunit deux fois par an (juin et décembre), à la fin de chaque présidence semestrielle. Il est compétent sur toute question concernant les trois piliers de l'Union (Communautés européennes, politique étrangère et de sécurité commune, coopération policière et judiciaire en matière pénale). Il n'arrête pas de décision au sens juridique du terme, mais la tradition veut qu'on ne conteste pas les conclusions du Conseil européen, et la traduction concrète des décisions s'opère au niveau des autres institutions communautaires.

2.2. Le Conseil de l'Union européenne

Le Conseil de l'Union européenne, ou Conseil des ministres, est l'institution réunissant les représentants de niveau ministériel de chaque État membre. Il est formé par un représentant de chaque État membre au niveau ministériel, habilité à engager son gouvernement. Les membres du Conseil sont politiquement responsables devant leurs parlements nationaux. Le Conseil se réunit en formations diverses (neuf depuis juin 2002) en fonction des domaines concernés (agriculture, finances, affaire générales, etc.).

Le Conseil a des compétences législatives, exécutives et budgétaires. Les décisions sont prises selon trois modes de scrutin (unanimité, majorité simple, majorité qualifiée – où chaque État dispose d'un nombre de voix en rapport avec son poids démographique). La présidence du Conseil est assurée par l'État membre qui exerce la présidence de l'Union européenne pour six mois.

Le Conseil adopte la législation européenne, le plus souvent en commun avec le Parlement européen (procédure de codécision) ; il coordonne les politiques économiques générales des États membres ; il dispose du pouvoir exécutif, mais délègue souvent l'exécution des actes à la Commission européenne ; il partage le pouvoir budgétaire avec le Parlement européen ; il conclut au nom de la Communauté les accords internationaux entre celle-ci et d'autres États ou organisations internationales, etc.

[Le site du Conseil de l'Union européenne : http://ue.eu.int/]

2.3. La Commission européenne

La Commission européenne est un organe indépendant des États doté de pouvoirs importants, qui comprend un commissaire par État membre, soit vingt-cinq pour l'instant. Son président est désigné par le Conseil de l'Union européenne, réuni au niveau des chefs d'État et de gouvernement, à la majorité qualifiée (c'est-à-dire en tenant compte du poids démographique de chaque État). Cette désignation doit être ensuite approuvée par le Parlement européen. Une liste des autres commissaires est adoptée par le Conseil de l'Union européenne et doit faire l'objet d'un vote au Parlement européen.

La Commission est l'initiatrice de la politique communautaire et exprime l'intérêt général de l'Union européenne. Son siège est à Bruxelles, la durée de son mandat est de cinq ans. Ses compétences sont de trois ordres, en plus du pouvoir de représentation de la Communauté, puisque c'est elle qui assure les relations avec les organisations internationales et met en place les délégations auprès des pays tiers.

– Pouvoir d'initiative : la plupart des actes législatifs du Conseil de l'Union européenne exigent au préalable une proposition émanant de la Commission.

– Gardienne des traités : la Commission veille au respect et à l'application du droit communautaire, et prévient et sanctionne les États membres en cas de non-respect. Elle peut saisir la Cour de justice des Communautés européennes si l'État concerné ne suit pas l'avis qui lui a préalablement été envoyé.

– Pouvoir d'exécution : la Commission est, par délégation du Conseil de l'Union européenne, l'organe d'exécution des politiques et des actes adoptés par le Conseil. Elle exécute le budget, gère les politiques communes et les fonds européens.

[Le site de la Commission européenne : http://ec.europa.eu]

2.4. Le Parlement européen

Le Parlement européen est l'institution représentant les peuples des États membres de l'Union européenne. Depuis 1979, les députés européens sont élus tous les cinq ans au suffrage universel direct, mais les modes de scrutin sont variables suivant les États. Le Parlement européen comprend 732 députés, répartis différemment entre les vingt-cinq États membres, dont 78 pour la France. Son siège est à Strasbourg.

Ses compétences s'exercent dans trois domaines :

– législatif : il participe à l'adoption des actes communautaires aux côtés du Conseil de l'Union européenne. Si le pouvoir d'initiative concernant les propositions d'actes communautaires reste réservé à la Commission européenne, le Parlement peut lui demander de soumettre les propositions de textes qui lui semblent nécessaires ;

– budgétaire : le projet de budget, élaboré par le Conseil de l'Union européenne sur une proposition de la Commission européenne, est soumis au Parlement, qui a le dernier mot sur les dépenses non obligatoires ;

– contrôle de l'exécutif de l'Union européenne : il peut censurer la Commission, qui doit alors démissionner ; le choix du président et des membres de la Commission est soumis à son approbation ; il peut aussi poser des questions écrites ou orales au Conseil de l'Union et à la Commission, etc.

[Le site du Parlement européen : http://europarl.europa.eu]

3. Autres institutions et organismes de l'Union européenne

3.1. La Cour de justice des Communautés européennes

La Cour de justice des Communautés européennes (CJCE) est l'institution juridictionnelle de l'Union européenne. Créée en 1952, elle veille au respect du droit communautaire. Elle ne doit pas être confondue avec la Cour européenne des droits de l'homme, qui dépend du Conseil de l'Europe et siège à Strasbourg, ni avec la Cour internationale de justice de La Haye, qui dépend de l'Organisation des Nations unies.

Siégeant à Luxembourg, elle est composée de vingt-cinq juges et de huit avocats généraux nommés d'un commun accord par les États membres pour six ans renouvelables. La Cour est compétente pour tous les litiges mettant en jeu les États membres, les institutions de l'Union européenne, les entreprises et les particuliers. Ses décisions sont obligatoires et exécutoires sur le territoire des États membres.

Différents types de recours sont possibles devant la CJCE, notamment les recours en manquement contre un État qui aurait manqué à une de ses obligations en vertu du droit communautaire, ou le recours en annulation pour certains actes communautaires, ou le recours en carence quand une institution communautaire a été invitée à prendre des mesures dans un domaine et qu'elle ne l'a pas fait.

Un tribunal de première instance a été créé en 1989 pour alléger le travail de la Cour. Composé de vingt-cinq juges nommés par les États membres pour six ans renouvelables, il est chargé en première instance de tous les recours intentés par des personnes physiques ou morales. Ses décisions peuvent faire l'objet d'un pourvoi en cassation auprès de la CJCE, mais limité aux questions de droit.

[Le site de la Cour de justice des Communautés européennes : http://curia.eu.int/]

3.2. La Cour des comptes européenne

La Cour des comptes européenne, instituée en 1975, contrôle les comptes de la Communauté européenne et de tout organisme créé par la Communauté. Elle s'assure de la fiabilité des comptes, de la légalité et de la régularité des recettes et des dépenses et de la bonne gestion financière. La Cour ne dispose pas de pouvoir de sanction, mais elle établit chaque année un rapport transmis aux institutions communautaires.

La Cour est composée d'un représentant de chaque État membre, soit vingt-cinq membres depuis le dernier élargissement. Ses membres sont nommés par le Conseil de l'Union européenne après consultation du Parlement européen, pour six ans renouvelables. Son siège est à Luxembourg.

[Le site de la Cour des comptes européenne : http://www.eca.eu.int/]

3.3. Le Comité des régions

Institué par le traité de Maastricht, le Comité des régions, organe consultatif, a pour objectif principal de renforcer la cohésion économique et sociale entre les États membres. Ses missions sont la consultation et la représentation des collectivités régionales et locales de l'Union.

Siégeant à Bruxelles, il comprend 317 membres après l'élargissement, dont 24 membres français. Ceux-ci ne peuvent pas être membres du Parlement européen et doivent être titulaires d'un mandat électoral régional ou local, ou politiquement responsables devant une assemblée élue.

Le Comité est consulté, de manière tantôt obligatoire tantôt facultative, par la Commission européenne ou par le Conseil de l'Union européenne dans certains domaines intéressant les collectivités locales (les transports, la formation professionnelle, etc.).

3.4. Le droit communautaire

3.4.1. Généralités

En matière de droit communautaire, la notion fondamentale est le principe de subsidiarité, qui consiste à réserver uniquement à l'échelon supérieur (l'Union européenne) ce que l'échelon inférieur (les États membres) ne pourrait effectuer que de manière moins efficace. Ce principe ne s'applique qu'aux questions relevant d'une compétence partagée entre l'Union et les États membres, et ne concerne pas les domaines relevant de la compétence exclusive de l'Union (la politique agricole commune par exemple) ou de la compétence exclusive des États (le droit à la nationalité).

Dans ces limites, le droit communautaire primaire (les traités) et dérivé (les règlements, les directives, les décisions) l'emporte sur toute décision contraire du droit national. L'exécution des textes communautaires consiste en leur transposition dans le droit national, dans le cas où les textes communautaires ne sont pas directement applicables.

On distingue ainsi : les directives et les décisions-cadres, qui doivent être transposées, et les règlements et les décisions, qui sont directement applicables. Les avis et les recommandations, par contre, ne sont pas contraignants. Chaque État membre choisit les moyens nécessaires à la transposition des directives et des décisions-cadres dans le droit national, mais dans des délais spécifiques (pas plus de deux ans en général).

3.4.2. Les types de textes juridiques communautaires

– Règlement : acte juridique de portée générale, il est obligatoire dans toutes ses dispositions, et les États membres sont tenus de les appliquer telles qu'elles sont définies par le règlement. Le règlement s'impose à tous les sujets de droit (particuliers, États, institutions), à la différence de la décision, obligatoire seulement pour les destinataires qu'elle désigne.

– Directive : acte juridique pris par le Conseil de l'Union européenne seul ou avec le Parlement selon les cas. La directive lie les États quant à l'objectif à atteindre, mais leur laisse le choix des moyens dans les délais fixés par elle. La non-transposition d'une directive peut faire l'objet d'une procédure de manquement devant la Cour de justice des Communautés européennes.

– Décision : acte juridique pris par le Conseil de l'Union européenne ou par la Commission européenne ; comme le règlement, la décision est obligatoire dans toutes ses dispositions et applicable directement, mais uniquement pour les destinataires qu'elle désigne. Ceux-ci peuvent être des particuliers, des personnes morales ou des États membres.

– Avis et recommandations : actes non obligatoires ; les avis expriment une opinion d'une des institutions européennes ou d'un organe communautaire ; les recommandations sont émises par la Commission européenne ou par le Conseil de l'Union européenne, et constituent une incitation pour les États membres à adopter un comportement particulier.

4. Les autres institutions européennes

4.1. Le Conseil de l'Europe

En plus des institutions mentionnées ci-dessus, il faut signaler l'existence du Conseil de l'Europe, qui ne fait pas partie des institutions européennes au sens strict. Organisation intergouvernementale regroupant aujourd'hui quarante-cinq États membres, il a pour objectifs principaux de défendre les droits de l'homme et de développer la stabilité démocratique en Europe.

Siégeant à Strasbourg, au Palais de l'Europe, il est composé :

– d'un Conseil des ministres rassemblant les ministres des Affaires étrangères des États membres, instance de décision du Conseil ;

– d'une Assemblée parlementaire dont les membres sont désignés par les parlements nationaux ;

– d'un Secrétaire général ;

– du Congrès des pouvoirs locaux et régionaux de l'Europe, organe consultatif représentant les collectivités locales.

Il ne faut pas confondre le Conseil de l'Europe avec l'Union européenne, même si les vingt-cinq États membres de l'Union font aussi partie du Conseil.

[Le site du Conseil de l'Europe : http://www.coe.int]

4.2. La Cour européenne des droits de l'homme

Comme le Conseil de l'Europe, la Cour européenne des droits de l'homme (CEDH) n'est pas une institution de l'Union européenne. C'est une juridiction placée auprès du Conseil de l'Europe chargée de veiller au respect de la Convention européenne de sauvegarde des droits de l'homme et des libertés fondamentales de 1950 par les quarante-cinq États qui l'ont ratifiée.

Créée en 1959 et siégeant à Strasbourg, la CEDH se compose de quarante-cinq juges élus pour six ans. Tout État signataire de la Convention et toute personne résidente s'estimant victime d'une violation de la Convention et qui a épuisé les voies de recours devant les juridictions de son pays peuvent saisir la Cour. À défaut de solution amiable, la Cour prend un arrêté que l'autorité nationale mise en cause est tenue d'appliquer.

[Le site de la Cour européenne des droits de l'homme : http://www.echr.coe.int]

IV. Les bibliothèques et les archives : administrations centrales, principaux types, statuts et organisation

Le présent chapitre propose, de manière succincte, une présentation des principaux corps ou cadres d'emploi des personnels exerçant en bibliothèque. On présentera d'abord les personnels de la fonction publique de l'État, puis ceux de la fonction publique territoriale. Les textes de référence permettront, en tant que de besoin, d'approfondir la présentation. L'exposé des missions des corps ou cadres d'emploi (souvent sujet à discussion) relève directement du texte même des décrets créant statut particulier.

1. L'administration des bibliothèques

Si l'on s'en tient au domaine public, les principales bibliothèques françaises sont gérées d'une part par le ministère en charge de l'Éducation nationale, de l'autre par le ministère en charge de la Culture. Bien d'autres ministères (Agriculture, Défense, etc.) gèrent cependant un certain nombre de bibliothèques, qui ne seront pas évoquées ici.

La notion de « gestion » doit être prise au sens large : certaines bibliothèques sont placées sous la tutelle, parfois ténue, du ministère concerné, d'autres (les bibliothèques des collectivités territoriales notamment) ne sont soumises qu'à un contrôle plus ou moins approfondi et plus ou moins contraignant. En tout état de cause, l'organisation administrative des bibliothèques françaises reste dans le cadre, notamment constitutionnel, défini au chapitre II de cet ouvrage.

De 1945 à 1975[1], les bibliothèques présentées dans ce chapitre étaient placées sous la responsabilité de la Direction des bibliothèques et de la lecture publique (DBLP), au sein du ministère de l'Éducation nationale, puis du secrétariat d'État aux Universités. En juin 1975, les missions liées aux bibliothèques territoriales (bibliothèques municipales, bibliothèques centrales de prêt) furent transférées à la

1. Le premier budget de la DBLP date pour autant de 1946.

nouvelle Direction du livre (devenue en 1982 Direction du livre et de la lecture), dont il sera question plus loin.

La précédente édition de cet ouvrage proposait un historique détaillé de la DBLP d'une part, des différents services ayant précédé, la sous-direction des bibliothèques et de l'information scientifique du ministère en charge de l'Éducation nationale d'autre part. On y renverra le lecteur intéressé, pour en proposer seulement un résumé.

La DBLP a permis, en trente ans, la réalisation d'un grand nombre de projets communs qui, pour être terminés, ont été d'une grande importance dans le développement des bibliothèques françaises : « Catalogue collectif des ouvrages étrangers » (créé en 1952), « Inventaire permanent des périodiques étrangers en cours » (créé en 1955), création de l'École nationale supérieure des bibliothèques en 1963, etc.

L'éclatement de la DBLP en 1975 eut pour effet de répartir la responsabilité des bibliothèques entre deux départements ministériels distincts : le secrétariat d'État aux Universités et le secrétariat d'État à la Culture, qui deviendront ministères en 1978. Les services concernés furent respectivement le Service des bibliothèques (pour les bibliothèques d'études et de recherche, la Bibliothèque nationale, etc.) et la Direction du livre et de la lecture (pour les bibliothèques municipales et les bibliothèques centrales de prêt).

Si la Direction du livre et de la lecture reste relativement stable dans sa structure et dans ses missions (elle sera étudiée en détail plus loin), le Service des bibliothèques est supprimé en 1981 et remplacé par la Direction des bibliothèques, des musées et de l'information scientifique et technique (DBMIST), jusqu'en 1989. Aux compétences du Service des bibliothèques s'ajoute la gestion des musées et de l'information et de l'édition scientifiques et techniques.

La DBMIST a permis la mise en œuvre et la réalisation d'un grand nombre de projets liés au développement des bibliothèques et de l'information scientifique et technique, qui ne peuvent être qu'énumérés : catalogue collectif national des publications en série, RAMEAU, Pancatalogue, Téléthèses, unités régionales de formation et de promotion pour l'information scientifique et technique (URFIST), etc. En 1981, la tutelle de la Bibliothèque nationale est transférée au ministère de la Culture, et plus précisément à la Direction du livre et de la lecture.

À la DBMIST, supprimée en avril 1989, succède la sous-direction des bibliothèques, entre 1989 et 1993. En 1993, la sous-direction des bibliothèques est rattachée à la nouvelle Direction de l'information scientifique et technique des bibliothèques (DISTB), avant de céder la place en 2006 à l'organisation actuelle, qui sera étudiée plus loin.

2. Le ministère en charge de la Culture

Le premier ministère des Affaires culturelles a été créé par André Malraux qui fut, de 1959 à 1969, ministre d'État chargé des Affaires culturelles. Les attributions du ministère sont alors, pour partie, issues de celles du ministère de l'Éducation nationale (direction générale des arts et lettres, direction de l'architecture, direction des archives de France) et, pour partie, d'autres services ministériels, comme le ministère de l'Industrie et du Commerce (Centre national de la cinématographie).

L'organisation progressive du ministère est complétée par la mise en place de comités régionaux des affaires culturelles (1963), de conseillers régionaux pour la création artistique (1965) et des trois premières directions régionales des affaires culturelles (1969), préfigurant la progressive déconcentration des services du ministère.

[Le site du ministère de la Culture : http://www.culture.gouv.fr]

2.1. Les principales directions du ministère en charge de la Culture

Le ministère de la Culture et de la Communication est organisé autour d'un certain nombre de directions et de délégations, dont les principales sont[1] :

- Direction des archives de France ;
- Direction des musées de France ;
- Direction de la musique et de la danse, du théâtre et des spectacles ;
- Direction de l'architecture et du patrimoine ;
- Direction du livre et de la lecture[2] ;
- Délégation générale à la langue française et aux langues de France ;
- Délégation aux arts plastiques.

Le centre national de la cinématographie (CNC), établissement public, a un statut spécifique au sein du ministère, qu'on peut cependant assimiler au rôle d'une direction d'administration centrale pour le secteur concerné, cinéma mais aussi télévision et audiovisuel au sens large.

Parmi les autres services ministériels, on peut citer le Département de l'information et de la communication, qui gère le portail « Culture.fr ».

Le ministère gère des services à compétence nationale ou assimilés, qui ne sont ni directement des services d'administration centrale, ni des services déconcentrés. C'est notamment le cas de certains musées nationaux, des différents services des archives nationales, des manufactures nationales, de la médiathèque de l'architecture et du patrimoine, etc.

Le ministère gère deux types de services déconcentrés, les directions régionales des affaires culturelles (DRAC) au niveau de la région, et les services départementaux de l'architecture et du patrimoine (SDAP) au niveau du département[3].

---

1. Au 1er mars 2006.
2. Les missions de cette direction sont étudiées plus avant.
3. Ces derniers, dont le transfert aux conseils généraux est évoqué, ne seront pas examinés dans le cadre de cet ouvrage.

Le ministère de la Culture assure en outre la tutelle d'un très grand nombre d'établissements publics, parmi lesquels : Bibliothèque publique d'information, Bibliothèque nationale de France, Cité des sciences et de l'industrie, Centre national d'art et de culture Georges-Pompidou, Institut national du patrimoine, Réunion des musées nationaux, l'essentiel des musées nationaux constitués en établissements publics, un certain nombre d'écoles nationales comme l'École nationale supérieure des beaux-arts, etc.

Un certain nombre d'organismes ou de services relevant des collectivités territoriales sont aussi placés sous son contrôle scientifique, technique ou pédagogique : bibliothèques centrales de prêt, bibliothèques municipales, archives régionales, départementales et communales, musées territoriaux, écoles municipales et régionales d'art, etc.

2.2. Les directions régionales des affaires culturelles

Les premières directions régionales des affaires culturelles (DRAC) ont été mises en place en 1969 et, depuis 1977, il en existe une dans chaque région française (régions d'outre-mer comprises). La loi du 6 février 1992 organisant l'administration territoriale de la République en a fait des services déconcentrés de l'État, placés sous l'autorité du préfet de région.

Les DRAC sont chargées de la mise en œuvre, au niveau régional, des priorités définies par le ministère de la Culture. Proposant aux préfets l'attribution des soutiens financiers de l'État, elles exercent aussi une fonction de conseil et d'expertise auprès des partenaires culturels et des collectivités territoriales.

Les missions des DRAC portent sur tous les secteurs d'activité du ministère : patrimoine, musées, archives, livre et lecture publique, musique et danse, théâtre et spectacles, culture scientifique et technique, arts plastiques, cinéma et audiovisuel. Elles sont les représentantes en région de toutes les directions et de tous les services du ministère.

Elles assurent la mise en œuvre de l'ensemble des interventions du ministère de la Culture en fonction d'objectifs prioritaires : aménagement du territoire et élargissement des publics, éducation artistique et culturelle, économie culturelle.

Dans ce domaine, les DRAC favorisent le développement des structures publiques et privées de diffusion du livre, de l'écrit et de la documentation sur divers supports, et attribuent des subventions aux collectivités locales, établissements publics et associations.

Le directeur régional des affaires culturelles est assisté, dans chaque domaine spécifique, de conseillers spécialisés. C'est notamment le cas pour le domaine du livre et de la lecture[1].

Les directions régionales des affaires culturelles ayant toutes été, en application de la LOLF, érigées en centres de responsabilité, elles bénéficient désormais

---

1. Pour une présentation de l'activité des conseillers pour le livre et la lecture, voir plus bas la présentation de la Direction du livre et de la lecture.

d'une plus grande souplesse de fonctionnement grâce à la globalisation des crédits d'intervention.

[La liste des directions régionales des affaires culturelles : http://www.culture.gouv.fr/culture/regions/index.html]

2.3. La Direction du livre et de la lecture

Créée en tant qu'administration centrale du ministère de la Culture et de la Communication en 1981, la Direction du livre et de la lecture assure un rôle d'évaluation et de réglementation dans le domaine du livre et de la lecture. Elle s'appuie pour la mise en œuvre de la politique de l'État sur les directions régionales des affaires culturelles, et tout particulièrement leurs conseillers pour le livre et la lecture.

La Direction du livre et de la lecture exerce la tutelle sur la Bibliothèque nationale de France, sur la Bibliothèque publique d'information et sur le Centre national du livre.

2.3.1. Missions

D'un point de vue général, les missions de la direction sont les suivantes :

En matière de lecture publique, elle suit les questions relatives au fonctionnement et à l'équipement des bibliothèques ; elle impulse et coordonne les politiques de développement de la lecture ; elle collecte les données statistiques nécessaires à l'évaluation de ces politiques et assure le contrôle technique des bibliothèques municipales et des bibliothèques départementales de prêt, grâce à l'Inspection générale des bibliothèques.

En matière patrimoniale et documentaire, elle suit les questions de conservation, de mise en valeur et d'enrichissement – notamment par l'exercice du droit de préemption – des fonds patrimoniaux des bibliothèques. Elle assure la coordination entre le réseau des bibliothèques et la Bibliothèque nationale de France, en particulier en matière de dépôt légal, de constitution des collections et de catalogage.

En matière d'économie du livre, elle traite des questions posées par la création, l'édition, la diffusion, la distribution et la promotion du livre en France et à l'étranger ; elle contribue notamment au développement des entreprises d'édition et de librairie, à l'intégration des nouvelles technologies, au renforcement de l'exportation, ainsi qu'aux études et recherches sur la lecture et l'économie du livre.

2.3.2. Organisation fonctionnelle

Hors les bureaux présentés ci-dessous, la Direction du livre et de la lecture inclut un service chargé de la communication et un important centre de documentation sur tous les domaines liés au livre (édition, librairie, bibliothèque).

Plusieurs chargés de mission (affaires européennes et internationales, audiovisuel, action régionale, etc.) assistent le directeur.

La Direction du livre et de la lecture comprend :

• Le bureau des affaires générales : il gère les moyens humains, financiers et matériels de la direction et contribue au suivi des questions relatives aux personnels des bibliothèques. À ce titre, il suit les carrières et les effectifs des personnels des bibliothèques affectés au ministère de la Culture et siège aux commissions administratives paritaires des personnels des bibliothèques gérés par le ministère chargé de l'Enseignement supérieur ; il prépare les commissions administratives paritaires des personnels gérés par le service du personnel et des affaires sociales du ministère de la Culture.

Le bureau des affaires générales organise le comité technique paritaire de la Direction du livre et de la lecture, participe au comité d'action sociale du ministère, ainsi qu'aux audiences syndicales du Directeur du livre et de la lecture. Il prépare et exécute le budget de la Direction du livre et de la lecture, notamment en engageant et en ordonnançant les crédits. Il inclut deux cellules :
– Cellule de l'action régionale : la cellule contribue à l'évaluation de la politique menée en matière de livre et de lecture dans les DRAC, afin de pouvoir modifier les dispositifs en cours et d'en proposer d'autres adaptés à la réalité des régions. Elle participe à la rédaction de la directive nationale d'orientation et à la répartition budgétaire des crédits des services déconcentrés.
– Cellule de la formation : la cellule a une mission de réflexion et d'orientation de la formation initiale et de la formation continue des personnels des bibliothèques, qu'ils relèvent de la fonction publique d'État ou de la fonction publique territoriale.

• Le département des bibliothèques publiques et du développement de la lecture : le département est responsable de la coordination des actions de l'État en faveur du réseau des bibliothèques de lecture publique et des politiques de développement de la lecture en direction des différents publics, ainsi que de la tutelle de la Bibliothèque publique d'information. Le département comprend deux bureaux :

– le bureau du développement de la lecture : il s'occupe des actions et manifestations en direction des jeunes, de la lutte contre l'illettrisme et l'exclusion, des actions en faveur des publics défavorisés ou captifs (hôpitaux, casernes, prisons, etc.), du soutien à la création dans les bibliothèques municipales de services destinés aux aveugles et malvoyants ; il participe en outre à l'aménagement culturel du territoire, par l'encouragement à l'implantation d'un réseau de bibliothèques annexes ou de petites structures dans les zones rurales ;

– le bureau des bibliothèques territoriales : ce bureau suit les questions concernant le statut des bibliothèques municipales et des bibliothèques départementales de prêt. En particulier, il assure des fonctions d'expertise et de conseil pour la construction et l'aménagement de ces établissements, ainsi qu'un rôle d'évaluation statistique et de contrôle en liaison avec l'Inspection générale des bibliothèques. Le bureau, en collaboration avec la Direction générale des collectivités locales, suit également les questions relatives aux aides qu'apporte l'État au fonctionnement et à l'investissement des bibliothèques territoriales au sein de la dotation générale de décentralisation (DGD)[1].

Depuis 2003, le bureau des bibliothèques territoriales anime et coordonne la mise en œuvre du programme national de développement des médiathèques de proximité, appelées « ruches ».

• Le département des politiques documentaires et patrimoniales : ce département coordonne les actions menées d'une part dans le domaine de l'information documentaire et scientifique à travers les réseaux de la Bibliothèque nationale de France et les grands projets de numérisation, d'autre part en faveur de l'enrichissement des collections patrimoniales des bibliothèques municipales. Le département comprend deux bureaux :

– le bureau des politiques documentaires : ce bureau est chargé de mener l'expertise scientifique des projets et des activités de la BnF dans les domaines de la bibliothéconomie, de veiller à la coopération de la BnF avec les autres bibliothèques françaises, et d'encourager le développement des projets de numérisation dans les bibliothèques publiques ;

– le bureau du patrimoine : ce bureau s'intéresse aux collections patrimoniales des bibliothèques publiques françaises, soit plus de 5 millions de livres, mais aussi d'importants fonds de périodiques, de manuscrits, d'estampes, de cartes et de plans, de monnaies et de médailles, etc. Le bureau réalise des documents concernant la préservation et la conservation des collections, assure la gestion des aides à la restauration des documents, et contribue à l'enrichissement des collections en exerçant, pour le compte des bibliothèques, le droit de préemption de l'État dans les ventes aux enchères. Il met aussi en œuvre le soutien financier de l'État aux acquisitions patrimoniales effectuées par les bibliothèques municipales par sa participation à l'activité et au développement des fonds régionaux d'acquisition des bibliothèques (FRAB). Il contribue au signalement et à la mise en valeur des collections en coordonnant de grandes entreprises catalographiques et scientifiques.

• Le département de l'économie du livre : ce département suit toutes les questions relatives à l'évolution du secteur marchand de la chaîne du livre. Le département a un rôle d'analyse, de conseil et d'accueil des professionnels en exercice comme des futurs professionnels, met en œuvre les crédits d'intervention de l'État

1. Voir chapitre VIII.

dans ces domaines. Il est organisé autour de deux bureaux, le bureau du livre français à l'étranger et le bureau de l'édition et de la librairie.

• Le service de la communication, commun à la Direction du livre et de la lecture et au Centre national du livre, est chargé notamment de la valorisation de manifestations nationales comme « Lire en fête », fête du livre et de la lecture qui se déroule en octobre, et « Les belles étrangères », tournées de présentation en France d'une douzaine d'écrivains représentatifs de pays dont la littérature est peu traduite en français.

La Direction du livre et de la lecture assure en outre la collecte et le traitement des données statistiques concernant les bibliothèques publiques.

2.3.3. Les conseillers pour le livre et la lecture

L'action de la Direction du livre et de la lecture s'appuie aussi sur le rôle de la quarantaine de conseillers pour le livre et la lecture placés auprès des directeurs régionaux des affaires culturelles. Ceux-ci proposent aux préfets l'attribution des soutiens financiers de l'État et exercent une fonction de conseil et d'expertise auprès des partenaires culturels et des collectivités territoriales, notamment pour la conservation et la valorisation du patrimoine écrit, l'économie du livre, la vie littéraire et les dossiers de subvention destinés au Centre national du livre. Ils instruisent les dossiers liés à la deuxième part du concours particulier.

La Fédération interrégionale du livre et de la lecture

Structure associative créée en 1985 sous le nom de Fédération française pour la coopération des bibliothèques, des métiers du livre et de la documentation (FFCBmld), et devenue en 2006 la FILL, la Fédération interrégionale du livre et de la lecture réunit les structures régionales de coopération dans le domaine du livre et de la documentation, les institutions publiques nationales à vocation documentaire, les associations ou organismes ayant dans leurs missions des actions de coopération dans le domaine de la documentation, du livre et de la lecture.
Elle développe un certain nombre d'opérations autour de grands axes : inventaire, sauvegarde, restauration et mise en valeur du patrimoine écrit (organisation chaque automne du « Mois du patrimoine écrit ») ; développement de la lecture, notamment en direction du milieu pénitentiaire ; renforcement du dialogue entre les différents métiers du livre.
La FILL fédère notamment les activités des agences de coopération et des centres régionaux pour le livre mis en place dans différentes régions.

[Le site de la FILL : http://www.ffcb.org]

Leurs missions prioritaires sont :
- le soutien aux opérations de promotion du livre ;
- l'encouragement au développement de la lecture et à la lutte contre l'illettrisme ;
- le soutien aux actions de coopération des bibliothèques entre elles et à la mise en place de réseaux de bibliothèques publiques ;
- la mise en valeur du patrimoine écrit.

2.4. Les établissements publics sous tutelle de la Direction du livre et de la lecture

Trois établissements aux missions, moyens et fonctionnements très différents sont sous la tutelle de la Direction du livre et de la lecture : le Centre national du livre, la Bibliothèque nationale de France et la Bibliothèque publique d'information, qui sont présentés et décrits ci-dessous.

À ces établissements il faudrait pouvoir ajouter la Joie par les livres – Centre national du livre pour enfants, placé sous la tutelle de la Direction du livre et de la lecture depuis 1997 et géré depuis cette date par l'Association des amis de la Joie par les livres. Cet ensemble assure un certain nombre de missions nationales autour de la littérature de jeunesse : information et documentation, à travers un centre de ressources et un fonds de et sur la littérature pour la jeunesse unique en France ; formation à travers des stages, journées d'études, colloques, etc. ; publication avec notamment *La Revue des livre pour enfants*.

[Le site de la Joie par les livres : http://www.lajoieparleslivres.com]

2.4.1. Le Centre national du livre

2.4.1.1. Missions

Le Centre national du livre (CNL) est issu de la création, en 1930, de la Caisse nationale des lettres destinée à attribuer des secours aux écrivains et à leurs familles. Après sa suppression, est établi en 1946 un établissement public national doté de la personnalité civile et de l'autonomie financière, conservant le nom de Caisse nationale des lettres, dont le but est de soutenir l'activité littéraire et l'édition françaises. En 1973, l'établissement prend le nom de Centre national des lettres, devenu en 1993 le Centre national du livre.

Le directeur du livre et de la lecture est aussi président du Centre national du livre : les liens entre ces deux organismes, bien que l'un soit un service du ministère de la culture et l'autre un établissement public, sont donc extrêmement étroits.

2.4.1.2. Organisation fonctionnelle

Le CNL bénéficie de taxes fiscales qui lui sont affectées : une redevance de 3 % sur la vente du matériel de reprographie et une redevance de 0,20 % sur le chiffre d'affaires de l'édition (sauf des petits éditeurs). La taxe sur le matériel de reprographie est destinée à compenser les pertes financières subies, notamment par les auteurs et leurs éditeurs, par le fait de la pratique de la photocopie[1]. À ces redevances s'ajoute une subvention annuelle de l'État.

Le budget d'intervention du CNL est consacré à l'ensemble des partenaires de la chaîne du livre : auteurs, éditeurs de livres et de revues, libraires, bibliothécaires, associations littéraires. Ces modalités d'intervention sont diverses et varient selon les partenaires impliqués : subventions, prêts, mais aussi, pour les éditeurs et les libraires, avances remboursables sans intérêt.

Le fonctionnement du CNL est basé sur l'activité de treize commissions, qui se réunissent trois fois par an, réparties par disciplines ou par types d'interventions, et composées de plus de 200 spécialistes – écrivains, universitaires, journalistes, chercheurs, artistes, etc. Les commissions étudient les demandes et émettent un avis consultatif sur l'attribution d'aides aux auteurs, éditeurs, entreprises d'édition, libraires, bibliothèques, revues et associations de promotion de la vie littéraire.

Les aides peuvent prendre la forme de bourses de création ou d'années sabbatiques pour les auteurs, de soutien de projets éditoriaux (aide à la traduction, aide à l'achat de droits pour des ouvrages illustrés, etc.), d'aides pour les libraires (informatisation) ou pour les bibliothèques, soit lors de leur première année de fonctionnement, soit pour les aider à acquérir des ouvrages en langue française de vente lente ou difficile.

Le CNL prend en charge la coordination et la communication, et une partie de l'organisation des manifestations nationales « Les belles étrangères » et « Lire en fête ».

[Le site du Centre national du livre : http://www.centrenationaldulivre.fr]

2.4.2. La Bibliothèque nationale de France

Il existe, administrativement, deux bibliothèques nationales en France : la Bibliothèque nationale de France et la Bibliothèque nationale et universitaire de Strasbourg. Cette dernière, « nationale » essentiellement pour des raisons historiques, sera étudiée plus loin. Le présent chapitre sera uniquement consacré au fonctionnement de la Bibliothèque nationale de France, ancienne Bibliothèque nationale.

---

1. Notons que, selon des modalités différentes qui seront examinées dans le chapitre consacré au régime financier des bibliothèques, c'est aussi le cas du Centre français de la copie.

2.4.2.1. Historique

En 1522, François Ier crée à Fontainebleau la Librairie royale, confiée à l'humaniste Guillaume Budé. En 1537, le roi institue par une ordonnance du 28 décembre l'obligation aux imprimeurs et aux libraires de déposer à la librairie du château de Blois tout livre imprimé et mis en vente dans le royaume, obligation connue plus tard sous le nom de dépôt légal. La bibliothèque connaît son véritablement développement sous le règne de Louis XIV. Colbert, son ministre, fait transférer les collections dans le quartier Richelieu, à Paris. En quelques décennies, la bibliothèque devient la plus grande d'Europe. À la Révolution, la bibliothèque du Roi, devenue Nationale, enrichit considérablement ses fonds grâce aux confiscations pratiquées en France et à l'étranger : biens du clergé, bibliothèques des émigrés, collections particulières des princes, etc.

La première moitié du XIXe siècle est marquée par l'accroissement important des collections, qui rend de plus en plus aigu le manque de place dans le quadrilatère délimité par les rues de Richelieu, Colbert, Vivienne et des Petits-Champs. Sous le règne de Napoléon III, l'architecte Henri Labrouste assure la reconstruction sur place d'une partie des bâtiments. À partir de 1874, l'administrateur général Léopold Delisle lance la réalisation du *Catalogue général des livres imprimés* dont la partie « Auteurs » ne sera terminée qu'en 1981. Au XXe siècle, la bibliothèque ne cesse de croître, avec notamment la construction de trois annexes à Versailles (1934, 1954 et 1971), la construction d'un immeuble à proximité du quadrilatère Richelieu pour abriter le département de la Musique et la Phonothèque nationale (1964).

Le renforcement du dépôt légal, considérablement amélioré par la loi du 19 mai 1925, contribue à l'expansion des collections en instituant le double dépôt imprimeurs et éditeurs. Les locaux de la bibliothèque compris dans le quadrilatère Richelieu sont saturés. À cette saturation s'ajoutent les problèmes de conservation des documents : documents sur papier acide, nouveaux supports audiovisuels, etc.

Le 14 juillet 1988, le président de la République, François Mitterrand, annonce la création de « l'une ou de la plus grande et la plus moderne bibliothèque du monde ». Dans un premier temps, cette bibliothèque était prévue pour accueillir les collections d'imprimés postérieures à 1945, le reste des collections demeurant dans les locaux historiques de la Bibliothèque nationale. Mais, devant la polémique soulevée par cette mesure, le ministre de la Culture, Jack Lang, décide d'abandonner cette césure en faveur du transfert de l'ensemble des collections d'imprimés et audiovisuelles dans le nouveau bâtiment.

Au terme d'un concours international, c'est le projet de Dominique Perrault qui est choisi par le président de la République, en juillet 1989. Une association de préfiguration de l'Établissement public de la Bibliothèque de France est chargée de la gestion du projet de construction et d'aménagement du nouveau bâtiment.

La Bibliothèque nationale et l'Établissement public de la Bibliothèque de France créé entre-temps deviennent un seul et même établissement en janvier 1994, nommé Bibliothèque nationale de France, tandis que se poursuit la construction du bâtiment, situé en bordure de Seine dans le XIIIe arrondissement de

Paris. La bibliothèque d'étude (haut-de-jardin), accessible à tous, ouvre en décembre 1996, la bibliothèque de recherche (rez-de-jardin), bibliothèque patrimoniale de dernier recours, sur accréditation, en octobre 1998.

[Le site de la Bibliothèque nationale de France : http://www.bnf.fr]

2.4.2.2. Missions

2.4.2.2.1. Constitution des collections

L'évaluation actuelle des fonds de la BnF indique plus de 13 millions de livres et d'imprimés, 250 000 volumes de manuscrits, 350 000 titres de périodiques, environ 12 millions d'estampes, photographies et affiches, plus de 800 000 cartes et plans, 2 millions de pièces musicales, un million de documents sonores, plusieurs dizaines de milliers de vidéos et de documents multimédias, 530 000 monnaies et médailles, etc.

Comme toute bibliothèque, la Bibliothèque nationale de France a une mission de constitution de collections. Ces acquisitions se font par différents moyens, dont le principal reste le dépôt légal.

2.4.2.2.1.1. Le dépôt légal

Le dépôt légal a été instauré par une ordonnance dite de Montpellier du 28 décembre 1537 prise par François Ier, et faisant obligation à tous les imprimeurs et libraires du royaume de déposer à la librairie du château de Blois tout livre imprimé mis en vente dans le royaume. Supprimé sous la Révolution au nom de la liberté, rétabli en 1793 pour protéger la propriété littéraire, le dépôt légal a élargi depuis lors son étendue en s'adaptant aux nouveaux procédés et aux nouveaux médias (estampe, photographie, son, image animée, multimédia, Internet, etc.).

Dans le même temps, le dépôt légal a connu un accroissement quantitatif continu, à l'image de la production éditoriale : de moins de 400 volumes déposés par an en moyenne à la fin du XVIIIe siècle, on est passé à plus de 60 000 ouvrages déposés en 2004.

Le Code du patrimoine (articles L 131-1 à L 133-1), le décret d'application n° 93-1429 du 31 décembre 1993 et le décret n° 2006-696 du 13 juin 2006 modifiant le précédent régissent actuellement le dépôt légal sur l'ensemble du territoire national[1].

2.4.2.2.1.1.1. Documents concernés

Le dépôt légal permet la collecte et la conservation des documents de toute nature publiés, produits ou diffusés en France, la constitution et la diffusion de la Bibliographie nationale française, et la consultation des documents à la Biblio-

1. La loi sur le dépôt légal est en cours de modification, en particulier pour les aspects relatifs à la collecte des sites Internet. Le Titre IV, articles 21 à 27, de la loi « DADVSI » (droit d'auteur et droits voisins dans la société de l'information) institue le dépôt légal du Web et autorise les organismes dépositaires à reproduire et numériser les documents reçus au titre du dépôt légal, sur tout support, pour garantir leur conservation et les conditions de leur consultation.

thèque nationale de France, sous réserve des secrets protégés par la loi, dans des conditions compatibles avec la conservation de ces documents et dans le respect de la législation sur la propriété intellectuelle.

On distingue le dépôt légal imprimeur, dont la responsabilité est partagée entre la Bibliothèque nationale de France et d'autres bibliothèques, et le dépôt légal éditeur, dont la responsabilité[1] incombe entièrement à la BnF.

Le dépôt légal à la BnF s'applique aux documents suivants, dès lors qu'ils sont mis à la disposition d'un public : livres, brochures et périodiques ; cartes, plans, globes et atlas géographiques ; musique imprimée (partitions musicales, chorégraphies) ; estampes, photographies et autres documents graphiques (gravures, cartes postales, affiches) ; documents sonores de toute nature ; vidéogrammes non fixés sur support chimique ; documents multimédias, bases de données et documents informatiques (cédéroms, etc.).

2.4.2.2.1.1.2. Organisation fonctionnelle

À la BnF, la coordination du dépôt légal est assurée par l'Agence bibliographique nationale, mais la collecte et le traitement des documents sont organisés par type de documents et confiés à cinq départements spécialisés :

– Département du dépôt légal pour les documents imprimés ;

– Département de l'audiovisuel pour les documents audiovisuels, multimédias et tous les documents numériques sur support ;

– Département des estampes et de la photographie pour la photographie, l'imagerie et les affiches ;

– Département de la musique pour la musique imprimée ;

– Département des cartes et plans pour les cartes et plans.

L'Agence s'appuie sur un comité de coordination du dépôt légal (CCDL) composé de représentants des départements gestionnaires du dépôt légal. Il émet des recommandations sur la gestion du dépôt légal sous tous ses aspects, et convoque et anime si nécessaire des groupes techniques sur des sujets précis.

2.4.2.2.1.1.3. Autres organismes dépositaires

Outre la BnF, d'autres organismes sont habilités à recevoir une « autre partie » du dépôt légal :

– bibliothèques habilitées : dépôt légal imprimeur en région pour les livres, brochures et périodiques, cartes postales, affiches, etc.[2] ;

– Centre national de la cinématographie : vidéogrammes fixés sur support photochimique et matériels de promotion des films ;

– Institut national de l'audiovisuel : documents sonores et audiovisuels radiodiffusés et télédiffusés et leurs documents d'accompagnement.

– Ministère de l'Intérieur : périodiques.

1. Sauf pour certains types de documents.
2. Il s'agit pour l'essentiel de bibliothèques municipales classées.

2.4.2.2.1.1.4. Données chiffrées

Le dépôt légal permet de collecter chaque année, en moyenne (chiffres 2004) :
- 65 000 titres de livres, représentant plus de 200 000 exemplaires ;
- 60 000 périodiques, représentant plus de 1,4 million de fascicules ;
- 3 000 cartes et plans, représentant 11 000 unités matérielles ;
- 10 000 affiches ;
- 13 000 phonogrammes, représentant 27 000 unités matérielles ;
- 8 000 vidéogrammes, représentant 16 000 unités matérielles.

Le dépôt légal inclut aussi les livres d'artistes, les estampes, les photographies d'art, les affiches, les partitions, les documents multimédias[1], etc.

2.4.2.2.1.2. Les acquisitions

Parallèlement aux documents français entrés par dépôt légal, la BnF enrichit ses collections par tous modes d'acquisitions : acquisitions onéreuses, dons, dations, dépôts, legs. Les acquisitions patrimoniales concernent principalement les documents spécialisés. Les acquisitions courantes permettent de combler les manques et d'acquérir une part significative de la production éditoriale étrangère dans tous les domaines de la connaissance. Elles sont notamment nécessaires pour la constitution et le développement des collections accessibles au haut-de-jardin sur le site François-Mitterrand (voir *infra*). Elles sont par ailleurs indispensables pour constituer une collection de référence dans le domaine étranger. Le rythme d'acquisition actuel est d'environ 60 000 volumes par an. Par ailleurs, la BnF acquiert des documents rares et précieux, au besoin en exerçant son droit de préemption[2] lors de ventes publiques.

En 2005, la BnF s'est dotée d'une charte documentaire des acquisitions qui, département par département, précise les principes d'acquisition de la bibliothèque dans le contexte particulier qui est le sien. La *Charte documentaire des acquisitions de la Bibliothèque nationale de France* décrit les principes fondamentaux qui président aux enrichissements des collections de la bibliothèque par des documents sur supports matériels, et les modalités de leur mise en œuvre à travers les départements de collections. Elle concerne l'ensemble des départements de collections, l'ensemble des supports collectés et l'ensemble des modes d'entrées (excepté le dépôt légal des monographies et des périodiques qui ne fait pas partie du champ couvert par cette charte).

2.4.2.2.1.3. Autres types d'enrichissements

2.4.2.2.1.3.1. Dations en paiement

Des documents peuvent être affectés à la BnF en paiement des droits de mutation ou de l'impôt de solidarité sur la fortune.

1. Certains documents de ce type aux tirages très faibles sont cependant exemptés de dépôt.
2. Possibilité pour l'État d'acquérir des documents en vente publique à la dernière enchère, en lieu et place du dernier enchérisseur.

2.4.2.2.1.3.2. Dépôts, dons et legs

Les dons et legs permettent aussi d'enrichir les collections de la Bibliothèque : en 1881, Victor Hugo donne tous ses manuscrits ; en 1958, le baron de Rothschild fait don de sa collection de 5 000 fers à dorer ; en 1984, Charles Delaunay offre une inestimable collection de disques de jazz, etc. Parmi les dépôts, on peut citer celui des collections de la Société de géographie en 1941.

2.4.2.2.2. Conservation des collections

Sur le site historique de Richelieu, les services de restauration de la BnF comprennent un atelier central et des ateliers spécialisés par types de documents (globes, médailles, estampes, etc.). De plus, le service technique installé sur les sites de Bussy-Saint-Georges et François-Mitterrand et le centre Joël-Le-Theule de Sablé-sur-Sarthe (voir la présentation par départements) assurent des activités de restauration, de désacidification[1], de microfilmage et de numérisation.

En matière de conservation préventive, des conditions climatiques rigoureuses sont imposées dans les magasins du site Tolbiac : température constante de 18 °C et taux d'hygrométrie de 50 %.

La BnF dispose de trois laboratoires de recherche : le laboratoire de Richelieu et celui de Bussy-Saint-Georges sont chargés de contrôler les conditions climatiques des magasins des différents sites de la bibliothèque. Ils ont aussi en charge l'analyse des matériaux utilisés en restauration, mais aussi dans les collections, tandis que le laboratoire du centre de Sablé-sur-Sarthe a entre autres la responsabilité de l'unité de désacidification.

2.4.2.2.3. Catalogage des collections

2.4.2.2.3.1. Historique

À partir du XVIIe siècle, l'accroissement des collections et l'obligation de les communiquer amènent les bibliothécaires à créer les outils nécessaires au classement et à la description des collections. Nicolas Clément, entré à la Bibliothèque du Roi en 1670, élabore une classification des livres imprimés dont les grands principes ont perduré jusqu'à la fin du XXe siècle. Un premier catalogue imprimé est réalisé au XVIIIe siècle. Le premier volume du *Catalogue général des livres imprimés* est publié en 1897 sous l'administration de Léopold Delisle. Il ne sera achevé qu'en 1981 avec la sortie du tome 231 et dernier du catalogue général des auteurs, soit environ 2 millions de notices. Il sera ensuite complété par le *Catalogue général des imprimés des origines à 1970.*

L'informatisation débute en 1975, pour les ouvrages et périodiques français reçus au titre du dépôt légal. La base BN-Opale est mise en service en décembre 1987 et arrêtée en février 2002, et enrichie jusqu'à offrir en ligne le catalogue des entrées françaises et étrangères depuis 1970. La base GEAC Libre-accès permit

1. Cette technique est plus particulièrement utilisée pour le traitement de documents imprimés depuis le XIXe siècle sur un papier de mauvaise qualité dont l'acidité évolue avec le temps, dégradant inexorablement le support.

de constituer de 1992 à février 2002 le catalogue des salles de lecture du site François-Mitterrand et des collections numérisées.

2.4.2.2.3.2. État actuel

Deux catalogues en ligne recensent l'essentiel des collections.

• BN-Opale Plus : c'est le catalogue général de la BnF. En 2003, il totalise 8,7 millions de notices bibliographiques de livres, périodiques et de documents audiovisuels correspondant à 10 millions de volumes conservés en magasins ou en libre accès sur le site François-Mitterrand, soit 7 millions de notices de documents imprimés (monographies, périodiques), 380 000 notices de collections imprimées en accès libre, 300 000 notices de documents numérisés et 850 000 notices de documents audiovisuels. En outre, la base contient 4,7 millions de notices d'autorité garantissant la cohérence des accès auteurs, titres et matières.

• BN-Opaline : c'est le catalogue des fonds spécialisés de la BnF. Il totalise près de 1,2 million de notices correspondant aux départements spécialisés du site Richelieu, mais aussi de la bibliothèque-musée de l'Opéra et de la maison Jean-Vilar à Avignon : cartes, plans et globes (305 000 notices), estampes et photographies (276 000 notices), monnaies, médailles et antiques (26 000 notices), arts du spectacle (54 000 notices), cinéma (62 000 notices), musique imprimée et manuscrite (177 000 notices), ainsi que le Répertoire national des manuscrits littéraires français du XXe siècle, soit 107 000 notices.

Les deux bases devraient, avant la fin 2006, fusionner. Par ailleurs, il existe encore un certain nombre de fonds non décrits dans les catalogues en ligne : collections en alphabets non latins, manuscrits, incunables, etc.

2.4.2.3. Organisation administrative

Aux termes du décret n° 94-3 du 3 janvier 1994, la Bibliothèque nationale de France est un établissement public à caractère administratif placé sous la tutelle du ministre de la Culture, dirigé par son président, nommé par décret en conseil des ministres ; il est assisté d'un directeur général qui peut recevoir toutes les délégations du président. La BnF est administrée par un conseil d'administration. Le conseil scientifique définit la politique de recherche de l'établissement.

2.4.2.3.1. Le président

Le président de la BnF est nommé par décret en conseil des ministres pour une durée de trois ans renouvelable, sur proposition du ministre chargé de la Culture.

Le président dirige l'établissement public. À ce titre, il prépare les délibérations du conseil d'administration et en exécute les décisions, gère le personnel et recrute les personnels contractuels, a autorité sur l'ensemble des personnels de l'établissement et les affecte dans les différents services, est ordonnateur des recettes et des dépenses de l'établissement.

Le président conclut les contrats, conventions et marchés, représente l'établissement en justice, assure la présidence du conseil scientifique du dépôt légal.

Il peut déléguer sa signature au directeur général.

2.4.2.3.2. Le directeur général

Le directeur général de la BnF est nommé par décret sur proposition du président de l'établissement.

Il assiste le président dans ses fonctions et, à ce titre, il peut recevoir de lui toute délégation pour assurer la direction des services de l'établissement.

2.4.2.3.3. Le conseil d'administration

Le conseil d'administration de la BnF comprend, outre le président de l'établissement qui le préside, dix-neuf membres désignés, à l'exception des membres de droit, pour une durée de trois ans renouvelable une fois.

Il comprend cinq membres de droit :

– le directeur du livre et de la lecture ;
– le directeur de l'administration générale du ministère de la Culture ;
– le directeur des Archives de France ;
– le directeur du budget ;
– le directeur chargé des bibliothèques universitaires au ministère en charge de l'Enseignement supérieur.

Il comprend aussi :

– un membre du Conseil d'État ;
– trois représentants respectivement du ministre chargé de la Communication, du ministre chargé de la Recherche et du ministre des Affaires étrangères ;
– quatre représentants élus du personnel ;
– quatre personnalités du monde culturel, scientifique et économique désignées ;
– deux représentants élus des usagers.

Le directeur général, le président du conseil scientifique, le contrôleur financier et l'agent comptable assistent aux séances avec voix consultative.

Le conseil d'administration se réunit au mois trois fois par an, et délibère notamment sur les orientations de l'établissement, son programme d'activités et d'investissement, son budget, le rapport annuel d'activité, l'organisation générale des services, l'acceptation des dons et legs, etc.

Il est consulté sur le règlement intérieur de l'établissement et les conditions d'ouverture au public.

2.4.2.3.4. Le conseil scientifique

Le conseil scientifique, qui se réunit au moins une fois par an, est consulté sur toutes les questions relatives aux orientations de l'établissement et à ses activités de recherche, et il fait toute proposition relative à la politique scientifique de l'établissement.

Le conseil scientifique de la BnF est composé de dix-sept membres. Les membres autres que de droit sont nommés pour trois ans, et le président du conseil scientifique est nommé en son sein par le ministre de la Culture.

Les trois membres de droit sont :
– le président du Conseil supérieur des bibliothèques ;
– le chef de la mission de la recherche et de la technologie au ministère chargé de la Culture ;
– le chef de la mission scientifique et technique au ministère chargé de l'Enseignement supérieur et de la Recherche.

Parmi les autres membres, on relève :
– deux membres élus du corps des conservateurs des bibliothèques affectés à la BnF ;
– deux membres élus représentant les autres personnels scientifiques et techniques de l'établissement ;
– trois personnalités qualifiées ;
– sept représentants d'institutions scientifiques et documentaires, françaises et étrangères.

Le président de l'établissement, le directeur général, le directeur du livre et de la lecture et le directeur chargé des bibliothèques universitaires au ministère chargé de l'Enseignement supérieur assistent aux séances avec voix consultative.

2.4.2.4. Organisation administrative et fonctionnelle

L'organigramme actuel de la BnF inclut un ensemble de services d'administration générale communs à tous les organismes de ce type : direction de l'administration et du personnel, agence comptable, etc.

La direction des collections regroupe la majorité des départements qui sont étudiés de manière plus détaillée ci-dessous.

Outre cette direction, on peut citer la direction des services et des réseaux, qui comprend les départements suivants : l'Agence bibliographique nationale ; le Département de la bibliothèque numérique, qui gère Gallica (voir plus loin) ; le Département de la conservation, qui coordonne notamment l'activité des centres de Bussy-Saint-Georges et de Sablé-sur-Sarthe (voir plus loin) ; le Département de la coopération, chargé notamment du développement des pôles associés et du catalogue collectif de France (voir plus loin) ; le Département du dépôt légal ; le Département des systèmes d'information.

L'organigramme de la BnF inclut en outre un certain nombre de délégations, parmi lesquelles on peut citer la délégation aux relations internationales et la délégation à la diffusion culturelle.

2.4.2.5. Direction des collections

La Bibliothèque nationale de France déploie ses collections et accomplit ses missions sur plusieurs sites :
– le site François-Mitterrand : collections d'imprimés, périodiques, documents audiovisuels et documents informatiques, administration, moyens techniques, services et réseaux ;
– le site Richelieu : Départements des manuscrits ; Département des estampes et de la photographie ; Département des cartes et plans ; Département des monnaies, médailles et antiques ; Département de la musique ; Département des arts du spectacle ;
– la bibliothèque de l'Arsenal ;
– la bibliothèque-musée de l'Opéra : musique ;
– la maison Jean-Vilar à Avignon : théâtre ;
– le centre technique de Bussy-Saint-Georges : centre de conservation ;
– le centre Joël-Le-Theule à Sablé : centre de conservation.

2.4.2.5.1. Site François-Mitterrand

Le bâtiment construit par Dominique Perrault se présente comme un quadrilatère comportant à chaque angle quatre tours (de bureaux et de magasins) et, au milieu, un jardin sur lequel donnent les deux niveaux de consultation du bâtiment, qui comprend par ailleurs un grand nombre de niveaux enterrés, essentiellement des magasins et des locaux techniques.

2.4.2.5.1.1. Les deux niveaux

Ouvert en totalité en octobre 1998, le site François-Mitterrand de la BnF a été conçu pour offrir deux espaces différents et complémentaires : une bibliothèque d'étude généraliste et encyclopédique en haut-de-jardin, la bibliothèque patrimoniale de recherche en rez-de-jardin. L'accès est payant dans les deux niveaux, avec des conditions distinctes.

– La bibliothèque d'étude (niveau haut-de-jardin) : avec 300 000 ouvrages en libre accès, 3 500 abonnements de périodiques, plus de 350 000 microformes, 3 000 films et 10 000 disques compacts musicaux, un réseau de ressources électroniques, l'accès à Internet et à la bibliothèque numérique de la BnF, ce niveau offre près de 1 700 places de lecture à toute personne âgée de plus de 16 ans, et propose des collections d'étude dans toutes les disciplines scientifiques, artistiques, historiques, juridiques ou littéraires.

– La bibliothèque de recherche (niveau rez-de-jardin) : cette bibliothèque conserve et communique les collections patrimoniales françaises conservées de manière permanente pour les besoins de la recherche présente et future et joue le rôle d'une bibliothèque de dernier recours. On y trouve la production française imprimée depuis les débuts de l'édition, correspondant aux collections issues du dépôt légal, y compris les documents audiovisuels et multimédias. La volumétrie des collections imprimées s'élève à environ 10 millions de livres et imprimés, dont plus de 330 000 en libre accès, 1 million de documents sonores, 98 000 vidéos, 80 000 documents multimédias, 230 cédéroms et bases de données en ligne, 2 600 titres de périodiques électroniques, etc. La bibliothèque de recherche comprend 1 700 places de lecture, réparties en 14 salles, et l'accès est réservé aux lecteurs accrédités justifiant de la nécessité d'accéder à ces collections.

2.4.2.5.1.2. Les départements

Le site François-Mitterrand est fonctionnellement divisé en un certain nombre de départements, dont les collections sont accessibles dans différentes salles des niveaux haut-de-jardin et rez-de-jardin, réparties de manière thématique et classées selon la classification décimale Dewey (sauf pour certains espaces, comme la Réserve des livres rares). Certains départements existaient dans l'ancienne Bibliothèque nationale, d'autres ont été créés lors de la fusion de cette dernière avec l'établissement public de la Bibliothèque nationale de France.

2.4.2.5.1.2.1. Département philosophie, histoire, sciences de l'homme

Ce département est l'un des principaux réservoirs des collections d'imprimés de la BnF puisqu'il met à la disposition des utilisateurs environ 62 kilomètres linéaires de fonds patrimoniaux conservés en magasins, dont 42 portant plus spécifiquement sur l'histoire. Le département offre 65 000 volumes et 400 titres de revues en libre accès au haut-de-jardin, et l'accès aux collections patrimoniales au rez-de-jardin.

2.4.2.5.1.2.2. Département droit, économie, politique

Ce département a hérité des anciennes collections imprimées sur le droit, la presse ainsi que les publications officielles et surtout la plus grande part des collections de périodiques déménagées. Il offre 60 000 volumes et près de 600 titres de périodiques en haut-de-jardin, et inclut le Pôle de ressources et d'informations sur le monde de l'entreprise (PRISME), axé sur la vie professionnelle et les grands secteurs de l'activité économique. Au rez-de-jardin, deux salles mettent à la disposition des lecteurs un fonds en libre accès de 50 000 volumes et près de 900 titres de périodiques.

2.4.2.5.1.2.3. Département sciences et techniques

Les collections patrimoniales comportent environ 670 000 volumes et plus de 200 000 thèses, près de 3 000 cartes, plus de 500 titres de périodiques électroniques. En libre accès, ce département propose 34 000 volumes et environ 500 titres de périodiques en haut-de-jardin, et 43 500 volumes et plus de 2 000 titres de périodiques en rez-de-jardin.

2.4.2.5.1.2.4. Département littérature et art

Les collections patrimoniales héritées des anciens départements de Richelieu occupent près de 34 kilomètres linéaires ; elles concernent majoritairement les langues et littératures, l'art et l'histoire du livre. Les collections de ce département proposent en libre accès environ 200 000 ouvrages, 2 500 titres de périodiques, elles sont complétées par des microformes, des cédéroms et autres ressources numériques, réparties entre les deux niveaux.

2.4.2.5.1.2.5. Département de l'audiovisuel

Le département est issu des Archives de la Parole, créées en 1911 par le linguiste Ferdinand Brunot dans le cadre de la Sorbonne, et qui réalise les premières collectes de parlers régionaux et de voix célèbres. Leur succède en 1928 le musée de la Parole et du Geste et, en 1938, la Phonothèque nationale, l'année où est créé le dépôt légal pour l'édition phonographique. En 1977, la Phonothèque nationale est rattachée à la Bibliothèque nationale et devient en 1994 le Département de l'audiovisuel au sein de la BnF.

Les collections sont réparties ainsi :

– En rez-de-jardin : 1 million de documents sonores, 125 000 vidéos, 50 000 documents multimédias et 30 000 documents électroniques. Documents imprimés : 17 000 monographies, 2 600 partitions, 450 périodiques.

– En haut-de-jardin : 10 000 CD audio, 1 000 heures d'archives sonores numérisées, 3 000 vidéos, 220 000 images numérisées. Documents imprimés : 6 000 monographies, 2 500 partitions, 270 périodiques.

Parallèlement aux documents issus du dépôt légal, des acquisitions complètent les collections patrimoniales, notamment : pour la littérature, des documentaires sur les écrivains français ; pour la société française contemporaine, des documentaires ; pour la musique, des séances de travail de grands chefs d'orchestre, des portraits de chanteurs ou de chanteuses, etc.

La BnF a aussi constitué la « cinémathèque du documentaire », ensemble de 3 000 films constituant une collection inédite sur l'histoire du documentaire.

– Documents multimédias : livres-cassettes, mallettes pédagogiques, cédéroms multimédias, jeux vidéo, bases de données, logiciels, etc. ; soit 50 000 documents multimédias sur plusieurs supports, dont 1 200 périodiques multisupports et 30 000 documents électroniques (cédéroms, dévédéroms, logiciels, jeux vidéo), dont 750 périodiques électroniques.

2.4.2.5.1.2.6. Réserve des livres rares

Cette réserve a été créée en 1794 ou 1795, pour mettre à l'écart les livres « rares et précieux » présents dans les confiscations révolutionnaires. Cette réserve conserve environ 200 000 volumes : impressions sur vélin, livrets xylographiques et incunables, grands textes littéraires en édition originale, reliures remarquables, ouvrages érotiques qui constituaient l'« Enfer » de la bibliothèque, etc. Ces collections sont uniquement accessibles dans une salle spécifique du rez-de-jardin, sur demande motivée.

Avec 8 500 éditions du XVe siècle en 12 000 exemplaires, le fonds d'incunables de la BnF est l'un des trois plus importants au monde après ceux de la British Library et de la Bayerische Staatsbibliothek de Munich. Bien que ne représentant qu'un tiers environ de la production imprimée du XVe siècle, le fonds d'incunables en propose cependant l'essentiel.

Le fonds des livres rares du XVIe au XVIIIe siècle comprend trois ensembles majeurs : les imprimés de la Bibliothèque royale, constituée à Fontainebleau de 1536 à 1560 ; la bibliothèque savante des frères Pierre et Jacques Dupuy, collection encyclopédique léguée au roi en 1656 ; la bibliothèque princière de Gaston d'Orléans, léguée à Louis XIV et qui parvint à la bibliothèque du roi en 1666.

Le fonds moderne (XIXe-XXe siècles) comprend d'une part des éditions originales des grandes œuvres de la littérature et de la pensée française, d'autre part des livres illustrés importants : éditions de la période romantique, impressions de luxe, livres de peintres, livres-objets, livres d'artistes, etc. Enfin, il faut signaler les 2 500 volumes sur vélin, les « nains », livres de taille minuscule, et les « xylo », éditions xylographiques.

2.4.2.5.1.2.7. Département de recherche bibliographique

Ce département, commun aux deux sites François-Mitterrand et Richelieu, a pour vocation d'aider les lecteurs à identifier et à localiser des documents et à les assister dans leurs recherches bibliographiques. Ses collections (45 000 volumes et plus de 300 périodiques) sont toutes en libre accès, réparties entre le haut-de-jardin, le rez-de-jardin et la salle de références à Richelieu.

2.4.2.5.2. Site Richelieu

2.4.2.5.2.1. Département des arts du spectacle

Le département trouve son origine dans le don fait à l'État, en 1920, par Auguste Rondel, d'une riche bibliothèque théâtrale concernant les arts du spectacle, à travers toutes les époques et tous les pays. Installée en 1925 à la bibliothèque de l'Arsenal, cette bibliothèque est à l'origine du Département des arts du spectacle de la Bibliothèque nationale créé en 1976. Depuis la fin de 2004, le département a quitté l'Arsenal et rejoint le quadrilatère Richelieu.

Les collections du département atteignent aujourd'hui trois millions de documents : la collection Auguste-Rondel représente 800 000 documents, dont 175 000 livres, auxquels il faut ajouter 500 000 documents, 800 titres de périodiques vivants, 300 000 manuscrits, correspondances et archives, 30 000 programmes et documents d'actualité, 500 000 recueils d'articles de presse, 250 000 estampes et dessins, 80 000 affiches, 50 000 maquettes, 700 000 photographies, 4 000 costumes, 1 000 objets (dont 200 tableaux), 9 000 documents audiovisuels, sur le théâtre, la danse, le mime, les marionnettes, le cirque, le music-hall, le cinéma, la télévision, etc.

2.4.2.5.2.2. Département des cartes et plans

Fondé en 1828, ce département conserve, outre des cartes et plans, des atlas géographiques, des globes, des plans reliefs. En plus du fonds général composé de documents imprimés ou manuscrits, le département inclut plusieurs fonds ou collections, notamment le fonds du Service hydrographique de la marine, celui du géographe Jean Gottmann et surtout les collections de la Société de géographie déposées en 1942 : 90 000 ouvrages, 2 000 titres de périodiques, 135 000 photographies, environ 70 000 cartes, etc.

Le fonds général, quant à lui, inclut 710 000 cartes en feuilles, 10 000 volumes d'atlas, 30 000 ouvrages de référence. Les cartes et plans sont manuscrits ou imprimés, en feuilles ou reliés, sur papier, sur parchemin ou en matière plastique et, depuis peu, sous la forme de données numériques.

2.4.2.5.2.3. Département des estampes et de la photographie

La création du cabinet des Estampes est traditionnellement fixée à 1667, lorsque Louis XIV acquiert la collection d'estampes de Michel de Marolles, riche de 120 000 pièces. Le cabinet s'est ensuite enrichi, aussi bien par le dépôt légal que par l'arrivée de nombreuses collections particulières. Il devient en 1976 le Département des estampes et de la photographie, il comprend plus de 15 millions de documents sur différents supports dont approximativement 6 millions d'estampes, 4 millions de photographies, un million d'affiches, 100 000 dessins, etc.

Le département a pour vocation première de collecter les œuvres de graveurs et de photographes français. Il s'efforce aussi d'acquérir le meilleur de la production étrangère dans le domaine de l'estampe et de la photographie. Parmi les pièces remarquables, plus de mille estampes italiennes du Quattrocento et du début du Cinquecento, mille œuvres de Rembrandt, neuf cents Toulouse-Lautrec, etc. Et, pour la photographie, les fonds Nadar, Le Gray, et des œuvres de Cartier-Bresson, Doisneau, etc.

2.4.2.5.2.4. Département des manuscrits : division occidentale

Les documents conservés dans ce département s'échelonnent pour la plupart entre le Ve et le XXIe siècle. Il s'agit essentiellement de manuscrits médiévaux, parfois richement enluminés, contenant la production textuelle de l'Antiquité ou du Moyen Âge, et de papiers (brouillons et correspondances) d'écrivains français de l'époque moderne.

Le département conserve actuellement environ 120 000 volumes manuscrits, répartis entre les trois grands fonds de langues (grec, latin et français), les autres fonds de langues européennes (italien, espagnol, allemand, etc.), des collections d'érudits et un important fonds maçonnique.

En collaboration avec la Direction du livre et de la lecture, la bibliothèque littéraire Jacques-Doucet, l'Institut des textes et manuscrits modernes et l'Institut Mémoires de l'édition contemporaine, le Département des manuscrits participe au projet du *Répertoire national des manuscrits littéraires français du XXe siècle*, base qui contient actuellement près de 40 000 notices, et est consultable dans BN-Opaline.

2.4.2.5.2.5. Département des manuscrits : division orientale

La division orientale est consacrée aux cultures non gréco-latines. Les collections rassemblent des manuscrits dans une centaine de langues (arabe, chinois, hébreu, persan, sanscrit, turc, tibétain, etc.) et sur une grande variété de supports (papier, parchemin, papyrus, cuir, soie, bois, etc.). Le département inclut aussi des fonds documentaires, notamment de périodiques et imprimés « orientaux » en chinois, en japonais et en coréen.

Les collections comprennent : 45 000 manuscrits, 60 000 xylographes, 4 000 estampages, 100 000 volumes imprimés.

2.4.2.5.2.6. Département des monnaies, médailles et antiques

L'un des plus grands du monde, le département – dont l'appellation traditionnelle était celle de « cabinet des Médailles » ou « Cabinet de France » – abrite actuellement plus de 520 000 monnaies et médailles, avec notamment les séries antiques, grecques, romaines et nationales, mais aussi des objets non monétaires variés (35 000 camées[1], intailles[2], plombs, vases grecs, ivoires antiques ou médiévaux, verres, bronzes, sculptures, inscriptions). Le département reçoit en outre le dépôt légal de toutes les médailles émises en France et inclut une bibliothèque de 65 000 volumes (monographies, périodiques, catalogues de vente, etc.).

2.4.2.5.2.7. Département de la musique

Le département est né du rassemblement, en 1942, des fonds musicaux de la Bibliothèque nationale, des fonds anciens du Conservatoire national supérieur de musique de Paris et de la bibliothèque-musée de l'Opéra, demeurée au Palais Garnier. Les collections musicales comprennent environ 2 millions de documents : 130 000 manuscrits musicaux, 75 000 lettres autographes, des livrets d'opéras, partitions musicales imprimées, 100 000 ouvrages de référence, 3 000 titres de périodiques spécialisés, 300 000 coupures de presse, 10 000 portraits de musiciens, programmes de concerts et catalogues d'éditeurs, etc.

2.4.2.5.2.8. Département de recherche bibliographique

Ce département, commun aux deux sites François-Mitterrand et Richelieu, a pour vocation d'aider les lecteurs à identifier et à localiser des documents, et à les assister dans leurs recherches bibliographiques. Ses collections (45 000 volumes et plus de 300 périodiques) sont toutes en libre accès, réparties entre le haut et le rez-de-jardin.

2.4.2.5.2.9. Le projet Richelieu

En liaison avec le projet de bibliothèque de l'Institut national d'histoire de l'art (INHA), la BnF a prévu la réhabilitation du quadrilatère Richelieu, qui abritera, outre la plupart des départements des collections spécialisées de la BnF, la bibliothèque de l'INHA et la bibliothèque de l'École nationale des chartes. À l'achèvement du projet, la BnF occupera près des trois quarts de la superficie, soit 47 000 m^2 utiles.

20 millions de documents y seront conservés, dont 17,3 millions de documents spécialisés et 2,7 millions d'imprimés. Cet ensemble abritera, outre les départements spécialisés (voir plus haut), une salle de lecture principale, dans la salle

1. Pierres gravées en relief.
2. Pierres gravées en creux.

Ovale de l'ancienne Bibliothèque nationale, commune à tous les départements. La réalisation de l'opération est assurée par l'Établissement public de maîtrise des ouvrages culturels (EMOC), placé sous la tutelle du ministère en charge de la Culture.

2.4.2.6. Direction des services et des réseaux

La Direction des services et des réseaux (DDSR) comprend un certain nombre de départements, notamment le département des systèmes d'information, qui a entre autres en charge la maintenance du complexe système informatique de la BnF. Sont évoqués, sous l'angle fonctionnel, les principaux départements de cette direction, à l'exception du département du dépôt légal, présenté ci-dessus.

2.4.2.6.1. Département de la bibliothèque numérique

Ce département gère notamment Gallica, l'une des plus importantes bibliothèques de documents numérisés accessibles gratuitement sur Internet[1]. Mise en chantier en 1992, elle est conçue comme une bibliothèque patrimoniale et encyclopédique. Si les fonds numériques privilégient la culture francophone, ils offrent aussi certains classiques étrangers dans leur langue originale, ou en traduction. La première version de Gallica a ouvert en 1998.

La bibliothèque numérique est composée à ce jour de 95 000 documents numérisés, 2 600 documents en mode texte et 250 000 images fixes. À distance, Gallica offre la partie libre de droits de cette collection, soit 70 000 volumes imprimés numérisés en mode image, 1250 ouvrages en mode texte, 500 documents sonores, 80 000 images fixes.

Conçue comme une collection patrimoniale et encyclopédique, la bibliothèque est constituée d'un large corpus de monographies et de périodiques qui propose des textes d'auteurs classiques, des dictionnaires ainsi que des outils bibliographiques et critiques.

Gallica propose un certain nombre de dossiers thématiques multimédias : *La France en Amérique, Voyages en France, Voyages en Afrique*, etc.

La BnF s'est par ailleurs engagée dans un programme de numérisation de la presse quotidienne française écrite. Ce programme concerne la presse quotidienne, du XIXe siècle à 1944, avec 27 titres prévus. À terme, ce sont 3,2 millions de pages qui seront accessibles gratuitement sur Gallica.

[Le site de Gallica : http://gallica.bnf.fr]

2.4.2.6.2. Agence bibliographique nationale

L'Agence bibliographique nationale assure, outre des missions liées à la coordination générale du Catalogue et du dépôt légal, évoquées plus haut, la fourniture des produits bibliographiques proposés par la BnF. La majorité de ces produits

1. Notons cependant que les choix techniques d'origine ne permettent pas une recherche plein texte dans le contenu des documents, recherche qui doit obligatoirement se faire par le biais des catalogues, des tables des matières, éventuellement des index, etc.

sont extraits des catalogues BN-Opale Plus et Bn-Opaline, qui incluent plus de 10 millions de notices bibliographiques.

Il existe des services gratuits, et d'autres payants.

• Services gratuits

La consultation et le déchargement de notices à l'unité, dans le format d'échange UNIMARC ISO 2709, est possible *via* les fascicules en ligne de la Bibliographie nationale française Livres, Publications en série, Musique, Documents audiovisuels et Cartes et plans.

Le transfert de notices bibliographiques et d'autorité est possible gratuitement, mais sur inscription préalable, directement à partir du catalogue BN-Opale Plus par la constitution d'un panier avec récupération des fichiers sur une adresse FTP.

• Services payants

La fourniture de fichiers de données brutes proposés en format d'échange INTERMARC ou UNIMARC ISO 2709 pour les bibliothèques et établissements publics autres que français (les mêmes que ci-dessus), soit *via* un serveur FTP, soit sur support cédérom.

Sur commande, un certain nombre de produits rétrospectifs sont disponibles, comme par exemple :

– le Catalogue général des imprimés de la BnF des origines à 1969 ;

– le Catalogue de l'audiovisuel des origines à 1983 ;

– des fichiers d'autorité (personnes physiques, collectivités, titres ; titres uniformes musicaux ; matière RAMEAU) ;

– la Bibliographie nationale française (à partir de 1960, variable selon le type de documents).

2.4.2.7. Département de la conservation

Le Département de la conservation assure notamment la coordination des activités des deux centres spécialisés de la BnF de Bussy-Saint-Georges et de Sablé.

2.4.2.7.1. Centre technique de Bussy-Saint-Georges

Situé à 30 km de Paris, dans un bâtiment conçu par Dominique Perrault, le centre conserve et traite les collections d'imprimés et d'audiovisuels de la BnF. C'est là qu'est conservée la collection de « sécurité », exclue de la communication, comprenant un exemplaire de la production française. Le centre inclut divers ateliers destinés à sauvegarder les documents imprimés de diverses façons : microfilmage, restauration, désinfection. Il partage le site avec le Centre technique du livre de l'enseignement supérieur présenté plus loin.

2.4.2.7.2. Centre Joël-Le-Theule

Situé à Sablé-sur-Sarthe, à 250 km de Paris, le centre assure depuis le début des années 1980 des activités de conservation axées sur la sauvegarde des documents imprimés menacés par l'acidification des papiers. Toutes les techniques de conservation y sont utilisées : restauration de volumes reliés, restauration de documents en feuilles, désacidification de masse, microreproduction, numérisation, etc.

2.4.2.8. Département de la coopération

Il assure un certain nombre de missions liées notamment au développement de la coopération entre la BnF et d'autres établissements, français ou étrangers. Les deux réalisations « pilote » en la matière sont le Catalogue collectif de France et le réseau des pôles associés.

2.4.2.8.1. Le Catalogue collectif de France

La BnF accueille et gère le Catalogue collectif de France (CCFr) qui permet l'accès simultané aux catalogues suivants :

- BN-Opale plus[1] ;
- Catalogue des fonds des bibliothèques municipales rétroconverties (BMR) ;
- Catalogue du système universitaire de documentation[2].

Techniquement, le CCFr est basé sur la combinaison entre une interface Web et un outil Z 39.50 qui permet l'interrogation simultanée des trois catalogues.

Le catalogue BMR contient la localisation de plus de 2,4 millions d'ouvrages localisés dans environ 60 bibliothèques municipales ayant bénéficié de fonds pour la conversion rétrospective de leurs notices. Ces notices décrivent des fonds anciens (livres imprimés avant 1811) et/ou locaux. L'ensemble correspond à la réunion de 263 ensembles de fonds ou de collections, soit anciens, soit locaux.

Le *Répertoire national des bibliothèques et centres de documentation* (RNBCD) est le complément du CCFr. On y trouve les coordonnées de plus de 4 000 bibliothèques et centres de documentation de tous types. Certaines notices comportent, outre des renseignements pratiques, des informations scientifiques : bibliographie sur et historique de l'établissement, description de la collection générale de la bibliothèque, types de documents conservés, etc.

Pour certaines bibliothèques, des informations thématiques sur les disciplines traitées et les fonds particuliers conservés (1 200 fonds décrits).

Le prêt interbibliothèques du CCFr (PIB), complément naturel du CCFr et du RNBCD, a été ouvert en novembre 2002. Il s'agit d'un service gratuit, disponible sur Internet. Plus de 150 bibliothèques du « réseau Culture » participent déjà au PIB, qui bénéficie qui plus est d'une connexion avec le réseau du SUDOC[3].

[Le site du Catalogue collectif de France : http://ccfr.bnf.fr]

---

1. Voir plus haut.
2. Voir plus loin.
3. Cette dernière possibilité semble cependant plus théorique qu'effectivement utilisée.

2.4.2.8.2. Les pôles associés

Mis en place en 1994, le réseau des pôles associés de partage documentaire a pour objectif la complémentarité des collections de ces pôles avec celles de la BnF. Le réseau, organisé par disciplines, inclut des bibliothèques universitaires, des bibliothèques municipales, des centres de documentation spécialisés et des centres d'archives.

Les pôles associés à la BnF sont liés à celle-ci par deux types de conventions :

– les conventions de partage documentaire : les bibliothèques concernées, organisées par domaines, travaillent avec la BnF à l'enrichissement concerté des collections entrant par d'autres biais que le dépôt légal. La BnF apporte une aide financière à l'acquisition de documents étrangers, essentiellement du niveau recherche, qui sont signalés dans le Catalogue collectif de France et disponibles par le prêt interbibliothèques ;

– les conventions liées au dépôt légal imprimeur : les bibliothèques concernées, attributaires du dépôt légal imprimeur, sont généralement de grandes bibliothèques municipales, dont la liste a été fixée par un arrêté du 16 décembre 1996. L'objectif de coopération est l'amélioration de la gestion croisée du dépôt légal imprimeur et du dépôt légal éditeur.

Les pôles associés se réunissent notamment, annuellement, lors des journées des pôles associés. D'autres actions de coopération sont mises en œuvre, comme la conversion rétrospective des catalogues (catalogue BMR inclus dans le Catalogue collectif de France).

2.4.2.9. L'offre culturelle et les éditions de la BnF

L'offre culturelle de la BnF est désormais abondante : un grand nombre d'expositions sont programmées sur les deux sites parisiens, souvent accompagnées d'expositions virtuelles et de dossiers pédagogiques disponibles sur le site web de la BnF, et bien entendu de l'édition d'ouvrages. Parmi les expositions récentes, on peut citer celles consacrées à Émile Zola, à Jean-Paul Sartre, à Hector Berlioz, au siècle des Lumières, etc.

De nombreuses autres manifestations sont tout aussi régulièrement organisées : rencontres, conférences, colloques, projections, journées d'étude, concerts, etc.

Le catalogue des éditions de la BnF inclut plus d'un millier de titres, essentiellement dans les domaines suivants : catalogues raisonnés et ouvrages scientifiques, livres catalogues (d'expositions). L'offre inclut aussi un certain nombre de cédéroms et de DVD, et la luxueuse *Revue de la Bibliothèque nationale de France*, publiée sur une base thématique parfois liée à l'actualité de la bibliothèque (« La chanson française », « Littérature et musique »).

Particulièrement riche, le site web de la BnF propose, outre une description exhaustive des différents services et de leurs activités, un certain nombre d'outils :

– l'accès aux différents catalogues et bases de données : BN-Opale Plus, BN-Opaline, le CCFr et Gallica, mais aussi la liste des périodiques électroniques, Mandragore, base iconographique en ligne du Département des manuscrits, et un certain nombre de catalogues numérisés de collections ;

– une série d'expositions virtuelles et de dossiers pédagogiques ;
– des outils pour les professionnels, notamment sur la Bibliographie nationale française, les normes et formats (RAMEAU, ISBD, UNIMARC, etc.) ;
– « Les Signets de la BnF », sélection commentée de ressources accessibles par Internet, choisies par les bibliothécaires de la BnF.

Fin 2005, la BnF a mis en place SINDBAD (Service d'information des bibliothécaires à distance), service de réponse à distance qui fournit des références de documents et des informations factuelles, à partir de questions posées *via* le site web ou par téléphone ou par courrier.

2.4.2.10. Action internationale

Bibliothèque nationale, la BnF développe un certain nombre d'actions d'aide et de partenariat, notamment avec les bibliothèques nationales étrangères et les grandes bibliothèques d'étude et de recherche.

Outre les visites de l'établissement par les professionnels étrangers, sont organisés des stages et des rencontres dans le cadre de programmes d'échange, des rencontres et manifestations internationales, etc. Par ailleurs, la BnF, membre d'organisations et associations professionnelles internationales, participe souvent aux séminaires et manifestations organisés dans ce cadre.

2.4.2.11. Autres sites de la Bibliothèque nationale de France

2.4.2.11.1. La bibliothèque-musée de l'Opéra

Faisant partie du Département de la musique, la bibliothèque-musée de l'Opéra (BMO) a pour mission de conserver le patrimoine de l'Opéra national de Paris, grâce au dépôt des documents musicaux, iconographiques et archivistiques découlant de l'activité de l'Opéra, mais aussi par le dépôt légal et par don, dépôt ou achat de documents littéraires, musicaux, iconographiques et muséographiques relatifs au théâtre lyrique et à la danse. Elle est issue de la bibliothèque et des archives de l'Opéra, officiellement créées par arrêté du 16 mai 1866 et situées dans le Palais Garnier, inauguré en 1875. Rattachée à la Bibliothèque nationale en 1935, elle fait partie du Département de la musique depuis la création de ce dernier en 1942.

La bibliothèque-musée de l'Opéra comprend dans ses collections tout à la fois des fonds d'archives et de bibliothèque et des fonds proprement muséographiques. Parmi ces derniers, 2 500 maquettes de décor, 3 000 objets (dont 500 tableaux), 3 000 bijoux de scène ; pour ce qui est des fonds d'archives et de bibliothèque, 100 000 livres, près de 1 700 titres de périodiques, 30 000 livrets d'opéra, 10 000 programmes, 250 000 lettres autographes, 16 000 partitions, 100 000 photographies, 30 000 estampes, plusieurs dizaines de milliers de dessins et d'affiches typographiques, des archives administratives, etc.

2.4.2.11.2. La bibliothèque de l'Arsenal

Rattachée à la Bibliothèque nationale depuis 1934, la bibliothèque de l'Arsenal est à la fois encyclopédique et spécialisée dans la littérature. Elle trouve son origine dans les collections d'Antoine-René d'Argenson, marquis de Paulmy, grand bibliophile, installé à l'Arsenal depuis 1757. Léguée au frère de Louis XVI, la bibliothèque est confisquée à la Révolution et ouvre en 1797 comme bibliothèque publique. Elle se spécialise peu à peu dans la littérature, le théâtre et la poésie, notamment sous l'influence de l'écrivain Charles Nodier (nommé bibliothécaire en 1824) qui y crée un salon littéraire très réputé. Elle devient un département de la Bibliothèque nationale en 1934.

Les collections incluent 12 000 manuscrits, un million de livres imprimés, dont 150 000 pour le fonds ancien, 100 000 estampes, 3 000 cartes et plans, des objets, mais aussi de nombreux documents originaux ou archives ayant trait à de grands écrivains (José-Maria de Heredia, Pierre Louÿs, Joris-Karl Huysmans, Georges Perec). La politique documentaire de la bibliothèque de l'Arsenal se concentre désormais autour des thèmes suivants : littérature française du XVIe au XIXe siècle, publications en relation avec les fonds spécifiques conservés à l'Arsenal (archives de la Bastille, saint-simonisme, Joris-Karl Huysmans, Oulipo, etc.), bibliophilie, histoire du livre et reliure, histoire du bâtiment et de ses occupants.

2.4.2.11.3. La maison Jean-Vilar

Ouverte en 1979 à Avignon, la maison Jean-Vilar résulte d'une convention entre le Département des arts du spectacle de la BnF, la ville d'Avignon et l'association Jean-Vilar. Son objectif est de favoriser le rayonnement de l'œuvre de Jean Vilar, fondateur du festival d'Avignon, et de mettre à la disposition du public un centre de ressources sur les arts du spectacle de 20 000 ouvrages, 500 titres de périodiques, 40 000 programmes et articles de presse, 1 000 titres vidéo, 10 000 affiches, 10 000 photographies, 2 500 maquettes de costumes et accessoires de décors, etc.

Le fonds Jean-Vilar rassemble les archives personnelles de Jean Vilar, ainsi que les éléments relatifs aux spectacles qu'il a créés au festival d'Avignon et au Théâtre national populaire. La maison propose en outre un fond général de textes du répertoire classique et contemporain, d'ouvrages et de revues sur le théâtre, l'opéra, la danse, le cirque, le mime, les marionnettes, le music-hall, les variétés, le cinéma.

2.4.3. La Bibliothèque publique d'information

2.4.3.1. Historique

La Bibliothèque publique d'information (BPI), située à l'intérieur du Centre national d'art et de culture Georges-Pompidou (CNAC-GP) auquel elle est liée par convention, est née, comme le centre, de la volonté de Georges Pompidou de créer au cœur de Paris une institution culturelle originale entièrement vouée à la création moderne et contemporaine, où les arts plastiques voisineraient avec le théâtre, la musique, le cinéma, les livres, les activités de parole, etc.

Le centre Pompidou et la BPI ont ouvert au public le 2 février 1977. Après rénovation de 1997 à décembre 1999, les espaces ont rouvert au public le

1er janvier 2000, offrant des espaces muséaux agrandis, des surfaces d'accueil enrichies et une bibliothèque totalement réorganisée. Il est redevenu dès lors l'un des « monuments » les plus fréquentés de France. Recevant près de 6 millions de visiteurs par an, le centre Pompidou aura ainsi accueilli, en près de vingt-cinq ans, plus de 150 millions de visiteurs.

[Le site de la Bibliothèque publique d'information : http://www.bpi.fr]

2.4.3.2. Organisation administrative

2.4.3.2.1. Centre national d'art et de culture Georges-Pompidou

Établissement public dont le statut a été défini par le décret du 27 janvier 1976 modifié, le Centre national d'art et de culture Georges-Pompidou est composé de deux départements, le musée national d'Art moderne - Centre de création industrielle et le Département du développement culturel, ainsi que de huit directions. Il est par ailleurs associé à deux organismes, la Bibliothèque publique d'information (BPI) et l'Institut de recherche et de coordination acoustique/musique (IRCAM).

Le centre Pompidou est administré par un conseil d'administration et dirigé par un président. Le directeur général est chargé, sous l'autorité du président, de l'administration et de la gestion de l'établissement. L'organigramme comprend également une délégation à l'action culturelle audiovisuelle et une délégation à la numérisation.

2.4.3.2.2. Bibliothèque publique d'information

La BPI est un établissement public national à caractère administratif créé par un décret du 27 janvier 1976, placé sous la tutelle de la Direction du livre et de la lecture, et lié par convention à l'établissement public du CNAC-GP.

La bibliothèque est administrée par un conseil d'administration et dirigée par un directeur.

Le conseil d'administration comprend seize membres.

Membres de droit :

– le président de l'établissement public du centre Georges-Pompidou, qui en est le président ;

– le président de la Bibliothèque nationale de France, vice-président ;

– le Directeur du livre et de la lecture ;

– le directeur du budget au ministère de l'Économie, des Finances et de l'Industrie ;

– l'adjoint au maire de Paris, chargé des affaires culturelles.

Membres désignés :

– deux représentants du ministère de l'Éducation nationale ;

– un membre du Conseil d'État ;

– un membre de la Cour des comptes ;

– quatre personnalités nommées en raison de leur compétence par le ministère de la Culture ;
– trois représentants du personnel.

La durée du mandat des membres du conseil d'administration autres que les membres de droit est de trois ans. Ce mandat peut être renouvelé. Le directeur de la BPI, le contrôleur financier et l'agent comptable de la bibliothèque assistent aux séances du conseil avec voix consultative.

Le conseil d'administration vote le budget, statue sur l'acceptation ou le refus des dons et legs, est obligatoirement consulté sur le règlement intérieur de la bibliothèque et sur le rapport d'activité. Il se réunit obligatoirement en session ordinaire deux fois par an.

Le directeur de la BPI est nommé par décret sur proposition du ministre de la Culture, après avis du président du conseil d'administration. Il est choisi parmi le personnel scientifique des bibliothèques.

Le directeur représente l'établissement en justice et dans tous les actes de la vie civile, et est ordonnateur des recettes et des dépenses de l'établissement. Il est membre du conseil de direction du Centre national d'art et de culture Georges-Pompidou.

La BPI, de par son importance, possède son propre comité technique paritaire.

Sans entrer dans les détails fonctionnels de son organigramme, il convient de noter que la BPI a été la première bibliothèque française à se doter d'un service Études et recherche, qui réalise ou pilote des études sociologiques sur les publics de la bibliothèque, mais aussi des études plus générales sur le livre, la lecture et les pratiques culturelles. Ces travaux donnent lieu à un grand nombre de publications, notamment dans la collection « Études et recherche » des éditions de la Bibliothèque publique d'information.

2.4.3.3. Missions

Les missions de la BPI sont définies par le décret du 27 janvier 1976. Elle est une « bibliothèque nationale » qui « a pour mission… d'offrir à tous, et dans toute la mesure du possible en libre accès, un choix constamment tenu à jour de collections françaises et étrangères de documents d'information générale et d'actualité ».

Les principes fondateurs de la BPI étaient, à l'époque de son ouverture, profondément originaux, même si depuis, et souvent à son exemple, de nombreuses bibliothèques françaises les ont adoptés : accès libre et gratuit aux documents ; encyclopédisme des collections ; grande amplitude horaire d'ouverture ; documents sur tous supports ; utilisation des technologies les plus avancées.

Trente ans plus tard, et moyennant certains accommodements, ces principes, mis à jour régulièrement pour tenir compte de l'évolution des techniques et de la société, sont toujours à la base du fonctionnement de la bibliothèque, qui continue à rencontrer un immense succès : près de 2 millions d'entrées (6 000 par jour en moyenne), dont environ 60 % d'étudiants et 30 % d'actifs, pour 62 heures hebdomadaires d'ouverture. Le personnel comprend environ 260 postes permanents, et 70 000 heures de vacations sont consacrées au rangement des collections et à renforcer l'accueil des publics assuré par les personnels permanents.

La fermeture de la bibliothèque entre 1998 et 2000[1] a permis de mettre en œuvre un certain nombre de chantiers spécifiques : évaluation et remise à jour complète des collections, nouveau découpage de l'offre documentaire, réinformatisation.

2.4.3.4. Fonctionnement

2.4.3.4.1. Répartition des espaces

Les espaces de travail et de consultation de la BPI sont répartis d'une part (et depuis le réaménagement de 2000) dans un bâtiment annexe où est regroupé l'essentiel des bureaux (2 000 m² environ), d'autre part dans le centre lui-même, sur trois niveaux :

– au rez-de-chaussée (niveau 1), l'information générale et les loges pour les déficients visuels (cinq loges aménagées) ;

– au 1er étage (niveau 2), l'espace autoformation, l'espace presse, avec un accès aux « télévisions du monde » (accès à 11 chaînes de télévisions étrangères), et une série d'espaces thématiques. À cet étage se trouvent également une cafétéria (Le Kiosque) et un local de photocopie ;

– au 2e étage (niveau 3), l'espace musiques et documents parlés, l'espace films et le reste des espaces thématiques.

La BPI occupe un peu plus de 10 000 m² d'espaces publics, offrant 2 200 places assises, dont 460 places équipées de postes informatiques répartis en 147 postes multimédias (pour la consultation des ressources électroniques, du catalogue et le visionnement des films), 84 places d'autoformation, 50 places d'écoute musique, 10 places à confort amélioré de visionnement de films.

Les collections sont accessibles uniquement sur place, sans inscription ni formalités, et sont classées en utilisant la Classification décimale universelle (CDU). La BPI ne participe pas aux activités de prêt entre bibliothèques.

2.4.3.4.2. Organisation des espaces

Installées sur trois niveaux, les collections de la bibliothèque sont réparties en sept grands ensembles disciplinaires et quatre espaces spécialisés de consultation.

Depuis sa réouverture, la BPI, tout en préservant les espaces thématiques répartis selon des modalités différentes (espaces de travail et périodiques d'un côté, monographies et usuels de l'autre), a mis en place un certain nombre de services :

– Information générale : au rez-de-chaussée (niveau 1) de la bibliothèque, divisé en six points (emploi, vie pratique à Paris, annuaires et adresses, encyclopédies et dictionnaires, bibliographies nationales et internationales, bio-

1. Pendant cette période et jusqu'au 30 août 1999, la BPI avait ouvert une bibliothèque temporaire dans des locaux situés à proximité du Centre, rue Brantôme.

bibliographies), ce service dispose de 80 places et est conçu comme un lieu de recherche ponctuelle d'informations[1].

– Espace presse : au 1er étage (niveau 2), cet espace de 200 places propose la consultation de 400 titres de quotidiens et de magazines régionaux, nationaux et internationaux, conservés pour une durée minimale de trois mois. Elle permet aussi la consultation de revues sur Internet, sur cédéroms, l'accès à la base BPI-doc – revue de presse sur l'actualité culturelle et sociale sélectionnée et numérisée par la BPI, etc. Enfin, on y trouve environ 400 dossiers de presse reliés sur des sujets liés à l'actualité, la possibilité de consulter un choix de télévisions étrangères et de chaînes d'information sur 16 postes de télévision.

– Espace autoformation : au 1er étage (niveau 2), présent depuis la création de la bibliothèque, l'espace d'autoformation comprend 120 places pour l'apprentissage individuel des langues (étrangères, ou du français comme langue étrangère), l'entraînement à la bureautique ou à d'autres types de didacticiels (Code de la route, etc.). Les collections comprennent entre autres 740 méthodes audio, 60 méthodes vidéo, plus de 100 méthodes sur cédéroms et sites Internet, etc.

– Espaces thématiques : les collections sur support imprimé de la BPI sont réparties thématiquement : philosophie, religion, sciences sociales, droit et économie, sciences et techniques au premier niveau ; arts, langues et littérature et histoire-géographie au second niveau. Chaque espace thématique est identifié par une couleur de signalétique reprise sur les écrans des postes informatiques et est doté d'un bureau d'information pour le renseignement au public.

– Espace musiques et documents parlés : ouvert en 2004, héritier de l'espace audiovisuel présent à la BPI depuis son ouverture, cet espace est dédié à la musique sous toutes ses formes. Les collections incluent entre autres 8 500 livres, 2 000 partitions, une soixantaine de périodiques spécialisés, 12 000 titres sur disque compact. On y trouve notamment 50 postes d'écoute, dont des bornes d'écoute rapide qui proposent une sélection de disques récents, ou sur un thème d'actualité, ainsi que des postes juke-box servis par des robots, et 10 postes multimédias.

En 2004, la BPI a mis en place un nouveau système audiovisuel qui permet désormais la consultation de films sans limitation de durée et sans réservation sur l'ensemble des postes multimédias de l'établissement. La collection de films non édités dont les droits ont été acquis par la BPI a été numérisée pour être mise sur serveur, tandis que l'autre partie, constituée de DVD édités ou figurant au catalogue national constitué par le ministère de la Culture, est disponible *via* un système de robots. Seuls sont consultables, espace thématique par espace thématique, les films correspondant aux domaines concernés par l'espace. L'ensemble des films est également consultable dans l'espace films, situé au second niveau de

1. Une réorganisation de l'espace d'accueil de la BPI va, dans le courant de l'année 2006, profondément transformer le fonctionnement de celui-ci, qui verra la mise en place d'un espace d'information aux missions redéfinies : aux côtés des références générales, les usagers trouveront des ressources sur l'orientation, la formation et la recherche d'emploi et sur la vie pratique (démarches administratives et juridiques, etc.).

la BPI ; cet espace offre dix postes en carrels dotés de grands écrans, accessibles sur réservation, pour des usages plus approfondis des films et sans restriction thématique.

2.4.3.4.3. Collections

Les collections de la BPI comprennent[1] 350 000 volumes, près de 2 100 abonnements, plus de 400 dossiers de presse reliés, 7 000 cartes et plans, 1 500 films documentaires et d'animation[2], 12 500 disques compacts musicaux, 2 000 documents sonores parlés, 1 500 méthodes de langues (pour 145 langues et dialectes) et didacticiels, etc.

La BPI acquiert par an environ 21 000 livres et autres types de documents (films documentaires, méthodes de langues, documents sonores, etc.), 60 000 fascicules de revues, pour environ 10 000 volumes éliminés.

2.4.3.5. Catalogues et services

La BPI propose un ensemble de services ouverts à tous, dont certains, et de plus en plus souvent, accessibles à distance.

2.4.3.5.1. La bibliothèque numérique

Projet prioritaire de la BPI, la bibliothèque numérique devrait être mise en place en 2007. Il s'agit d'un « ensemble hypermédia de référence sur l'histoire culturelle et le mouvement des idées de la seconde moitié du XXe siècle[3] ». Cette bibliothèque est établie à partir du patrimoine de la BPI et du centre Pompidou, en commençant par les archives du festival international du Cinéma du réel. D'autres volets sont ensuite projetés, notamment en partenariat avec le centre Pompidou et en lien avec la bibliothèque Kandinsky, mais aussi les archives sonores des manifestations de la BPI.

2.4.3.5.2. Le catalogue des films documentaires pour les bibliothèques publiques

En 2005, la Direction du livre et de la lecture a confié à la BPI la gestion du catalogue des films documentaires qu'elle a constitué pour les bibliothèques publiques, et qui représente actuellement environ 1 500 titres.

Les droits de diffusion acquis par l'État pour la représentation publique et le prêt dans les bibliothèques ont été cédés à la BPI qui, en s'appuyant sur un travail de prospection et de visionnement de ses équipes et sur une commission de sélection nationale, assure la diffusion de ces films auprès de 400 bibliothèques en France.

1. Chiffres 2004.
2. Chiffre en forte réduction par rapport aux années précédentes, du fait de la renégociation partielle des droits acquis liée aux nouveaux modes de consultation des fonds audiovisuels. La remise à niveau devrait prendre trois ou quatre ans.
3. Projet d'établissement Bibliothèque publique d'information, p. 19.

2.4.3.5.3. Bpi-doc

Produite en interne à partir de revues et magazines reçus par la bibliothèque depuis 1997, cette base de données, consacrée à l'actualité culturelle et sociale, est alimentée par le dépouillement sélectif des titres de presse.

Ce service est l'héritier du service « Public-info », présent à l'origine de la BPI, et qui mettait à la disposition des utilisateurs des dossiers de presse sous forme papier. Ces documents sont progressivement numérisés (environ 45 000 traités sur 88 000 documents).

La base actuelle représente environ 270 000 documents en ligne, disponibles uniquement dans l'enceinte de la bibliothèque. Les notices correspondant aux articles dépouillés sont, eux, disponibles en ligne à distance, *via* le site web de la bibliothèque.

2.4.3.5.4. Le service des réponses à distance

Le service RADIS (pour « Réponses à distance ») a été remodelé en 2004, selon deux principes : diversification des modes d'accès au service (courrier postal, fax, téléphone et courrier électronique) et introduction d'un mode d'accès au service en ligne en temps réel. Il traite près de 10 000 questions par an. Depuis janvier 2006, ce service, sous le nom « Bibliosés@me », fonctionne en réseau, associant la BPI et un certain nombre de bibliothèques publiques de province (Lille, Marseille, Montpellier, etc.).

2.4.3.5.5. Bases de données

Deux bases de données particulièrement intéressantes sont accessibles gratuitement à tous *via* le site web de la BPI.

– Oriente-Express : disponible aussi sous forme imprimée, cette base de données recense les bibliothèques de Paris et de la région Île-de-France dans une approche thématique. Y sont recensés aussi bien des organismes publics que privés.

– Langues Info : établie à partir de l'expérience de l'espace d'autoformation, cette base de données permet d'obtenir des renseignements sur les cours de langues existant à Paris et en Île-de-France.

2.4.3.5.6. Cinéma du réel

Depuis sa création en 1978 par la Bibliothèque publique d'information, le festival Cinéma du réel est un grand rendez-vous international du cinéma documentaire où public et professionnels découvrent à la fois les nouveaux films d'auteurs confirmés et les œuvres de nouveaux auteurs, les lignes et tentatives contemporaines comme le meilleur de l'histoire du genre. Cinéma du réel est un festival de référence pour le cinéma documentaire international. Entièrement organisé par la BPI, le festival est soutenu depuis 1984 par l'association Les Amis du Cinéma du réel.

2.4.3.5.7. CAREL

Le Consortium pour l'acquisition de ressources électroniques en ligne (CAREL), coordonné par la BPI, facilite l'acquisition par les bibliothèques publiques de documents numériques, notamment des bases de données payantes. Depuis 2002, CAREL a traité avec environ vingt-cinq éditeurs pour une trentaine de titres.

Pour l'instant (chiffres 2005), une soixantaine de bibliothèques municipales ont adhéré au consortium, pour un ensemble de près de 240 abonnements différents.

2.4.3.5.8. Activités d'édition, d'animation et d'expositions

La BPI organise un certain nombre d'expositions dans des espaces du centre, et une soixantaine de débats et colloques par an. En plus du festival « Cinéma du réel », sont organisées d'autres projections de films étalées sur l'année (environ 250 projections par an), dont l'Écran des enfants, qui offre tous les mercredis un film de fiction pour les enfants.

La BPI a en outre une riche activité éditoriale, tant pour accompagner les manifestations proposées que dans le domaine de la littérature professionnelle liée aux bibliothèques et à la documentation, par le biais de quatre collections distinctes.

2.5. Les bibliothèques des collectivités territoriales

L'organisation constitutionnelle et administrative de la France, comme on l'a vu, distingue essentiellement trois collectivités territoriales : la commune, le département, la région. Seules les deux premières gèrent en propre des bibliothèques publiques, municipales dans le premier cas, départementales dans le second, même si, au-delà d'un statut administratif commun, d'autres dénominations existent : bibliothèque départementale, médiathèque municipale, maison du livre, de l'image et du son, etc.

Les régions ne gèrent pas en propre des bibliothèques. Contrairement à une idée répandue, les bibliothèques municipales à vocation régionale (BMVR) ne sont pas des bibliothèques régionales, mais bien des bibliothèques municipales, gérées par une municipalité ou une communauté d'agglomération, comme cela sera précisé plus loin.

2.5.1. Les bibliothèques municipales

2.5.1.1. Historique

2.5.1.1.1. La création des bibliothèques municipales

On peut faire remonter l'origine des bibliothèques municipales aux confiscations révolutionnaires des collections de livres appartenant aux communautés religieuses décidées par la Révolution française[1]. Ajoutées aux confiscations des biens des émigrés, ces dispositions permirent la création des premières biblio-

1. Voir pour de plus amples développements les textes d'Hélène Richard et d'Agnès Marcetteau-Paul cités dans la Bibliographie.

thèques de districts à Moulins, Boulogne, Arras, Pau, Alençon. Pour autant, la disparition des districts, sanctionnée par la Constitution de l'an III, ne permit pas que cette création administrative se traduise effectivement par la mise en place de bibliothèques publiques. En fait, les premières bibliothèques publiques se constituèrent dans le sillage, voire avec les rebuts, des bibliothèques des écoles centrales dont la Convention avait décidé la mise en place.

La substitution aux écoles centrales des lycées, moins nombreux, contraria cette évolution. Les municipalités réclamèrent que les collections prévues pour les écoles centrales, désormais inemployées, leur soient dévolues, ce que le gouvernement accepta, tout en en conservant la propriété. Pour autant, l'acte fondateur des bibliothèques municipales ne sera pas le fait de la Révolution, mais de Napoléon, par un décret du 28 janvier 1803 qui met à disposition des municipalités les « bibliothèques des écoles centrales ». Rapidement (1806), ce décret est étendu aux municipalités qui, quoi que n'ayant pas été pourvues d'écoles centrales, possédaient des fonds issus des confiscations révolutionnaires.

Au XIXe siècle, malgré la richesse de leurs collections pour certaines, l'essor des bibliothèques municipales reste lent. Au milieu du siècle, on en répertorie environ 340, dont seulement cinq possèdent plus de 100 000 volumes (dont celles de Bordeaux, Lyon et Rouen). Même si le nombre d'établissements n'évolue guère, une enquête menée au début du XXe siècle par Eugène Morel permet de mesurer les lents progrès des bibliothèques municipales, qui passent de 2,7 millions de volumes en 1845 à 6,7 millions en 1907, mais avec d'importantes disparités entre les villes pour ce qui est des budgets de fonctionnement.

Pour autant, une bonne part de ces bibliothèques connaît une fréquentation dérisoire (quelques centaines de lecteurs par an), et un nombre conséquent (une centaine) même aucun lecteur. Il faut attendre l'initiative de Guizot, responsable de l'Instruction publique, pour que, vers 1830, les bibliothèques municipales soient considérées comme de puissants moyens d'instruction, et que l'État s'efforce, par un certain nombre de textes réglementaires, d'en impulser le développement et d'en coordonner les activités, notamment en matière de constitution de catalogues. Dans cet ordre d'idée, 1841 voit la création du *Catalogue général des manuscrits des bibliothèques publiques de France*. Le décret du 1er juillet 1897 prévoit le classement de certaines bibliothèques, avec obligation pour elles de choisir leur personnel parmi les diplômés de l'École des chartes ou les titulaires d'un examen d'aptitude, prémices des bibliothèques municipales classées. Pour autant, le développement des bibliothèques publiques à l'aube du XXe siècle est paradoxalement freiné par ce qui a été à l'origine de leur constitution : les fonds issus des confiscations révolutionnaires, dont l'entretien semble prioritaire par rapport au développement des collections et à la conquête du lectorat.

2.5.1.1.2. De 1918 aux années 1950

Après la Première Guerre mondiale, l'action du Comité américain pour les régions dévastées de France (CARD) fut déterminante pour contribuer au redressement des bibliothèques municipales, tant en moyens financiers qu'en appui à la formation des professionnels (création de l'École des bibliothécaires en 1924).

Fondé en 1922, le Comité français de la bibliothèque moderne (CFBM) doit lui aussi beaucoup à l'aide américaine. Grâce au soutien de l'Association des bibliothécaires français, l'État accepte finalement de « nationaliser » les bibliothèques municipales classées, par le décret du 20 juillet 1931 qui en officialise la création[1].

Pour autant, les moyens accordés par les municipalités à leurs bibliothèques restent dramatiquement faibles : en 1929, 80 % des municipalités octroient moins de 1 franc par habitant et par an à leur bibliothèque, y compris dans les grandes villes (Lyon, Toulouse, Marseille). La situation ne s'améliore guère pendant la crise économique des années 1930, à tel point que le ministère de l'Éducation nationale, en 1937, accorde aux bibliothèques des sommes destinées à l'acquisition de livres. Cependant, certaines villes prennent l'initiative de créer des bibliothèques pour enfants, comme la bibliothèque de l'Heure Joyeuse inaugurée à Paris en 1924, pionnière en la matière.

À la fin des années 1930, la situation n'est donc guère satisfaisante : seules huit bibliothèques municipales ont des volumes de prêt supérieurs à 50 000 livres par an[2]. Pour autant, l'activité théorique, associative, autour du développement de la lecture publique, reste intense dans l'entre-deux-guerres (avec des « figures » comme celles d'Ernest Coyecque ou de Pierre Lelièvre), même si les principales propositions, comme la création d'une administration spécifique pour les bibliothèques, ne se concrétiseront qu'après la guerre.

Au sortir de la Seconde Guerre mondiale, le paysage des bibliothèques municipales françaises est dévasté : les dégâts causés par la guerre ont conduit à la destruction de nombreux établissements, ou de collections. La création de la Direction des bibliothèques et de la lecture publique en 1945 ne conduit pas à des avancées significatives, la DBLP s'occupant prioritairement de la création des premières BCP, de la Bibliothèque nationale et des bibliothèques universitaires[3].

2.5.1.1.3. De 1950 à 1981

Au début des années 1950, la situation s'améliore doucement, avec la construction de nouveaux bâtiments, le développement des bibliobus, même si les équipements destinés aux enfants restent très faibles. Les changements démographiques de la France des années 1960, avec son urbanisation grandissante, la hausse du niveau de vie, vont conduire à des changements structurels dans les bibliothèques publiques. Beaucoup de chemin reste à faire : en 1969, il y a à peine 1 million d'inscrits, représentant moins de 5 % de la population desservie.

---

1. La participation de l'État consistant essentiellement à assurer une partie du salaire des bibliothécaires en chef de ces bibliothèques, le terme « nationaliser » doit évidemment être relativisé.
2. Cette situation doit cependant être nuancée par le rôle et l'activité des bibliothèques populaires, qui relèvent de l'initiative privée.
3. Cette partie doit beaucoup sinon tout au chapitre « Histoire » du livre d'Anne-Marie Bertrand, *Les Bibliothèques municipales* (voir Bibliographie).

Sous l'impulsion de Georges Pompidou, des mesures sont proposées pour accompagner cette mutation, suivie d'un accroissement considérable du budget des collectivités locales concernées pour les bibliothèques, qui augmente de 80 % entre 1970 et 1985.

Les années 1970 marquent un tournant : les constructions se multiplient, et les services offerts par les bibliothèques se diversifient : prise en compte du public enfantin, diversification des médias, animations, recrutement de professionnels qualifiés, etc. Les bibliothèques municipales réaffirment leur spécificité d'organismes à vocation culturelle au service de l'ensemble de la population. Les principaux indicateurs montrent l'importance de cette progression : de 1974 à 1989, on passe de 1,7 à 4,4 millions d'emprunteurs, de 420 000 à 1 250 000 mètres carrés, de 4 400 à 14 500 agents. Dans le même temps, la diversification des médias et des activités accompagne, sur le plan qualitatif cette fois, cette mutation[1] : extension du libre accès, multiplication des supports proposés (disques, vidéocassettes, logiciels, etc.), locaux accueillants, horaires adaptés. Le symbole de ce mouvement sera sans conteste la Bibliothèque publique d'information (BPI) du centre Georges-Pompidou, inaugurée comme le centre en 1977.

2.5.1.1.4. Les années d'expansion

C'est d'une reconnaissance de plus en plus forte par les élus municipaux que les bibliothèques publiques tirent l'essentiel de leur essor : l'effort budgétaire consenti représente en moyenne, dans les années 1970, 15 % du budget culturel de la commune.

L'État vient bientôt compléter cet effort et contribue à l'amplifier encore. En 1981, François Mitterrand, élu à la présidence de la République, décide, symboliquement, de doubler le budget du ministère de la Culture, et les effets sur le développement des bibliothèques, par le biais de la Direction du livre et de la lecture[2], se font immédiatement sentir, même s'il serait faux d'attribuer à cette seule politique la progression, spectaculaire à tous les niveaux, qui s'ensuit. Les constructions atteignent un rythme annuel de 48 000 m² par an entre 1980 et 1983, et tous les indicateurs d'activité témoignent de hausses rapides : de 715 bibliothèques municipales recensées en 1971, on passe à près de 2 800 en 1999, tandis que le nombre d'inscrits est multiplié par cinq (de un peu plus d'1 million en 1971 à 6,5 millions en 1999).

L'évolution du taux d'encadrement est encore plus impressionnante, puisqu'on passe d'environ 3 000 emplois en 1971 à près de 20 000 en 1999. L'effort de l'État s'accompagne de ou accompagne celui des communes : de moins de

1. S'agissant d'une période aussi riche, cette présentation forcément réduite gagnera à être précisée notamment par les chapitres ad hoc de *L'Histoire des bibliothèques françaises* cités dans la Bibliographie.

2. Comme précisé dans l'historique des bibliothèques départementales, la Direction du livre et de la lecture, créée le 1er janvier 1976, issue de la scission de la DBLP, récupère la tutelle des bibliothèques départementales et met en œuvre une politique d'incitation, notamment financière, à l'égard des bibliothèques publiques, notamment municipales.

30 francs par habitant en 1974, les dépenses augmentent jusqu'à 63 francs en 1985.

Les collections connaissent la même explosion : 2 millions de volumes acquis en 1977, 4 millions en 1990. D'autres médias à la présence jusque-là confidentielle et limitée font leur entrée dans un grand nombre d'établissements, comme les vidéocassettes, à l'initiative de la Direction du livre, tandis que les fonds de disques se développent dans d'importantes proportions. En même temps, des services originaux se développent : artothèques, logithèques.

L'augmentation du nombre d'inscrits s'accompagne aussi de la recherche de « nouveaux publics », voire de « nouveaux territoires » : hôpitaux, marchés, écoles, prisons, comités d'entreprise et, pour les publics, les personnes âgées, les publics dits « empêchés » (handicapés). « L'apogée de la médiathèque » est atteint dans les années 1990 : libre accès aux collections, diversification des médias, personnel qualifié, action culturelle font le succès d'une formule enviée, sinon copiée, par nombre de pays étrangers.

Pour autant, cette réussite ne va pas sans « zones d'ombre » : après une période de très forte augmentation les effectifs stagnent, voire régressent, peu aidés par la réforme des cadres d'emploi propres aux bibliothèques dans la fonction publique territoriale. De plus, les horaires d'ouverture restent stables sur des amplitudes faibles, moins de 20 heures à la fin des années 1990.

2.5.1.2. Situation actuelle

En 2003, plus de 3 000 bibliothèques municipales desservent potentiellement près de 68 % de la population française. Le nombre d'usagers inscrits dépasse 6,7 millions de personnes, pour plus de 200 millions de prêts par an[1]. Les surfaces atteignent 2,2 millions de m^2, soit 5,5 m^2 pour 100 habitants. Outre les livres (96,5 millions d'imprimés, hors fonds ancien), près de 57 % des bibliothèques proposent des phonogrammes (7,6 millions), 53 % des cédéroms et 39 % des vidéogrammes (1,5 million). Plus de 1 400 d'entre elles sont dotées d'accès publics à Internet. Pour autant, après les années d'expansion, c'est désormais un certain désenchantement qui prévaut, conforté par des statistiques souvent interprétées de façon exclusivement négative.

Si on continue à construire ou à réaménager des bibliothèques, les budgets d'acquisition marquent le pas. La mise en œuvre de la loi sur le droit de prêt[2] va, sans aucun doute, accentuer cette tendance, même si les efforts financiers de la Direction du livre et de la lecture vont, provisoirement, la stabiliser.

Surtout, le taux de personnes inscrites par rapport à la population desservie est en légère mais régulière érosion : il était de 18,22 % en 1999, il n'est plus que de 17,1 % en 2003, même si on considère que 31 % des habitants fréquentent la bibliothèque, sans pour autant y être inscrits. Beaucoup de nouveaux équipements connaissent cette évolution : un saut spectaculaire du nombre d'inscrits les

1. Chiffres Direction du livre et de la lecture, sur le site du Centre national du livre.
2. Voir le chapitre VIII pour une présentation du dispositif.

trois premières années, suivi par une stagnation, sinon une baisse. Les professionnels débattent pour savoir s'il s'agit d'un phénomène purement conjoncturel – mais auquel cas relayé par des constatations similaires dans des pays mieux dotés que la France quant à la fréquentation de leurs équipements, comme les pays anglo-saxons – ou d'un mouvement de fond. D'autres études, qui prennent en compte les usagers non inscrits en bibliothèque, amènent sinon à renverser du moins à tempérer ce point de vue pessimiste, en montrant que la fréquentation des bibliothèques a doublé depuis 1997, et suit une courbe régulièrement ascendante[1].

De plus, après les bibliothèques universitaires, mais de façon peut-être plus difficile, les bibliothèques municipales sont elles aussi confrontées à la « dématérialisation » des supports et des informations : disques compacts auxquels on préfère le téléchargement ; bientôt films, actuellement sur DVD, disponibles en ligne. Or les discothèques et les vidéothèques sont souvent, statistiquement en tout cas, les services les plus dynamiques de la bibliothèque/médiathèque. Ce sont aussi ceux qui, avec les espaces multimédias, sont le plus volontiers mis en avant par les élus comme argumentaire au financement de l'équipement. Si, à la consommation de supports se substitue une logique de service (forfaits, abonnements, vidéo à la demande, etc.), les missions des « espaces musique » ou des « espaces cinéma » des médiathèques risquent fort d'être confrontées à de profondes mutations.

Il paraît normal qu'une période de forte expansion soit suivie d'une période de rétractation. Pour poursuivre son développement, la bibliothèque municipale doit sans doute redéfinir, parfois profondément, ses missions de base. Les exemples anglo-saxons, scandinaves, s'ils doivent être transposés avec précaution compte tenu des différences historiques et autres d'appréhension des services rendus par les bibliothèques, peuvent offrir des voies intéressantes, que nombre de bibliothèques françaises explorent déjà : alphabétisation, intégration des populations étrangères, éducation aux outils informatiques, etc.

2.5.1.3. Missions

Faute de loi sur les bibliothèques, réclamée depuis de longues années par les professionnels[2], il n'existe nulle obligation pour une municipalité de créer une bibliothèque et, *a fortiori*, aucun texte officiel qui définisse les missions d'une bibliothèque municipale. Cette situation n'est pas sans poser des problèmes, notamment pour ce qui est des conditions d'exercice du contrôle technique auquel sont soumises ces bibliothèques[3].

---

1. Chiffres Crédoc 2006.
2. Il y a plus de 10 ans, la précédente édition de cet ouvrage en témoignait déjà…
3. Les recommandations diffusées notamment par la Direction du livre et de la lecture ne sont pas en tout état de cause à pouvoir réglementaire à l'égard de collectivités territoriales qui s'administrent librement.

Cependant, pour expliciter les missions généralement reconnues à ces bibliothèques, on peut citer certaines propositions de la déjà ancienne charte des bibliothèques adoptée par le Conseil supérieur des bibliothèques le 7 novembre 1991[1] :

– « La bibliothèque est un service public nécessaire à l'exercice de la démocratie. Elle doit assurer l'égalité d'accès à la lecture et aux sources documentaires pour permettre l'indépendance intellectuelle de chaque individu et contribuer au progrès de la société. »

– « Les bibliothèques qui dépendent des collectivités publiques sont ouvertes à tous. Aucun citoyen ne doit en être exclu du fait de sa situation personnelle. En conséquence, elles doivent rendre leurs collections accessibles par tous les moyens appropriés, notamment par des locaux d'accès facile, des horaires d'ouverture adaptés aux besoins du public, des équipements de desserte de proximité et le recours aux techniques de communication à distance. »

– « Les collections des bibliothèques des collectivités publiques doivent être représentatives, chacune à son niveau ou dans sa spécialité, de l'ensemble des connaissances, des courants d'opinion et des productions éditoriales. Elles doivent répondre aux intérêts de tous les membres de la collectivité à desservir et de tous les courants d'opinion, dans le respect de la Constitution et des lois. Elles doivent être régulièrement renouvelées et actualisées. »

– « Toute bibliothèque d'une collectivité publique est responsable des fonds et documents patrimoniaux dont elle a la propriété ou l'usage. Les collections patrimoniales sont formées des collections nationales constituées par dépôt légal et des documents anciens, rares ou précieux. Elles sont soumises à des règles particulières de désaffectation ou d'échange. Leurs conditions de conservation satisfont aux règles techniques en usage et sont soumises au contrôle technique de l'État. Les collections patrimoniales doivent être traitées et mises en valeur par les collectivités publiques qui en ont la propriété ou l'usage. Les responsabilités patrimoniales des bibliothèques des collectivités publiques doivent être assurées dans le cadre de coopérations, notamment par la constitution de catalogues collectifs, la gestion d'équipements collectifs, le développement d'une politique de conservation, de reproduction et de plans de sauvegarde concertés. »

2.5.1.4. Organisation

L'organisation d'une bibliothèque municipale est très largement conditionnée par les données quantitatives propres à l'établissement : surfaces, collections, moyens, etc.

2.5.1.4.1. Organisation géographique

La bibliothèque peut être organisée sur un seul site, ou sur plusieurs sites, par exemple un site central et un réseau d'annexes de quartier, services de proximité dans le cas d'agglomérations très étendues.

1. Disponible sur le site de l'Association des bibliothécaires français (http://www.abf.asso.fr).

Dans certains cas (notamment pour certaines BMVR), le bâtiment central est lui-même scindé en deux bâtiments, l'un pour la conservation et la consultation des fonds patrimoniaux, l'autre pour les autres services[1].

Dans certains cas, la bibliothèque municipale peut cohabiter avec une autre bibliothèque, par exemple une bibliothèque universitaire ou l'annexe d'une bibliothèque départementale.

Enfin, certaines bibliothèques municipales possèdent des bibliobus, soit pour le prêt direct, soit pour les services aux écoles, etc.

2.5.1.4.2. Organisation fonctionnelle

Comme pratiquement toutes les bibliothèques, les bibliothèques municipales se décomposent en espaces publics et en espaces « privés », c'est-à-dire accessibles seulement par le personnel.

Les espaces privés incluent les magasins, les ateliers, les bureaux, les salles de réunion, etc.

Les espaces publics incluent les bureaux d'accueil et de prêt, les salles d'exposition ou de formation, les salles de projection, etc.

Ils incluent aussi et bien sûr les espaces publics où les collections sont proposées en libre accès.

Ces espaces peuvent être structurés en fonction des publics, ou en fonction des collections.

Dans le premier cas, on distingue traditionnellement : les sections pour les enfants (« sections jeunesse ») qui peuvent elles-mêmes être distinctes pour les bébés et les autres enfants, et les sections pour adultes. Des sections pour adolescents ont été créées dans certaines bibliothèques municipales, tandis que, pour beaucoup d'autres, cette distinction entre les publics est sinon supprimée du moins fortement atténuée par l'organisation des espaces.

Dans le second cas, le type de support ou de document proposé peut déterminer une séparation des espaces : discothèque pour les disques compacts, vidéothèque pour les DVD, bédéthèque, fonds ancien, livres, revues, etc.

Cette disposition traditionnelle est largement battue en brèche, dans deux directions différentes : d'une part le souci de mélanger les différents supports sur les mêmes rayonnages, d'autre part la volonté de créer par exemple des « espaces musique » ou des « espaces cinéma » où, autour d'un type de support donné (CD ou DVD) sont proposées des collections sur d'autres supports mais qui peuvent être de bons compléments à la découverte et à l'exploitation de ces fonds : revues, livres, ouvrages de référence, etc.

Dans tous les cas, les bibliothèques s'orientent de plus en plus vers une organisation thématique de l'ensemble de leurs collections, parfois « aux dépens » de l'organisation par types d'usagers. Cette indistinction concerne toutefois rarement les fonds anciens qui sont parfois proposés en lien avec les services d'archives municipales.

1. C'est par exemple le cas pour les BMVR de Reims et de Toulouse.

La notion d'« espaces multimédias » recouvre quant à elle différentes acceptions : soit il s'agit de collections véritablement multimédias (documents multisupports ou documents numériques proposant plusieurs types d'information), soit il s'agit de lieux d'initiation à et de consultation d'Internet et des services qu'il propose. Dans ce dernier cas, il n'est pas péjoratif de considérer que l'espace multimédia est une sorte de « cybercafé », le service et l'assistance en plus.

Enfin, les salles d'actualité, les services de référence, largement inspirés du modèle anglo-saxon, sont devenus maintenant une composante essentielle des services proposés au public. D'autres services peuvent exister : ludothèques, artothèques, etc.

2.5.1.5. Différents types

La bibliothèque municipale est un service municipal, dont le budget est voté par le conseil municipal, le personnel géré par le maire, etc.

D'un point de vue administratif, il n'existe qu'un seul type de bibliothèque municipale. Tout au plus peut-on distinguer, pour des raisons de commodité, les bibliothèques municipales classées des autres bibliothèques municipales ou intercommunales.

Parmi ces dernières, on fera un sort particulier d'une part aux bibliothèques municipales à vocation régionale, d'autre part aux bibliothèques intercommunales.

2.5.1.5.1. Les bibliothèques municipales classées

C'est la loi du 20 juillet 1931 qui a institué les premières bibliothèques municipales classées, au nombre de 37. Ce nombre fut porté à 54 jusqu'au dernier classement en date, en 1972. Un certain nombre de ces bibliothèques sont par ailleurs destinataires du dépôt légal imprimeur.

Les collections d'État, issues essentiellement des confiscations révolutionnaires et des inventaires lors de la séparation de l'Église et de l'État à la suite de la promulgation de la loi de 1905, et déposées dans les bibliothèques municipales, sont soumises à un contrôle, et peuvent être retirées par l'État en cas de non-respect des conditions fixées. Le préfet peut interdire la communication de ces collections, contrôle les échanges (prêt) entre bibliothèques de ces fonds et, plus généralement, toute intervention (restauration par exemple) sur ces fonds.

Les BMC conservent environ 4 millions de livres anciens (c'est-à-dire imprimés avant 1811). Une part de ces fonds a fait partie d'importantes opérations de conservation rétrospective, qui en ont permis le signalement dans la partie BMR du Catalogue collectif de France[1]. Les BMC bénéficient de la mise à disposition par l'État de conservateurs de bibliothèque pour leur direction et pour la gestion de leurs fonds anciens.

Il y a environ 150 conservateurs d'État dans les 54 bibliothèques municipales classées. Alors que l'existence même de ce particularisme semblait battu en

1. Voir la présentation du CCfr plus haut.

brèche par la logique même des lois de décentralisation, et même si les municipalités ont rarement refusé ces cadres qualifiés rémunérés par l'État, le ministère de la Culture souhaite formaliser cette présence en proposant que les conservateurs d'État soient désormais mis à disposition des villes sous contrats d'objectifs pluriannuels. Leurs missions pourraient être essentiellement le développement de la lecture publique et de la fréquentation, la participation à l'économie du livre, le partenariat avec les librairies de proximité et la protection et la valorisation du patrimoine écrit[1].

La liste des bibliothèques municipales classées figure à l'article R 1422-2 du Code du patrimoine, et inclut (exhaustivement) : Aix-en-Provence, Albi, Amiens, Angers, Autun, Avignon, Besançon, Bordeaux, Boulogne-sur-Mer, Brest, Caen, Cambrai, Carpentras, Châlons-en-Champagne, Chalon-sur-Saône, Chambéry, Clermont-Ferrand, Compiègne, Dijon, Dole, Douai, Grenoble, Le Havre, Lille, Lyon, Le Mans, Marseille, Montpellier, Moulins, Nancy, Nantes, Nice, Nîmes, Orléans, Pau, Périgueux, Poitiers, Reims, Rennes, La Rochelle, Roubaix, Rouen, Saint-Étienne, Toulouse, Tours, Troyes, Valenciennes, Versailles.

2.5.1.5.2. Les bibliothèques municipales à vocation régionale

Comme le soulignent Claudine Belayche et Hugues Van Besien dans leur livre[2], « c'est le fait d'émarger à une disposition additionnelle tardive (1993), dite troisième part du concours particulier pour les bibliothèques municipales, qui crée administrativement le concept de bibliothèque municipale à vocation régionale ». De fait, les bibliothèques municipales à vocation régionale (BMVR) ne constituent pas, à proprement parler, une catégorie spécifique de bibliothèque municipale. Elles sont néanmoins explicitement définies par l'article L 310-5 du Code du patrimoine comme « un établissement situé sur le territoire d'une commune d'au moins 100 000 habitants ou chef-lieu d'une région ou d'un groupement de communes d'au moins 100 000 habitants et qui répond notamment à des conditions de surface, d'importance du fonds et de diversité de supports documentaires, d'aptitude à la mise en réseau et d'utilisation de moyens modernes de communication fixées par décret en Conseil d'État ».

Douze villes ont profité du dispositif pour construire une BMVR : Orléans, Poitiers, La Rochelle, Limoges, Montpellier, Toulouse, Nice, Reims, Châlons-en-Champagne, Troyes et Rennes. Tous ces équipements sont désormais ouverts, certains ayant été transférés entre-temps à des communautés d'agglomération.

---

1. Cette dernière mission correspond explicitement à la vocation des bibliothèques municipales classées à conserver les fonds anciens de l'État.
2. Voir Bibliographie.

2.5.2. Les bibliothèques intercommunales

2.5.2.1. Situation actuelle

Même si, tout comme les BMVR, les bibliothèques de l'intercommunalité ne constituent pas explicitement un type administratif distinct, le développement important de ce type de structure a conduit à leur consacrer un paragraphe spécifique, en complément de ceux consacrés à l'intercommunalité dans le chapitre II.

L'intercommunalité est en plein essor et, en 2004, concernait plus de 31 000 communes et plus de 50 millions d'habitants. On comptait alors 14 communautés urbaines, 155 communautés d'agglomération, près de 2 300 communautés de communes et 6 syndicats d'agglomération nouvelle. Les deux tiers de ces regroupements ont intégré la compétence culturelle, bien que celle-ci (sauf pour les communautés urbaines) soit optionnelle.

2.5.2.2. Organisation

On peut distinguer deux principaux cas de figure quant à l'organisation de bibliothèques au sein d'une intercommunalité. Le premier ressort explicitement de l'esprit des lois sur le sujet, le second profite des avantages de l'intercommunalité, sans forcément apporter des services nouveaux.

Dans le premier cas, la structure intercommunale permet de créer, dans une ou plusieurs des communes impliquées, une bibliothèque alors même qu'aucune des communes impliquées n'en possédait, ou d'en renforcer grandement les moyens, notamment en collections et en personnel. C'est l'apport par chacun des moyens dévolus à la création ou à la gestion d'une bibliothèque qui permet à celle-ci d'être créée, ou de fonctionner dans des conditions plus satisfaisantes. Dans les deux cas, cela suppose l'accord de l'ensemble des communes participantes quant à la commune où sera créé ou renforcé l'établissement.

Dans le second cas, on transfère à la communauté de communes ou d'agglomération des bibliothèques déjà existantes, sans que ce transfert s'accompagne pour autant d'un renforcement significatif de la structure. C'est notamment le cas d'un certain nombre de BMVR (Montpellier, Troyes, etc.). L'opération ne va pas sans une certaine logique, surtout s'agissant des BMVR : logique financière d'abord, qui permet de faire porter par la collectivité le poids de gestion d'un établissement dont, d'évidence, la « zone de chalandise » excède largement les zones géographiques (et budgétaires) de la commune où il se situe ; logique fonctionnelle ensuite, pour les mêmes raisons.

Au-delà des questions purement politiques et administratives que pose l'intercommunalité (absence d'élection au suffrage direct, structure supplémentaire), le transfert d'équipements, surtout quand il se fait – c'est parfois le cas – sans l'accord des personnels, peut susciter un certain scepticisme. C'est d'autant plus vrai dans les communautés de communes ou les communautés d'agglomération (essentiellement) où certaines municipalités font le choix de transférer à l'intercommunalité leurs compétences en matière de bibliothèque – et d'autres non :

dans ce cas de figure, la gestion en réseau de ces établissements pourra paradoxalement se révéler plus complexe qu'auparavant –, d'autant plus que la loi permet, au sein d'une même commune, de transférer certains services et pas d'autres, par exemple le prêt aux scolaires, etc.

Le débat entre petites structures de proximité et structures plus importantes mais plus éloignées est loin d'être clos mais, aussi bien dans le développement des bibliothèques municipales que dans celui des bibliothèques départementales de prêt dont elles sont partenaires, l'importance des bibliothèques d'intercommunalité va s'affirmer dans les années à venir – leur sort politique, technique, financier, restant lié à celui de ces structures.

2.5.3. Les bibliothèques de la Ville de Paris

2.5.3.1. Présentation générale

Les bibliothèques municipales de Paris, héritières d'un réseau de « bibliothèques populaires » fondées au XIXe siècle, ont un statut particulier[1]. Gérées jusqu'en 1977 par les services de la préfecture de la Seine, elles relèvent depuis l'érection de la ville en municipalité de plein exercice de la seule autorité du maire de Paris[2]. Dans le cadre de la loi dite PLM (1983), complétée par la loi de 2002 renforçant la démocratie de proximité et enfin de la loi Raffarin de 2005 relative aux libertés locales, la Ville de Paris jouit d'un statut particulier.

Les bibliothèques de prêt, établissements de proximité, sont inscrits au patrimoine des mairies d'arrondissement et leur gestion est placée sous la tutelle des conseils d'arrondissement. Les bibliothèques spécialisées sont sous la seule tutelle du maire de Paris. Ce dernier est par ailleurs le seul décideur en matière de recrutement et de gestion des personnels, de politique de lecture publique et de politique documentaire. L'ensemble des établissements est géré par la Direction des affaires culturelles de la Ville de Paris, sous-direction de la diffusion culturelle, bureau des bibliothèques, de la lecture publique et du multimédia.

Il n'existe pas à Paris de bibliothèque centrale, mais un double réseau : 56 bibliothèques-discothèques-vidéothèques de quartier, d'une taille très variable (de 105 à 3 000 m²) comprenant 13 bibliothèques « spéciales pour la jeunesse » et 9 établissements spécialisés à vocation patrimoniale. Si les premières ne diffèrent pas fondamentalement, dans leurs missions comme dans leur fonctionnement, de n'importe quelle bibliothèque municipale, les secondes méritent une présentation particulière.

1. Il en est de même de leur personnel, voir le chapitre sur le statut des personnels.
2. Pour autant, les conservateurs de la Ville de Paris sont formés comme les autres à l'Enssib, et, comme n'importe quelle bibliothèque municipale, celles de la Ville de Paris bénéficient du concours particulier pour les constructions.

2.5.3.2. Les bibliothèques spécialisées à vocation patrimoniale

La caractéristique essentielle des bibliothèques spécialisées de la Ville de Paris réside dans l'ouverture sans restriction et gratuitement à toutes les personnes intéressées par une recherche sur leurs collections.

– Bibliothèque historique de la Ville de Paris : installée depuis 1967 dans l'hôtel de Lamoignon, la Bibliothèque historique de la Ville de Paris (BHVP) conserve des fonds spécialisés sur l'histoire de Paris et de l'Île-de-France (imprimés, périodiques, photographies, plans et manuscrits), mais aussi sur le théâtre, le féminisme et la littérature (Michelet, Sand, Cocteau, Apollinaire).

– Bibliothèque administrative de la Ville de Paris : service central de documentation de la mairie de Paris et bibliothèque publique, la Bibliothèque administrative de la Ville de Paris (BAVP) est installée dans l'Hôtel de Ville depuis 1890. Ces collections sont spécialisées en science administrative, droit public, histoire politique économique et sociale, gestion municipale de Paris.

– Bibliothèque Forney : fondée grâce à un legs fait à la ville par un industriel, Samuel-Aimé Forney, la bibliothèque a été inaugurée en 1886. Ses fonds spécialisés sont consacrés aux arts décoratifs et appliqués, aux métiers d'art, mais aussi à l'art en général.

– Bibliothèque Marguerite-Durand : fondée en 1932 par Marguerite Durand, journaliste et féministe qui fit don de ses collections à la Ville, la bibliothèque est consacrée à l'histoire des femmes et au féminisme. Elle comprend 40 000 livres, 100 titres de périodiques, 4 000 manuscrits et lettres, 4 700 dossiers documentaires, des documents iconographiques, des fonds d'archives, etc.

– Bibliothèque des arts graphiques : rattachée à la bibliothèque Forney, fondée grâce à un don fait à la Ville de Paris par Edmond Morin, la Bibliothèque des arts graphiques (BAG), créée en 1918, conserve 50 000 documents consacrés à l'imprimerie, à la typographie, à l'histoire du livre, etc.

– Médiathèque musicale de Paris : ex-Discothèque des Halles, la Médiathèque musicale de Paris (MMP), ouverte en 1986, propose des collections multimédias représentatives de tous les genres musicaux. C'est à la fois une bibliothèque de lecture publique et une bibliothèque patrimoniale ayant vocation à la conservation des documents sonores.

– Bibliothèque des littératures policières (BILIPO) : unique établissement français consacré à la conservation et à la promotion des littératures policières et d'espionnage, la BILIPO conserve la quasi-totalité de l'édition française dans ces domaines, ainsi que de très nombreux documents relatifs à ces genres.

– Bibliothèque du cinéma : prévue pour ouvrir au Forum des Halles en 2007, cette bibliothèque sera l'héritière de la bibliothèque du cinéma hébergée dans les locaux de la bibliothèque du 6e arrondissement. La bibliothèque permet entre autres la consultation de 550 vidéos documentaires et de 6 000 revues de presse.

– Bibliothèque du tourisme et des voyages : localisée dans la bibliothèque Trocadéro, cette bibliothèque, créée à partir de l'ancienne bibliothèque du Touring Club de France, propose un fonds constamment actualisé sur tous les pays du monde et sur le tourisme.

Il convient d'ajouter à ces bibliothèques deux fonds spécialisés :

– le Fonds historique de littérature pour la jeunesse à la bibliothèque de l'Heure Joyeuse : ouverte en 1924 à l'initiative du Book Committee on Children's Libraries de New York, la bibliothèque de l'Heure Joyeuse comprend un fonds historique unique en France de livres et de disques français et étrangers, du XVIIIe siècle à nos jours, sur la littérature de jeunesse ;

– le Centre de documentation sur les métiers du livre : localisé dans la bibliothèque Buffon, ce centre de documentation propose un fonds sur les bibliothèques, la documentation, le livre, l'édition, la presse et les pratiques culturelles.

2.5.3.3. Fonctionnement

Un ensemble de services centraux (service technique des bibliothèques, service scientifique des bibliothèques) coordonne l'activité des établissements et remplit des tâches communes (acquisitions, catalogage, etc.).

Les bibliothèques de Paris offrent 4,36 millions de documents imprimés, 750 000 phonogrammes, 50 000 vidéogrammes, 8 300 abonnements et plus de 4 millions de documents iconographiques.

2.5.4. Les bibliothèques départementales

2.5.4.1. Historique

2.5.4.1.1. De 1945 à 1967

La création des bibliothèques centrales de prêt (BCP) trouve sa source dans le mouvement des bibliothèques populaires, puis des bibliothèques scolaires nées au XIXe siècle, et qui s'appuyaient sur le souci d'éduquer le peuple. Mais le modèle historique est celui de la bibliothèque circulante de l'Aisne, au lendemain de la Première Guerre mondiale, par le Comité américain pour les régions dévastées : mise en place en 1921, cette bibliothèque desservait, en 1937, une cinquantaine de villages[1]. D'autres expériences, menées ailleurs en France et dans d'autres cadres (Dordogne, Tarn, Marne, etc.) nourrirent la réflexion sur la mise en place de bibliothèques mobiles.

C'est au lendemain de la Seconde Guerre mondiale que commence l'histoire des bibliothèques centrales de prêt, créées par une ordonnance ministérielle du 2 novembre 1945. Cette création prend place dans le grand élan de reconstruction entrepris par les gouvernements issus de la Résistance. Les huit premières BCP sont créées dès 1945, et un bibliobus et quatre agents sont mis à la disposition de chaque département. Cette création se fait sous l'égide de la DBLP, déjà évoquée, donc du ministère de l'Éducation nationale. Il en résultera pendant longtemps certaines ambiguïtés sur le rôle des BCP à l'égard des bibliothèques scolaires. Concomitamment, sont créés en appui neuf « centres régionaux des bibliothèques », qui n'auront qu'une brève et peu fructueuse existence (ils seront supprimés dès 1946), mais seront transformés en BCP la même année, tandis que, faute de financements, la création d'autres BCP ne peut être envisagée.

En 1946, 27 millions de personnes (sur les 43 que compte la France) habitent dans des communes de moins de 15 000 habitants, où la présence d'une bibliothèque municipale est encore l'exception. Dès lors, les BCP jouent un rôle fondamental de ravitaillement en livres de ces populations rurales. Les dépôts sont, prioritairement, faits dans les écoles, sous la responsabilité des instituteurs. Mais d'autres lieux sont prospectés, foyers ruraux, hospices, centres d'apprentissage, etc. Les dépositaires, souvent bénévoles et peu formés, sont pris en charge par le personnel de la BCP.

La 18e BCP, celle de la Moselle, ne sera créée qu'en 1951 et seulement six supplémentaires seront créées dans les douze années suivantes. Devant la pénurie de crédits d'État, les BCP se tournent dès leur création vers les départements, qui votent pour certains des subventions plus ou moins importantes. Cette implication financière des départements s'exerce aussi dans les départements non pourvus de BCP, où sont mis en place des « services départementaux de lecture publique » de statut associatif, tandis que la Ligue de l'enseignement, créée au XIXe siècle, soutient la mise en place de bibliothèques circulantes dans de nombreux départements.

Il faudra attendre 1958 pour voir la construction d'un premier bâtiment spécifiquement dévolu à la BCP, en l'espèce celle des Bouches-du-Rhône sur 600 m². Le deuxième bâtiment ne sera inauguré (dans le Rhône) qu'en 1967. Pour les autres, les BCP sont souvent hébergées par d'autres bibliothèques. Dans les années 1950, la desserte des dépôts se fait essentiellement par l'intermédiaire de caisses de livres, dont le choix est à la discrétion des responsables de la BCP mais, progressivement, se substitue à ce système efficace mais contraignant le choix dans les rayons par les dépositaires concernés. En 1953, un dépôt moyen compte 52 volumes et, de 1952 à 1955, il y a plus d'ouvertures de dépôts que dans les

1. Cette présentation doit beaucoup, sinon tout, à l'histoire des BCP proposée par Bertrand Calenge dans le tome IV de *L'Histoire des bibliothèques françaises* (voir Bibliographie).

six années suivantes. Cependant, l'augmentation parallèle des budgets d'acquisition permet de porter la moyenne de dépôt de 52 volumes à 102 en 1961.

En 1963, il existe 24 BCP, pour 27 bibliobus, une centaine d'agents et un fonds d'environ un million de volumes. En 1964, notamment sous l'impulsion de Georges Pompidou, Premier ministre depuis 1962 et fervent défenseur de la lecture publique, sont créées 6 nouvelles BCP. À partir de 1967, avec la création de 9 nouvelles BCP, d'importants moyens supplémentaires sont octroyés : moyens en personnel, en bibliobus, tandis que le budget consacré aux BCP quadruple. Les missions des BCP s'organisent autour de principes forts : la desserte des communes de moins de 20 000 habitants, la généralisation du prêt direct dans les établissements scolaires, la rationalisation des dépôts en nombre et en taille, l'affirmation des missions d'animation des BCP. Le prêt direct se répand, se substituant notamment aux petits dépôts peu efficaces, tandis que, dans les plus grands, le nombre de volumes déposés s'accroît.

2.5.4.1.2. De 1975 à la décentralisation

Même si l'important effort pour les bibliothèques annoncé par le VIe Plan (1971-1975) n'est que partiellement mis en œuvre, l'amélioration de la situation est plus que sensible. En 1975, il existe 70 BCP, employant une moyenne de 10 agents (plus de 650 en tout), 167 bibliobus ; 33 bâtiments ont été mis en service et, de 14 millions d'habitants desservis, on est passé à près de 24 millions. Par un décret du 29 octobre 1975, les BCP sont transférées de la tutelle de l'Éducation nationale à celle de la Direction du livre du ministère de la Culture, nouvellement créée, prenant la suite de la Direction des bibliothèques et de la lecture publique, structure commune aux deux ministères, qui avait assuré jusque-là la gestion de ces bibliothèques.

Jusqu'au début des années 1980, l'action des BCP se caractérise par l'action culturelle, la mise en place de bibliothèques relais de la BCP dans les communes, souvent par le biais d'un conventionnement. La desserte s'étend peu, qui passe d'un peu plus de 17 000 communes desservies en 1975 à un peu plus de 19 000 en 1981. Le retrait du milieu scolaire s'accentue, confirmé par l'arrêté du 9 février 1979. En 1981, le doublement du budget du ministère de la Culture dirigé par Jack Lang permet la création des 17 dernières BCP (arrêté du 1er février 1982). 25 bâtiments sont construits, 138 emplois sont créés. Par ailleurs, les BCP sont concernées au premier chef par les lois de décentralisation, dites « lois Deferre », de 1982 et de 1983, qui organisent le transfert des BCP aux départements au 1er janvier 1986.

Le partenariat avec les communes s'étend, et de véritables réseaux de bibliothèques se constituent. Une circulaire de la Direction du livre du 1er août 1985 recommande (juste avant la décentralisation) la coopération des BCP avec les communes de moins de 10 000 habitants et l'abandon de la desserte des établissements scolaires. La couverture du territoire est achevée cette même année, avec la création des BCP de la Guyane et du Territoire de Belfort.

2.5.4.1.3. La décentralisation et après

Le décret n° 86-102 du 20 janvier 1986 place les BCP sous l'autorité des conseils généraux des départements. Si la décentralisation est effective dès 1986, le rôle de l'État ne s'arrête pas pour autant cette année-là. 33 bâtiments sont construits par l'État de 1986 à 1995, tandis que 26 autres sont achevés pendant cette même période. Les départements, désormais libres de leurs choix, prennent des orientations différentes : desserte de communes de plus de 10 000 habitants, services aux collèges (à gestion elle aussi départementale), etc. Enfin, la fin de la période d'exercice du droit d'option achève le transfert des personnels aux départements. Par la loi du 13 juillet 1992, les BCP deviennent des bibliothèques départementales de prêt (BDP). Un concours financier particulier « départemental » est créé au sein de la dotation générale de décentralisation par la loi du 13 juillet 1992.

En 1997, Alain Caraco[1] soulignait que la décentralisation, dont on redoutait les effets, avait permis nombre d'avancées dans les bibliothèques, désormais départementales de prêt : les effectifs, d'environ 1 400 équivalents temps plein, étaient passés à 1 900, soit un tiers de croissance en moins de dix ans. La majorité des personnels, dans l'exercice de leur droit d'option, a choisi de rester dans les bibliothèques territoriales. De même, la croissance des surfaces est significative, de 100 000 m^2 environ en 1986 à 159 000 m^2 à la mi-1996, soit une croissance de plus de 55 %, due essentiellement à l'engagement de l'État de poursuivre son programme de construction après la décentralisation.

Ces évolutions quantitatives s'accompagnent d'évolutions qualitatives, qui ne vont que s'accentuer par la suite : réduction du stockage dense de collections, diminution de la part d'activité consacrée aux tournées de bibliobus, diversification des médias, informatisation large et en réseau des établissements, mise en place de véritables centres départementaux de formation, à tel point que Alain Caraco n'hésite pas à considérer « les réseaux » comme « raison d'être des BDP ».

2.5.4.2. Situation actuelle

Comme leur nom l'indique, les bibliothèques départementales ont un échelon d'intervention départemental, et leur siège est le plus souvent le chef-lieu du département concerné. Un certain nombre d'entre elles possède des annexes dans des parties géographiquement éloignées du chef-lieu du département. Il existe une BCP par département, à l'exception de Paris et des trois départements de la petite couronne parisienne[2].

Services départementaux, les 96 BDP sont gérées par les conseils généraux et placées sous la dépendance hiérarchique du président du conseil général. Leur personnel est désormais exclusivement territorial[3]. Elles sont gérées par près de

1. Voir Bibliographie.
2. La différence entre le nombre théorique et le nombre réel de BCP s'explique par l'existence dérogatoire d'une BCP à Mayotte, qui n'est pas un département.
3. L'exercice du droit d'option pour le personnel, appartenant antérieurement à la fonction publique d'État, a pris fin en 1996. Il n'a pas paru utile de reprendre la description du dispositif législatif et réglementaire mis en place à cette occasion, qui figure dans la précédente édition (p. 178).

2 500 agents équivalents temps plein, possèdent près de 24 millions de livres, 2 millions de documents sonores, 410 000 vidéos, 50 000 cédéroms, etc.

Le réseau public dessert près de 19 000 communes représentant près de 24 millions d'habitants, pour près de 16 000 lieux de dépôts. En 2002, les BDP ont déposé plus de 16 millions de livres, et prêtés en prêt direct près de 3 millions de volumes.

La majorité des directeurs de BDP sont membre de l'Association des directeurs de bibliothèques départementales de prêt (ADBDP) particulièrement dynamique pour valoriser les établissements et coordonner leur action, notamment par l'intermédiaire de son site web.

Les BDP sont désormais frontalement confrontées à deux évolutions majeures, l'une sociologique, l'autre administrative, qui modifient profondément le contexte de leurs interventions et, par conséquent, leurs missions. Les mutations démographiques, qui tendent à une plus grande urbanisation d'une part, et la mise en place de bibliothèques intercommunales toujours plus nombreuses d'autre part, pourraient réduire leur champ d'action, en les « privant » de la desserte de communes rurales désormais à même de financer et de faire fonctionner des équipements de proximité viables.

Mais, comme souligné plus haut, les BDP ont depuis longtemps anticipé ces évolutions. Développant les activités d'une « tête de réseau » (formation des bénévoles, conseil à la construction, à l'équipement et à l'aménagement, animations autour du livre et des autres médias, etc.), les plus dynamiques ont désormais obtenu au sein des conseils généraux le statut de « directions départementales de la lecture publique », services structurant l'action du conseil général en matière de livre et de lecture.

Ce nouveau statut permet de renforcer les collaborations avec d'autres services du département (archives, action culturelle) et d'organiser de véritables plans départementaux de la lecture publique, basés sur une collaboration étroite (et toujours délicate) avec les bibliothèques municipales dépendant des communes, et d'autres partenaires.

Si les BDP ont tardé à être associées au programme gouvernemental des « ruches », médiathèques de proximité mises en place par le ministère de la Culture et dont, pourtant, elles semblaient les interlocuteurs naturels au niveau plus structurant du département, nul doute que leur professionnalisme et leur dynamisme permettront une refonte profonde mais maîtrisée de leurs missions, vers l'abandon progressif du prêt direct, la rationalisation des modes de dépôt, la mise en place de politiques de coopération paradoxalement plus que jamais nécessaires à l'heure où l'intercommunalité, si elle permet la création de nouveaux équipements et services, complexifie encore le paysage administratif des bibliothèques publiques en France.

[Le site de l'ADBDP : http://www.adbdp.asso.fr]

2.5.4.3. Missions

Ce sont les conseils généraux, sous l'autorité desquels elles sont placées depuis 1986, qui définissent les missions des bibliothèques départementales. Traditionnellement, elles aident à la constitution et au développement d'un réseau de bibliothèques dans les communes qui soit ne bénéficient pas d'un équipement en propre, soit ne peuvent assumer seules les frais liés à la mise en place de collections suffisamment importantes pour satisfaire les populations desservies. Dans les petites villes, ces bibliothèques sont gérées par des professionnels mais, dans la majorité des villages, ce sont des bénévoles qui s'en occupent.

Chaque département définit les missions de ses bibliothèques, et celles-ci sont désormais si variées qu'il est difficile de distinguer des constantes de fonctionnement. Cependant, la majorité des BDP continuent de prêter des livres et d'autres documents aux bibliothèques des communes en complément de leurs collections propres, et à dispenser conseils et formations à leurs équipes. Leur but est de favoriser, au niveau du département, la lecture, et d'offrir à tous publics un ensemble de documents pluralistes et diversifiés sur tous les sujets.

Les BDP deviennent aujourd'hui, de plus en plus, des services départementaux de la lecture, qui initient et coordonnent l'activité des petites communes en matière de lecture publique. À cet égard, le développement d'Internet, et la possibilité de mettre en place l'utilisation à distance d'un très grand nombre de services (réservations) et de produits (catalogues) qui supposaient auparavant une interaction matérielle entre la bibliothèque et ces relais, peut faire figure de révolution. Les communes rurales, comme les départements, favorisent la connexion du territoire au réseau des réseaux, et les bibliothèques départementales accompagnent ce mouvement de structuration du territoire.

Rappelons enfin que les BDP, comme les bibliothèques municipales, sont soumises au contrôle technique de l'Inspection générale des bibliothèques, selon des modalités qui sont précisées dans la présentation de l'Inspection générale.

2.5.4.4. Organisation

La BDP assure la communication des documents soit sous forme de prêt direct à l'usager, soit sous forme de dépôts temporaires et renouvelables dans un certain nombre de relais. Les documents prêtés le sont, traditionnellement, par l'intermédiaire de véhicules spécialement aménagés pour cette fonction, les bibliobus. Cependant, de plus en plus de BDP sont désormais directement ouvertes au public. Le mode traditionnel de desserte (le bibliobus) n'est plus le mode essentiel, souvent délaissé au profit de moyens plus souples (navettes, camionnettes).

Par ailleurs, les collections de la BDP sont le plus souvent directement accessibles aux dépositaires qui peuvent venir choisir sur place les documents qu'ils souhaitent obtenir dans leurs dépôts. Certaines BDP, situées par exemple dans des départements très étendus, peuvent disposer d'annexes qui, comme on l'a vu, peuvent être « confondues » avec la bibliothèque municipale de la commune considérée.

Les dépôts peuvent être de nature très variée, bibliothèques, foyers ruraux, hôpitaux, etc. L'ADBDP a établi une classification des dépôts selon leur nature et leur importance en cinq catégories différentes : dépôts, points lecture, bibliothèques de niveau 1, 2 ou 3. Les critères pris en compte sont le nombre de personnes affectées, les horaires d'ouverture, la surface, l'importance des crédits d'acquisitions par rapport au nombre d'habitants.

3. Le ministère en charge de l'Éducation nationale

Le préambule de la Constitution de 1946 prévoit que « l'organisation de l'enseignement public gratuit et laïque à tous les degrés est un devoir de l'État... À ce titre, il est responsable du recrutement, de la formation et de la gestion des personnels. Il a la charge de leur rémunération ainsi que des dépenses pédagogiques. Il arrête les orientations pédagogiques et les programmes ».

Le ministère de l'Éducation nationale, de l'Enseignement supérieur et de la Recherche[1] (MENESR) prépare et met en œuvre la politique du gouvernement relative à l'accès de chacun aux savoirs. Le système éducatif s'organise autour de quatre niveaux : enseignements préélémentaire, élémentaire, secondaire et supérieur.

Du sommet à la base de l'organisation du service public de l'enseignement, une double structure de direction et de gestion d'une part, d'inspection et d'animation, d'autre part, développe parallèlement son action.

Chaque structure a sa hiérarchie :

– les échelons d'autorité : le ministère, le rectorat, l'inspection académique, la direction de l'établissement ;

– les niveaux de contrôle et d'évaluation : l'inspection générale, l'inspection régionale, l'inspection départementale.

L'État a la responsabilité des contenus d'enseignement, des contrôles, des évaluations, de la sanction des études, du statut des personnels et de son observance. Toutefois, depuis les lois de décentralisation de 1982-1983, des compétences nouvelles ont été transférées aux collectivités territoriales (régions, départements, communes) qui sont désormais responsables de la construction, de l'équipement et du fonctionnement des établissements locaux d'enseignement : les régions pour les lycées, les départements pour les collèges, les communes pour les écoles.

Les services communs de la documentation et les bibliothèques universitaires, les bibliothèques scolaires, d'autres bibliothèques, constituent un ensemble très important d'établissements, dont l'examen détaillé sera effectué plus bas. Le souci de replacer cet ensemble dans les modalités de fonctionnement, souvent très complexes, du ministère en charge de l'Éducation nationale, a conduit à consacrer une part

1. Dénomination au 1er juillet 2006.

importante du présent chapitre à une présentation détaillée de ses services et de leur activité. Il ne faut pas oublier, à cet égard, que ce ministère représente à lui seul près de la moitié des effectifs de la fonction publique de l'État, et que son budget est approximativement égal (d'une année à l'autre) au quart du budget de la nation.

3.1. L'administration centrale

L'organigramme du MENESR s'articule autour de directions et de services ayant en charge l'organisation et la gestion du système éducatif. Cette organisation a récemment été modifiée par le décret n° 2006-572 du 17 mai 2006, et comprend trois directions et un secrétariat général :

- la Direction générale de l'enseignement supérieur ;
- la Direction générale de l'enseignement scolaire ;
- la Direction générale de la recherche et de l'innovation.

Le secrétariat général comprend :

- la Direction générale des ressources humaines ;
- la Direction de la technologie ;
- la Direction de l'évaluation, de la prospective et de la performance ;
- la Direction générale des ressources humaines ;
- la Direction des affaires financières ;
- la Direction des affaires juridiques ;
- la Direction des relations européennes, internationales et de la coopération ;
- la Délégation à la communication ;
- le Service de l'action administrative et de la modernisation ;
- le Service des technologies et des systèmes d'information.

Il existe aussi trois corps d'inspection :

- l'Inspection générale de l'Éducation nationale ;
- l'Inspection générale de l'administration de l'Éducation nationale et de la Recherche ;
- l'Inspection générale des bibliothèques.

Il faut signaler aussi que, par un arrêté du 4 novembre 2003, a été mis en place un médiateur de l'Éducation nationale, relayé en région par des médiateurs académiques et des correspondants dont les compétences sont très semblables à celles du médiateur de la République, mais non confondues avec celles-ci.

Le ministère inclut aussi un certain nombre d'organes consultatifs (dont seule une partie sera présentée) et d'établissements publics *(idem)* ayant des tâches spécifiques dans le système scolaire ou universitaire.

3.2. Les organes consultatifs

3.2.1. Le Conseil supérieur de l'éducation

Le Conseil supérieur de l'éducation (CSE) donne des avis sur les objectifs et le fonctionnement du service public de l'éducation. Il a un rôle consultatif pour toutes les questions d'intérêt national concernant l'enseignement et l'éducation, et en particulier pour les règlements relatifs aux programmes, aux examens, à la délivrance des diplômes, à la scolarité. Il a aussi un rôle contentieux de juridiction d'appel des conseils d'universités ou des conseils académiques.

Présidé par le ministre de l'Éducation nationale, il est composé de 97 titulaires, représentants des enseignants, des autres personnels, des parents, des collectivités territoriales, des associations périscolaires et familiales, des grands intérêts éducatifs, économiques, commerciaux et culturels, et de 3 représentants des élèves.

3.2.2. Le Conseil national de l'enseignement supérieur et de la recherche

Organe consultatif élu créé par la loi du 12 novembre 1968 (dite loi Edgar Faure), le Conseil national de l'enseignement supérieur et de la recherche (CNESER) siège auprès du ministre chargé de l'Enseignement supérieur. Il assure la représentation, d'une part, des établissements publics à caractère scientifique, culturel et professionnel et, d'autre part, des grands intérêts nationaux, notamment éducatifs, culturels, scientifiques, économiques et sociaux. Sa mission essentielle est la définition d'une politique générale des enseignements supérieurs.

Présidé par le ministre chargé de l'Enseignement supérieur, composé de 62 membres, il donne, conformément à l'article L 231 du Code de l'éducation, son avis sur les questions relatives aux missions confiées aux établissements publics à caractère scientifique, culturel et professionnel dans les cas prévus par le code. Il est consulté sur tous les projets de textes réglementaires, statutaires et pédagogiques. Le CNESER est le « parlement des universités ».

Il regroupe en son sein une commission scientifique permanente chargée de préparer les travaux du conseil en matière de recherche, d'enseignements et de diplômes de 3e cycle et une section permanente qui assure l'ensemble des sessions du Conseil national en dehors des sessions plénières.

Le CNESER a aussi un rôle disciplinaire pour juger les enseignants et les étudiants du supérieur, essentiellement en tant que juge d'appel des décisions rendues par les sections disciplinaires des conseils d'administration des universités.

3.2.3. Le Comité national d'évaluation

Créé par la loi du 26 janvier 1984 (article L 242.1 du Code de l'éducation), le Comité national d'évaluation (CNE) constitue une autorité administrative indépendante dotée de l'autonomie financière. Il est chargé d'examiner et d'évaluer l'ensemble des activités des établissements publics à caractère scientifique, culturel et professionnel : universités, écoles et grands établissements relevant de la tutelle du ministre chargé de l'Enseignement supérieur.

L'analyse du CNE porte sur l'ensemble des actions et des moyens mis en œuvre par les établissements dans le cadre de leur politique scientifique et pédagogique, ce qui inclut par exemple l'activité des services communs de la documentation au sein des universités. Le CNE dresse tous les quatre ans un bilan de synthèse sur l'état de l'enseignement supérieur.

[Le site du CNE : http://www.cne-evaluation.fr/]

3.2.4. La Conférence des présidents d'université

La Conférence des présidents d'université (CPU) a été créée par un décret du 2 février 1971 et confirmée dans ses attributions par la loi du 26 janvier 1984. Sa mise en place correspond à la recréation, après 1968, d'universités regroupant les anciennes facultés et dotées d'un nouveau mode d'organisation autour de leur président.

Présidée par le ministre de l'Éducation nationale, elle regroupe tous les présidents d'université, les directeurs des écoles normales supérieures (ENS) et de plusieurs grands établissements, soit une centaine de membres. Elle étudie toutes les questions relatives à ces établissements et donne son avis sur les questions qui lui sont soumises par le ministre.

La modernisation des établissements de l'enseignement supérieur s'appuie sur l'Agence de mutualisation (AMUE), opérateur collectif au service des établissements, notamment dans le domaine informatique et pour ce qui concerne la gestion (scolarité, finances, ressources humaines, etc.).

La CPU et l'AMUE ont installé une Maison des universités, située à Paris, pour favoriser les échanges et les contacts entre la communauté universitaire et la représentation nationale, les collectivités territoriales, les partis politiques, etc.

[Le site de la CPU : http://www.cpu.fr]

3.2.5. Le comité technique paritaire ministériel

Le comité technique paritaire ministériel (CTPM) débat des grandes orientations et de la répartition des moyens au sein du ministère. Comme tout CTP, il est compétent pour toutes questions relatives :

– à l'organisation et au fonctionnement des administrations, établissements ou services ;

– aux programmes de modernisation des méthodes et techniques de travail et à leur incidence sur la situation des personnels, aux règles statutaires ;

– à l'examen des grandes orientations à définir pour l'accomplissement des tâches de l'administration ;

– aux problèmes d'hygiène et de sécurité ;
– aux plans fixant les objectifs pluriannuels d'amélioration de l'accès des femmes aux emplois de l'encadrement supérieur.

Comme tout CTP, il comprend en nombre égal des représentants de l'administration et des représentants des personnels désignés par les syndicats.

3.2.6. Le Conseil national des universités

Le Conseil national des universités (CNU) se prononce sur les mesures individuelles relatives au recrutement et à la carrière des professeurs des universités et des maîtres de conférences.

Il est composé de groupes de disciplines. Chaque groupe comprend, d'une part, une commission de groupe, et d'autre part, des sections correspondant chacune à une discipline (55 sections). Chaque commission de groupe et chaque section comprennent en nombre égal d'une part des représentants des professeurs et personnels assimilés, d'autre part des représentants des maîtres de conférences et de personnels assimilés.

3.2.7. Le Haut Conseil de l'éducation

Le Haut Conseil de l'éducation (HCE) a été institué par la loi du 23 avril 2005 d'orientation et de programme pour l'avenir de l'école. Organisme consultatif indépendant, il se substitue pour ce qui est de ses missions au Conseil national des programmes et au Haut Conseil de l'évaluation de l'école.

À la demande du ministre en charge de l'Éducation nationale, le HCE émet des avis et peut formuler des propositions sur la pédagogie, les programmes, l'organisation, les résultats du système éducatif et la formation des enseignants. Il est notamment chargé de définir le contenu du « socle commun de connaissances et de compétences » que tous les élèves devront maîtriser à 16 ans.

Le HCE, qui est assisté d'un comité consultatif, est composé de neuf membres désignés pour six ans.

3.3. Les établissements publics

Un certain nombre d'établissements publics, placés sous la tutelle du ministère en charge de l'Éducation nationale, exercent des activités complémentaires à celles des établissements d'enseignement.

3.3.1. Le Centre national d'enseignement à distance

Les missions du Centre national d'enseignement à distance (Cned) sont définies par le décret n° 2002-602 du 25 avril 2002. Premier opérateur européen et du monde, le Cned, créé en 1939, est un établissement public du ministère de l'Éducation nationale. Pour l'école primaire, le collège et le lycée, pour les études supérieures, pour la vie professionnelle ou pour l'enrichissement personnel, il offre près de 3 000 formations, accompagnées de services personnalisés.

Le directeur général du Cned est un recteur d'académie nommé par le ministre de l'Éducation nationale. Il a autorité sur l'ensemble des composantes de l'établissement. La direction générale du Cned est installée sur le site du Futuroscope près de Poitiers. Huit instituts[1], organisés en pôles de compétences, produisent et dispensent les formations. Ils assurent le suivi administratif et pédagogique des inscrits.

Le centre prépare aussi aux concours, et notamment aux concours de recrutement dans les bibliothèques de la fonction publique d'État et de la fonction publique territoriale.

[Le site du Cned : http://www.cned.fr]

3.3.2. Le Centre international d'études pédagogiques

Le Centre international d'études pédagogiques (CIEP) contribue au développement de la coopération internationale en éducation. Créé en 1946, il devient en 1987 un établissement public national.

Les activités du CIEP s'articulent autour de deux grands domaines : les langues (français langue étrangère et langues étrangères en France) et l'éducation (ingénierie éducative et coopération internationale).

Le CIEP s'appuie, pour conduire ses actions, sur le savoir-faire d'une équipe de 200 personnes. Centre de séminaires internationaux, le CIEP accueille et organise des colloques et des conférences sur des questions d'actualité éducative.

[Le site du CIEP : http://www.ciep.fr]

3.3.3. L'Institut national de la recherche pédagogique

Créé en 1956 sous le nom d'Institut pédagogique national, l'Institut national de la recherche pédagogique (INRP) a vocation à développer et à favoriser la recherche en éducation et formation. Il met son expertise et ses équipes au service de l'ensemble des chercheurs, formateurs et décideurs du monde de l'éducation.

1. Grenoble, Lille, Lyon, Poitiers, Rennes, Rouen, Toulouse et Vanves.

L'INRP s'efforce de développer des collaborations avec d'autres établissements, tout en répondant aux demandes de ses principales tutelles : enseignements scolaires et supérieurs, recherche. Il regroupe 280 collaborateurs permanents et plus de 1 600 enseignants et chercheurs associés.

[Le site de l'INRP : http://www.inrp.fr]

3.3.4. L'Office national d'information sur les enseignements et les professions

Créé par décrets du 19 mars 1970, l'Office national d'information sur les enseignements et les professions (Onisep) est un établissement public sous tutelle du ministère en charge de l'Éducation nationale. Son objectif est d'offrir aux jeunes (élèves et étudiants), à leurs familles et aux équipes éducatives toutes les informations sur les études et les métiers, soit plus de 8 000 formations, 20 000 adresses d'établissements, 400 métiers, etc.

L'Onisep emploie plus de 600 professionnels de l'information et de l'orientation, de l'édition et de la documentation. Son siège est en région parisienne, et le réseau inclut 30 délégations régionales (une dans chaque académie).

L'Onisep assure la diffusion gratuite de nombreuses productions dans les établissements scolaires du secondaire, dans les centres d'information et d'orientation, etc., et distribue gratuitement, chaque année, près de 10 millions de guides.

[Le site de l'Onisep : http://www.onisep.fr]

3.3.5. Le Centre national des œuvres universitaires et scolaires

Créé par la loi du 16 avril 1955, le Centre national des œuvres universitaires et scolaires (CNOUS) a pour vocation de favoriser l'amélioration des conditions de vie et de travail des étudiants. C'est un établissement public national qui dispose d'environ 120 emplois budgétaires attribués par le ministère de l'Éducation nationale auxquels s'ajoutent 20 emplois financés sur ressources propres.

Pour accomplir sa mission, le CNOUS bénéficie d'un positionnement original de tête d'un réseau constitué de :

– 28 centres régionaux (CROUS) : établissements publics nationaux à caractère administratif, sous la tutelle du ministre chargé de l'Enseignement supérieur, ils fonctionnent au siège de 28 académies (il y a un seul CROUS pour les trois académies de la Guadeloupe, la Martinique et la Guyane). Le CROUS de l'académie où se trouve son lieu d'études est le correspondant de l'étudiant ;

– 16 centres locaux (CLOUS) : sections du centre régional, dans douze villes universitaires ;

– plus de 40 antennes qui offrent aux étudiants, sur le terrain, des services de proximité.

L'ensemble de ces établissements regroupe près de 12 000 personnes.

Le CNOUS assure la cohérence et le pilotage du réseau, l'expertise de projets, la mutualisation des expériences, l'organisation du dialogue social avec les représentants des personnels et des étudiants. Il agit comme opérateur de différents ministères au premier rang desquels le ministère de l'Éducation nationale, de l'Enseignement supérieur et de la Recherche et le ministère des Affaires étrangères.

[Le site du CNOUS : http://www.cnous.fr]

3.3.6. Services culture, éditions, ressources pour l'Éducation nationale

Le réseau national composé du Centre national de documentation pédagogique (CNDP), des 31 centres régionaux de documentation pédagogique et de leurs centres départementaux et locaux, a pris en 2002 l'appellation de SCEREN : Services culture, éditions, ressources pour l'Éducation nationale.

Établissement public sous la tutelle du ministre en charge de l'Éducation nationale, le SCEREN s'articule autour de trois priorités : la maîtrise de la langue, l'essor des technologies de l'information et de la communication et les publics en difficulté. Il s'adresse aux enseignants et à tous les acteurs du système éducatif : élèves, étudiants, parents, etc.

Le SCEREN édite les produits et services correspondant aux grandes orientations de la politique éducative, en mettant à la disposition des professionnels des ressources pédagogiques de toute nature et en accompagnant les arts et la culture à l'école.

Le réseau SCEREN comprend 31 centres régionaux de documentation pédagogique (CRDP), établissements nationaux à vocation académique, 86 centres départementaux (CDDP), de nombreuses implantations locales (CLDP), 170 médiathèques, 125 librairies, 2 000 références au catalogue. Tout comme le SCEREN, les CRDP et les CDDP sont des établissements publics nationaux à caractère administratif, placés sous la tutelle du ministère de l'Éducation nationale. Ils assurent auprès des enseignants une mission de formation continue.

[Le site du SCEREN : http://www.cndp.fr]

Parmi les établissements associés au CNDP, on peut citer le Centre de liaison de l'enseignement et des médias d'information (Clemi) créé en 1983 avec la mission « de promouvoir, notamment par des actions de formation, l'utilisation pluraliste des moyens d'information dans l'enseignement, afin de favoriser une meilleure compréhension par les élèves du monde qui les entoure, tout en développant leur sens critique ».

[Le site du Clemi : http://www.clemi.org]

Il convient aussi de citer le Centre de ressources et d'information sur les multimédias pour l'enseignement supérieur (CERIMES), service associé au CNDP.

L'ancien Service du film de recherche scientifique, créé en 1954, est devenu officiellement le CERIMES selon le décret n° 2005-995 du 17 août 2005.

Le CERIMES a pour mission de faciliter l'accès des enseignants, chercheurs et étudiants de l'enseignement supérieur aux ressources multimédias (textuelles, iconographiques, sonores) et de les aider à les intégrer dans l'enseignement. Il doit aussi produire ou coproduire des documents audiovisuels ou multimédias à la demande d'enseignants ou de chercheurs, informer sur les dispositifs de formation de l'enseignement supérieur en présence ou à distance et apporter aux établissements de l'enseignement supérieur et de la recherche une expertise technique et juridique en matière de production et de diffusion de ressources.

[Le site du CERIMES : http://www.cerimes.education.fr]

3.3.7. Le Centre d'études et de recherches sur les qualifications

Le Centre d'études et de recherches sur les qualifications (Céreq), établissement public qui dépend du ministère de l'Éducation nationale et du ministère de l'Emploi, est un pôle public d'expertise au service des acteurs de la formation et de l'emploi. Ses activités incluent la production de statistiques, la recherche, les études. Il formule des avis et des propositions destinés à éclairer les choix en matière de politiques de formation à l'échelon régional, national ou international.

Le Céreq emploie 160 personnes, dont une grande majorité de personnels d'études et de recherche, qui travaillent au siège du Céreq à Marseille et dans son réseau de 18 centres régionaux insérés dans des équipes de recherche universitaires ou du CNRS.

[Le site du Céreq : http://www.cereq.fr]

3.4. Le système éducatif : organisation générale

Le système éducatif français accueille (France métropolitaine uniquement) plus de 14 millions d'élèves, d'apprentis et d'étudiants : 6,5 millions dans le premier degré (écoles élémentaires et maternelles), 5,6 millions dans le second degré (collèges et lycées) et 2,2 millions dans le supérieur (universités pour les deux tiers et autres)[1].

On compte près de 57 000 écoles, 11 000 collèges, lycées et lycées professionnels, et 4 100 établissements d'enseignement supérieur, dont 89 universités.

Plus d'1,3 million de personnes sont employées par l'État dans le domaine de l'enseignement. Il s'agit pour les deux tiers d'enseignants – les non-enseignants sont environ 430 000.

1. Chiffres 2005.

Le Code de l'éducation réunit l'ensemble des dispositions relatives au système éducatif français, portant sur les principes généraux d'éducation et sur l'administration, les enseignements scolaires et supérieurs, et sur les personnels. Ce code inclut notamment les compétences respectives des communes, des départements et des régions dans l'organisation des écoles, des collèges et des lycées.

Pour l'administration du système éducatif, le territoire français est divisé en trente circonscriptions administratives[1], appelées académies, elles-mêmes subdivisées en départements. Chaque académie est placée sous la responsabilité d'autorités administratives déconcentrées, les rectorats, dirigés par le recteur d'académie, et chaque département est dirigé par un inspecteur d'académie, directeur des services départementaux de l'Éducation nationale.

3.5. Les académies

3.5.1. Le recteur

Nommé par décret du président de la République pris en conseil des ministres, le recteur d'académie est le chef des services régionaux déconcentrés du ministère en charge de l'Éducation nationale. Généralement choisi parmi les professeurs d'université, il est le représentant du ministre au niveau de l'académie.

Disposant de l'ensemble des moyens administratifs, d'enseignement, d'éducation et d'orientation, il définit une politique d'éducation et de formation dans le cadre des orientations nationales, dans le respect des dispositions législatives et réglementaires relatives à l'enseignement. Il gère et répartit les moyens (personnels, emplois et crédits) et délivre les diplômes nationaux. Il organise la plupart des examens et concours.

Chaque année, il décide de la structure pédagogique générale des établissements d'enseignement secondaire (et de leur secteur de recrutement) en tenant compte du schéma prévisionnel des formations des collèges et des lycées établi par la région. Il est consulté par les départements d'une part, par les régions d'autre part, sur les programmes d'investissement (localisation, capacité d'accueil, etc.) prévus respectivement pour les collèges et pour les lycées par ces collectivités.

Il est responsable de la carrière de certaines catégories d'enseignants et de personnels administratifs, ouvriers et de service, a le pouvoir de notation de tous les personnels affectés dans son académie, et le pouvoir de les inspecter. Il préside notamment le conseil académique, le comité technique paritaire académique (CTPA) et les commissions administratives paritaires académiques (CAPA). Il a l'initiative des actions de formation continue qu'il organise avec l'aide de la délégation académique à la formation continue (DAFCO).

1. Soit plus que de régions administratives proprement dites : la région Île-de-France correspond à elle seule à trois académies distinctes (Paris, Versailles, Créteil) et la région Rhône-Alpes inclut deux académies, celles de Lyon et Grenoble.

Par délégation du préfet, il peut être ordonnateur secondaire de la quasi-totalité des dépenses imputables sur le budget du ministère en charge de l'Éducation nationale (traitements et salaires, bourses, subventions).

En qualité de chancelier des universités, le recteur assure la coordination des établissements d'enseignement supérieur de l'académie entre eux mais aussi avec les enseignements primaires et secondaires (formation des maîtres, formation continue) et exerce un contrôle *a posteriori* sur leurs délibérations.

3.5.2. Les services du rectorat

Le recteur dispose de conseillers techniques pour assurer des misions d'inspection, d'évaluation, de contrôle : inspecteurs d'académie-inspecteurs pédagogiques régionaux (IA-IPR) qui remplissent un rôle de contrôle et d'assistance auprès des intervenants de leur discipline ; inspecteurs de l'Éducation nationale-enseignement technique (IEN-ET), inspecteurs de l'Éducation nationale-enseignement général (IEN-EG) ; il dispose aussi de délégués académiques.

Les services administratifs à la disposition du recteur, placés sous la responsabilité du secrétaire général de l'académie, forment le rectorat.

3.5.3. Les organes consultatifs

Auprès des recteurs siège un grand nombre d'organes consultatifs :

– Le conseil académique de l'Éducation nationale (CAEN) : il a un rôle consultatif très important et aussi des compétences en matière contentieuse et disciplinaire. Il peut être consulté et peut émettre des vœux sur toute question relative à l'organisation et au fonctionnement du service public d'enseignement.

– Les commissions administratives paritaires académiques (CAPA) : elles jouent un rôle important dans la gestion des différents personnels. Elles donnent leur avis sur presque tous les actes de gestion, notamment notations, promotions, mutations, titularisations, sanctions disciplinaires.

– Le comité technique paritaire académique (CTPA) : il est compétent pour les questions intéressant l'organisation des services administratifs et des établissements d'enseignement et de formation des premier et second degrés.

– Le conseil consultatif de la formation continue : il étudie les mesures destinées à favoriser le développement de la formation continue et notamment la prise en charge par l'ensemble des personnels de l'Éducation nationale des missions leur incombant dans la formation continue des adultes.

– La commission régionale des bourses, et des commissions spécifiques. La commission régionale des bourses intervient comme instance d'appel et statue sur les demandes de bourses lorsque celles-ci ont fait l'objet d'un premier refus.

– Le comité académique des œuvres sociales : ce comité fait connaître les besoins des personnels dans le secteur social, recherche les moyens de développer l'action sociale, propose les mesures nécessaires à la coordination de l'action sociale dans l'académie.

Un certain nombre de ces institutions ont leur équivalent au niveau de l'inspection académique, avec des compétences limitées au département concerné.

3.5.4. L'inspecteur d'académie

L'inspecteur d'académie est nommé par le président de la République sur proposition du ministre en charge de l'Éducation nationale.

Sous l'autorité du recteur, il dirige les services départementaux de l'Éducation nationale, à l'exception de l'enseignement supérieur. Il met en application les directives du recteur, mais dispose aussi de pouvoirs propres déconcentrés. Dans les vingt-cinq départements les plus importants, il est assisté d'un ou de plusieurs inspecteurs d'académie adjoints ; dans les autres, d'un inspecteur de l'Éducation nationale.

Il entretient des relations étroites avec les responsables éducatifs du département (notamment les chefs d'établissement), et assure la coordination de l'ensemble des activités éducatives et le respect de l'obligation scolaire. Il organise l'accueil et l'affectation des élèves, ainsi que l'orientation après la classe de 3e.

Il répartit les enseignants du premier degré et gère leur carrière (instituteurs et professeurs des écoles). Il compose les jurys de la plupart des examens et préside la plupart d'entre eux. C'est lui qui décide de l'ouverture et de la fermeture de classes dans les écoles maternelles et primaires.

Dans le second degré, il est responsable de l'organisation, de la structure pédagogique et de la répartition des moyens d'enseignement dans les collèges. Il surveille le fonctionnement des lycées et propose au recteur la notation des chefs d'établissement. Il joue un rôle important dans l'organisation du baccalauréat.

Sa compétence s'étend également à l'enseignement technique, aux activités péri et post-scolaires, aux sports scolaires, à la formation permanente, à la santé des élèves, aux constructions et aux transports scolaires.

L'ensemble des services administratifs mis à la disposition de l'inspecteur d'académie est appelé inspection académique.

3.5.5. Les inspecteurs de l'Éducation nationale

Généralement chargés d'une circonscription de l'enseignement primaire, les inspecteurs de l'Éducation nationale (IEN) inspectent et notent les professeurs des écoles et les instituteurs des écoles maternelles et élémentaires.

Ils organisent des actions de formation continue et des journées pédagogiques ou d'information pour les enseignants de leur circonscription. Ils sont chargés, sur délégation des inspecteurs d'académie, de l'exécution des arrêtés rectoraux concernant la carrière des instituteurs et des professeurs des écoles. Certains IEN conseillent l'inspecteur d'académie dans certains domaines.

3.5.6. Les établissements

3.5.6.1. Les écoles maternelles et les écoles élémentaires

La commune a la charge de la construction, de l'équipement et du fonctionnement des écoles. Contrairement aux collèges et aux lycées, les écoles ne sont pas des établissements publics : elles n'ont pas l'autonomie financière et relèvent directement des inspecteurs d'académie. Par ailleurs, elles sont administrativement sous le contrôle direct des communes qui les créent et assurent leur gestion budgétaire.

Pour autant, c'est l'État qui assure la gestion des emplois, leur création et l'affectation des instituteurs et des professeurs des écoles : ainsi, une création d'école décidée par une municipalité doit avoir l'aval du préfet, représentant de l'État.

Les IEN sont chargés d'une circonscription d'écoles primaires : ils inspectent, dans ce secteur, les instituteurs et les professeurs des écoles, et assurent l'animation du réseau scolaire.

3.5.6.2. Les collèges, les lycées d'enseignement général et technologique, les lycées professionnels

Depuis la loi du 22 juillet 1983, les collèges et les lycées sont des établissements publics locaux d'enseignement (EPLE). L'État conserve la responsabilité des personnels, ainsi que celle du service public de l'enseignement et de la dotation des moyens horaires de fonctionnement. En matière de fonctionnement et d'investissement, les lycées et les lycées professionnels dépendent du conseil régional, et les collèges du conseil général. Ce sont ces collectivités territoriales qui assurent la construction, l'entretien et le budget de fonctionnement des EPLE.

Pour autant, c'est l'État qui assure la gestion des emplois, de leur création ou de l'affectation des instituteurs et des professeurs des écoles : ainsi, une création de collège ou de lycée décidée par un département ou une région[1] doit avoir l'aval du préfet ou du préfet de région, représentant de l'État.

En tant qu'établissements publics, les EPLE bénéficient de l'autonomie financière et de la personnalité morale. Le principal (collège) ou le proviseur (lycée) est à la fois le représentant de l'État dans son établissement et l'organe exécutif de cet établissement.

Le conseil d'administration de l'établissement est composé à parts égales de représentants de l'administration et des collectivités, de représentants élus du personnel et de représentants élus de parents d'élèves ou d'élèves. Il adopte le budget et le compte financier, et donne son accord sur différents actes liés à la gestion de l'établissement.

---

1. Voire, dans certains cas, d'une commune ou d'un regroupement de communes.

3.6. Organisation de l'enseignement supérieur

3.6.1. Principes fondamentaux

Les principes fondamentaux régissant l'organisation du système universitaire ont été posés par la loi du 26 janvier 1984, qui définit un service public de l'enseignement supérieur regroupant l'ensemble des formations post-secondaires. Ses missions sont : la formation initiale et continue ; la recherche scientifique et technologique et sa valorisation ; la diffusion de la culture et l'information scientifique et technique ; la coopération internationale.

La loi réaffirme les grands principes du service public de l'enseignement supérieur : laïc et indépendant, il tend à l'objectivité du savoir, respecte la diversité des opinions et vise à réduire les inégalités sociales et culturelles. Elle rappelle que les établissements d'enseignement supérieur sont sous la tutelle de l'État, qui a le monopole de la collation des grades et des diplômes.

Les établissements peuvent aussi organiser, sous leur responsabilité, des formations conduisant à des diplômes qui leur sont propres ou préparant à des examens ou des concours. Les études sont organisées en cycles ; chaque cycle conduit à la délivrance de diplômes nationaux ou d'établissement. Toute personne qui a exercé une activité professionnelle peut la faire valoir pour accéder à un cursus de l'enseignement supérieur, en suivant une procédure de validation des acquis professionnels.

Cette loi s'applique à tous les établissements d'enseignement supérieur, c'est-à-dire non seulement aux universités, mais aussi aux écoles, aux instituts extérieurs aux universités, aux écoles normales supérieures, aux écoles françaises à l'étranger et aux « grands établissements » d'enseignement et de recherche.

Deux types d'établissements se partagent la formation. D'une part, les établissements publics à caractère scientifique culturel et professionnel (EPCSCP), créés par décret après avis du CNESER, regroupent :

- les universités ;
- les instituts nationaux polytechniques ;
- les instituts et écoles extérieurs aux universités ;
- les grands établissements ;
- les écoles françaises à l'étranger ;
- les écoles normales supérieures.

D'autre part, les établissements publics à caractère administratif (EPA) sont soit rattachés à un EPCSCP :

- les écoles nationales supérieures d'ingénieurs ;
- le centre national d'enseignement technique ;
- les instituts d'études politiques de province ;
- l'institut d'administration des entreprises de Paris ;
- les instituts universitaires de formation des maîtres (IUFM) ;

soit autonomes : les écoles d'ingénieurs et autres établissements.

Une mention particulière doit être faite aux IUFM, établissements d'enseignement supérieur où la scolarité se déroule en deux années : la première année prépare aux concours externes de recrutement des professeurs des écoles, des lycées et des collèges, des professeurs des lycées techniques et professionnels et enfin des conseillers principaux d'éducation. La deuxième année offre une formation théorique et pratique aux professeurs stagiaires lauréats des concours de recrutement.

Les IUFM sont des établissements publics dotés d'un budget propre, rattachés par convention aux universités de l'académie.

3.6.2. Les universités et les autres EPCSCP

3.6.2.1. Missions et organisation

Il y a environ 80 universités, dont 3 instituts nationaux polytechniques à Grenoble, Nancy et Toulouse.

À la rentrée 2004, il y avait plus de 2,2 millions d'étudiants, dont 1,3 million en université, les autres se répartissant essentiellement entre les instituts universitaires de technologie (IUT, 110 000), les instituts universitaires de formation des maîtres (IUFM, 83 000), les sections de techniciens supérieurs (STS, 230 000) et les classes préparatoires aux grandes écoles (CPE, 70 000). Les formations d'ingénieurs drainent près de 108 000 étudiants, le reste se répartissant entre les autres types d'écoles.

Quant aux personnels, ils représentent plus de 88 000 personnes pour ce qui est du personnel enseignant (professeurs des universités, maîtres de conférences, etc.), et plus de 56 000 pour ce qui est des personnels non enseignants.

Selon la loi de 1984, les universités sont organisées en unités de formation et de recherche (UFR), mais comprennent également des instituts, des écoles internes et des établissements rattachés tels que les instituts universitaires de technologie (IUT) créés en 1966 et les instituts universitaires professionnalisés (IUP) créés en 1994 (voir tableau plus bas).

Les IUT disposent de prérogatives qui leur sont propres : leur directeur est ordonnateur des recettes et des dépenses et a autorité sur l'ensemble du personnel. De plus, ces instituts peuvent se voir affecter directement par le ministre des crédits ou des emplois attribués à l'établissement.

Les profils disciplinaires de chaque établissement sont en rapport étroit avec le processus de scission-recomposition qui a occupé la période 1968-1971. Les universités pluridisciplinaires sont les plus nombreuses. Elles correspondent très souvent à des établissements créés lors des trente dernières années en dehors des grandes villes de tradition universitaire.

Certaines universités sont organisées autour de forts binômes tels que sciences et santé, sciences et lettres, médecine et droit, droit et lettres. Une dizaine d'établissements présentent un plus large éventail de disciplines, avec trois ou quatre secteurs de formation.

Une université regroupe :

Composantes	Création
des unités de formation et de recherche (UFR)	arrêté ministériel
des instituts, des écoles	décret après avis du CNESER
des laboratoires, des départements et centres de recherche	délibération du conseil d'administration sur proposition du conseil scientifique
des services communs dont certains obligatoires, comme le service commun de la documentation	par décision du conseil d'administration mais selon les conditions fixées par décret
des services généraux	par décision du conseil d'administration
des services centraux	

3.6.2.2. Fonctionnement

Comme tout établissement public, l'université comprend un conseil d'administration, présidé par le président du conseil, qui est aussi président de l'université. En outre, il existe deux autres conseils (le conseil scientifique et le conseil des études et de la vie universitaire), aux rôles spécifiques et limités. L'ensemble des trois conseils compose le conseil de l'université, dont le rôle essentiel est l'élection du président.

3.6.2.2.1. Le président

Le président de l'université est un enseignant-chercheur élu pour cinq ans par l'ensemble des trois conseils (voir plus loin) réunis en une assemblée, le conseil de l'université.

Il dirige l'université, la représente à l'égard des tiers, ainsi qu'en justice, il conclut les accords et les conventions et est ordonnateur des dépenses et des recettes. Il préside les trois conseils, prépare et exécute leurs délibérations, reçoit leurs propositions et avis.

Il a autorité sur l'ensemble des personnels de l'établissement, peut recevoir délégation de compétences du ministre chargé de l'Enseignement supérieur en matière de recrutement et de gestion des personnels titulaires, stagiaires et non titulaires de l'État.

Il est responsable du maintien de l'ordre et peut faire appel à la force publique.

Il peut déléguer sa signature aux vice-présidents des trois conseils, au secrétaire général et aux directeurs des composantes et services communs pour les affaires qui les concernent. Il est assisté d'un bureau élu sur sa proposition.

3.6.2.2.2. Le secrétaire général

Le secrétaire général est nommé par le ministre de l'Éducation nationale sur proposition du président.

Il est chargé, sous l'autorité du président, de la gestion de l'établissement et participe avec voix consultative au conseil d'administration et aux autres instances administratives de l'établissement.

3.6.2.2.3. Le conseil d'administration

Selon l'importance de l'université, le conseil d'administration comprend de 30 à 60 membres, dont 40 à 45 % de représentants des enseignants et des chercheurs, 20 à 30 % de personnalités extérieures, 20 à 25 % de représentants étudiants et 10 à 15 % de représentants pour le reste du personnel.

Le conseil d'administration détermine la politique de l'établissement, délibère sur le contrat d'établissement, vote le budget et approuve les comptes. Il fixe la répartition des emplois, approuve les accords et les conventions passés par l'université, délibère sur les emprunts, les prises de participation, les créations de filiales, l'acceptation de dons et legs, et les acquisitions immobilières.

Il exerce en premier ressort le pouvoir disciplinaire à l'égard des enseignants-chercheurs et des usagers.

3.6.2.2.4. Le conseil scientifique

Selon l'importance de l'université, le conseil scientifique comprend de 20 à 40 membres dont 60 à 80 % de représentants des personnels, 50 % au moins de professeurs et autres personnels habilités à diriger les recherches, 1/6e au moins d'autres docteurs, 1/12e au moins d'autres personnels parmi lesquels la moitié au moins d'ingénieurs et de techniciens, 7,5 % à 12,5 % d'étudiants de troisième cycle et 10 à 30 % de personnalités extérieures.

Le conseil scientifique propose au conseil d'administration les orientations des politiques de recherche, de documentation scientifique et technique et la répartition des crédits de recherche.

Il est consulté sur les programmes de formation initiale et continue, sur la qualification à donner aux emplois d'enseignants-chercheurs et de chercheurs (vacants ou demandés), sur les programmes et contrats de recherche proposés par les diverses composantes, sur les demandes d'habilitation à délivrer des diplômes nationaux, sur les projets de création ou de modification des diplômes d'établissement et sur le contrat d'établissement.

3.6.2.2.5. Le conseil des études et de la vie universitaire

Le conseil des études et de la vie universitaire (CEVU) comprend, selon l'importance de l'université, de 20 à 40 membres dont 75 à 80 % de représentants, d'une part, des enseignants-chercheurs et des enseignants, d'autre part, des étudiants (y compris en formation continue), à représentation égale, 10 à 15 % de représentants des autres personnels, 10 à 15 % de personnalités extérieures.

Le CEVU propose au conseil d'administration les orientations des enseignements de formation initiale et de formation continue, instruit les demandes d'habilitation et les projets de nouvelles filières, prépare les mesures de nature à permettre la mise en œuvre de l'orientation des étudiants et la validation des acquis, à faciliter leur entrée dans la vie active, à favoriser les activités culturelles et autres et à améliorer leurs conditions de vie et de travail. Il est garant des libertés politiques et syndicales des étudiants.

3.6.2.2.6. Autres conseils et commissions

3.6.2.2.6.1. Le comité d'hygiène et de sécurité

Le comité d'hygiène et de sécurité est composé de représentants de l'administration, des personnels et des usagers, du médecin de prévention et du directeur du service de médecine préventive et de promotion de la santé. Il est chargé de faire toutes propositions au conseil d'administration en vue de promouvoir la formation à la sécurité et de contribuer à l'amélioration des conditions d'hygiène et de sécurité.

3.6.2.2.6.2. La commission paritaire d'établissement

De création récente, la commission paritaire d'établissement (CPE) tend à jouer un rôle de CAP inter-corps auprès de l'établissement dans lequel elle est instituée, ou de « pré-CAP », mais également de CTP en amont du conseil d'administration. La CPE est créée par décision du président de l'université, qui la préside.

La CPE comprend à parité des représentants de l'établissement et des représentants des personnels répartis en trois groupes : corps des personnels ingénieurs, techniciens, administratifs de recherche et formation (ITARF) ; corps des personnels de l'administration scolaire et universitaire (ASU) ; corps des personnels de bibliothèques.

La CPE prépare les travaux des commissions administratives paritaires (CAP) des corps des personnels de l'établissement, prépare les travaux des conseils de l'université pour ce qui concerne l'organisation générale des services, leur fonctionnement, la gestion prévisionnelle des emplois et des compétences, les dispositifs de formation, d'évaluation ou l'action sociale des personnels.

Elle peut être consultée à la demande du fonctionnaire intéressé sur toute décision le concernant, et qu'il conteste.

Les questions d'hygiène et de sécurité restent de la compétence des CHS.

3.6.2.2.7. La politique contractuelle

3.6.2.2.7.1. Les contrats de plan État-Région

Issus des lois de décentralisation de 1982[1], les contrats de plan État-Région (CPER) sont un outil majeur de développement des universités et, par conséquent, des bibliothèques universitaires. C'est dans ce cadre qu'ont été négociés les plans

1. Plus précisément la loi du 29 juillet 1982.

Université 2000 (1991-1999) et le plan Université du Troisième Millénaire (U3M), encore en cours.

Les CPER sont des engagements réciproques pluriannuels conclus entre l'État et les régions, actuellement d'une durée de sept ans. Ils sont élaborés et signés par le président du conseil régional et par le préfet de région.

Même si les projets d'équipement constituent la majeure part des CPER, le volet enseignement supérieur et recherche constitue le deuxième « poste » de la part État, avec plus de 3 milliards d'euros apportés par l'État sur la période 2000-2006, plus de 3 milliards apportés par les régions, et un autre milliard apporté par d'autres collectivités, ce qui représente près de 16 % des crédits totaux des CPER. Sur cette part, la somme accordée aux bibliothèques a été de près de 580 millions d'euros.

3.6.2.2.7.2. La contractualisation des universités

La contractualisation des EPSCP a été définie dans le cadre de la loi sur l'enseignement supérieur de janvier 1984 : « Les activités de formation, de recherche et de documentation… peuvent faire l'objet de contrats d'établissement pluriannuels dans le cadre de la carte des formations supérieures… Ces contrats fixent certaines obligations des établissements et prévoient les moyens et emplois correspondants pouvant être mis à leur disposition par l'État » (article 20).

La politique contractuelle est pilotée, au niveau du ministère en charge des Universités, par la direction de l'enseignement supérieur. La « vague C », selon la terminologie du ministère, concerne la période 2005-2008. Les grands axes de cette campagne de contractualisation ont été orientés autour de la mise en œuvre de la réforme du LMD, présentée par ailleurs.

La négociation sur les contrats débute en fait deux ans avant la mise en œuvre des contrats quadriennaux d'établissements, et se poursuit jusqu'à leur signature par des négociations entre la direction générale de l'enseignement supérieur et les établissements. Avant d'être signés, les contrats sont soumis au vote du conseil d'administration de l'Université.

Même si les contrats contribuent pour une large part à la définition d'une politique d'établissement, leur impact financier est encore faible par rapport à la dotation générale de fonctionnement, dont le calcul se fait à partir d'une série de critères quantitatifs liés à l'université (nombre d'étudiants, etc.). On peut estimer cette part à environ 20 % en 2003 (30 millions d'euros étant consacrés aux bibliothèques universitaires).

3.6.2.3. Les unités de formation et de recherche, les instituts et les écoles

Comme indiqué plus haut, les universités incluent entre autres des unités de formation et de recherche (UFR) et des instituts et des écoles.

3.6.2.3.1. Unités de formation et de recherche

Les UFR, qui associent des départements de formation, des laboratoires, des centres de recherche, sont dirigées par un directeur, enseignant-chercheur, élu pour cinq ans par le conseil de l'UFR.

Le conseil, élu, comprend 40 membres au maximum, et est composé d'enseignants, d'autres personnels, d'étudiants et de 20 à 50 % de personnalités extérieures. Le conseil administre l'UFR, dont il définit le programme éducatif et le programme de recherche.

3.6.2.3.2. Instituts et écoles

Les instituts et les écoles bénéficient d'une autonomie financière. Les directeurs des écoles sont nommés pour cinq ans par le ministre sur proposition du conseil de l'école, tandis que les directeurs d'instituts sont élus pour cinq ans par le conseil de l'école. Ils sont ordonnateurs des recettes et des dépenses et ont autorité sur l'ensemble des personnels.

Le conseil, élu, est composé de quarante membres au maximum : enseignants et assimilés en nombre au moins égal à celui des autres personnels et des étudiants, autres personnels, étudiants et 30 à 50 % de personnalités extérieures. Le conseil administre l'institut ou l'école, et en définit le programme éducatif et le programme de recherche. Le président du conseil est une personnalité extérieure élue par le conseil, dont le mandat est de trois ans renouvelable.

3.6.3. Cycles et diplômes de l'enseignement supérieur

L'enseignement supérieur est caractérisé par une organisation des études en cycles. La délivrance de diplômes nationaux confère les mêmes droits à tous les titulaires, quel que soit l'établissement qui les délivre.

Le diplôme requis pour commencer des études supérieures est le baccalauréat, qui constitue en fait le premier diplôme de l'enseignement supérieur. Pour les non-titulaires du baccalauréat, le diplôme d'accès aux études universitaires (DAEU) permet d'entrer en 1re année de l'enseignement supérieur. La capacité en droit permet quant à elle la poursuite d'études juridiques.

Les cycles de formation de l'enseignement supérieur ont connu récemment deux réformes fondamentales dont les conséquences seront profondes et durables. L'une est liée à la construction de l'Espace européen d'enseignement supérieur et résulte d'un accord au niveau européen. L'autre, plus spécifiquement française, concerne la mise en œuvre de procédures de validation d'acquis de l'expérience. La première concerne la réforme de certains cycles de l'enseignement supérieur (DEUG, licence, maîtrise, doctorat, désormais « refondus » dans le cadre de l'architecture dite LMD pour Licence, Master, Doctorat), et nous l'examinerons plus avant. La seconde concerne l'ensemble des diplômes nationaux de l'enseignement supérieur et secondaire et, même si, d'une part elle concerne aussi l'enseignement secondaire, d'autre part elle excède largement le cadre strict de l'enseignement supérieur[1], nous l'examinerons dans ce chapitre.

---

1. Englobant notamment d'autres diplômes délivrés en co-tutelle avec le ministère de l'Éducation nationale, d'autres ministères, des organismes consulaires, des établissements publics et privés, mais aussi des certificats créés et délivrés sous l'égide des branches professionnelles. L'ensemble représente environ 15 000 diplômes, titres ou certificats, dont 11 000 relèvent de l'enseignement supérieur.

3.6.3.1. La validation des acquis de l'expérience

La validation des acquis de l'expérience est une des conséquences de la loi de modernisation sociale du 17 janvier 2002. Cette loi crée un droit nouveau pour chaque individu, celui de faire valider les acquis de son expérience en vue d'une certification.

Désormais, toute personne ayant trois ans d'expérience peut faire reconnaître cette expérience, parfois avec un complément de formation, qu'elle ait été acquise au travail ou dans la vie personnelle, en vue d'obtenir la totalité d'une certification.

Si des dispositions antérieures permettaient déjà de faire valider, pour part, l'expérience acquise, la loi consolide et amplifie ces dispositions, tout en laissant aux responsables des diplômes, titres et certificats concernés la responsabilité des règles de validation pour les acquis, et la détermination des modalités d'évaluation.

La totalité de la certification peut être acquise par validation des acquis, autrement dit sans suivre de formation ni passer d'examen.

Tous les diplômes de l'enseignement supérieur sont concernés, mais aussi ceux d'autres ministères : Agriculture, Jeunesse et Sports, Affaires sociales, Santé, Emploi, etc.

La loi de janvier 2002 a créé une Commission nationale de la certification professionnelle (CNCP) qui a notamment pour mission d'établir et de tenir à jour le Répertoire national des certifications professionnelles (RNCP).

3.6.3.2. Les formations technologiques supérieures courtes

3.6.3.2.1. Diplôme universitaire de technologie

Les études destinant au DUT se préparent dans les instituts universitaires de technologie (IUT) des universités, soit près de 650 départements répartis sur le territoire, ou *via* les établissements d'enseignement à distance.

Les DUT correspondent à 24 spécialités et peuvent s'obtenir soit en formation initiale, soit en apprentissage, soit en formation continue.

Le DUT prépare aux fonctions d'encadrement technique et professionnel dans certains secteurs de la production, de la recherche appliquée et des services.

3.6.3.2.2. Diplôme d'études universitaires scientifiques et techniques

Les formations courtes universitaires, sanctionnées par le diplôme d'études universitaires scientifiques et techniques (DEUST), préparent également à l'entrée directe dans la vie professionnelle.

3.6.3.2.3. Brevet de technicien supérieur

Les études destinant au brevet de technicien supérieur (BTS) se préparent dans les lycées, les centres de formation d'apprentis, les centres de formation professionnelle continue ou les établissements d'enseignement à distance.

Les BTS correspondent à 85 spécialités différentes, et peuvent s'obtenir soit en formation initiale, soit en apprentissage, soit en formation continue.

Les titulaires de BTS acquièrent une qualification les rendant aptes à tenir des emplois de technicien supérieur dans les professions industrielles et commerciales, dans les activités de service ou celles relevant des arts appliqués.

Les sections de techniciens supérieurs implantées dans les lycées conduisent en deux ans au BTS et se différencient des formations en IUT par une spécialisation plus fine, très adaptée à des fonctions précises.

3.6.3.2.4. Licences professionnelles

Créées en novembre 1999, les licences professionnelles représentent plus de 1 200 spécialités différentes dans tous les secteurs d'activité, regroupées dans 46 dénominations nationales. Elles se préparent en un an (deux semestres), en formation initiale ou continue ou en apprentissage.

L'originalité du diplôme réside dans son mode d'élaboration, fondé sur la mise en place de partenariats étroits entre universités, autres établissements de formation, entreprises et branches professionnelles.

3.6.3.3. Les écoles

3.6.3.3.1. Les classes préparatoires aux grandes écoles

Les classes préparatoires aux grandes écoles préparent les élèves aux concours d'entrée dans les grandes écoles et dans les écoles d'ingénieurs. La scolarité dure entre deux et trois ans.

Ces classes situées dans des lycées dispensent des formations d'un niveau correspondant au premier cycle de l'enseignement supérieur.

3.6.3.3.2. Les écoles d'ingénieurs publiques

Les écoles d'ingénieurs publiques (environ 170) recrutent leurs étudiants soit au niveau du baccalauréat, soit après deux années d'études supérieures. La durée des études varie, selon les écoles, de deux à cinq années. À l'issue de la formation est délivré un diplôme d'ingénieur.

3.6.3.3.3. Les écoles normales supérieures

Il existe quatre écoles normales supérieures (ENS) : Paris, Fontenay, Lyon, Cachan. Elles préparent aux diplômes nationaux des universités et aux concours de recrutement des professeurs, principalement l'agrégation.

3.6.3.3.4. L'enseignement supérieur privé

L'enseignement supérieur privé est soumis au principe de liberté, qui implique que l'ouverture de nouveaux établissements peut se faire sans autorisation préalable.

Les établissements d'enseignement supérieur privés se répartissent en deux grandes catégories : établissements d'enseignement supérieur libre, établissements privés d'enseignement technique. Ces derniers sont essentiellement des écoles d'ingénieurs et des écoles de commerce.

3.6.3.3.5. Autres écoles supérieures

Il existe un certain nombre d'écoles supérieures ne relevant pas du ministère de l'Éducation nationale, et notamment :

– l'École nationale d'administration (ENA), qui relève du Premier ministre et a pour objet la formation des fonctionnaires destinés à constituer les cadres supérieurs de l'administration ;

– les établissements d'enseignement supérieur agricole et les écoles nationales vétérinaires qui relèvent du ministère chargé de l'Agriculture ;

– les établissements d'enseignement supérieur artistique et les écoles d'architecture, qui relèvent du ministère chargé de la Culture.

3.6.3.4. Le LMD

3.6.3.4.1. L'Espace européen de l'enseignement supérieur

La création de l'Espace européen de l'enseignement supérieur et de la recherche est une initiative intergouvernementale, initiée à Paris en 1998. Fondée sur une volonté commune des États, cette politique lancée par quatre pays (Allemagne, Grande-Bretagne, Italie et France) concerne désormais quarante-cinq États de la « Grande Europe[1] ».

Cette réforme vise à la construction d'un « espace européen de l'enseignement supérieur » et s'ordonne autour de plusieurs principes, conduisant à l'adoption d'une architecture comparable des études supérieures :

– cursus incluant trois grades communs, la licence (baccalauréat + 3), le master (baccalauréat + 5) et le doctorat (baccalauréat + 8) ;

– reconnaissance mutuelle, entre les États membres, des diplômes ;

– modularité des formations reposant sur l'acquisition de « crédits » dits ECTS (European Credit Transfer System), chaque ensemble de trente crédits donnant droit à la validation de l'équivalent d'un semestre universitaire, par le biais d'unités d'enseignement elles-mêmes composées d'un certain nombre de crédits.

Les deux grades de licence et de doctorat existaient déjà dans le système universitaire français, il y a été ajouté le grade de « master », correspondant à baccalauréat + 5.

Dès 1999, le grade de master est automatiquement conféré aux titulaires d'un DEA, d'un DESS et d'un diplôme d'ingénieur et, depuis 2002, d'un diplôme de master.

Au niveau licence, et en application de la professionnalisation du premier niveau prévue au plan européen, la principale mesure a consisté en la création d'un nouveau diplôme, la licence professionnelle.

1. Comme précisé dans l'article de Christophe Pavlidès (voir Bibliographie).

3.6.3.4.2. Le cursus licence

Deux dispositifs distincts constituent le cursus licence.

– Le premier ouvre sur la poursuite des études supérieures vers les masters professionnels ou les masters recherche.

– Le second conduit à la licence professionnelle conçue dans un objectif d'insertion à l'emploi.

3.6.3.4.3. Le cursus master

Le master, nouveau diplôme national, correspond à 120 crédits européens au-delà de la licence. Ce cursus permet d'organiser des parcours soit dans une voie à dominante professionnelle débouchant sur un « master professionnel », soit dans une voie à dominante recherche débouchant sur un « master recherche ».

Le master est également ouvert aux grandes écoles qui pourront créer de nouveaux cursus valorisant leurs compétences au niveau master.

Les universités continueront à délivrer dans le nouveau cadre le diplôme national de maîtrise qui correspond à l'obtention de 60 crédits européens après la licence.

3.6.3.4.4. Le cursus doctorat

Le cursus doctorat se place dans le cadre des écoles doctorales, qui doivent offrir aux étudiants les moyens d'élaborer leur projet professionnel en même temps qu'ils conduisent leur recherche.

Les études doctorales sont une formation à et par la recherche, dispensées au sein de plus de 300 écoles doctorales rattachées aux établissements d'enseignement supérieur. Elles sont effectuées en trois ans à l'issue du master ou sur la base d'une reconnaissance d'un niveau équivalent et permettent d'obtenir, après la soutenance d'une thèse, le diplôme de docteur.

3.7. La direction générale des ressources humaines

La direction générale des ressources humaines a repris, entre autres, les attributions de la direction des personnels, de la modernisation et de l'administration (DPMA).

Elle est chargée de la gestion prévisionnelle des recrutements et des carrières des personnels du ministère, à l'exception des personnels d'administration centrale.

Elle prépare la politique de recrutement du ministère, définit les orientations relatives à la gestion de carrière des personnels et élabore les projets statutaires et indemnitaires.

La direction générale des ressources humaines comprend :

– la direction de l'encadrement ;

– le service des personnels enseignants de l'enseignement supérieur et de la recherche ;

– le service des personnels enseignants de l'enseignement scolaire ;
– le service des personnels ingénieurs, administratifs, techniques, ouvriers, sociaux et de santé, des bibliothèques et des musées ;
– la sous-direction du recrutement.

C'est le service des personnels ingénieurs, administratifs, techniques, ouvriers, sociaux et de santé, des bibliothèques et des musées qui, comme son nom l'indique, assure la gestion des personnels de bibliothèque relevant des ministères de la Culture et de l'Éducation nationale.

Ce service comprend deux sous-directions : la sous-direction des études de gestion prévisionnelle, statutaires et de l'action sanitaire et sociale, et la sous-direction de la gestion des carrières.

La sous-direction de la gestion des carrières « assure la gestion des actes centralisés et le pilotage de la gestion déconcentrée des personnels [...] des bibliothèques et des musées. Elle organise les élections professionnelles et instruit les procédures disciplinaires pour les corps des personnels de recherche et formation ainsi que pour les personnels des bibliothèques et des musées[1] ».

Cette sous-direction comprend trois bureaux, dont un pour les personnels des bibliothèques et des musées.

3.8. La direction générale de l'enseignement supérieur

La direction générale de l'enseignement supérieur comprend[2] trois services :
– le service de la recherche universitaire ;
– le service des formations et de l'emploi ;
– le service du pilotage et des contrats, qui inclut la sous-direction des bibliothèques et de l'information scientifique.

Les missions de cette dernière sont détaillées plus bas. D'une manière plus générale, la direction générale de l'enseignement supérieur a pour missions d'élaborer et de mettre en œuvre la politique relative à l'ensemble des formations postérieures au baccalauréat, initiales et continues, relevant du ministre chargé de l'Enseignement supérieur.

Elle exerce la tutelle des établissements publics d'enseignement supérieur relevant du ministre chargé de l'Enseignement supérieur, et élabore le cadre juridique de leur fonctionnement. Elle est responsable de la mise en œuvre, par les établissements d'enseignement supérieur et leurs groupements, des orientations de la politique scientifique et de la recherche.

Elle a en charge la formation initiale des enseignants du premier et du second degré et élabore la politique de développement et de modernisation de la documentation et des bibliothèques universitaires.

---

1. Article 40 de l'arrêté du 17 mai 2006 fixant l'organisation de l'administration centrale du ministère de l'Éducation nationale, de l'Enseignement supérieur et de la Recherche.
2. Au 1er juin 2006.

Elle conduit la politique contractuelle et coordonne l'élaboration des contrats pluriannuels d'établissement, de pôle et de site. Dans ce cadre, elle définit les objectifs à atteindre, notamment en matière d'information et d'orientation des étudiants, d'égalité des chances et d'insertion professionnelle.

3.9. La sous-direction des bibliothèques et de l'information scientifique

La sous-direction des bibliothèques et de l'information scientifique (SDBIS) « est chargée d'élaborer et de conduire la politique de développement et de modernisation des bibliothèques des établissements d'enseignement supérieur et favorise la diffusion de l'information scientifique et technique[1]. Elle mesure la performance des services et instruit les volets documentaires des contrats passés avec les établissements. Elle contribue à la mise en réseau de l'ensemble des ressources, à travers notamment la coordination de la carte documentaire nationale, l'élaboration et la diffusion de normes d'échanges ainsi que le développement d'outils collectifs de signalement et d'accès. Elle favorise la diffusion des savoirs sous toutes leurs formes. Elle coordonne la formation initiale et continue des personnels ».

La sous-direction des bibliothèques et de l'information scientifique est constituée :
- du bureau de la coordination documentaire ;
- du bureau des réseaux d'information scientifique et technique ;
- du bureau de la diffusion des savoirs et de la formation professionnelle.

Les missions de ces bureaux sont les suivantes :

• Bureau de la coordination documentaire

Ce bureau assure la coordination de la carte documentaire nationale, organisée notamment autour des CADIST, des dispositifs collectifs d'achat et des schémas de conservation partagée.

Il est l'interlocuteur des établissements pour tout ce qui concerne leurs bibliothèques et le développement de la fonction documentaire, et il instruit les volets documentaires des contrats. Il traite les statistiques des bibliothèques et en mesure la performance par la constitution d'indicateurs.

C'est notamment lui qui élabore l'ESGBU, enquête statistique générale auprès des services documentaires de l'enseignement supérieur, qui récolte des données sur un grand nombre d'éléments : locaux, budget, personnel, acquisitions, abon-

1. Les missions de la sous-direction des bibliothèques et de l'information scientifique sont définies dans l'article 18 de l'arrêté du 17 mai 2006 fixant l'organisation de l'administration centrale du ministère de l'Éducation nationale, de l'Enseignement supérieur et de la Recherche. Il faut noter que le décret n° 2006-572 cité plus haut stipule que la Direction générale de la recherche et de l'innovation est « responsable de la diffusion de l'information et de la culture scientifique et technique » (article 5).

nements, dépenses documentaires, collections sur tous supports, informatisation et système d'information documentaire, CADIST, etc.

• Bureau des réseaux d'information scientifique et technique

Ce bureau contribue à la normalisation du traitement documentaire en vue de l'échange des données et assure une activité de veille technologique. Il expertise les systèmes de gestion des bibliothèques et de gestion de l'information et veille à une bonne articulation entre les dispositifs mis en œuvre par les établissements et les applications nationales.

Il contribue au pilotage des outils collectifs de signalement, d'accès et de communication scientifique directe. Il suit l'activité de l'Agence bibliographique de l'enseignement supérieur.

• Bureau de la diffusion des savoirs et de la formation professionnelle

Ce bureau contribue à la diffusion des savoirs, à la fois par le soutien aux publications d'origine universitaire et par la valorisation du patrimoine documentaire des établissements d'enseignement supérieur, notamment par la numérisation. Il coordonne la formation professionnelle initiale et continue ainsi que les actions collectives en faveur de la formation des usagers à la recherche documentaire. Il favorise la coopération internationale.

3.10. Les bibliothèques des écoles, des collèges, des lycées

3.10.1. Les bibliothèques centres documentaires

Si la constitution des fonds de livres dans les écoles a commencé en 1833, il faut attendre 1915 pour que le ministère de l'Instruction publique et des Beaux-Arts rappelle que chaque école doit être obligatoirement équipée d'une bibliothèque ouverte aux élèves, aux anciens élèves et aux parents.

Pour autant, il faut attendre 1976 pour que soient créées les premières bibliothèques centres documentaires (BCD), dont une série de textes réglementaires publiés entre 1984 et 1985 recommande, sans l'imposer, la création dans les écoles. En 1987, on peut estimer que 5 000 écoles en sont pourvues.

Si leur mission essentielle reste la mise à disposition d'ouvrages, les BCD ont aussi un rôle à jouer en matière d'apprentissages scolaires, de méthodologie et de formation. Il est d'autant plus regrettable que, faute d'assise officielle, un bon nombre d'établissements en soient dépourvus, et que celles qui fonctionnent se heurtent souvent au manque de personnel formé et à l'absence de budget.

3.10.2. Les centres de documentation et d'information

L'histoire moderne des bibliothèques des collèges et des lycées en France débute en 1952, quand le ministre de l'Éducation commence à prendre en compte l'importance de l'utilisation de documents dans le processus d'apprentissage.

En 1962, une loi met en place les services de documentation et d'information (SDI) dans chaque école secondaire, prototypes des futurs centres de documentation et d'information (CDI). Pour autant, c'est seulement en 1974 que sont progressivement mis en place, dans chaque école secondaire, des centres de documentation et d'information (CDI), qui doivent devenir le centre d'activités pédagogiques, comme complément des apprentissages mais aussi pour apprendre aux élèves les bases de la recherche documentaire. Il faut cependant attendre la création du CAPES de documentation, en 1990, pour que les CDI commencent à être dotés de personnels formés, les professeurs documentalistes.

Aujourd'hui, chaque collège ou lycée public et presque tous leurs équivalents privés possèdent un CDI, et on peut donc estimer leur nombre à environ 11 000. Le CDI doit autant que possible être divisé en différents espaces permettant aux élèves de travailler en groupe ou individuellement, de lire, de consulter des collections de documents pédagogiques. Les collections du CDI incluent des ressources imprimées (livres, revues, etc.) et électroniques (cédéroms, DVD, etc.). La quasi-totalité offre des accès à Internet et est informatisée avec un logiciel commun, BCDI.

Les surfaces recommandées pour les CDI varient de 150 m^2 pour les collèges d'environ 400 élèves, jusqu'à plus de 600 m^2 pour les lycées accueillant plus de 1 200 élèves. Depuis 1986, les départements pour les collèges, les régions pour les lycées, ont en charge la construction et l'aménagement de ces espaces. En 2004-2005, la moyenne est d'une place en CDI pour un peu plus de 13 élèves.

Le budget du CDI est voté par les instances représentatives des collèges et des lycées, et varie par conséquent d'un établissement à l'autre.

Près de 90 % des CDI sont désormais gérés par des professeurs documentalistes titulaires du CAPES de documentation, qui représentent donc près de 10 000 personnes et sont regroupés au sein d'une très active association, la FADBEN (Fédération des enseignants documentalistes de l'Éducation nationale). La revue *Inter-CDI* et le site « Savoirscdi » contribuent à la cohérence de leurs activités. Leurs missions sont tout à la fois pédagogiques (enseigner aux élèves la pratique de la recherche documentaire) et documentaires (aider les élèves et les enseignants dans leur recherche de documentation).

Créée en 1972, la FADBEN regroupe les enseignants documentalistes des collèges et des lycées. Elle est structurée en associations académiques, fédérées dans une association nationale. Elle travaille sur la réflexion autour du métier, assure la représentativité des enseignants documentalistes auprès de l'Éducation nationale, promeut la profession au sein du système éducatif.

[Le site de Savoirscdi : http://savoirscdi.cndp.fr]

3.11. Les bibliothèques universitaires

3.11.1. Historique

3.11.1.1. Avant 1878

Si les bibliothèques universitaires proprement dites sont de création récente, leur histoire reste liée à celle des universités, de création beaucoup plus ancienne, les premières universités françaises (à Paris et à Montpellier) ayant été créées aux environs de 1150.

Ainsi, les collections de la bibliothèque interuniversitaire de la Sorbonne sont héritées de celles de la « Bibliothèque de l'Université de Paris », ouverte en 1770, et qui comptait déjà 20 000 volumes. Pour autant, peu parmi les universités d'Ancien Régime possédaient des bibliothèques constituées.

La Révolution française, en supprimant les universités et en créant de grandes écoles, n'a pas contribué à améliorer cette situation. Les confiscations révolutionnaires ont enrichi la Bibliothèque nationale, la bibliothèque Mazarine, les bibliothèques municipales de province. L'organisation napoléonienne, tout en rétablissant l'Université sous forme de structure administrative nationale, divisée en académies, ne contribue pas à redresser cette situation. À la fin du XIXe siècle, seules cinq villes universitaires (Bordeaux, Lyon, Montpellier, Rennes et Toulouse) possédaient des bibliothèques disposant de plus de 10 000 volumes.

C'est la IIIe République qui engage une réforme en profondeur de l'enseignement supérieur, en mettant en avant le rôle des bibliothèques universitaires dans la mise en place de cette nouvelle organisation. Paradoxalement en effet, les bibliothèques universitaires sont créées avant (1873-1886) les universités proprement dites (1896)[1]. Historiquement, c'est l'arrêté du 18 mars 1855, qui préconise le regroupement des bibliothèques de facultés, qui constitue « l'acte de naissance » des bibliothèques universitaires. Cependant, faute de moyens, cet arrêté n'est pas appliqué.

3.11.1.2. De la IIIe République à 1945

C'est à l'initiative de deux ministres de l'Instruction publique, Agénor Bardoux et Jules Ferry, qu'un ensemble de textes publiés de 1878 à 1886 permet véritablement la mise en place de bibliothèques centrales d'universités en province, Paris conservant une organisation spécifique avec des bibliothèques propres aux facultés de droit, de médecine et de pharmacie. Dès 1882, la bibliothèque de la Sorbonne met en place un service d'échanges interuniversitaires et, dès 1895, la bibliothèque de Montpellier organise un catalogue des acquisitions des bibliothèques des universités.

En parallèle, un ensemble de textes, et notamment la loi du 10 juillet 1896, organise la réforme des facultés et permet de mettre en place des universités « à

---

1. Comme indiqué par Denis Pallier dans *Les Bibliothèques dans l'université*, p. 15 (voir Bibliographie). Cet historique lui doit beaucoup.

la française » qui, pour autant, ne concernent que des effectifs réduits, en comparaison avec la situation contemporaine : les plus grandes universités de province ne dépassent que rarement les 4 000 étudiants avant la Seconde Guerre mondiale. La bibliothèque universitaire constitue déjà un service commun de l'université, dont le budget est proposé par le conseil de l'université et le personnel sous la dépendance directe du recteur.

Pour autant, de la fin du XIXe siècle à la Seconde Guerre mondiale, si les universités se développent pour prendre en compte les évolutions sociales et politiques, on assiste à une stagnation des bibliothèques universitaires, victimes de l'indifférence des universités, de ressources limitées et d'un personnel insuffisant. Les facultés et les instituts (créés par le décret du 31 juillet 1920) développent leurs propres bibliothèques, tandis que les chercheurs et les étudiants se tournent souvent vers les bibliothèques publiques. Cette tendance explique notamment le regroupement en 1903 des collections de la bibliothèque municipale et de la bibliothèque universitaire de Clermont-Ferrand dans un même bâtiment, sous la responsabilité du bibliothécaire de l'université.

3.11.1.3. De 1945 à mai 1968

Après 1945, et tout particulièrement entre 1956 et 1963, les effectifs d'étudiants connaissent une croissance spectaculaire, sous le double effet de l'augmentation des taux de scolarisation et du *baby boom* de l'après-guerre. De 16 000 en 1890, les effectifs passent à 97 000 en 1945, 155 000 en 1955 et jusqu'à 625 000 dans les années 1970. Le nombre des enseignants croît en proportion et, dans les années 1950 et 1960, les cursus des enseignements supérieurs connaissent des modifications sensibles : réforme de la licence en droit, des études médicales, de pharmacie, des études littéraires, scientifiques, etc.

En 1945, il existe une bibliothèque universitaire pour chacune des dix-sept académies de province. À Paris, une bibliothèque unique, la bibliothèque de l'université de Paris, comporte quatre sections : la bibliothèque de la Sorbonne, commune à la faculté des lettres et à la faculté des sciences, la bibliothèque de la faculté de droit, les bibliothèques des facultés de médecine et de pharmacie. S'y ajoutent trois bibliothèques rattachées, celle de Sainte-Geneviève, la Bibliothèque de documentation internationale contemporaine (BDIC) et la Bibliothèque d'art et d'archéologie (BAA). La création de la Direction des bibliothèques et de la lecture publique (DBLP) permet d'accompagner cette évolution de l'université en consolidant le rôle et l'activité des bibliothèques universitaires.

À partir de 1945, l'action de la DBLP va permettre une amélioration rapide et considérable de la situation. En dix ans, sept nouvelles bibliothèques sont construites, et neuf autres réaménagées. L'État prend en charge, à partir de 1949, les personnels de bibliothèques jusque-là payés sur des crédits locaux et met en place une nouvelle organisation de la formation et de la carrière des personnels : mise en place de nouveaux statuts (magasiniers, bibliothécaires), de nouveaux corps (sous-bibliothécaires), création en 1950 du diplôme supérieur de bibliothécaire.

D'environ 200 emplois en 1945, les bibliothèques universitaires passent à plus de 700 en 1959.

En 1952, la DBLP crée un bulletin d'information qui devient en 1956 le *Bulletin des bibliothèques de France*. La même année est mis en place le Catalogue collectif des ouvrages étrangers (CCOE) et, en 1953, l'Inventaire permanent des périodiques étrangers en cours (IPPEC). La majorité des nouvelles bibliothèques sont constituées de sections, correspondant à une discipline ou à un groupe de disciplines (lettres, droit, sciences, médecine, pharmacie).

Les instructions du 20 juin 1962, applicables à l'ensemble des bibliothèques universitaires à l'exception des sections de médecine, sanctionnent une évolution profonde du rôle, des missions et des modes de fonctionnement des bibliothèques, articulée autour de deux grands principes : mise en place d'espaces distincts et spécifiques pour les étudiants d'une part, les étudiants avancés, les enseignants et les chercheurs d'autre part ; mise en libre accès de la plus grand partie possible du fonds, en utilisant la classification décimale universelle (CDU). Au-delà des contraintes techniques de la réforme, c'est l'intégration de la bibliothèque dans l'université qui est mise en avant, aux dépens de la conception d'une bibliothèque académique, ouverte aux différents niveaux d'enseignement, voire à d'autres publics.

De 1964 à 1970, 250 000 m^2 de constructions nouvelles sont mis en service, représentant 68 bibliothèques ou sections, principalement en province. Les crédits d'équipement, en francs constants, sont multipliés par six entre 1960 et 1970. Compte tenu de l'augmentation de la population étudiante, cette évolution représente tout de même un doublement des crédits par étudiant. Pour ce qui est du personnel, il quadruple quasiment, tandis que la création en 1963 de l'École nationale supérieure de bibliothécaires (ENSB) permet de développer la formation au rythme de l'accroissement des effectifs.

3.11.1.4. De mai 68 aux années 1980

Après les événements de mai 1968, la loi Faure met en place des universités plus autonomes, pluridisciplinaires, dotées d'un nouveau statut d'établissement public. Les organes délibératifs incluent des représentants de toutes les composantes de l'université : enseignants, chercheurs, étudiants, personnels (dont les personnels de bibliothèques). En 1970, la France compte 57 universités, 8 centres universitaires et 3 instituts nationaux polytechniques.

Dans ce contexte, la bibliothèque universitaire devient (décret du 23 décembre 1970, puis décret du 26 mars 1976) un service commun aux composantes de l'université, ou un service interuniversitaire dans les villes où existent plusieurs universités. D'un point de vue fonctionnel, les instances universitaires (président de l'université, conseil de l'université) se substituent au recteur dans la gestion de l'établissement, même si l'administration centrale conserve un grand nombre de prérogatives : recrutement, nomination et gestion des personnels, affectation des principales ressources financières.

De 1970 à 1980, le nombre d'étudiants augmente encore de plus de 56 % et, en conjuguant le principe d'un accès non sélectif des bacheliers et la mise en œuvre de politiques de formation continue qui attirent dans les universités un public différent, cette hausse se poursuit à un rythme soutenu dans les années 1980 et 1990. En 1984, la loi Savary élargit la définition de l'enseignement supérieur à toutes les formations post-baccalauréat délivrées par l'Éducation nationale et intègre la formation continue à l'université. La professionnalisation, l'association de l'enseignement et de la recherche sont favorisées, et les universités deviennent des établissements publics à caractère scientifique, culturel et professionnel (EPSCP). Si l'État reste le principal financeur de l'enseignement supérieur, la loi encourage les contributions et les financements des collectivités locales, des entreprises, etc.

Les années 1970 marquent une dégradation de la situation des bibliothèques universitaires, même s'il faut distinguer deux périodes. Entre 1971 et 1975, le parc immobilier s'accroît encore de 40 % (160 000 m^2), et les effectifs progressent légèrement. Mais, à partir de 1976, alors même que la population étudiante croît dans des proportions très importantes, les effectifs stagnent et les constructions ou réaménagements régressent très fortement. Les ressources en francs constants diminuent jusqu'en 1982 et augmentent faiblement après cette date, alors même que les coûts de la documentation (livres et surtout périodiques) s'accroissent, tout comme le volume (potentiel) de documents à acquérir.

Dans ce contexte de pénurie de locaux, de collections et d'encadrement, les bibliothèques de proximité se développent au sein des universités dans les unités de formation et de recherche et dans les laboratoires. En 1980, on estime que ces bibliothèques concentrent 60 % du pouvoir d'achat en crédits documentaires et, en 1990, on estime leur nombre à plus de 3 000. En résultent une dispersion et un gaspillage des moyens documentaires qui expliqueront la mise en œuvre des services communs de la documentation (SCD).

3.11.1.5. Des années 1980 au XXIe siècle

Dans les années 1980, une série de rapports (Vandevoorde en 1981, Gattégno-Varloot en 1985 et surtout Miquel en 1989) pointent les difficultés des bibliothèques universitaires et proposent des pistes pour leur rénovation. Dans un contexte de pénurie, la mise en œuvre de nombreux projets coopératifs permet de pallier partiellement les manques constatés. À partir de 1980 se développe le réseau des centres d'acquisition et de diffusion de l'information scientifique (CADIST) et, depuis 1984, les bibliothèques universitaires constituent la principale composante du Catalogue collectif national des publications en série (CCN-PS). Le catalogage informatisé des ouvrages s'effectue dans trois bases spécialisées, au choix des bibliothèques : le réseau SIBIL, d'origine suisse (1982) ; le réseau américain OCLC (1986) et le réseau BN-OPALE constitué autour de la Bibliothèque nationale. À partir de ces trois réseaux se constitue le Pancatalogue, qui rassemble les notices qui en sont issues.

Le décret du 4 juillet 1985 organise une refonte complète de la fonction documentaire au sein de l'université, autour de la création d'un service de documentation administré par un conseil composé d'élus représentant toutes les composantes de l'université (enseignants-chercheurs, usagers, personnel) et dirigé par un professionnel des bibliothèques. Ce décret s'appuie sur deux grands principes : réunification de l'ensemble des composantes documentaires au sein du SCD et maîtrise de la politique documentaire par l'université[1].

Jusqu'en 1999, les effectifs étudiants continuent à croître, jusqu'à atteindre près de 1,5 million d'étudiants à la rentrée 2000. La politique contractuelle mise en œuvre entre la sous-direction des bibliothèques, les collectivités territoriales et tout particulièrement les régions et la conférence des présidents d'université engendre des résultats encourageants dans l'évolution des SCD.

Entre 1990 et 2000, les horaires d'ouverture hebdomadaire des bibliothèques sont passés de 40 à 55 heures, les dépenses documentaires par étudiant ont doublé en francs constants, et l'informatisation des bibliothèques, tant au niveau local qu'au niveau coopératif et national (SUDOC), s'est imposée dans tous les établissements. En parallèle au développement du SUDOC, la numérisation des catalogues sur fiches a été très avancée et, depuis 1991, plus de 7 millions de notices ont été rétroconverties.

Deux plans de modernisation des universités, le plan Université 2000, consacré aux bibliothèques universitaires hors Île-de-France, puis le plan U3M (Universités du 3e millénaire), vont permettre, par l'effort consenti pour les universités et par conséquent pour leurs services de documentation, d'importants investissements en locaux et en mobilier. Le plan U3M, entamé en 1998, est prévu pour se dérouler sur quinze ans, et son financement est basé sur un partenariat entre l'État et la région Île-de-France, mais aussi la Ville de Paris, qui a apporté plus de 220 000 m^2 de foncier. Parmi les projets permis par ce plan, on peut citer celui de la Bibliothèque des langues et civilisations (BULAC), présenté plus bas.

Au-delà de l'informatisation des catalogues, les SCD se sont attelés à la réalisation de véritables systèmes d'information destinés à fédérer l'ensemble des ressources documentaires de l'université et hors de l'université. De remarquables réalisations ont été mises en œuvre, comme le consortium COUPERIN, initiative de quelques universités au départ, aujourd'hui implanté dans la majorité des SCD et d'autres bibliothèques en lien avec l'enseignement supérieur ou la recherche.

3.11.2. Situation actuelle

Aujourd'hui, l'ensemble des bibliothèques placées sous la tutelle de la sous-direction des bibliothèques et de l'information scientifique[2] occupe une surface de 992 000 m^2 (dont 930 000 m^2 pour les seules bibliothèques universitaires), soit 115 000 places assises (1 place pour 13 étudiants)[3].

1. Voir plus loin une présentation détaillée de l'organisation actuelle des services communs de la documentation.
2. Sans oublier cependant que, services de l'Université, ces bibliothèques sont placées sous l'autorité directe du président de l'Université.
3. Chiffres 2006.

Il y a environ 1 350 000 lecteurs inscrits, pour une ouverture hebdomadaire de 57 heures. Les personnels de bibliothèques employés représentent environ 5 100 personnes (5 800 en incluant les personnels administratifs).

Les bibliothèques universitaires conservent environ 35 millions de documents (dont 27,5 millions de livres et 466 000 titres de périodiques, morts ou vivants). Les bibliothèques de Paris et de la région parisienne représentent 30 % des collections.

« Les BU prêtent moins » pouvait titrer un article de *Livres Hebdo* consacré aux statistiques de 2002 concernant l'activité des BU et des autres bibliothèques de l'enseignement supérieur[1]. De fait, l'activité des BU à l'aube du XXIe siècle semble se recentrer, pour prendre en compte les évolutions majeures en cours en matière de documentation scientifique.

Si les effectifs inscrits continuent à augmenter légèrement (1,5 million d'inscrits environ en 2002), si la moyenne d'ouverture hebdomadaire (57 heures par semaine) est stable, les prêts ont diminué, en 2002, de plus de 2 %, tout comme le prêt entre bibliothèques, en déclin constant depuis une dizaine d'années[2]. De nombreux facteurs expliquent ce déclin, notamment le recours de plus en plus systématisé au libre accès. Pour autant, on aurait pu penser que les opérations de rétroconversion des catalogues des bibliothèques universitaires menées tant dans le cadre du Catalogue collectif de France que du Système universitaire de documentation auraient amené une plus grande visibilité et par conséquent une plus grande utilisation des fonds conservés.

Par ailleurs, comme le souligne un récent rapport de la Cour des comptes[3], « le concept de "bibliothèques associées"[4] constitue… une fiction » : 25 % des crédits documentaires de l'Université continuent à être gérés en dehors du SCD, et ces bibliothèques restent une *terra incognita* tant pour le président de l'université que pour le directeur du service commun de la documentation. L'évolution vers l'intégration de ces bibliothèques reste bien lente, même si le rapport cité en souligne le caractère indispensable : « L'hypothèse selon laquelle cette situation serait inévitable en raison des réticences internes des UFR ou des laboratoires n'est pas recevable, car elle reviendrait en définitive à entériner deux principes discutables : la prééminence de responsables d'unités pédagogiques ou de recherche dans le choix de l'offre documentaire et la pertinence d'une sélection de l'accès aux ressources documentaires[5] » – ces bibliothèques étant, le plus souvent, réservées à certaines catégories d'usagers.

---

1. *Livres Hebdo*, n° 584, 14 janvier 2005.
2. Ces chiffres sont néanmoins sujets à caution. D'une part parce que, automatiquement inscrits à la bibliothèque universitaire de leur université de rattachement, les étudiants n'en sont pas pour autant tous des usagers, encore moins des usagers réguliers. Ensuite parce que l'amplitude horaire, importante par exemple à la rentrée universitaire ou en période d'examens, est souvent beaucoup plus faible dans des périodes considérées comme de moindre activité.
3. Voir Bibliographie.
4. Voir ci-dessous.
5. Voir Bibliographie.

Mais l'essentiel du développement des bibliothèques universitaires se fait par le biais de la documentation numérique et de la consultation à distance, domaines dans lesquels elles ont réussi à faire valoir, au sein de leurs universités, leur expertise, à la fois en s'impliquant dans d'importants projets nationaux (COUPERIN) et en développant des portails documentaires proposant aux utilisateurs, enseignants et étudiants, de nombreux services, ressources, etc. Le catalogue, longtemps perçu en bibliothèque universitaire comme le cœur du système informatique, n'est plus, désormais, qu'un produit parmi d'autres, évolution qui ne va pas changer radicalement le rapport des usagers à la BU et, par conséquent, les missions et le fonctionnement de celle-ci.

D'autres évolutions sont en cours, comme la mise en place désormais acquise du LMD, à laquelle l'organisation des BU devra s'adapter. Enfin, sur le modèle anglo-saxon, l'*information literacy* des étudiants, leur capacité à maîtriser les bases des techniques de recherche documentaire et d'exploitation des documents, commence à être perçue au sein de l'Université comme un atout fondamental de leur réussite. Dans ce domaine, les personnels de bibliothèque universitaire ont plus qu'un rôle à jouer, qui ne pourra qu'assurer la place centrale de la BU tant au niveau des contenus que des moyens d'y accéder.

3.11.3. Organisation administrative actuelle

3.11.3.1. Organisation

C'est l'absence de système fédérateur entre les bibliothèques universitaires, les bibliothèques interuniversitaires, celles des unités de formation et de recherche (UFR), celles de laboratoires, etc., qui a motivé la création des services communs de la documentation (SCD). Leur mission première est d'introduire une cohérence entre des organismes qui partagent les mêmes usagers et, par conséquent et pour une large part, les mêmes missions à remplir[1].

La loi n° 84-52 du 26 janvier 1984 sur l'enseignement supérieur a inscrit, parmi les quatre missions du service public de l'enseignement supérieur, la diffusion de la culture et de l'information scientifique et technique. Le décret n° 85-694 du 4 juillet 1985 pris en application de la loi de 1984 crée les services communs de la documentation, dont les bibliothèques universitaires sont le pivot, qui organisent le fonctionnement des bibliothèques universitaires de province. Les bibliothèques des académies de Paris, Créteil et Versailles d'une part, la Bibliothèque nationale et universitaire de Strasbourg de l'autre, bénéficient d'un mode d'organisation spécifique qui sera examiné plus loin[2].

L'ensemble des universités – hors Paris et Île-de-France – concernées a procédé à la création de services communs de la documentation, qui ont obtenu le droit de se nommer à nouveau bibliothèques universitaires. Seule celle de Montpellier

1. Cette partie doit beaucoup aux chapitres consacrés à l'organisation des bibliothèques universitaires par Pierre Carbone dans *Les Bibliothèques dans l'université* (voir Bibliographie).
2. À l'exception de la Bibliothèque nationale et universitaire de Strasbourg.

demeure pour l'instant une bibliothèque interuniversitaire. La ville de Clermont-Ferrand conserve quant à elle, pour des raisons historiques, une bibliothèque municipale et interuniversitaire (désormais appelée « bibliothèque communautaire et interuniversitaire » depuis le transfert de la part municipale de sa gestion à la communauté d'agglomération « Clermont Communauté »).

3.11.3.2. Fonctionnement

3.11.3.2.1. Création

Le service commun de la documentation (SCD) est créé par délibération du conseil d'administration de l'université. Il doit mettre en œuvre la politique documentaire de l'université : acquérir, organiser et communiquer les documents proposés, former les utilisateurs, participer aux projets collectifs en matière de bibliothèque. L'objectif du SCD est d'assurer une cohérence plus ou moins importante entre les différentes composantes documentaires de l'université, par exemple en terme d'heures d'ouverture, de catalogue, de politique d'acquisitions, etc.

Le SCD est placé sous l'autorité directe du président de l'université et n'a, de ce fait, pas d'autonomie juridique. Il comprend, dans un système documentaire unique, des bibliothèques intégrées et des bibliothèques associées. Il est dirigé par un directeur et administré par un conseil, le conseil de la documentation.

La bibliothèque universitaire est intégrée d'office au SCD. Le personnel et les moyens des autres bibliothèques intégrées lui sont affectés. L'intégration suppose l'accord de toutes les parties concernées : conseil de l'UFR concerné, conseil de la documentation, conseil d'administration de l'université. Les autres bibliothèques ont le statut de bibliothèque associée : leurs moyens restent distincts de ceux des bibliothèques intégrées, mais elles collaborent par exemple en matière d'acquisition, de catalogage, de prêt de documents. Les bibliothèques d'organismes contractuellement liés à l'université (par exemple des laboratoires du CNRS) peuvent être liées par contrat avec le SCD.

Le décret de 1991 (article 3) a permis que les SCD qui le souhaitent, incluant les bibliothèques intégrées, puissent conserver le nom de « bibliothèque universitaire ».

3.11.3.2.2. Missions

Même si on peut considérer que, depuis la publication du décret de 1985, toujours en vigueur, les missions « réelles » des SCD ont évolué en profondeur, leurs missions officielles restent définies par ce décret :

– mettre en œuvre la politique documentaire de l'établissement, coordonner les moyens correspondants et évaluer les services offerts aux usagers ;

– acquérir, gérer et communiquer les documents ;

– participer à la recherche sur ces documents, à la production de l'information scientifique et technique, à sa diffusion, ainsi qu'aux activités d'animation culturelle, scientifique et technique de l'établissement ;

– coopérer avec les bibliothèques qui concourent aux mêmes objectifs ;

– former les utilisateurs à l'emploi des techniques nouvelles d'accès à l'information scientifique et technique.

3.11.3.2.3. Organisation

Le SCD est organisé en sections documentaires par discipline, ou en départements techniques. C'est l'université, par le biais de son conseil d'administration, qui décide en toute autonomie de cette organisation. Chacune de ses sections est chargée, pour une discipline ou un groupe de disciplines, d'assurer les missions du service commun, et notamment de gérer les documents et de donner accès à l'information.

Le SCD est dirigé par un directeur, nommé par le ministère après avis du président de l'université. Celui-ci gère le budget et, par délégation du président de l'université, en est l'ordonnateur secondaire. Il dirige le personnel, toujours par délégation du président de l'université. Il peut participer à titre consultatif aux différents conseils de l'université et doit présenter un rapport annuel sur le fonctionnement du SCD au conseil d'administration de l'université. Sous la responsabilité du directeur, les responsables de sections documentaires sont chargés des acquisitions, de l'organisation et de la gestion des documents et des moyens d'accès à la section.

Le SCD est administré par un conseil de la documentation, présidé par le président de l'université, et qui comprend au maximum trente membres[1] : à parité des représentants des enseignants, chercheurs et enseignants chercheurs d'une part et des personnels en fonction dans les bibliothèques intégrées d'autre part, et au moins 10 % de personnalités extérieures et des représentants des usagers. Le directeur du SCD, le secrétaire général et l'agent comptable de l'université, les responsables des sections documentaires (sauf s'ils sont membres du conseil) participent au conseil avec voix consultative.

Le conseil de la documentation délibère sur le budget, les règles de fonctionnement du SCD, il peut créer des commissions scientifiques consultatives de la documentation sur certaines disciplines. Ce conseil est tenu informé du fonctionnement des bibliothèques associées, il délibère sur l'ensemble de la politique documentaire au sein de l'université.

3.11.3.2.4. Services interétablissements de coopération documentaire

Dans le cas où il existe plusieurs universités, et donc plusieurs SCD, dans une ville, ces universités peuvent constituer un ou plusieurs services interétablissements de coopération documentaire (SICD), organisés sur le même principe.

Le SICD est administré par un conseil de coopération documentaire composé de représentants du personnel et de représentants des conseils de la documentation des SCD cocontractants. Le directeur du SICD est l'un des directeurs des SCD concernés.

Le décret de 1991 avait attribué aux SICD la possibilité de missions plus importantes et plus fédératrices. Dans les faits, ces possibilités sont restées largement inexploitées.

1. La durée de leur mandat est de 2 ans pour les représentants étudiants, 4 ans pour les autres.

3.11.3.2.5. Organisation actuelle

La quasi-totalité des universités ont créé des SCD, six seulement ayant choisi de conserver la dénomination de bibliothèque universitaire.

Force est de constater que, comme Marie-Thérèse Jarrige le déplorait déjà dans la précédente édition de cet ouvrage, peu de villes possédant plusieurs universités ont mis en place un SICD : Toulouse d'une part, Grenoble, où ont été créés deux SICD, d'autre part. On peut assimiler à cette construction administrative le SICOD de Bordeaux.

La BMIU de Clermont-Ferrand et la Bibliothèque nationale et universitaire de Strasbourg constituent toujours des cas d'espèce, tandis que subsistent deux bibliothèques interuniversitaires de statut très différent : la BIU de Montpellier d'une part, celle de Lyon II et de Lyon III de l'autre, confrontées à la situation inextricable de la bibliothèque des lettres et sciences humaines commune aux universités de Lyon II et de Lyon III.

3.11.4. Organisation administrative actuelle (Paris et Île-de-France)

3.11.4.1. Organisation générale

Les bibliothèques universitaires de Paris et de l'Île-de-France sont essentiellement régies par un décret du 27 mars 1991, qui fait suite au décret du 4 juillet 1985, et qui concerne les académies de Paris, Créteil et Versailles.

Le décret fixe la liste des bibliothèques interuniversitaires, qui sont autant de SICD auxquels plusieurs universités sont cocontractantes et qui seront décrites plus avant[1] :

- la bibliothèque de la Sorbonne ;
- la bibliothèque Sainte-Geneviève ;
- la bibliothèque Cujas ;
- la Bibliothèque interuniversitaire de médecine ;
- la Bibliothèque interuniversitaire de pharmacie ;
- la Bibliothèque de documentation internationale contemporaine ;
- la bibliothèque interuniversitaire scientifique Jussieu ;
- la Bibliothèque interuniversitaire des langues orientales ;
- la bibliothèque Sainte-Barbe ;

auxquelles, quoiqu'il ne s'agisse pas d'une bibliothèque interuniversitaire, on a joint la BULAC (voir plus loin).

Cette dernière a été ajoutée à la liste originelle par décret en date du 14 octobre 2004. Quant à la Bibliothèque d'art et d'archéologie, mentionnée dans le décret initial, elle a été intégrée à la bibliothèque de l'Institut national d'histoire de l'art (voir plus loin).

La situation de ces bibliothèques est complexe : certaines des universités parisiennes sont cocontractantes de plusieurs bibliothèques interuniversitaires,

1. Ces bibliothèques sont décrites plus avant.

d'autres d'aucune. De plus, la cogestion par plusieurs universités des bibliothèques universitaires entraîne une grande complexité de fonctionnement et de gestion.

Un comité de la documentation des académies de Paris, Créteil et Versailles a été institué sous la présidence du recteur de Paris pour traiter des questions intéressant l'ensemble des bibliothèques des trois académies. Sa mission est de faciliter la mise en œuvre d'orientations documentaires communes. Il réunit l'ensemble des recteurs, présidents d'universités, directeurs de SCD concernés.

Par ailleurs, chaque université de Paris ou de la banlieue parisienne possède son propre service commun de la documentation, ce qui représente treize SCD pour Paris, trois bibliothèques universitaires et un SCD (celui de l'université de Marne-la-Vallée) pour la banlieue parisienne.

3.11.4.2. La bibliothèque de la Sorbonne

La bibliothèque de la Sorbonne a été fondée en décembre 1770 sous le nom de bibliothèque de l'Université de Paris. Comprenant 20 000 volumes, elle s'enrichit progressivement, notamment avec les confiscations révolutionnaires, avant de s'installer dans les locaux de l'ancien collège de la Sorbonne. Elle devient bibliothèque de la Sorbonne en 1846 et est transférée dans de nouveaux locaux en 1897. Deux nouvelles sections lui sont rattachées en 1978, la bibliothèque de l'Institut de géographie et la bibliothèque Victor-Cousin. La bibliothèque de la Sorbonne est une bibliothèque interuniversitaire rattachée à l'université de Paris-I et sous contrat avec les universités de Paris I, III, IV, V et VII.

Les collections courantes comprennent environ 2,5 millions de volumes, essentiellement dans le domaine des sciences humaines. Les collections patrimoniales comprennent notamment : plus de 3 000 volumes, dont les archives de l'Université de Paris, près de 2 400 manuscrits, le fonds Victor-Cousin (spécialisé en philosophie), près de 7 000 estampes, environ 550 incunables et 6 000 ouvrages du XVIe siècle, etc., ainsi que 300 000 volumes du XIXe siècle.

[Le site de la bibliothèque de la Sorbonne : http://www.bibliotheque.sorbonne.fr]

3.11.4.3. La bibliothèque Sainte-Geneviève

Elle est l'héritière des collections d'une des plus importantes et des plus anciennes abbayes parisiennes, fondée au VIe siècle par Clovis, et qui accueillit en 512 le corps de la patronne de Paris. En 1148, l'abbé de Saint-Denis, Suger, impose aux chanoines d'entretenir une bibliothèque et une école de copistes. Mais la fondation de la véritable bibliothèque royale Sainte-Geneviève date de 1624, quand le cardinal de La Rochefoucauld ressuscite la bibliothèque de l'abbaye en lui faisant don de 600 volumes de sa collection.

À la veille de la Révolution, la bibliothèque était riche de 58 000 imprimés et de 2 000 manuscrits. Grâce à l'action de P. Alexandre-Guy Pingré, membre de l'Académie des sciences, elle survit à la disparition de l'abbaye et traverse sans encombre la période révolutionnaire. Rebaptisée bibliothèque du Panthéon, elle bénéficie même des confiscations révolutionnaires. La bibliothèque retrouve son appellation de Sainte-Geneviève à la Restauration, elle déménage dans un bâtiment conçu par le futur architecte de la Bibliothèque nationale, Henri Labrouste, en 1851.

Les collections de la bibliothèque se répartissent essentiellement entre le fonds général, la Réserve et le fonds nordique.

Le fonds général est constitué des documents publiés de 1811 à nos jours : plus d'un million de volumes, 14 800 titres de périodiques dont 3 500 en cours, près de 20 000 ouvrages et 270 périodiques en libre accès, classés par discipline. Les collections restent encyclopédiques, même si, après avoir été attributaire entre 1828 et 1997 d'un exemplaire de tout ouvrage entré au titre du dépôt légal, la bibliothèque Sainte-Geneviève ne l'est plus désormais que pour certaines disciplines.

La Réserve, département spécialisé de la bibliothèque, conserve et communique des collections patrimoniales et des collections documentaires. Les collections patrimoniales correspondent aux documents antérieurs à 1811, elles comprennent 4 300 volumes de manuscrits, 120 000 volumes d'imprimés anciens, rares et précieux, 50 000 dessins, estampes et photographies. Les collections documentaires comportent un important fonds d'ouvrages de référence, en partie en libre accès, couvrant l'ensemble des disciplines de l'histoire du livre et des textes, de près de 15 000 ouvrages, ainsi que d'autres types de ressources (périodiques, ressources électroniques, etc.).

Le fonds le plus original de la bibliothèque est sans conteste la bibliothèque nordique. Ce fonds exceptionnel comporte des monographies, des périodiques, des quotidiens, des traductions françaises d'œuvres scandinaves et finnoises, des méthodes de langues. C'est la bibliothèque la plus riche dans le domaine des langues nordiques en dehors des bibliothèques nordiques.

Les pays concernés attribuent en don des documents en langue originale dont elle a besoin et envoient, à tour de rôle, un bibliothécaire délégué pour une durée de deux ans. En 2005, la bibliothèque compte près de 160 000 volumes, 1 200 usuels, environ 1 200 collections de publications en série en cours, 170 manuscrits ; elle reçoit également douze quotidiens des cinq pays nordiques. Elle s'enrichit depuis 1986 d'un remarquable fonds estonien.

[Le site de la bibliothèque Sainte-Geneviève : http://www-bsg.univ-paris1.fr/home.htm]

3.11.4.4. La bibliothèque Cujas

La bibliothèque interuniversitaire Cujas de droit et sciences économiques est l'une des premières bibliothèques juridiques de France, elle possède également des fonds importants en sciences économiques et en sciences politiques. Ses fonds comprennent notamment : 650 000 ouvrages, dont 10 000 livres anciens constituent la réserve Pavillon, 160 000 thèses reçues depuis 1850, 7 700 titres de périodiques vivants et morts.

Les universités cocontractantes de la bibliothèque Cujas sont celles de Paris I et Paris II.

[Le site de la bibliothèque Cujas : http://biu-cujas.univ-paris1.fr/]

3.11.4.5. La Bibliothèque interuniversitaire de médecine

Les collections de la Bibliothèque interuniversitaire de médecine (BIUM) remontent, pour les documents les plus anciens, à 1395. Cependant, l'essentiel de son fonds s'est constitué à partir de la seconde moitié du XVIIIe siècle, pour s'accroître ensuite de manière continue jusqu'à nos jours.

Les collections de la BIUM comprennent plus d'un million de volumes, une centaine d'incunables, plus de 3 000 ouvrages du XVIe siècle ; 20 800 titres de périodiques, dont 2 400 en cours, 2 000 titres électroniques ; la quasi-totalité des thèses de Paris depuis 1539, un nombre très important de thèses anciennes de Montpellier et de Strasbourg, la totalité des thèses imprimées de province, etc. ; un millier de manuscrits, des médailles, des portraits gravés, plus de 1 300 vidéo-cassettes.

La BIUM est CADIST en médecine, et centre régional du SUDOC-PS du SUDOC pour la médecine/biologie en Île-de-France.

[Le site de la Bibliothèque interuniversitaire de médecine : http://www.bium.univ-paris5.fr/]

3.11.4.6. La Bibliothèque interuniversitaire de pharmacie

L'histoire de la Bibliothèque interuniversitaire de pharmacie (BIUP) remonte aux origines des sciences pharmaceutiques en France. Le fonds ancien remonte au XVe siècle et comprend notamment 6 000 volumes antérieurs à 1811, près de 200 manuscrits et de nombreuses archives. La bibliothèque est CADIST en cosmétologie (étude de ce qui a trait à la composition, à la fabrication et à la manière d'employer des produits cosmétiques et les produits de base servant à leur préparation). Les collections courantes comprennent près de 100 000 ouvrages, thèses, brochures et publications de laboratoires et plus de 4 000 titres de périodiques.

[Le site de la Bibliothèque interuniversitaire de pharmacie : http://www.biup.univ-paris5.fr]

3.11.4.7. La Bibliothèque de documentation internationale contemporaine

La Bibliothèque de documentation internationale contemporaine (BDIC) est issue de l'initiative privée d'un couple d'industriels parisiens, les Leblanc, convaincus de la nécessité de collecter, dès le début du XXe siècle, toute la documentation disponible sur les causes de la Première Guerre mondiale et son développement. Données à l'État en 1917, les collections furent installées au château de Vincennes en 1925, puis transférées sur le campus de Nanterre en 1970. Dans le même temps, la section iconographique est accueillie en 1973 dans l'Hôtel national des Invalides sous le nom de « Musée d'histoire contemporaine ».

La BDIC est un service interétablissements de coopération documentaire lié aux universités de Paris I, II, XVIII et X et, depuis 1982, CADIST dans le domaine des « relations internationales et monde contemporain ».

La BDIC comprend un grand nombre de fonds sur des supports très divers : fonds exceptionnel d'affiches sur toute l'histoire du XXe siècle, archives,

3 500 documents audiovisuels, 20 000 dessins, peintures et gravures sur la Première Guerre mondiale, 1 million de documents photographiques, etc.

Les acquisitions d'ouvrages et de périodiques s'inscrivent dans les thématiques principales couvertes par la BDIC : les deux guerres mondiales, les relations internationales, le mouvement ouvrier, la question des nationalités et des minorités, la colonisation et la décolonisation, les migrations internationales, les droits de l'homme, etc.

[Le site de la Bibliothèque de documentation internationale et contemporaine : http://www.bdic.fr/]

3.11.4.8. La bibliothèque interuniversitaire scientifique Jussieu

La bibliothèque interuniversitaire scientifique Jussieu (BIUSJ) est l'héritière des collections scientifiques de la Sorbonne. Elle est composée d'une bibliothèque de 1er cycle, de cinq bibliothèques d'étude destinées aux étudiants de second et troisième cycles, d'une bibliothèque générale, de six bibliothèques de recherche et d'une cartothèque. Les collections de la BIUSJ comprennent environ 250 000 ouvrages, 7 200 titres de périodiques dont 3 000 en cours, 100 000 thèses, 30 000 cartes, ainsi que des collections de vidéos et de logiciels.

Les universités de Paris VI et de Paris VII sont cocontractantes de la BIUSJ.

[Le site de la bibliothèque interuniversitaire scientifique Jussieu : http://www.bius.jussieu.fr/Welcome.html]

3.11.4.9. La Bibliothèque interuniversitaire des langues orientales

Liée à l'INALCO (Institut national des langues et civilisations orientales), les collections de la Bibliothèque interuniversitaire des langues orientales (BIULO) sont constituées de documents dans des langues ou des écritures « rares », essentiellement non latines : arabe, chinois, japonais, coréen, cyrillique, grec, hébreu, turc, etc.

Les collections de la BIULO comprennent environ 600 000 documents : 400 000 livres, 6 000 titres de périodiques, brochures, thèses, cartes, etc. La BIULO est l'une des principales composantes du projet de la BULAC.

[Le site de la BIULO : http://www.univ-paris3.fr/bibliotheque/rattachees/langueorientale/]

3.11.4.10. La bibliothèque universitaire Sainte-Barbe

La bibliothèque universitaire Sainte-Barbe doit s'installer dans les anciens locaux du collège Sainte-Barbe, dans le souci de « décharger » les bibliothèques de la montagne Sainte-Geneviève (Sainte-Geneviève et Cujas) du public des étudiants de licence, pour recentrer la fréquentation vers les chercheurs et les étudiants de troisième cycle.

Cette bibliothèque devrait remplir trois fonctions principales : bibliothèque étudiante de 1 200 places pour les étudiants de licence en lettres et sciences humaines et sociales, création de magasins supplémentaires pour les bibliothèques Sainte-Geneviève et Cujas, le cas échéant une ou des bibliothèques de recherche.

Les collections destinées aux étudiants devraient comprendre environ 250 000 documents en accès libre et en consultation sur place.

3.11.4.11. La Bibliothèque universitaire des langues et civilisations

La Bibliothèque universitaire des langues et civilisations (BULAC) fédère les fonds de neuf établissements partenaires et réunira dès son ouverture, prévue en 2008, plus de 1,6 million d'ouvrages. Parmi les bibliothèques partenaires, on peut citer la BIULO et la bibliothèque de l'École française d'Extrême-Orient.

La BULAC est un groupement d'intérêt public (et non un SICD) créé en 2003, qui regroupe les neuf établissements fondateurs et est placé sous la tutelle de la direction générale de l'enseignement supérieur et de la direction de la recherche du ministère en charge de l'Enseignement supérieur.

[Le site de la BULAC : http://www.bulac.sorbonne.fr]

3.11.5. Les bibliothèques des grands établissements littéraires et scientifiques

Il existe un grand nombre de « grands établissements ». La sélection qui suit s'efforce de présenter ceux qui disposent de fonds documentaires relativement importants.

3.11.5.1. La bibliothèque de l'Institut

Créée comme l'Institut en 1795, la bibliothèque de l'Institut regroupe les bibliothèques des cinq académies qui composent l'Institut de France (Académie française, Académie des inscriptions et belles-lettres, Académie des sciences, Académie des beaux-arts, Académie des sciences morales et politiques). Ses fonds à caractère savant et patrimonial reflètent les intérêts et les activités des académies au cours de leur histoire. De nombreux dons ont, au cours des années, largement enrichi ses collections, notamment la collection Lovenjoul et la bibliothèque Benjamin-Delessert.

La bibliothèque est placée sous l'autorité du chancelier de l'Institut de France. Le personnel de la bibliothèque et son budget pour la documentation proviennent du ministère en charge de l'Éducation nationale. L'accès à la bibliothèque de l'Institut est de droit pour les membres des cinq académies, et sur autorisation de ces derniers pour les chercheurs extérieurs.

Les collections, encyclopédiques à l'origine, portent essentiellement aujourd'hui sur les sciences humaines et l'histoire en général, ainsi que sur la langue française, l'archéologie et l'histoire des sciences. La bibliothèque conserve 600 000 volumes (dont 40 000 livres imprimés anciens et près de 200 incunables), 7 500 titres de périodiques anciens, 1 000 titres courants, 10 000 manuscrits, 40 000 photographies anciennes, des dessins, des gravures, des cartes et des plans, etc.

[Le site de la Bibliothèque de l'Institut : http://www.bibliotheque-institutdefrance.fr]

3.11.5.2. La bibliothèque Mazarine

Elle est issue des collections personnelles réunies par le cardinal Mazarin (1602-1661), principal ministre de la minorité de Louis XIV. Ouverte au public dès 1643, elle peut être, à ce titre, considérée comme la plus ancienne bibliothèque publique de France. Gabriel Naudé, auquel Mazarin en avait confié la garde, et auteur d'un *Advis pour dresser une bibliothèque* (1627), premier traité de bibliothéconomie moderne, réussit à faire de cette collection privée la plus importante d'Europe, avec près de 40 000 volumes en 1652.

Sous l'impulsion de l'abbé Gaspard Michel, dit Leblond, son bibliothécaire, la Mazarine bénéficia des confiscations révolutionnaires qui doublèrent quasiment le fonds originel ; celui-ci continua à se développer par la suite grâce aux dons, aux acquisitions, et aujourd'hui encore aux attributions du dépôt légal. Dépendant du ministère de l'Éducation nationale mais rattachée administrativement, depuis janvier 1945, à l'Institut de France dont elle occupe le pavillon oriental, la bibliothèque Mazarine conserve quelque 600 000 ouvrages : un fonds de livres anciens, à caractère encyclopédique, d'une grande richesse (environ 180 000 ouvrages antérieurs au XIXe siècle), qui comporte notamment près de 5 000 manuscrits, 2 370 incunables et une collection emblématique de mazarinades (libelles et pamphlets imprimés et diffusés pendant la Fronde entre 1648 et 1652), ainsi qu'un fonds moderne, à dominante littéraire et historique (histoire médiévale, histoire des XVIe et XVIIe siècles, histoire locale et régionale de la France).

[Le site de la Bibliothèque Mazarine : http://www.bibliotheque-mazarine.fr/]

3.11.5.3. Les bibliothèques du Muséum national d'histoire naturelle

Créée en application des dispositions du décret du 3 octobre 2001 relatif au Muséum national d'histoire naturelle, qui est un établissement public à caractère scientifique, culturel et professionnel placé sous la tutelle conjointe des ministres chargés de l'enseignement supérieur, de l'environnement et de la recherche, la direction des bibliothèques et de la documentation du Muséum a pour mission d'élaborer et de proposer au directeur général, auquel elle est directement rattachée, la politique de l'établissement pour l'enrichissement, la conservation et la diffusion de ses collections écrites, graphiques, historiques et électroniques ainsi que les règles qui s'y rapportent.

La fonction documentaire de la direction des bibliothèques et de la documentation est assurée de façon complémentaire par la bibliothèque centrale du Muséum national d'histoire naturelle et une trentaine de bibliothèques spécialisées issues des bibliothèques des anciens laboratoires, la bibliothèque centrale jouant le rôle de service commun au bénéfice de l'ensemble de la direction.

La direction des bibliothèques et de la documentation du Muséum porte deux CADIST : botanique, zoologie, biologie végétale et animale d'une part, préhistoire et paléontologie d'autre part. Elle est pôle associé de la BnF dans certaines disciplines zoologiques, en paléontologie et en préhistoire.

3.11.5.3.1. La bibliothèque centrale du Muséum national d'histoire naturelle

L'histoire de cette bibliothèque est étroitement liée à celle du Muséum national d'histoire naturelle. Ce dernier a été créé en 1635 par Louis XIII en tant que Jardin royal des plantes médicinales, et ouvert dès 1640. C'est au départ un établissement chargé de cultiver et conserver les plantes médicinales et de dispenser un enseignement aux médecins et aux apothicaires. Le Jardin royal gagne encore en prestige sous l'intendance de Buffon et, en 1793, devient Muséum d'histoire naturelle par décret de la Convention. La bibliothèque, jusque-là modeste, est alors officiellement créée et connaît une impulsion considérable, notamment grâce au transfert des vélins du Roi, jusqu'alors conservés à la Bibliothèque royale, et à l'attribution d'importantes confiscations révolutionnaires.

Spécialisée dans la zoologie, la botanique, la biologie animale et végétale, les sciences de la terre (minéralogie, paléontologie, géologie), l'écologie, l'océanographie, l'histoire des sciences, les relations de voyages scientifiques, l'iconographie naturaliste, la bibliothèque centrale du Muséum se distingue par sa collection de vélins, constituée de 7 000 aquarelles de plantes et d'animaux peints sur vélin (parchemin provenant d'une peau de veau mort-né). Elle conserve 400 000 ouvrages (dont 105 000 imprimés anciens), 16 000 collections de périodiques, 10 000 cartes, 7 000 manuscrits, 7 000 vélins, des estampes, des photographies, des œuvres d'art et des objets de collections. Elle donne accès à près de 2 000 revues et bases de données électroniques.

Tout à la fois bibliothèque publique et bibliothèque de recherche, elle offre l'accès à trois salles de lecture : la salle de lecture de niveau recherche, la salle de consultation de la grande réserve et la médiathèque grand public. L'essentiel de son personnel lui est affecté par le ministère en charge de l'enseignement supérieur et sa dotation budgétaire est inscrite dans le contrat de l'Établissement.

[Le site de la bibliothèque du Muséum national d'histoire naturelle :
http://www.mnhn.fr/mnhn/bcm/]

3.11.5.3.2. La bibliothèque du musée de l'Homme

La bibliothèque du musée de l'Homme, constituée à partir des collections documentaires du Musée d'ethnographie du Trocadéro, a été réorganisée à l'occasion du rattachement de celui-ci au Muséum national d'histoire naturelle en 1929 et fermée définitivement au public en 2005. Conformément aux décisions gouvernementales, ses collections d'ethnologie ont été transférées à la médiathèque du musée du quai Branly qui a ouvert ses portes en 2006.

Dans le cadre de la préfiguration du nouveau musée de l'Homme, une bibliothèque spécialisée en préhistoire et en anthropologie biologique est en cours de reconstitution. Son ouverture est prévue dans le courant de l'année 2007. Elle offrira au public l'accès à 20 000 ouvrages et à près de 900 collections de périodiques.

3.11.5.4. La bibliothèque de l'Académie nationale de médecine

La bibliothèque de l'Académie nationale de médecine a hérité, lors de sa création par Louis XVIII en 1820, des fonds d'archives des compagnies de l'Ancien Régime : l'Académie royale de chirurgie et la Société royale de médecine. Elle s'est constituée ensuite par le dépôt d'ouvrages et de périodiques qui lui étaient adressés en vue de leur présentation lors des séances de l'Académie.

La bibliothèque possède 400 000 volumes, dont 800 manuscrits et une centaine d'incunables, 8 000 dossiers bio-bibliographiques de savants, de médecins célèbres et de membres de l'Académie, 800 médailles, 7 500 portraits, 85 tableaux, 137 bustes... Elle conserve aussi un très grand nombre de fonds d'archives, essentiellement des XVIIIe et XIXe siècles.

La bibliothèque s'est spécialisée tout particulièrement dans les domaines suivants : histoire de la médecine, épidémiologie, santé publique et hygiène, obstétrique et gynécologie, médecine sociale et préventive, thermalisme.

[Le site de la bibliothèque de l'Académie nationale de médecine : http://www.academie-medecine.fr/bibliotheque.asp]

3.11.5.5. La bibliothèque Byzantine

Créée en 1929 à l'initiative de l'Institut byzantin de Boston et de Thomas Whittemore, puis léguée à l'actuel Institut national des langues et civilisations orientales (INALCO), la bibliothèque byzantine possède un fonds spécialisé sur la civilisation byzantine en général, plus particulièrement sur l'archéologie et l'art paléochrétiens et byzantins, l'histoire et la littérature byzantines, l'histoire de l'Église orthodoxe, la liturgie, l'art et l'histoire des pays de rayonnement de la civilisation byzantine (pays slaves, Géorgie, Arménie, Proche-Orient...), ainsi que sur l'art et la littérature coptes. Elle conserve 25 000 ouvrages et plus de 350 collections de périodiques.

Hébergée depuis 1970 par le Collège de France, elle est maintenant totalement rattachée à cet établissement qui s'en est vu confier la gestion, dans le cadre de la convention de collaboration scientifique signée entre l'INALCO et le Collège de France et de la réorganisation des bibliothèques du Collège.

3.11.5.6. La bibliothèque de l'Institut national d'histoire de l'art

La bibliothèque de l'Institut national d'histoire de l'art constituera l'ensemble documentaire de l'Institut national d'histoire de l'art (INHA), déjà largement en activité. L'INHA est un EPSCP, qui comprend deux départements : un département des études et de la recherche, un département de la bibliothèque et de la documentation, ainsi qu'un certain nombre de services communs, et qui est placé sous la double tutelle des ministères chargés de l'Éducation nationale et de la Culture. La bibliothèque résultera de la fusion de trois grandes bibliothèques consacrées à l'histoire de l'art :

– la bibliothèque d'art et d'archéologie Jacques-Doucet (850 000 documents), qui a rejoint l'INHA au 1er janvier 2003 ;

– la bibliothèque centrale de la Réunion des musées nationaux (260 000 documents) ;
– les collections imprimées de la bibliothèque de l'École nationale supérieure des beaux-arts (128 000 imprimés).

La bibliothèque de l'École nationale des chartes (149 000 documents) sera associée à ce dispositif.

Les collections et les services de la bibliothèque de l'INHA seront déployés dans la salle Labrouste occupée auparavant par la BnF et sur trois étages de magasins attenants. Une partie des collections (265 000 documents environ) sera offerte en libre accès aux lecteurs.

Les collections concernent l'histoire de l'art (hors musique et arts du spectacle) et l'archéologie, en Occident principalement, des origines à nos jours. Les collections de la bibliothèque Jacques-Doucet comprennent 500 000 livres imprimés, dont 120 000 catalogues de vente (depuis le XVIIIe siècle), près de 7 000 titres de périodiques, 4 600 thèses, 1 500 manuscrits et copies de manuscrits, 50 000 autographes, 280 000 photographies, des estampes, des gravures, des affiches, des fonds d'archives, etc. La bibliothèque de l'INHA est CADIST en histoire de l'art et en archéologie.

[Le site de l'INHA : http://www.inha.fr]

3.11.5.7. La médiathèque du quai Branly

Le musée du quai Branly, consacré aux arts premiers et initié en 1995, a pour mission de rassembler dans une institution unique les collections du laboratoire d'ethnologie du musée de l'Homme et celles du Musée national des arts d'Afrique et d'Océanie. Il s'est constitué en établissement public placé sous la double tutelle du ministère en charge de l'Éducation nationale et du ministère en charge de la Culture.

La médiathèque du quai Branly regroupe les collections de la bibliothèque du Musée national des arts d'Afrique et d'Océanie (12 000 documents) et une partie des collections de la bibliothèque, de la photothèque et de la phonothèque du musée de l'Homme (170 000 monographies, 40 000 périodiques, 1 800 cartes)[1]. En tout, près de 250 000 documents ont été retraités, et 25 000 nouveaux documents acquis. La médiathèque a par ailleurs numérisé toute la documentation sur les œuvres conservées dans le Musée, soit 300 000 dossiers.

La médiathèque est organisée en trois pôles : bibliothèque d'étude et de recherche (180 places, 25 000 documents en libre accès, 200 000 documents en magasin), iconothèque (700 000 documents dont 200 000 images numérisées), archives et documentation. Elle propose aussi, dans le prolongement du musée, un « salon de lecture » proposant en libre accès aux visiteurs 5 000 ouvrages et 3 000 CD (50 places). Elle a ouvert ses portes en juin 2006, en même temps que le musée.

[Le site du musée du quai Branly : http://www.quaibranly.fr]

---

1. Après arbitrages, et contrairement aux intentions de départ, la bibliothèque du musée de l'Homme conserve les collections liées à la préhistoire et à l'anthropologie physique.

3.11.5.8. La bibliothèque de l'Observatoire de Paris

L'Observatoire de Paris a été fondé en 1667 par Louis XIV, sous l'impulsion de l'Académie royale des sciences, et comprend trois sites à Paris, Meudon et Nançay (Cher). La bibliothèque trouve son origine dans une ordonnance royale prise par Louis XVI en 1785. La section de Meudon a été rattachée à celle de Paris en 1926[1].

Les collections de la bibliothèque, de niveau recherche, comprennent environ 35 000 ouvrages (dont 2 500 thèses), 3 300 titres de périodiques (dont 700 en cours), des manuscrits, des incunables, des cartes, des instruments, des atlas astronomiques, des photographies, etc.

La bibliothèque est CADIST dans les domaines de l'astronomie et de l'astrophysique.

[Le site de la bibliothèque de l'Observatoire de Paris : http://www.bibli.obspm.fr]

3.11.5.9. La bibliothèque de l'Institut national de recherche pédagogique

Située à Lyon, la bibliothèque de l'Institut national de recherche pédagogique (présenté par ailleurs) rassemble près de 600 000 volumes, dont environ 500 000 livres et 100 000 fascicules de périodiques. Elle a pour origine le Musée pédagogique créé à Paris par Jules Ferry et Ferdinand Buisson, avant son déménagement à Lyon. Elle a une mission d'acquisition systématique de documents historiques et statistiques, de manuels scolaires, de traités d'éducation, d'ouvrages sur l'organisation de l'enseignement, etc.

La bibliothèque compte notamment 5 000 titres de périodiques, des rapports officiels, des ouvrages de référence, des actes de colloques et des thèses. Le fonds historique est remarquable : 20 000 livres antérieurs à 1800, des revues pédagogiques françaises et étrangères du XVIIIe siècle à nos jours, des textes législatifs et réglementaires français et étrangers sur l'enseignement, des livres de prix du XIXe siècle, plus de 80 000 manuels scolaires français.

La bibliothèque s'adresse prioritairement aux chercheurs en éducation, aux acteurs et futurs acteurs du système éducatif, aux formateurs et futurs formateurs et, plus généralement, à toute personne justifiant d'une recherche dans les domaines de l'éducation et de la formation. Elle est CADIST en sciences de l'éducation, et pôle associé de la Bibliothèque nationale de France.

[Le site de la bibliothèque de l'Institut national de recherche pédagogique : http://www.inrp.fr/INRP/bibliotheque/]

3.11.5.10. La bibliothèque du Conservatoire national des arts et métiers

Créée en 1794 à l'instigation de l'abbé Grégoire, la bibliothèque du Conservatoire national des arts et métiers (CNAM) est une bibliothèque d'étude, de

1. Il existe une bibliothèque dans chacun des trois sites, mais la bibliothèque technique du site de Nançay n'est pas ouverte au public.

recherche et patrimoniale. Ses domaines d'excellence sont les sciences et les techniques, ainsi que leur histoire. La bibliothèque conserve aussi certains fonds spéciaux portant sur la métrologie, l'histoire de la construction, la facture d'orgue, l'électricité et les expositions universelles.

Les collections sont composées de 180 000 volumes de monographies, 3 900 titres de périodiques dont 550 en cours, tous les mémoires d'ingénieurs soutenus à Paris et en région (soit plus de 15 000), une large offre électronique (4 000 revues, 19 bases).

La bibliothèque offre également une remarquable bibliothèque numérique d'histoire des sciences et des techniques (550 volumes intégralement numérisés), le CNUM (http://cnum.cnam.fr).

La bibliothèque est aussi pôle associé de la BnF.

[Le site de la bibliothèque du Conservatoire national des arts et métiers : http://www.cnam.fr/bibliotheque/]

3.11.6. Outils coopératifs

Les SCD et les SICD sont, comme on l'a vu, des services de l'université et, comme tels et au sein de l'université, disposent d'une grande autonomie en matière d'organisation de leurs missions et des moyens de les remplir.

Cependant, la longue tradition de coopération « imposée » par l'administration centrale d'une part, le souci de faire face aux grands enjeux documentaires du XXIe siècle d'autre part (inflation de la documentation scientifique et technique, augmentation des coûts, mise en réseaux, etc.) ont conduit ces établissements, ainsi que leurs homologues de Paris et de l'Île-de-France, à participer à des outils collectifs remarquables et sans équivalent par exemple dans les bibliothèques publiques françaises.

Certains de ces outils (SUDOC, CTLes) ont été mis en place à l'initiative du ministère en charge de l'Enseignement supérieur et seront, comme tels, examinés plus loin. Mais il est remarquable de constater qu'un outil aussi performant que le consortium COUPERIN a été mis en place à la seule initiative des universités et de leurs SCD, et que le circuit de diffusion des thèses, s'il bénéficie de recommandations ministérielles, est largement laissé, quant à sa mise en place, à la libre appréciation des universités.

3.11.6.1. Les centres d'acquisition et de diffusion de l'information scientifique et technique

Les centres d'acquisition et de diffusion de l'information scientifique et technique (CADIST) ont été créés en 1980 par le ministère des Universités[1]. Leur mission, qui n'a guère évolué, était définie dans une note de mars 1980 : « Les centres d'acquisition et de diffusion de l'information scientifique et technique

1. Cette partie doit beaucoup à l'article de Claude Jolly consacré aux Cadist cité en Bibliographie.

auront pour mission d'assurer, à partir de la richesse des fonds des bibliothèques d'université, une transmission rapide de la documentation primaire aux divers demandeurs. [Ils] auront une vocation sectorielle de caractère national. Ils se verront chargés, pour une discipline donnée, d'assurer une couverture documentaire aussi complète que possible et de se livrer aux opérations de prêt et de reprographie nécessaires. Des moyens supplémentaires seront mis à leur disposition pour leur permettre d'assurer cette mission d'intérêt national. »

La note précisait ainsi les caractéristiques principales qui sont aujourd'hui encore celles des CADIST existants :

– Les CADIST sont accueillis dans des bibliothèques existantes et non créés de toutes pièces.

– Ils sont spécialisés dans un ou plusieurs domaines de la connaissance.

– Ils bénéficient, pour l'exercice de leur mission, de crédits spécifiques (crédits d'acquisition mais aussi de personnel).

– En contrepartie, ils ont des obligations importantes en terme de prêt entre bibliothèques sur les disciplines concernées.

De ce fait, pour être éligibles au titre de CADIST, les bibliothèques devaient répondre à un certain nombre de conditions :

– richesse du fonds rétrospectif, reconnue par les chercheurs de la discipline ;

– moyens budgétaires garantissant un niveau élevé de couverture documentaire ;

– insertion dans un environnement de recherche dynamique.

En 2004, le réseau des CADIST couvrait vingt disciplines (7 en sciences exactes et appliquées, 13 en sciences humaines et sociales). Les CADIST sont implantés dans vingt-cinq bibliothèques (9 en sciences exactes et appliquées, 16 en sciences humaines et sociales).

Un même CADIST peut être partagé entre deux bibliothèques (comme celui des langues, littératures et civilisations ibériques) et, inversement, une même bibliothèque peut accueillir deux CADIST (celle de la Sorbonne par exemple).

Ces vingt-cinq bibliothèques reçoivent, en supplément de leurs dotations habituelles, des crédits spécifiques au titre du CADIST, qui peuvent représenter un pourcentage important de leur budget, notamment en terme de crédits d'acquisition. La répartition des crédits (plus de 4 millions d'euros en 2004) n'est pas faite de manière égalitaire entre les différents établissements, mais plus généralement en prenant en compte le coût de la documentation, très variable selon les disciplines concernées (plus élevé pour les sciences exactes, plus faible pour les sciences humaines). Ces crédits sont généralement consacrés à l'achat de documents étrangers.

Les vingt-cinq bibliothèques dans lesquelles un CADIST est implanté effectuent plus de 50 % de l'activité nationale de prêt entre bibliothèques (PEB), ce qui correspond bien à l'une de leurs missions essentielles.

L'avènement de la documentation électronique et la mise en place de consortiums d'acquisitions peuvent susciter des interrogations quant à la nécessité des CADIST, dans la mesure où la documentation électronique, par le biais de négociations multi-établissements, devient disponible partout. Pour autant, deux enquêtes récentes ont prouvé que les bibliothèques qui accueillent des CADIST demeurent à bien des égards des établissements de référence, notamment en matière d'abonnements à des périodiques « hors bouquets » électroniques et d'acquisition de monographies étrangères.

Dès lors, on ne peut que souligner les manques qui subsistent encore dans les domaines à traiter (sociologie, philosophie, psychologie, langues et littératures anglo-saxonnes, etc.) pour espérer que des CADIST consacrés à ces domaines viennent conforter un réseau qui a prouvé sa pertinence et son utilité.

[La liste à jour des CADIST : http://www.sup.adc.education.fr/bib/]

3.11.6.2. Le consortium COUPERIN

Créé en 1999, le consortium COUPERIN (Consortium pour les périodiques numériques) a été fondé en 1999 par quatre directeurs de SCD (Strasbourg-1, Nancy-1, Marseille-2, Angers) et soutenu de manière très forte par le président de l'université de Strasbourg-1. Aujourd'hui[1], le consortium comprend 197 membres : 96 universités, 63 écoles supérieures, 23 organismes de recherche et 15 autres organismes, ce qui en fait le deuxième en Europe. Pour l'instant, COUPERIN est une association de type loi de 1901, mais sa transformation en groupement d'intérêt public est en cours.

Les objectifs de COUPERIN sont essentiellement :

– de construire et développer un réseau national de compétences et d'échanges en matière de documentation électronique ;

– d'évaluer, de négocier et d'organiser l'achat au meilleur prix des produits documentaires numériques ;

– de contribuer à clarifier et à faire évoluer les relations contractuelles avec les éditeurs ;

– d'œuvrer à l'amélioration de la communication scientifique ;

– de développer une expertise et une évaluation des systèmes d'information documentaire.

COUPERIN est structuré autour d'un bureau professionnel de onze membres animé par un coordonnateur, et de deux départements :

– un département « coordination des négociations documentaires » : sous l'égide d'un coordinateur et de six responsables de pôles, il gère l'ensemble des négociations avec les éditeurs, et il est structuré en grands secteurs disciplinaires. Il gère également un certain nombre de dossiers sur les modes de financement de la documentation électronique, l'évaluation de l'évolution des budgets documentaires, l'élaboration de statistiques et l'évaluation et l'élaboration d'indicateurs ;

– un département « études et prospective » : appuyé sur un groupe technique de travail, il a une mission d'expertise et d'évaluation auprès du bureau professionnel et du conseil d'orientation. Il regroupe une trentaine de professionnels des

1. Chiffres décembre 2005.

bibliothèques ayant développé soit une expertise, soit une expérience dans les systèmes d'information documentaire.

Le bureau professionnel coordonne, sous l'autorité de la présidente, la gestion du consortium.

Les ressources humaines sont fondées sur le bénévolat, et le consortium dispose de près de 80 collaborateurs réguliers, représentant 10 équivalents temps plein.

La facturation et l'engagement avec les éditeurs se font directement par chaque adhérent. Chaque responsable d'établissement signe l'accord ou les accords de son choix, *via* une licence fournie par l'éditeur et validée par COUPERIN.

[Le site de COUPERIN : http://www.couperin.org]

3.11.6.3. La diffusion des thèses

La nouvelle Direction générale de l'enseignement supérieur a reprécisé le dispositif de diffusion des thèses. Décrit dans l'arrêté du 7 août 2006, ce dispositif comprend les étapes suivantes :

– Structuration de la thèse : chaque établissement, en relation avec ses écoles doctorales, est libre de préconiser à ses doctorants l'usage d'outils de structuration des thèses et de feuilles de style, qui doivent néanmoins s'appuyer obligatoirement sur les éléments mentionnés dans le *Guide pour la rédaction et la présentation des thèses à l'usage des doctorants* et, pour les métadonnées, sur la recommandation nationale TEF (thèses électroniques françaises).

– Dépôt d'une version électronique de la thèse : ce dépôt doit être couplé avec le dépôt papier.

– Soutenance et autorisation de diffusion : à l'issue de la soutenance, le président de l'établissement, sur proposition du jury, autorise la diffusion de la thèse. Celle-ci étant non seulement considérée comme un document administratif mais aussi comme un document soumis aux règles de la propriété intellectuelle, le docteur devra autoriser de façon explicite la diffusion de son travail.

– Conversion et diffusion : chaque établissement choisit le (ou les) format(s) dans le(s)quel(s) seront converties les thèses pour archivage (XML, PDF) et pour diffusion (HTML, PDF).

– Archivage des thèses : cet archivage sera réalisé par les établissements. Une copie de sécurité sera transmise au Centre informatique national de l'enseignement supérieur (CINES).

Le circuit traditionnel reste en vigueur pour les établissements n'ayant pas encore adopté le dispositif de diffusion électronique des thèses.

Dans ce mode de diffusion traditionnel, la fabrication et la distribution des microfiches dans les bibliothèques universitaires sont assurées par l'Atelier national de reproduction des thèses de l'université de Lille-III pour les thèses de lettres, de sciences humaines, juridiques, politiques et sociales ; celui de l'université de Grenoble-II pour les thèses en sciences exactes, médecine, pharmacie, sciences économiques et de gestion.

L'ABES a, quant à elle, la charge de mettre en place une chaîne de dépôt national des thèses électroniques. Cette application a pour objectif l'enregistrement du dépôt, la collecte et l'extraction des métadonnées pour le signalement, l'indexation et l'archivage et, enfin, l'attribution d'un identifiant pérenne[1].

Pour ce faire, l'ABES a développé le système STAR, dont l'expérimentation est réalisée courant 2006, et qui doit être proposé à tous les établissements qui souhaitent l'utiliser avant la fin de la même année.

3.11.7. Les autres établissements publics sous la tutelle du ministère en charge de l'Enseignement supérieur

3.11.7.1. L'Agence bibliographique de l'enseignement supérieur

Créée en 1994, l'Agence bibliographique de l'enseignement supérieur (ABES), établissement public à caractère administratif sous tutelle du ministère en charge de l'Enseignement supérieur, assure la gestion du Système universitaire de documentation (SUDOC), qui a succédé en 2000 à un certain nombre de systèmes et catalogues qui avaient assuré l'informatisation des bibliothèques universitaires de France. Son directeur est nommé pour trois ans renouvelables, et son siège est à Montpellier (Hérault).

L'ABES a pour missions principales la mise en place et la gestion d'outils d'informatique documentaire permettant de faciliter la tâche des établissements dans l'élaboration et le suivi de leur politique documentaire. L'ensemble des tâches de gestion informatique est assuré, pour le compte de l'ABES, par le CINES (Centre informatique national de l'enseignement supérieur).

La base du SUDOC résulte de la fusion et de la consolidation d'un certain nombre d'applications qui avaient antérieurement permis une informatisation partielle des bibliothèques dépendant du ministère en charge de l'Enseignement supérieur, en particulier le Catalogue collectif national des publications en série (CCN-PS), les trois bases constitutives du Pancatalogue (BN-OPALE, OCLC, SIBIL-France), le Répertoire d'autorité matière encyclopédique, alphabétique et unifié (RAMEAU, désormais géré en propre par la BnF) et Téléthèses. La mise en œuvre du projet a débuté en 1998, après le choix du progiciel d'origine hollandaise PICA pour gérer l'ensemble des services à proposer.

Le SUDOC a cinq fonctions principales :

– Catalogue collectif national pour l'ensemble des bibliothèques universitaires et de grands établissements dépendant de la direction en charge de l'enseignement supérieur au ministère de l'Éducation et, dans certains cas (voir ci-dessous), catalogue collectif des publications en série pour d'autres types de bibliothèques. Il propose les références de tous types de documents (livres, thèses, revues, mais aussi ressources électroniques, documents audiovisuels, etc.). Le catalogue du

1. *Bulletin d'information mensuel sur le Sudoc*, n° 82, janvier 2006.

SUDOC rassemble plus de 6,3 millions de notices pour 19,2 millions de localisations, et presque 1,5 million de notices d'autorités[1]. À partir de la consultation d'une notice bibliographique, les utilisateurs peuvent même accéder à certains documents en texte intégral – des thèses essentiellement, mais aussi des articles de revues, des manuscrits, etc.

– Réservoir bibliographique. Pour les utilisateurs professionnels, le SUDOC joue le rôle d'outil de catalogage partagé, avec l'objectif de réduire la part de création de notices à 15 % maximum du travail de catalogage. Pour faciliter leur tâche de catalogage, les professionnels ont accès aux notices bibliographiques localisées dans la base, mais aussi à un réservoir de notices non localisées en provenance d'autres réservoirs (Bibliographie de la France de la BnF, notices d'autorités de la BnF, notices du registre de l'ISSN, notices de la Bibliothèque du Congrès, du Research Libraries Group, etc.). Le catalogage et l'affichage, grâce à l'emploi du jeu de caractères UNICODE, permettent désormais la saisie et la gestion d'écritures autres que l'alphabet latin (chinois, coréen, japonais, etc.).

– Système de prêt entre bibliothèques pour l'ensemble des documents localisés et l'ensemble des bibliothèques concernées. Géré par l'intermédiaire du logiciel Supeb, ce service permet une articulation totale entre la recherche documentaire dans le catalogue et le déclenchement d'une demande de PEB, ainsi que la gestion automatisée par les bibliothèques de cette demande.

– Un portail documentaire destiné à fédérer les ressources, ou l'accès aux ressources, des bibliothèques membres du réseau, et à faciliter l'accès à un large éventail de ressources utiles pour la recherche et l'enseignement supérieur. Ce portail permet d'interroger simultanément différents catalogues et autres outils accessibles gratuitement, et offre des services personnalisés aux établissements basés sur des contrôles automatiques d'accès à des ensembles de ressources non disponibles gratuitement. Les sources proposées sont de nature très variée : catalogues de bibliothèques, bibliographies, travaux de recherche, travaux universitaires, fonds numérisés notamment patrimoniaux, thèses électroniques, sites de référence, articles en ligne, etc. Sans volonté de se substituer aux services déjà existants, le portail documentaire du SUDOC vise au contraire à compléter l'offre existante : systèmes d'information des universités, consortia d'achats de périodiques électroniques, archives ouvertes institutionnelles, etc.

Un répertoire des centres de ressources participant au réseau. Le répertoire des centres de ressources (RCR), qui inclut des données descriptives sur l'ensemble des établissements participant (soit près de 3 000), est géré et mis à jour, selon les cas, directement par les bibliothèques participantes ou par les centres régionaux du SUDOC-PS.

Le déploiement du SUDOC dans l'ensemble des bibliothèques sous la tutelle de la Direction de l'enseignement supérieur du ministère de l'Éducation nationale s'est déroulé entre janvier 2001 et mars 2002, sur 113 établissements. Depuis

1. Chiffres 2003.

2003, d'autres établissements de l'enseignement supérieur et de la recherche rejoignent le réseau, à raison d'un déploiement de 10 à 20 établissements par an[1] : École normale supérieure, bibliothèque du Conservatoire national des arts et métiers, de l'École nationale des chartes, de l'Institut Pasteur, différents instituts universitaires de formation des maîtres, etc.

Les données collectées concernent les bibliothèques qui peuvent utiliser le catalogue à des fins d'alimentation de leur système local, soit près de 1000 bibliothèques (mais qui ne peuvent pas, en revanche, alimenter le SUDOC à partir de leur système local). Le SUDOC contient aussi 390 000 notices de périodiques correspondant à plus de 630 000 localisations dans près de 2000 autres bibliothèques. Celles-ci sont gérées par les 34 centres régionaux des publications en série.

En effet, le SUDOC a pris la suite du Catalogue collectif des publications en série pour l'ensemble des bibliothèques concernées, qu'elles dépendent ou non du ministère en charge de l'Enseignement supérieur. Le réseau existant a été largement sauvegardé : ainsi, les centres régionaux du CCN-PS, créés en 1982, ont été remplacés par les 34 centres régionaux du SUDOC-PS dont les missions sont comparables (par aire géographique ou, pour l'Île-de-France, par domaine de compétences), assurant le lien entre l'ABES et les bibliothèques participantes, qu'elles soient ou non « de l'enseignement supérieur » (bibliothèques municipales, bibliothèques privées, etc.). Lié depuis la création du CCN-PS au centre international de l'ISSN, réservoir bibliographique de notices concernant les publications en série, attributeur des numéros ISSN, l'ABES continue de collaborer très étroitement avec cet organisme international pour la mise à jour de notices de publications en série.

[Le site de l'ABES : http://www.abes.fr]

3.11.7.2. Le Centre technique du livre de l'enseignement supérieur

Le Centre technique du livre de l'enseignement supérieur (CTLes) est au service des bibliothèques de l'enseignement supérieur et de la recherche en Île-de-France. Créé fin 1994, le CTLes, doté de la personnalité morale et de l'autonomie financière, a le statut d'établissement public national à caractère administratif placé sous la tutelle du ministre chargé de l'Enseignement supérieur.

Implanté à Bussy-Saint-Georges, près de Marne-la-Vallée, il y partage le site avec le centre technique de la BnF. Sur le modèle de la bibliothèque de dépôt de l'université Harvard ou de la Bibliothèque nationale de dépôt de Finlande ouverte à Kuopio, le CTLes est un parallélépipède de 6 900 m², qui offre une capacité de stockage de 80 km linéaires répartis en quatre étages de magasins de type traditionnel et deux modules de magasins industriels de grande hauteur (près de 10 mètres). Ces magasins industriels sont accessibles au moyen d'un chariot élévateur à personnel embarqué.

1. Soit début 2006 cinq « vagues », selon la dénomination propre à l'ABES.

Le CTLes propose des solutions économiques et fiables pour le transfert, le stockage, le signalement et la communication des collections à rotation lente qui lui sont confiées par les bibliothèques qui doivent faire face à la saturation de leurs magasins. Les documents peuvent être cédés ou confiés en dépôt permanent par les bibliothèques des universités et autres établissements d'enseignement supérieur d'Île-de-France, voire stockés provisoirement.

Fin 2004, les collections incluent 18 kilomètres linéaires de périodiques pour 16 000 titres, 7,5 millions de kilomètres linéaires de thèses pour plus de 300 000 thèses, 5,5 millions de kilomètres linéaires pour 192 000 volumes, soit plus de 30 kilomètres linéaires de documents. Le CTLes intègre 5 kilomètres linéaires de documents par an.

Les documents abrités par le CTLes sont accessibles sur place (sur rendez-vous) ou par le biais du prêt entre bibliothèques.

[Le site du CTLes : http://www.ctles.fr]

3.11.7.3. L'École nationale supérieure des sciences de l'information et des bibliothèques

Grand établissement d'enseignement supérieur, placé sous la tutelle du ministère en charge de l'Éducation nationale, de l'Enseignement supérieur et de la Recherche, l'École nationale supérieure des sciences de l'information et des bibliothèques (ENSSIB) a été créée par décret en 1992 et a succédé à l'ENSB (École nationale supérieure de bibliothécaires), créée à Paris en 1963 et transférée à Villeurbanne en 1974. Début 1999, elle a fusionné avec l'Institut de formation des bibliothécaires, ce qui en fait le seul établissement national de formation des personnels de catégorie A des bibliothèques.

L'ENSSIB a reçu pour mission de former les conservateurs et les bibliothécaires de l'État et des collectivités territoriales, les cadres des services de documentation et d'information scientifique et technique, et de développer la recherche en sciences de l'information, en bibliothéconomie et en histoire du livre.

Pour ce qui concerne la formation initiale, l'ENSSIB a la charge de former :

– les conservateurs d'État, élèves fonctionnaires appelés à encadrer les bibliothèques et les services documentaires des universités et des grands établissements relevant du ministère de l'Enseignement supérieur et du ministère de la Culture (Bibliothèque publique d'information, bibliothèques municipales classées, Bibliothèque nationale de France) ;

– les conservateurs territoriaux, en partenariat avec le Centre national de la fonction publique territoriale (CNFPT), qui se destinent à une carrière dans les bibliothèques municipales ou les bibliothèques départementales de prêt ;

– les bibliothécaires relevant de la fonction publique territoriale (en partenariat avec le CNFPT) et de l'État ;

– les spécialistes de l'information scientifique et technique, avec un master sciences de l'information et des bibliothèques, accessible en formation initiale ou en formation continue ;

– des spécialistes du document patrimonial destinés à gérer des collections anciennes dans le domaine de l'écrit et de l'image, dans le cadre d'un master en partenariat avec l'université Lumière-Lyon 2.

Pour ce qui concerne la formation continue, l'ENSSIB propose un programme de stages dont les grands thèmes s'orientent vers les publics, l'établissement et son management, les collections et la politique documentaire, l'informatique et les technologies actuelles.

L'activité de recherche à l'ENSSIB est organisée autour de trois pôles : histoire du livre, document numérique, bibliothèque.

En outre, le service FORMIST (formation à l'information scientifique et technique) a pour but de répondre aux besoins des étudiants, enseignants et bibliothécaires en matière d'éducation à la maîtrise de l'information, de veille et de travail en réseau. FORMIST coordonne et propose au public des documents et des ressources pédagogiques, et travaille en collaboration avec différents partenaires : unités régionales de formation à l'information scientifique et technique (URFIST), centres régionaux de formation aux carrières des bibliothèques (CRFCB), etc.

[Le site de l'ENSSIB : http://www.enssib.fr/]

3.11.7.4. Les centres régionaux de formation aux carrières des bibliothèques

Créés en 1987, les douze centres régionaux de formation aux carrières des bibliothèques, du livre et de la documentation (CRFCB) constituent un réseau de formation essentiellement continue placé sous la tutelle de la sous-direction des bibliothèques et de l'information scientifique.

Également subventionnés par la Direction du livre et de la lecture, par les directions régionales des affaires culturelles, par les universités de rattachement, ils ont charge de proposer à toutes les catégories de personnels des formations adaptées aux métiers des bibliothèques.

Les CRFCB sont obligatoirement rattachés à une université, mais leur statut peut varier : service général de l'université, service de formation continue, service commun, etc. Ils organisent des stages de formation continue, des préparations aux concours de recrutement des métiers des bibliothèques, des journées d'étude, de la formation initiale pour certains corps, etc., essentiellement à l'intention des personnels de catégories B et C (la formation des personnels de catégorie A est plus particulièrement assurée par l'ENSSIB). Certains, comme Médiadix (destiné essentiellement aux professionnels de l'Île-de-France), organisent des formations à distance.

3.11.7.5. Unités régionales de formation à l'information scientifique et technique

Les unités régionales de formation à l'information scientifique et technique (URFIST) ont été créées en 1982 avec une double mission : former le personnel des bibliothèques et le public universitaire (étudiants de 3e cycle et enseignants) à l'information scientifique et technique et aux nouvelles technologies de l'information.

Il existe sept URFIST à Bordeaux, Lyon, Nice, Paris, Rennes, Strasbourg et Toulouse, chacune couvrant donc plusieurs académies. Elles ont été créées sur la base de conventions passées entre le ministère de l'Éducation nationale, leur université de rattachement et la bibliothèque universitaire.

Les formations dispensées ont généralement lieu dans les locaux des URFIST.

Compte tenu de leurs moyens souvent modestes, les activités des URFIST se concentrent essentiellement autour de :

– la formation de formateurs ;

– la mise en place de structures de relais au sein des universités, avec les bibliothèques universitaires en partenaires privilégiés ;

– la conception d'outils de formation (supports pédagogiques, didacticiels, etc.) à destination des relais et des utilisateurs finals.

3.11.7.6. La Bibliothèque nationale et universitaire de Strasbourg

Créée en 1871 pendant la période d'annexion de l'Alsace-Lorraine à l'Empire allemand, la Bibliothèque nationale et universitaire de Strasbourg (BNUS) est depuis 1926 un établissement public national à caractère administratif ayant le statut de « bibliothèque nationale et universitaire ».

Jusqu'en 1992, l'université de Strasbourg 1 était desservie par les sections sciences et médecine de la BNUS, et les universités Strasbourg 2 et 3 lui étaient liées. Le décret du 15 janvier 1992 fixe à la BNUS le rôle de bibliothèque nationale et universitaire, bibliothèque d'étude et de recherche qui couvre tout le champ des sciences humaines et sociales. Pour autant, chaque université strasbourgeoise a créé son propre SCD.

En dehors de son statut administratif, le fonctionnement de la BNUS ne diffère guère de celui d'une bibliothèque « traditionnelle », si ce n'est sa double vocation, publique et universitaire.

[Le site de la BNUS : http://www-bnus.u-strasbg.fr/]

4. Structures communes au ministère en charge de la Culture et au ministère en charge de l'Éducation nationale

4.1. L'Inspection générale des bibliothèques

L'Inspection générale des bibliothèques (IGB) a été créée en 1822 pour assurer le contrôle des bibliothèques publiques issues des confiscations révolutionnaires.

L'IGB est actuellement un service de contrôle et de conseil placé sous l'autorité directe du ministre en charge de l'Éducation nationale, de l'Enseignement supérieur et de la Recherche, mis à disposition du ministre en charge de la Culture pour les bibliothèques qui relèvent de sa compétence.

Les missions de l'Inspection sont de quatre sortes :

– Missions de contrôle : l'IGB assure le contrôle des bibliothèques des universités, avec un rôle d'évaluation et de conseil ; elle exerce aussi le contrôle technique de l'État sur les bibliothèques publiques (bibliothèques municipales, bibliothèques départementales de prêt), contrôle mené en liaison avec la Direction du livre et de la lecture. Ces missions peuvent être étendues à d'autres bibliothèques dépendant des ministères concernés, voire à d'autres ministères.

– Missions d'étude : les membres de l'Inspection réalisent des études thématiques demandées par les ministères.

– Participation au recrutement et à la gestion des personnels de bibliothèques : les inspecteurs président la majorité des jurys de recrutement de personnels et participent à l'instruction de dossiers disciplinaires.

– Participation aux instances consultatives nationales.

Les missions de contrôle s'exercent différemment selon qu'il s'agit de bibliothèques relevant de l'État (services communs de la documentation par exemple) ou des collectivités territoriales (bibliothèques municipales, bibliothèques départementales de prêt).

Pour ces dernières, le contrôle technique est défini par les articles L 310-1 à L 310-6 (bibliothèques municipales) et L 320-1 à L 320-4 (bibliothèques départementales de prêt) du Code des collectivités territoriales.

Ce contrôle porte sur les conditions de constitution, de gestion, de traitement, de conservation et de communication des collections et des ressources documentaires, et d'organisation des locaux. Il est destiné à assurer la sécurité des fonds, la qualité des collections, leur renouvellement, leur caractère pluraliste et diversifié, l'accessibilité des services pour tous les publics, la qualité technique des bibliothèques, la compatibilité des systèmes de traitement, la conservation des collections dans le respect des exigences techniques relatives à la communication, l'exposition, la reproduction, l'entretien et le stockage en magasin[1].

Depuis 1992, les missions d'inspection générale sont prises en charge par les conservateurs et les conservateurs généraux. Le ministre chargé de l'Enseignement supérieur choisit un doyen des conservateurs et conservateurs généraux chargés de missions d'inspection générale.

[Le site de l'Inspection générale des bibliothèques :
http://www.education.gouv.fr/pid79/i.g.b.-inspection-generale-des-bibliotheques.html]

---

1. On trouvera dans l'ouvrage de Claudine Belayche et Hugues Van Besien cité en Bibliographie un descriptif très détaillé des modalités du contrôle technique dans les bibliothèques territoriales.

4.2. Le Conseil supérieur des bibliothèques

Créé par un décret du 23 octobre 1989, le Conseil supérieur des bibliothèques aura, pendant une dizaine d'années, mené une activité soutenue d'observation de l'activité des bibliothèques de tous types, produisant notamment tous les ans un rapport offrant des perspectives intéressantes sur l'activité des établissements.

Même s'il n'est pas formellement dissous, on peut cependant considérer que ce Conseil, de par la volonté des ministères de tutelle, n'existe plus en tant que tel.

5. Le ministère en charge de la Recherche

5.1. Missions et organisation

Les attributions d'État liées à la recherche sont, au gré des remaniements gouvernementaux, confiées à des ministères différents. Actuellement (au 1er mars 2006), le ministre délégué à l'Enseignement supérieur et à la Recherche est placé sous l'autorité du ministre chargé de l'Éducation, de l'Enseignement supérieur et de la Recherche.

Au-delà de l'organisation du ministère proprement dite, qui ne relève pas directement du propos de cet ouvrage, deux organismes très distincts assurent des missions documentaires d'une importance justifiant une présentation détaillée : l'Institut national de l'information scientifique et technique, dépendant du Centre national de la recherche scientifique, et la médiathèque de la Cité des sciences et de l'industrie.

5.2. Le Centre national de la recherche scientifique

Créé en 1939, le Centre national de la recherche scientifique (CNRS), organisme public de recherche fondamentale, est un établissement public à caractère scientifique et technologique, placé sous la tutelle du ministre chargé de la Recherche.

Le CNRS emploie près de 26 000 personnes, dont 11 600 chercheurs et 14 400 ingénieurs, techniciens et administratifs. Il est implanté sur l'ensemble du territoire national et exerce son activité dans tous les champs de la connaissance, en s'appuyant sur 1 260 unités de recherche et de service.

Le CNRS est présent dans toutes les disciplines majeures regroupées au sein de six départements scientifiques (dont deux sont transverses) : mathématiques, informatique, physique, planètes et univers (MIPPU) ; chimie, vivant, homme et société ; environnement et développement durable (EDD) ; ingénierie, et de deux instituts nationaux : Institut national de physique nucléaire et de physique des particules (IN2P3), Institut national des sciences de l'univers (INSU).

Dix-huit délégations en région assurent une gestion directe et locale des laboratoires et entretiennent les liens avec les partenaires locaux et les collectivités territoriales. 85 % des unités de recherche et de service sont en partenariat avec l'enseignement supérieur et les autres organismes de recherche français.

[Le site du CNRS : http://www.cnrs.fr]

5.3. L'Institut national de l'information scientifique et technique

Service du Centre national de la recherche scientifique, l'Institut national de l'information scientifique et technique (INIST) a pour mission de collecter, de traiter et de diffuser les résultats de la recherche scientifique et technique.

Le service de documentation du CNRS a été créé, tout comme ce dernier, en 1939, avant de devenir en 1970 le Centre de documentation scientifique et technique (CDST) et le Centre de documentation en sciences humaines (CDSH). En 1984, la décision est prise de transférer les activités de ces centres à Vandœuvre-lès-Nancy, près de Nancy, et de créer l'Institut de l'information scientifique et technique, qui y commence ses activités en 1988.

Les moyens de l'INIST s'articulent essentiellement autour d'un fonds documentaire (livres, mais aussi et essentiellement publications en série et littérature grise) qui couvre la plus grande partie de la recherche scientifique et technique mondiale, deux bases de données bibliographiques, Pascal et Francis. L'INIST emploie près de 350 personnes.

[Le site de l'INIST : http://www.inist.fr]

5.3.1. Fonds documentaire

Couvrant l'essentiel de la littérature scientifique et technique mondiale, le fonds documentaire de l'INIST inclut : 8 700 collections de périodiques en cours, 75 000 rapports scientifiques, 115 000 comptes rendus de congrès français et internationaux, 125 000 thèses françaises de sciences et techniques soutenues en France depuis 1985, 10 000 ouvrages.

5.3.2. Fourniture de documents

L'INIST fournit chaque année plus de 700 000 copies de documents à plus de 6 000 clients français et internationaux.

5.3.3. Bases de données bibliographiques

L'INIST réalise trois bases de données bibliographiques, Pascal, Francis et ISD, qui signalent les documents publiés dans la plupart des domaines scientifiques et techniques.

5.3.3.1. Pascal

Pascal, base de données bibliographiques, multidisciplinaire et multilingue, couvre l'essentiel de la littérature mondiale en sciences, technologie et médecine. Elle contient près de 16 millions de références depuis 1973.

5.3.3.2. Francis

Francis, base de données bibliographiques, multidisciplinaire et multilingue, couvre le domaine des sciences humaines et sociales, et contient plus de 2,7 millions de références depuis 1972.

5.3.3.3. ISD

International Science Database (ISD) est une base de données bibliographiques multilingue et multidisciplinaire couvrant l'essentiel de la littérature mondiale en sciences, technologie et médecine, ainsi qu'en sciences humaines et sociales.

5.3.3.4. THESA

THESA est une banque de données accessible gratuitement, qui signale plus de 800 sujets de thèse en préparation dans 22 établissements de la conférence des grandes écoles (CGE). Les domaines concernés sont essentiellement les sciences de l'ingénieur, l'économie et la gestion.

5.3.4. Prestations documentaires

L'INIST propose une gamme de prestations documentaires élaborées, telles que des synthèses documentaires (état de l'art et bibliographie, webographie, sur un sujet donné), des analyses statistiques (données et contacts sur des domaines de recherche et des technologies innovants), traitements infométriques, veille documentaire sur Internet ou sur les bases de données, qui permet d'être régulièrement informé des nouvelles publications dans un domaine de recherche, sur une activité ou sur une technique.

L'INIST propose un certain nombre de prestations pour la mise en ligne de revues scientifiques, sous le nom de « I-Revues ». Celles-ci incluent la création de sites, leur hébergement et leur maintenance, le référencement des revues dans les bases de données de l'INIST, la rétro-numérisation, la mise en place d'une chaîne de production électronique, etc.

Il organise aussi un certain nombre de formations en information scientifique et technique.

5.3.4.1. Connectsciences

Connectsciences regroupe gratuitement, en un seul portail documentaire, un catalogue d'articles pouvant être commandés en ligne, une actualité bibliographique en sciences, technologie, médecine, sciences humaines et sociales, des informations et des sites scientifiques sélectionnés, etc.

Parmi les ressources documentaires disponibles *via* Connectsciences, on peut signaler : un catalogue de plus de 9 millions d'articles disponibles dans le fonds de l'INIST, un accès aux références des trois derniers mois de Pascal, aux douze derniers mois de Francis, à THESA, à une base de plus de 2 000 adresses de sites web, à la liste des revues conservées dans le fonds INIST, aux outils documentaires d'indexation et de classement de l'organisme.

La mise à jour de Connectsciences est quotidienne. Il permet la commande de documents, la création de portails personnalisés, la mise en place de services d'alerte.

5.3.4.2. Bibliosciences

Bibliosciences est un service de consultation multibase réservé aux membres du CNRS. Il permet d'interroger simultanément des bases de l'INIST (Pascal, Pascal BioMed, Francis), mais aussi des bases proposées par d'autres fournisseurs (Current Contents, Medline, SIGLE, etc.). Depuis 2002, ce service donne accès au texte intégral de plusieurs revues.

D'autres outils, réservés à certaines communautés scientifiques, offrent des services plus spécialisés : Evalsciences, Titanesciences (chimie), ARIEL qui permet la livraison de copies de documents par voie électronique.

L'INIST collabore par ailleurs avec l'Inserm (Institut national de la santé et de la recherche médicale) pour proposer BiblioInserm, service de consultation multibase comparable à Bibliosciences, ainsi que l'accès au texte intégral d'un certain nombre de revues.

5.3.4.3. Services@INIST

Services@INIST regroupe un catalogue en ligne de revues, d'articles et de monographies du fonds de l'INIST (Article@INIST), un formulaire de commande directe de copies d'articles (FORM@INIST) et un module de suivi et de gestion de comptes de copies de documents (COMPTE@INIST). Ce groupe de services en ligne s'adresse à des professionnels amenés à faire des recherches de documents et des commandes fréquentes de copies. Il est nécessaire, pour y accéder, d'ouvrir un compte auprès de l'INIST.

5.3.4.4. ArticleSciences

ArticleSciences est le moteur de recherche et de commande d'articles scientifiques et techniques en ligne de l'INIST. Il est destiné aux internautes qui, faisant des recherches ponctuelles, ne souhaitent pas ouvrir un compte auprès de l'INIST.

5.4. La Cité des sciences et de l'industrie

Établissement public à caractère industriel et commercial, la Cité des sciences et de l'industrie, située dans le parc de la Villette, est un centre de culture scientifique et technique qui a ouvert ses portes en 1986. Elle a déjà accueilli plus de 40 millions de visiteurs, et en reçoit chaque année plus de 3,5 millions. Sa construction s'est inscrite dans le cadre de l'aménagement du parc de la Villette.

La Cité développe un important programme d'expositions, d'animations, etc., qui s'articule autour de différents lieux, notamment :

– la Cité des enfants : elle se compose de deux espaces d'expositions différents, l'un pour les 3-5 ans, l'autre pour les 5-12 ans ;

– la Géode : administrativement indépendante de la Cité, elle offre des projections de films sur un écran hémisphérique de 1 000 m^2.

5.4.1. La médiathèque de la Cité des sciences et de l'industrie

La médiathèque de la Cité des sciences et de l'industrie est une bibliothèque publique spécialisée dans les domaines des sciences et techniques, pour les adultes comme pour les enfants[1].

Elle inclut essentiellement deux espaces, l'espace jeunesse et l'espace médiathèque.

L'espace jeunesse propose aux enfants un véritable espace de découverte des sciences, ainsi que des ouvrages, des revues, des cédéroms sur l'éducation et la pédagogie, mais aussi un grand nombre d'animations, d'expositions, etc.

L'espace médiathèque est organisé en un certain nombre de pôles thématiques (la médiathèque possède son propre plan de classement) : sciences exactes et industries, vivant et environnement, sciences et société.

Parmi les autres espaces remarquables de la médiathèque, il convient de citer la salle Louis-Braille, expérimentation pionnière en la matière, destinée aux personnes aveugles et malvoyantes, le carrefour numérique et deux espaces tout à fait originaux, la Cité de la santé et celle des métiers.

– La Cité de la santé : espace d'information, d'orientation et de conseil destiné à répondre aux préoccupations en matière de santé, qui offre la possibilité de rencontrer gratuitement des professionnels de l'information santé, de consulter un fonds de 15 000 livres et revues en libre accès, de visionner films et cédéroms, etc.

– La Cité des métiers : espace de conseil et d'orientation sur la vie professionnelle, qui propose des consultations gratuites et personnalisées, et un fonds de documents concernant l'insertion professionnelle, ouvrages, revues, multimédias, cédéroms, etc.

1. Il convient de souligner ce rôle de bibliothèque publique, alors même que la tutelle de la Cité et donc de la bibliothèque est bien le ministère en charge de la Recherche et de l'Enseignement supérieur.

De plus, dépositrice d'un important fonds de documents anciens consacré à l'épistémologie, la médiathèque gère un centre de recherche sur l'histoire des sciences.

La médiathèque a mis en place le « Carrefour numérique », cyberbase destinée à faciliter l'accès aux technologies de l'information et de la communication, et qui inclut notamment un espace d'autoformation, un studio, une « classe numérique », des postes d'accès à Internet, etc.

Pour contribuer à la constitution de fonds scientifiques et techniques dans les bibliothèques territoriales, la médiathèque constitue des bibliographies, met à disposition des outils de constitution et de gestion des collections, met en place des visites et des formations pour les professionnels des bibliothèques des collectivités territoriales. Parmi ses réalisations remarquables, on peut citer « Sciences pour tous », outil bibliographique qui présente plus de 1 400 livres sur les sciences disponibles en librairie.

[Le site de la médiathèque de la Cité des sciences et de l'industrie : http://www.cite-sciences.fr/francais/ala_cite/mediatheque/portail/index.htm]

6. D'autres bibliothèques

Comme précisé en introduction du présent chapitre, il existe un très grand nombre d'« autres bibliothèques », qu'elles soient liées au secteur public ou privé. On a choisi d'insister sur quatre types d'établissements pour lesquels des données récentes existent et qui semblent représentatifs du paysage contrasté des bibliothèques françaises.

6.1. Les bibliothèques de comités d'entreprise

Créés juste après la Seconde Guerre mondiale dans les entreprises de plus de 50 salariés, les comités d'entreprise ont une double vocation : d'une part la gestion des activités sociales et culturelles, d'autre part un pouvoir de consultation sur les aspects économiques de l'entreprise. Leurs subventions sont proportionnelles à la masse salariale de l'entreprise et comprises entre 2 et 3 % de ce montant en moyenne.

Les estimations font état de près de 27 000 comités d'entreprise en France, dont 2 000 sont situés dans des entreprises de plus de 500 salariés (chiffre en baisse sensible depuis 10 ans).

Parmi les premières réalisations des comités d'entreprise figurent les bibliothèques, dont on estime le nombre à environ 1 200, et les collections à plus de 15 millions de livres. En 1992, cinq syndicats ont signé une « charte pour le développement de la lecture en entreprise » élaborée par l'Association des bibliothécaires français pour le développement des bibliothèques d'entreprise, dont les résultats ont été plutôt limités. Pour autant, les taux d'inscription estimés sont bien supérieurs aux moyennes nationales en bibliothèque publique, avec plus de 28 % dans les entreprises de plus de 5 000 salariés et jusqu'à 72 % dans celles de moins de 500 salariés – avec une proportion d'employés et d'ouvriers bien supérieure à celle des inscrits en bibliothèque publique.

Il semble bien que les bibliothèques de comités d'entreprise ont connu leur « âge d'or » dans les années 1970. Aujourd'hui, elles sont victimes tout à la fois du souci consumériste et individualiste des salariés (qui attendent de leur comité d'entreprise des prestations de type chèques-vacances ou bons d'achats) et du développement des bibliothèques publiques qui, dans certains cas, ne justifie pas l'existence d'une bibliothèque pour autant spécifique par la qualité des services apportés.

6.2. Le réseau des Bibliothèques pour tous

Le réseau des Bibliothèques pour tous, bibliothèques confessionnelles, est géré par l'Union nationale Culture et Bibliothèques pour tous (UNCBPT) créée en 1971, sur la base d'un fonctionnement largement décentralisé qui laisse une grande autonomie aux associations départementales dont dépendent les différentes bibliothèques, ludothèques et médiathèques.

La fédération développe un certain nombre de produits et services autour de l'aide à la création et au fonctionnement des bibliothèques. Parmi ceux-ci, on peut citer :

– le logiciel « Bibliolud », logiciel de gestion de bibliothèques ;

– des produits d'animation (dossiers thématiques, kits animations, malles exposition, etc.) ;

– des formations générales ou spécialisées (secteur jeunesse) ;

– la revue *Notes bibliographiques*, revue mensuelle qui propose un panorama de l'édition de littérature générale et de littérature de jeunesse ;

– prix littéraires nationaux.

6.3. Les bibliothèques des établissements pénitentiaires

L'ensemble des personnes incarcérées devrait avoir accès régulièrement à une bibliothèque, conformément à la circulaire en date du 14 décembre 1992, cosignée par les ministères de la Culture et de la Justice[1]. Ces dispositions figurent d'ailleurs dans le Code de procédure pénale (articles D.441 *et al.* et D.443), qui stipule que « chaque établissement possède une bibliothèque dont les ouvrages sont mis gratuitement à la disposition des détenus ».

1. Circulaire n° K 32 du 14 décembre 1992 [concernant le] fonctionnement des bibliothèques et développement des pratiques de lecture dans les établissements pénitentiaires.

Le rapport publié en 2005 par les inspecteurs généraux Claudine Lieber et Dominique Chavigny[1] propose un état des lieux de ces bibliothèques, lui-même appuyé sur une enquête réalisée par l'administration pénitentiaire en 2004, et une autre mise en œuvre par les DRAC.

La population carcérale a connu, ces dernières années, une augmentation relativement soutenue, qui s'accompagne d'une surpopulation croissante des établissements : en 2004, la population était supérieure de 30 % au nombre de places, soit plus de 65 000 détenus pour environ 50 000 places. Cette population souvent jeune (plus de 70 % des détenus ont moins de 40 ans) se caractérise par un niveau scolaire faible et en corollaire un niveau élevé d'illettrisme. À une écrasante majorité (plus de 96 %), il s'agit d'une population masculine. C'est aussi une population changeante, de nombreux détenus étant amenés, au cours de leur détention, à changer de lieu d'incarcération.

La surface moyenne des bibliothèques se situe autour de 40 m², très loin des normes préconisées en la matière par l'IFLA (100 m² pour 100 détenus). De plus, pour des raisons de sécurité, la tendance est à la parcellisation des espaces entre des lieux de détention accueillant des détenus de « statuts » distincts, et qui ne peuvent circuler d'un lieu à l'autre : plutôt qu'une bibliothèque centrale, plus riche et plus accueillante, il faut multiplier des lieux spécifiques, forcément moins bien dotés.

Un peu paradoxalement, les collections semblent, elles, en nombre suffisant par rapport au nombre de détenus : plus de la moitié (56 %) des bibliothèques ont un fonds d'ouvrages égal ou supérieur à 4 000. Pour autant, ces collections sont généralement peu attractives : peu d'ouvrages techniques ou documentaires, peu d'ouvrages en langue étrangère, peu de collections autres que de livres (périodiques ou multimédias).

Le personnel des bibliothèques combine intervenants extérieurs et intérieurs et personnels spécifiques à l'administration pénitentiaire : parmi ces derniers, on peut citer les personnels des SPIP (services pénitentiaires d'insertion et de probation), spécifiquement chargés des actions culturelles au sein des établissements, et notamment les conseillers d'insertion et de probation (CIP). Les détenus-bibliothécaires sont souvent l'élément essentiel du fonctionnement des bibliothèques, qui bénéficient parfois de l'intervention de professionnels territoriaux issus des bibliothèques publiques, municipales ou départementales (près de 70 % des bibliothèques pénitentiaires déclarent bénéficier de partenariats avec ce type de bibliothèque), mais aussi, dans une moindre mesure, de l'action des bénévoles.

Si la situation des bibliothèques de prison gagnerait à être présentée de manière contrastée, les auteurs du rapport notent que, globalement, elles accusent « plusieurs dizaines d'années de retard » sur le développement des bibliothèques publiques. Pourtant, le rôle incitateur de la bibliothèque, tant dans ses relations avec le monde enseignant présent aussi dans les établissements qu'avec les autres activités culturelles possibles, prouve que leur présence est un élément positif pour les détenus.

---

1. Voir Bibliographie.

6.4. Les bibliothèques d'hôpitaux

L'appellation française de « bibliothèques d'hôpitaux » recouvre les équipements situés à l'intérieur des hôpitaux et destinés tout à la fois au personnel et aux patients[1]. L'expression anglo-saxonne équivalente, « hospital libraries », concerne au contraire les bibliothèques scientifiques spécialisées dans le domaine de la santé qui, en France, dépendent pour l'essentiel des bibliothèques universitaires ou de grands établissements. Ces bibliothèques restent, pour une grande part, largement méconnues des professionnels des bibliothèques publiques ou relevant de l'enseignement supérieur, alors même que leur nombre et, parfois, l'importance de leurs activités justifieraient une meilleure prise en compte de leur présence dans le monde français des bibliothèques.

Les premières bibliothèques d'hôpitaux connues datent de 1634 et sont essentiellement destinées aux malades (qu'on n'appelle pas encore patients). Pour autant, ce n'est qu'au XIXe siècle qu'apparaissent les premières véritables bibliothèques d'hôpitaux, dans des établissements parisiens comme Necker ou la Charité. Ces bibliothèques sont essentiellement soutenues par des œuvres philanthropiques. À la fin du XIXe siècle, l'augmentation très importante du nombre d'entrées dans les hôpitaux, qui double presque entre 1898 et 1928, modifie profondément la nature et le fonctionnement de ces établissements, évolution accompagnée par la création d'un grand nombre de petites bibliothèques, essentiellement gérées par des bénévoles. Après la Seconde Guerre mondiale, la circulaire n° 186 du 12 juillet 1947 du ministère de la Santé publique définit avec précision les conditions d'existence des bibliothèques en milieu hospitalier, avec des résultats plutôt mitigés.

Les débats sur les bibliothèques d'hôpitaux se font plus nombreux à partir de 1981 et de la montée en puissance des bibliothèques publiques, notamment municipales. Ils se concrétisent, partiellement, par la signature en 1999 d'une convention entre le ministère de la Culture et celui de la Santé pour favoriser le développement d'activités culturelles et artistiques dans les hôpitaux, qui inclut dans ses axes principaux le développement de bibliothèques, reconnues comme des espaces d'incitation à la lecture. La signature de cette convention a entraîné la mise en place de nombreux partenariats entre les DRAC et les agences régionales d'hospitalisation, même si son impact concret sur les bibliothèques elles mêmes est parfois difficile à évaluer.

La vocation première des bibliothèques d'hôpitaux est de desservir les « publics empêchés » des hôpitaux, et notamment les patients en séjour de longue durée. Il s'agit d'une mission culturelle et sociale, faisant de la bibliothèque tout à la fois un service de l'hôpital et un établissement inséré dans un réseau culturel plus vaste. De plus, la bibliothèque peut être largement utilisée par le personnel de l'hôpital, qui fréquentera souvent uniquement cet établissement

1. Ce chapitre doit tout au remarquable état des lieux fait dans son ouvrage *La Lecture à l'hôpital* par Frédéric Duton, cf. Bibliographie.

comme les salariés d'une entreprise fréquentent souvent de préférence sinon uniquement la bibliothèque du comité d'entreprise.

Le dernier état des lieux concernant les bibliothèques d'hôpitaux date de 1992 et n'offre que des données relativement partielles. Près de 90 % disposaient d'un point lecture, mais seulement 77 % d'une véritable bibliothèque. 55 % des établissements déclaraient disposer d'un local spécifique pour la bibliothèque, pour une surface moyenne inférieure à 50 m^2. Le personnel est très largement constitué de bénévoles, à plus de 92 %, pour 8 % seulement de salariés. Même si une partie de ces bénévoles est formée, le fonctionnement de la bibliothèque, et notamment ses horaires d'ouverture, est largement tributaire de la disponibilité particulière de ce type de personnel.

Le personnel salarié peut être du personnel municipal détaché au sein de l'hôpital, du personnel hospitalier ou du personnel employé par une association. Jusqu'au décret du 23 décembre 2003, il n'existait pas de filière culturelle au sein de la fonction publique hospitalière, empêchant le recrutement statutaire de personnel spécifiquement dévolu à la gestion et à l'animation d'une bibliothèque. Le décret n° 2003-1270 du 23 décembre 2003 permet désormais aux bibliothécaires et aux documentalistes travaillant dans la fonction publique hospitalière de bénéficier d'un statut qui entre dans le cadre du décret portant modification des dispositions statutaires relatives au corps des adjoints des cadres techniques, et les métiers de bibliothécaire et de documentaliste ont été intégrés dans le Répertoire des métiers de la fonction publique hospitalière[1].

Si la situation des bibliothèques d'hôpitaux, tant en termes de collections que de nombre d'usagers desservis et de prêt est des plus contrastées, on ne peut que constater une intense activité liée au fonctionnement en réseau souvent très dynamique, notamment par le biais des associations. De nombreuses associations de bénévoles de bibliothèques d'hôpitaux se sont regroupées en 1981 au sein de la Fédération nationale des associations de bibliothèques en établissements hospitaliers (FNABEH), qui regroupe 254 bibliothèques présentes dans 212 hôpitaux et 42 cliniques. Ces bibliothèques touchent plus de 350 000 lecteurs et ont effectué en 2003 près de 890 000 prêts. La FNABEH apporte son aide aux professionnels des bibliothèques, notamment dans les domaines cruciaux de l'informatisation et de la formation professionnelle.

Si la place des bibliothèques d'hôpitaux au sein des établissements est parfois difficile à déterminer, il existe nombre d'exemples de fonctionnement en réseau d'établissements qui prouvent que, quand les moyens sont donnés à ces bibliothèques de fonctionner convenablement, les résultats suivent. C'est notamment le cas des réseaux exemplaires que constituent ceux développés autour des bibliothèques de l'Assistance publique-Hôpitaux de Marseille et de l'Assistance publique-Hôpitaux de Paris (AP-HP), ce dernier par le biais d'un centre inter-

---

1. Il ne s'agit pas pour autant et à strictement parler d'un statut particulier spécifique aux personnels de bibliothèque et de documentation de la fonction publique hospitalière. Il n'est donc pas examiné dans le chapitre consacré au personnel du présent ouvrage.

médiathèques qui coordonne le développement d'une politique cohérente de lecture publique au sein d'une institution qui totalise 25 500 lits, près d'un million d'hospitalisations par an, et qui emploie près de 90 000 personnes. L'ensemble des médiathèques de l'AP-HP propose 330 000 documents sur tous supports répartis dans 26 médiathèques gérées par 40 bibliothécaires. Les prêts tournent autour de 500 000 par an.

Beaucoup reste à faire pour développer les bibliothèques d'hôpitaux, notamment par le biais de partenariats avec les bibliothèques publiques proches, municipales ou départementales. Même si les différences « culturelles » entre les professionnels de ces différents types d'équipement restent marquées (bénévolat « contre » fonction publique), les unes comme les autres, confrontées à des stagnations ou à des baisses de leur fréquentation et de leur usage, ont tout à y gagner.

7. Conclusion

Le panorama ci-dessus ne saurait prétendre à la moindre exhaustivité.

Pour ce qui est des bibliothèques publiques ou des bibliothèques dépendant de l'Éducation nationale, le cadre institutionnel de leur activité et la richesse statistique des données collectées à leur sujet[1] permettent de brosser un tableau relativement exhaustif et documenté des bibliothèques dépendant de l'État et des collectivités territoriales[2].

Au contraire, les données possédées sur certaines bibliothèques dépendant de ministères autres que ceux de l'Éducation ou de la Culture, pourtant nombreuses et importantes (Défense, Affaires étrangères, Agriculture, etc.), sont souvent lacunaires et gagneraient à être actualisées et synthétisées. De même que le fonctionnement de ces établissements, sinon leur organisation, seraient souvent à préciser – l'absence de données immédiatement accessibles témoignant dans une certaine mesure du manque de clarté de leur fonctionnement, tout au moins hors de leur contexte spécifique d'intervention.

Dans le même ordre d'idée, hors les bibliothèques municipales ou départementales, il existe au sein des collectivités territoriales un grand nombre d'organismes documentaires, rattachés à des musées, à des écoles, etc., et dont l'éparpillement ou la diversité découragent *a priori* tout effort d'investigation raisonné. Ces investigations, cependant, gagneraient à être menées – par exemple sur une base thématique ? – si l'on veut contribuer à la clarification de l'offre documentaire au sein

1. Compte tenu bien évidemment des précautions liées à leur interprétation, voire du caractère parfois polémique de cette interprétation.
2. Encore a-t-on pu constater le manque d'informations par exemple sur les bibliothèques centres documentaires.

de ces collectivités, ce qu'exigent par exemple la réglementation des marchés, mais aussi et avant tout le souci de cohérence et d'efficacité du service rendu au citoyen.

Enfin, il est clair que les quelques bibliothèques parapubliques ou privées, ou les réseaux évoqués plus haut, ne sauraient constituer qu'un panorama hétérogène et discutable d'ensembles foisonnants, parfois difficiles à identifier, impossibles à recenser complètement et qui sont souvent à la limite, elle-même de plus en plus incertaine, entre les bibliothèques et le monde de la documentation.

8. L'organisation administrative des archives en France

Depuis quelques années, le rapprochement entre les centres de documentation, les services d'archives et les bibliothèques est avéré. De nombreuses actions communes ont matérialisé cette proximité, même si nous n'en sommes pas encore à la fusion de certaines institutions, comme c'est par exemple le cas au Canada pour la bibliothèque et les archives nationales.

Il a donc paru souhaitable d'ajouter à cet ouvrage un court chapitre sur les fondements de l'organisation des archives en France, tant pour ce qui concerne l'État que pour ce qui concerne les collectivités territoriales.

8.1. Direction des Archives de France

Les archives[1], en France, sont placées sous la responsabilité de la Direction des Archives de France, qui fait partie du ministère de la Culture. La Direction gère directement les Archives nationales et assure le contrôle scientifique et technique des archives régionales, départementales et communales.

8.1.1. Historique

L'organisation d'une direction des Archives de France remonte à la Révolution : le décret du 7 septembre 1790 crée les Archives nationales, mais le texte fondamental est la loi du 7 messidor an II (25 juin 1794), qui pose essentiellement la centralisation des archives de la nation et la création d'un réseau archivistique national. Cette loi est complétée par la loi du 5 brumaire an V (26 octobre 1796) qui crée un service d'archives par département pour la collecte et pour la conservation des archives de province.

Jusqu'en 1884, les Archives nationales d'une part, le réseau des archives locales (archives départementales, communales et hospitalières) d'autre part,

1. Sauf exceptions notées plus bas.

évoluent séparément. C'est de la fusion au sein du ministère de l'Instruction publique des Archives nationales et du bureau des archives du ministère de l'Intérieur que naît en 1897 la direction des Archives, devenue en 1936 la Direction des Archives de France. Celle-ci est depuis 1959, date de création du ministère des Affaires culturelles d'André Malraux, une des directions du ministère de la Culture.

8.1.2. Missions

L'activité de la Direction des Archives de France s'est longtemps appuyée sur l'application de la loi du 3 janvier 1979, qui posait comme principe que la conservation des archives est organisée « dans l'intérêt public, tant pour les besoins et la justification des droits des personnes physiques ou morales, publiques ou privées que pour la documentation historique de la recherche », finalités auxquelles la loi du 22 juillet 1983 a ajouté une obligation de mise en valeur culturelle. L'ordonnance n° 2004-178 du 20 février 2004 a abrogé cette loi et les dispositions législatives applicables aux archives publiques constituent désormais le livre II du Code du patrimoine.

Ce dispositif devrait être profondément modifié dans le courant de l'année 2006, aboutissant notamment à la suppression du délai de communication de trente ans, et à des délais raccourcis pour les archives protégées par la loi (vie privée, secret médical).

La Direction des Archives de France est chargée de proposer au ministre de la Culture les choix stratégiques à opérer en matière d'archives et de les mettre en œuvre.

Elle exerce un rôle de conseil, d'incitation, de réglementation, d'évaluation et de contrôle en ce qui concerne la collecte, le tri, le classement, la description, la conservation et la communication tant aux chercheurs qu'à l'ensemble des citoyens, des archives publiques autres que celles des ministères des Affaires étrangères, des Finances et de la Défense. Elle dispose donc en cette matière de pouvoirs étendus, lui conférant un rôle interministériel de fait.

Afin de garantir le respect de la légalité et l'application de normes scientifiques et techniques uniformes, la Direction exerce son contrôle non seulement sur les Archives nationales, dont les différentes composantes sont examinées plus bas, mais aussi sur les services d'archives régionaux, départementaux et communaux[1], ainsi que sur les services d'archives des organismes autorisés, à titre dérogatoire, à gérer leurs archives définitives.

Pour ce qui est des archives des collectivités territoriales, ce contrôle « porte sur les conditions de gestion, de collecte, de tri, d'élimination des documents courants, intermédiaires et définitifs et sur le traitement, le classement, la conser-

1. Ce contrôle, assimilable à la notion de contrôle technique appliqué par l'État aux bibliothèques territoriales, est de fait plus strictement coercitif.

vation et la communication des archives. Il est destiné à assurer la sécurité des documents, le respect de l'unité des fonds et de leur structure organique, la qualité scientifique et technique des instruments de recherche, la compatibilité des systèmes de traitement, la mise en valeur du patrimoine archivistique » (article 1421-1 du Code général des collectivités territoriales).

En ce qui concerne les archives privées, la Direction veille, par le biais du contrôle des exportations, d'une politique d'acquisitions sur le marché et de classement comme archives historiques, à la sauvegarde des fonds et documents présentant du point de vue de l'histoire un intérêt national. L'action de la Direction est relayée en région par les directions régionales des affaires culturelles.

8.1.3. Archives nationales

Les Archives nationales sont constituées d'un ensemble de centres opérationnels destinés à assurer la collecte, le tri, lc classement, l'inventaire, la conservation et la communication des documents. Ces centres veillent à l'application des textes législatifs et réglementaires concernant les archives, ainsi que des circulaires émanant de la Direction des Archives de France.

Placées sous l'autorité de la Direction des Archives de France, les Archives nationales sont constituées de cinq centres, dont les missions sont brièvement présentées ci-dessous : Centre historique des Archives nationales, Centre des archives d'outre-mer, Centre des archives contemporaines, Centre national du microfilm et Centre des archives du monde du travail. Même s'il ne s'agit pas à proprement parler d'un des centres fonctionnels des Archives nationales, on ajoutera à cette liste le Centre d'accueil et de recherche des Archives nationales, le CARAN.

8.1.3.1. Centre historique des Archives nationales

Situé à Paris dans le quartier du Marais, le Centre historique des Archives nationales conserve et communique (par le biais du CARAN) les archives de la France depuis les Mérovingiens jusqu'en 1958. Le Centre conserve non seulement les archives des organismes et établissements d'Ancien Régime supprimés à la Révolution, mais aussi les archives des administrations centrales de l'État, des archives privées, les minutes des notaires parisiens.

[Le site du Centre historique des Archives nationales :
http://www.archivesnationales.culture.gouv.fr/chan/]

8.1.3.2. Centre d'accueil et de recherche des Archives nationales

Le Centre d'accueil et de recherche des Archives nationales (CARAN) regroupe depuis 1988 l'ensemble des salles de lecture et des services des Archives nationales accessibles aux chercheurs à Paris. Jusqu'en 1988, la communication des documents aux lecteurs était le fait de chaque section des Archives nationales.

Le CARAN a pour mission d'accueillir le public et de communiquer sur place, ou avec déplacement, les fonds des Archives nationales. Ceux-ci sont constitués par des documents provenant du gouvernement et des organes centraux de l'État, des papiers d'organismes publics à vocation nationale, des papiers d'origine privée présentant un intérêt public et de fonds divers (archives de notaires, par exemple).

Le CARAN se compose d'un hall d'accueil et d'information, d'une salle des inventaires regroupant en libre accès tous les instruments de recherche disponibles dans les services d'archives publiques (72 places), d'une salle de lecture (360 places) et d'une salle de consultation des microfilms (70 places).

8.1.3.3. Centre des archives d'outre-mer

Situé à Aix-en-Provence, le Centre des archives d'outre-mer conserve les archives de l'histoire coloniale française et de la présence française en Algérie[1].

Il conserve deux grands ensembles au passé administratif et archivistique différent : les archives des ministères qui furent chargés du XVIIe siècle au XXe siècle des colonies françaises ; les archives transférées des anciennes colonies et de l'Algérie au moment des indépendances entre 1954 et 1962, à l'exclusion des archives de gestion restées dans les pays concernés. S'y ajoutent des archives privées et d'entreprises relatives à l'outre-mer ainsi qu'une bibliothèque, une cartothèque et une iconothèque spécialisées.

[Le site du Centre des archives d'outre-mer : http://www.archivesnationales.culture.gouv.fr/caom/fr]

8.1.3.4. Centre des archives contemporaines

8.1.3.4.1. Le Centre des archives contemporaines

Situé à Fontainebleau, le Centre des archives contemporaines, dont les collections s'inscrivent dans le prolongement de celles du Centre historique des Archives nationales, reçoit, traite, conserve et communique les archives des administrations centrales de l'État postérieures à 1958 : grands corps de l'État, ministères et secrétariats d'État, organismes publics de toute nature dont les compétences s'étendent à tout le territoire tels que établissements publics nationaux, autorités administratives indépendantes, délégations, etc.

Il n'intervient cependant ni auprès du Parlement, ni auprès des ministères des Affaires étrangères, de la Défense et des Finances, dotés de leur propre service d'archives. Enfin, s'il est présent auprès des services de la présidence de la République, il n'en reçoit pas les archives conservées au Centre historique des Archives nationales.

Le Centre s'appuie, pour la collecte, le traitement ainsi que pour le conseil et l'assistance aux services versant des archives, sur un réseau d'antennes permanentes, les Missions des Archives nationales, installées auprès des différents départements ministériels.

[Le site du Centre des archives contemporaines :
http://www.archivesnationales.culture.gouv.fr/cac/fr/]

---

1. Cependant, ne s'y trouvent pas les archives relatives aux protectorats (Maroc et Tunisie) conservées au ministère des Affaires étrangères.

8.1.3.4.2. Missions des Archives nationales

En l'absence de tradition administrative en matière de gestion des archives courantes, la solution choisie pour contrôler les archives produites par les administrations centrales de l'État est celle de la présence permanente de représentants des Archives nationales au sein des ministères par le biais des Missions des Archives nationales.

Le Service des missions a été créé en 1982 dans le but de coordonner les activités menées dans les administrations centrales de l'État et de les articuler au mieux avec le Centre des archives contemporaines. Le domaine d'intervention des missions, initialement limité aux seuls ministères, s'étend progressivement aux grands corps de l'État, aux établissements publics nationaux, etc. Les missions, au nombre de douze en 1999, reçoivent de leur administration d'accueil les moyens de fonctionnement appropriés (locaux, personnel, informatique).

La synergie avec le Centre des archives contemporaines a amené à la réunion des deux services à partir de juillet 1995.

8.1.3.5. Centre des archives du monde du travail

Inauguré et ouvert au public en octobre 1993 à Roubaix (Nord), le Centre des archives du monde du travail a pour mission de collecter, de traiter, de conserver et de mettre à la disposition du public les fonds d'archives dits « du monde du travail ».

Il réunit les archives produites par l'ensemble des acteurs du monde du travail. Sont concernées : les archives des entreprises industrielles, des entreprises commerciales, des banques et des assurances ; les archives des organismes professionnels, des syndicats patronaux et ouvriers et des associations créées dans le cadre de la vie professionnelle ; les archives des architectes ; les archives personnelles de particuliers ayant joué un rôle important dans le monde professionnel (administrateurs, ingénieurs, représentants du personnel, prêtres-ouvriers, etc.).

Les archives du monde du travail sont constituées essentiellement mais non exclusivement par des fonds privés d'organismes n'ayant pas d'obligation légale de versement. Le Centre entretient donc des relations de partenariat avec les producteurs qui lui confient leurs archives par voie de dépôt ou de don.

[Le site du Centre des archives du monde du travail :
http://www.archivesnationales.culture.gouv.fr/camt/]

8.1.3.6. Centre national du microfilm

Situé dans le département du Gard, le Centre national du microfilm est le centre des Archives nationales consacré à la conservation des collections de microfilms de sécurité et de complément des Archives nationales et territoriales.

[Le site du Centre national du microfilm :
http://www.archivesnationales.culture.gouv.fr/cnm/fr/]

8.1.3.7. Centre des Archives nationales de Pierrefitte-sur-Seine

La construction de ce nouveau centre a été annoncée en 2004. Il a pour but d'accueillir une partie des collections actuellement conservées au Centre des Archives nationales, celles postérieures à 1790. Ce centre devrait ouvrir en 2010 et accueillir aussi les archives conservées pour l'instant au Centre des archives contemporaines de Fontainebleau[1].

8.1.4. Organes consultatifs

8.1.4.1. Conseil supérieur des archives

Créé par un arrêté du 21 janvier 1988, le Conseil supérieur des archives est consulté sur la politique du ministre chargé de la Culture en matière d'archives publiques et privées. Il est également consulté sur les programmes de publication et de recherche, sur les questions liées au développement des nouvelles technologies dans les services d'archives, ainsi que sur le classement des archives privées en tant qu'archives historiques.

En outre, le Conseil se prononce sur toute question qui lui est soumise par le directeur des Archives de France et examine le rapport d'activité de la Direction des Archives de France.

Le Conseil comprend un président et un vice-président nommés pour trois ans par le ministre chargé de la Culture, dix-sept membres de droit, onze personnalités qualifiées nommées pour trois ans par le ministre chargé de la Culture, un représentant de chaque organisation syndicale représentée au comité technique paritaire de la Direction des Archives de France.

8.1.4.2. Haut Comité des célébrations nationales

Parmi les organes consultatifs placés auprès de la Direction des Archives de France, on peut citer aussi le Haut Comité des célébrations nationales. Créé par arrêté du 23 septembre 1998 et composé de spécialistes éminents des grands domaines historiques, il est chargé de conseiller le ministre de la Culture pour définir les objectifs et les orientations de la politique des célébrations nationales et de proposer les anniversaires susceptibles d'être inscrits, chaque année, parmi les célébrations nationales.

9. Autres centres d'archives dépendant de l'État

Comme indiqué plus haut, un certain nombre de ministères gèrent en propre leurs importants fonds d'archives. C'est le cas notamment du ministère de la Défense, qui possède un certain nombre de centres spécialisés administrés par le

1. Le centre de Fontainebleau pourrait être reconverti en centre de préarchivage pour les différents ministères.

biais d'une direction spécifique du ministère, parmi lesquels le Service historique de l'armée de terre et ses équivalents pour la marine, pour l'armée de l'air et pour la Gendarmerie nationale.

Le ministère des Affaires étrangères conserve quant à lui les archives diplomatiques, qu'il propose à la consultation dans trois centres distincts (Colmar, Nantes et Paris). Le ministère de l'Économie et des Finances gère lui aussi en propre une partie de ses archives.

10. Archives territoriales

10.1. Archives régionales

Créées par la loi du 22 juillet 1983 sur la décentralisation et définies par la loi du 28 novembre 1990, les archives régionales françaises dépendent des conseils régionaux. L'article 67 de la loi du 22 juillet précise : « Les régions sont propriétaires de leurs archives. Elles doivent en assurer elles-mêmes la conservation ou la confient par convention aux services d'archives du département où se trouve le chef-lieu de région. »

De fait, il n'existe pas d'archives régionales dans toutes les régions, puisque seulement quinze régions possèdent des services de ce type.

10.2. Archives départementales

Les archives départementales ont été créées par la Révolution en 1796. Elles conservent, pour l'Ancien Régime, les documents provenant des organismes et établissements situés sur le territoire du département et, depuis la Révolution, ceux des services et établissements à compétence départementale ou supra-départementale ayant leur ressort dans le département.

Il existe actuellement cent services d'archives départementales (soit un service dans chaque chef-lieu de département). Depuis 1986, les archives départementales sont placées sous l'autorité des présidents de conseils généraux.

Les services déconcentrés de l'État au niveau du département sont tenus de verser leurs archives aux archives départementales, ainsi que les communes pour certaines de leurs archives[1].

L'État peut mettre à disposition des archives départementales des personnels civils et de documentation.

---

1. C'est le cas par exemple des documents de l'état civil ayant plus de cent cinquante ans de date, des plans et registres cadastraux ayant cessé d'être en service depuis au moins trente ans et des autres documents d'archives ayant plus de cent ans de date, conservés dans les archives des communes de moins de 2 000 habitants.

10.3. Archives communales

Les archives communales conservent les documents des mairies et des services et établissements communaux depuis l'origine. Il en existe dans chaque commune, mais seules les villes d'une certaine importance ont un service d'archives organisé.

V. Principes et organisation de la fonction publique

1. La fonction publique

1.1. Généralités

En France, les agents de la fonction publique, encore appelés « fonctionnaires », sont définis par le fait de leur nomination dans un emploi permanent, à temps complet ou non complet, et par la titularisation dans un grade de la hiérarchie des administrations de l'État ou des collectivités territoriales, des services extérieurs en dépendant, ou des établissements publics de l'État ou des collectivités territoriales.

Comme indiqué plus loin, la majorité des agents de la fonction publique relèvent du statut général des fonctionnaires. Cependant, il existe un certain nombre de fonctionnaires qui sont dotés de statuts dits autonomes, de par la nature de leurs fonctions.

Il s'agit notamment des militaires, des magistrats de l'ordre judiciaire, des fonctionnaires des services des assemblées parlementaires, des personnels hospitalo-universitaires des CHU et des personnels des chambres consulaires.

1.2. Les trois fonctions publiques

La fonction publique se divise, en France, en trois types : la fonction publique d'État, la fonction publique territoriale et la fonction publique hospitalière.

Quantitativement, chacune d'entre elles représente : fonction publique d'État : environ 2,5 millions ; fonction publique territoriale : environ 1,5 million ; fonction publique hospitalière : environ 900 000 agents, soit, au total, environ 5 millions d'agents concourant au service public (dont une large part de non-titulaires).

L'ensemble de ces fonctions publiques est fondé sur un statut général commun, fixant les droits et les obligations des fonctionnaires, unifié par la loi du 13 juillet

1983 (Titre I, statut général) ; chaque fonctionnaire est régi par des dispositions particulières à caractère national, qui correspondent à un titre spécifique du statut : Titre II pour les fonctionnaires de l'État, Titre III pour les fonctionnaires territoriaux (et Titre 3bis pour les fonctionnaires de la Ville de Paris), Titre IV pour les fonctionnaires hospitaliers. Les magistrats et les militaires sont régis par un statut particulier. L'ensemble de ces textes est contenu dans le Code général de la fonction publique.

2. Notions essentielles sur la fonction publique

2.1. Cadre d'exercice des fonctionnaires

Les emplois de la fonction publique sont répartis en trois catégories hiérarchiques (A, B, C) (voir ci-dessous), chaque catégorie étant elle-même constituée de plusieurs corps ou cadres d'emplois (voir ci-dessous), sachant qu'un même corps ou cadre d'emplois ne peut être réparti sur plusieurs catégories différentes.

• Fonction publique d'État : les emplois de la fonction publique d'État se répartissent entre les administrations centrales de l'État, telles que les ministères, et les services déconcentrés (comme, par exemple, les directions régionales des affaires culturelles pour le ministère en charge de la Culture). De nombreux fonctionnaires exercent dans les établissements publics d'enseignement (universités, lycées, collèges), ainsi que dans les établissements publics rattachés aux différents ministères (par exemple la Bibliothèque nationale de France).

• Fonction publique territoriale : si elle tire son origine du « Statut du personnel communal », la fonction publique territoriale a été profondément modifiée en 1984 par les lois de transfert de compétences confiant aux collectivités territoriales la responsabilité de services d'intérêt local, dans la recherche d'une homologie avec la fonction publique d'État. La fonction publique territoriale regroupe l'ensemble des emplois des collectivités territoriales (commune, département, région) et de leurs établissements publics.

• Fonction publique hospitalière : définie par la loi du 9 janvier 1986, la fonction publique hospitalière regroupe l'ensemble des emplois des établissements suivants : établissements d'hospitalisation publics, maisons de retraite publiques, établissements publics ou à caractère public relevant des services départementaux de l'aide sociale à l'enfance ; établissements publics pour mineurs ou adultes handicapés ou inadaptés ; centres d'hébergement et de réadaptation sociale publics ou à caractère public.

2.2. Les trois catégories

L'ensemble de la fonction publique est divisé en trois catégories hiérarchiques, elles-mêmes constituées de très nombreux corps ou cadres d'emplois correspondant à divers types de métiers.

Catégorie	Fonctions	Niveau de recrutement
A	Emplois de direction, de conception et d'encadrement	Diplôme de l'enseignement supérieur (licence, maîtrise, diplôme d'ingénieur, doctorat)
B	Emplois d'application et de rédaction	Baccalauréat ou équivalent
C	Emplois d'exécution	Pas de conditions de diplôme ou en général CAP/BEP et brevet des collèges

L'accès à chacune de ces catégories par concours externe se fait selon le niveau de diplôme des candidats (« niveau de recrutement ») ; les concours internes sont quant à eux ouverts aux agents justifiant notamment de certaines conditions d'ancienneté, pour permettre la mobilité et la promotion au sein des fonctions publiques. Enfin, il existe une possibilité d'accès au choix, là encore en fonction de l'ancienneté, aux corps ou cadres d'emplois d'une catégorie supérieure.

Les catégories « A+ », « B+ » ou « C+ » qui servent à désigner certains corps ou cadres d'emplois (par exemple, dans les métiers des bibliothèques, les bibliothécaires, les bibliothécaires adjoints spécialisés, etc.) ne figurent pas en tant que telles dans le statut général de la fonction publique, et dans aucun texte statutaire régissant lesdits corps ou cadres d'emplois.

L'importance de ces catégories, pour autant, ne doit pas être négligée, en ce qu'elles ont permis, au cas par cas, la prise en compte, y compris au niveau du régime indiciaire, des qualifications des fonctionnaires relevant de statuts spécifiques.

2.3. Principales notions

2.3.1. Corps et cadres d'emplois

Un corps ou un cadre d'emplois correspond à un ensemble de personnels soumis aux mêmes statuts particuliers et ayant vocation aux mêmes grades ou classes. Il s'agit d'un sous-ensemble de la fonction publique, sous-ensemble divisé en catégories, elles-mêmes subdivisées en grades.

Les fonctionnaires appartiennent à un corps, dans le cas de la fonction publique d'État, ou à un cadre d'emplois, dans le cas de la fonction publique territoriale.

2.3.2. Emplois et grades

Plusieurs notions doivent être distinguées, notamment celles d'emploi et de grade : « le grade est le titre qui confère à son titulaire vocation à occuper l'un des emplois qui lui correspondent » (loi n° 83-634, art. 12). L'emploi est attaché à un service, tandis que le grade concerne la personne même du fonctionnaire. Titulaire de son grade, le fonctionnaire, quand il change de poste, conserve les éléments afférents à son statut et sa carrière continue de manière normale. En revanche, dans un même corps ou cadre d'emplois, le fonctionnaire peut exercer des missions très variées, sur des domaines d'activités eux-mêmes nombreux.

2.3.2.1. Emplois

L'emploi est d'abord une entité budgétaire, créée par la loi de finances (emplois de l'État) ou par l'organisme délibérant de la collectivité territoriale ou de l'établissement public pour permettre de rémunérer un fonctionnaire. C'est aussi un ensemble de tâches déterminées que le fonctionnaire titulaire doit accomplir.

L'emploi est une fonction administrative permanente, même si l'administration a tout pouvoir pour modifier les emplois et éventuellement les supprimer, tout en préservant pour les fonctionnaires privés d'emploi leur grade et leur statut.

2.3.2.2. Grades

Le grade est le titre juridique attribué à un fonctionnaire et qui lui donne vocation à occuper un emploi. La nomination d'un fonctionnaire correspond à un emploi, et la titularisation dans ce même emploi correspond à un grade hiérarchisé au sein d'un corps ou d'un cadre d'emplois.

Chaque grade comporte un certain nombre d'échelons, qui correspondent eux-mêmes chacun à un indice permettant le calcul de la rémunération. Le passage d'un grade à un grade supérieur à l'intérieur d'un corps ou d'un cadre d'emplois constitue un avancement.

2.3.3. Statuts particuliers ; corps et cadres d'emplois

Si le statut général fixe les règles essentielles concernant l'ensemble des fonctionnaires, les modalités d'application de ces règles à chaque corps ou à chaque cadre d'emplois sont précisées dans les statuts particuliers de ces corps ou de ces cadres d'emplois.

Les statuts particuliers définissent la composition du corps ou cadre d'emplois (notamment les grades et leur hiérarchie), la catégorie (A, B ou C) où est classé ce corps ou ce cadre d'emplois, les conditions et les modalités de recrutement et d'avancement des agents, les fonctions qu'ils peuvent exercer.

Ces statuts ont, dans tous les cas, un caractère national. Par ailleurs, l'article 4 de la loi n° 84-53 du 26 janvier 1984 précise que les statuts particuliers des fonctionnaires territoriaux sont communs aux fonctionnaires des communes, des départements, des régions et de leurs établissements publics.

Il existe plusieurs catégories de statuts particuliers :

– les statuts particuliers ordinaires : ils appliquent les dispositions du statut général sans pouvoir y déroger ;

– les statuts particuliers dérogatoires : ils considèrent certains corps qui dérogent à certaines dispositions du statut général : corps recrutés par la voie de l'École nationale d'administration, corps enseignants et du personnel de recherche, corps reconnus comme ayant un caractère technique ;

– les statuts spéciaux : justifiés par le maintien de l'ordre public ou la continuité du service public : fonctionnaires des services actifs de la police nationale, personnels des services déconcentrés de l'administration pénitentiaire, etc.

Enfin, les membres des tribunaux administratifs sont régis par un statut particulier.

3. Les agents titulaires de la fonction publique

3.1. Définitions et principes

La nomination dans un emploi ne suffit pas à conférer la qualité de fonctionnaire. Celle-ci s'obtient une fois l'intéressé titularisé dans un grade. De ce fait, les stagiaires, nommés dans un emploi d'un corps après recrutement, et qui doivent accomplir une période probatoire avant d'être titularisés, ne peuvent pas être totalement considérés comme des fonctionnaires.

Les fonctionnaires sont dans une situation statutaire et non pas contractuelle : les textes (lois, décrets, etc.) qui les régissent sont fixés unilatéralement par l'autorité publique et peuvent être modifiés de la même manière.

La situation de fonctionnaire est caractérisée par :

– la nomination dans un emploi permanent ;
– la possession d'un grade ;
– la séparation du grade et de l'emploi ;
– la définition unilatérale des conditions d'emploi.

3.2. Droits et obligations du fonctionnaire

Les fonctionnaires ont des obligations et bénéficient de certains droits fondamentaux.

3.2.1. Droits et garanties

3.2.1.1. Liberté d'opinion

Le principe de la liberté d'opinion du fonctionnaire interdit à l'administration toute discrimination fondée exclusivement sur les opinions du fonctionnaire (politiques, religieuses, etc.). De même, ces opinions ne peuvent être mentionnées dans le dossier individuel du fonctionnaire.

3.2.1.2. Droit syndical

Le droit syndical est garanti aux fonctionnaires, qui peuvent créer librement des organisations syndicales, y adhérer et y exercer des mandats.

Ces organisations peuvent se pourvoir devant les juridictions compétentes contre les actes réglementaires concernant le statut du personnel et contre les décisions individuelles portant atteinte aux intérêts collectifs des fonctionnaires.

Les syndicats de fonctionnaires ont qualité pour conduire au niveau national, avec le gouvernement, des négociations préalables à la détermination de l'évolution des rémunérations, et pour débattre avec les autorités chargées de la gestion des questions relatives aux conditions et à l'organisation du travail.

Des facilités doivent être accordées pour l'exercice du droit syndical :

– pour les organisations syndicales : locaux syndicaux, réunions syndicales, affichage et distribution de documents d'origine syndicale dans les locaux administratifs, collecte des cotisations syndicales, autorisations spéciales d'absence, décharges d'activité de service, congé pour la formation syndicale ;

– pour les agents : congé de formation syndicale, heures mensuelles d'information.

3.2.1.3. Droit de grève

Le droit de grève est reconnu aux agents publics, avec certaines limitations possibles. La grève est définie comme une cessation collective et concertée du travail en vue d'appuyer des revendications professionnelles.

Cependant, par respect du principe de la continuité du service public, deux grandes catégories d'agents peuvent se voir ordonner de demeurer à leur poste en cas de grève : les personnels d'autorité qui participent à l'action gouvernementale ; les agents assurant le fonctionnement des services indispensables à l'action gouvernementale. Les limitations du droit de grève par le pouvoir réglementaire (par exemple la réquisition d'un ou de plusieurs fonctionnaires) sont effectuées sous le contrôle du juge administratif.

La grève n'est possible que si un préavis de grève a été déposé par un ou plusieurs syndicats représentatifs cinq jours francs au moins avant le début de la grève ; le préavis doit préciser les motifs de la grève, fixer le lieu, la date et l'heure de début ainsi que la durée de la grève envisagée ; pendant la durée du préavis, les parties sont tenues de négocier ; les grèves perlées ou tournantes sont interdites.

Le non-respect de ces dispositions peut entraîner des sanctions à l'encontre des grévistes.

Toute journée de grève, quelle que soit la durée du service non fait, donne lieu à une retenue de 1/30e de la rémunération mensuelle pour les agents de l'État et de ses établissements publics administratifs. Dans la fonction publique hospitalière et territoriale, la retenue est proratisée en fonction de la durée de la grève.

Certains catégories d'agents publics ne bénéficient pas du droit de grève : personnels de police, personnels des services extérieurs de l'administration pénitentiaire, personnels des transmissions du ministère de l'Intérieur, militaires, magistrats, etc.

En l'absence de réglementation d'ensemble, le gouvernement peut apporter des limitations à l'exercice du droit de grève par les personnels des services publics, dans le souci du bon fonctionnement des services placés sous son autorité. Cette limitation appartient aussi aux responsables de service (maire, président d'un établissement public, etc.).

3.2.1.4. Droit à la protection

Les fonctionnaires et les agents non titulaires ont droit à une protection et le cas échéant à une réparation lorsqu'ils ont fait l'objet, dans l'exercice de leurs fonctions, de menaces, d'outrages, de voies de fait, d'injures ou de diffamations. Ils ont droit à une protection, dans certaines circonstances, en cas de poursuites pénales et civiles engagées par un tiers pour faute de service.

La nature de la protection assurée concerne notamment :
- l'égalité hommes-femmes ;
- le harcèlement moral ou sexuel.

Il est nécessaire qu'existe un lien entre les menaces, attaques, injures, etc., et les fonctions exercées par le fonctionnaire.

La protection couvre non seulement le préjudice corporel ou moral du fonctionnaire, mais également le préjudice matériel (perte de biens).

3.2.1.5. Autres droits

Parmi les autres droits accordés au fonctionnaire par la loi du 13 juillet 1983 et dont il sera question plus loin, on peut citer :
- le droit à la participation ;
- le droit à une rémunération après service fait (art. 20) ;
- le droit à congés (art. 21) ;
- le droit à la formation permanente (art. 22) ;
- le droit à des conditions d'hygiène et de sécurité « de nature à préserver leur santé et leur intégrité physique » (art. 23).

3.2.2. Devoirs et obligations

Il n'existe pas, pour la fonction publique, de code général de déontologie (« science des devoirs ou des obligations qui s'imposent aux membres d'une institution »), mais un ensemble de règles issues du statut général ou d'autres textes comme le Code pénal ou la jurisprudence.

3.2.2.1. Secret professionnel

Les fonctionnaires sont tenus au secret professionnel dans le cadre des règles instituées dans le Code pénal, en tant que dépositaires de renseignements concernant ou intéressant des particuliers, à moins que les nécessités du service ou des obligations légales ne leur imposent la communication des informations dont ils ont eu connaissance dans l'exercice de leurs fonctions.

Cette disposition a pour objet de protéger les intérêts matériels et moraux des particuliers. L'obligation n'est pas absolue, et la révélation des secrets acquis est parfois permise, voire obligatoire.

Elle est permise pour prouver son innocence ; lorsque la personne intéressée a donné son autorisation.

Elle est obligatoire dans les cas suivants : dénonciation de crimes ou délits ; communication aux autorités de justice agissant en matière criminelle ou correctionnelle ; témoignage en justice en matière criminelle ou correctionnelle ; communication au juge administratif ou au juge judiciaire, etc.

3.2.2.2. Obligation de discrétion professionnelle

Les fonctionnaires doivent faire preuve de discrétion professionnelle pour tous les faits, informations ou documents dont ils ont connaissance dans l'exercice de leurs fonctions. Ils ne doivent pas, notamment, détourner ou communiquer à des tiers des pièces ou des documents.

Ils ne peuvent être déliés de cette obligation de discrétion que par décision expresse de l'autorité hiérarchique dont ils dépendent. Cette obligation n'est pas opposable aux réglementations en vigueur, notamment celles qui concernent l'accès aux documents administratifs.

3.2.2.3. Obligation d'information du public

Les fonctionnaires ont le devoir de satisfaire aux demandes d'information du public quand elles ne contreviennent pas à l'obligation de discrétion professionnelle.

Conformément à la loi du 17 juillet 1978, toute personne a le droit de connaître les informations contenues dans un document administratif de caractère non nominatif dont les conclusions lui sont opposées.

3.2.2.4. Obligation de service

Tout fonctionnaire est responsable de l'exécution des tâches qui lui sont confiées. Il n'est dégagé d'aucune des responsabilités qui lui incombent par la responsabilité de ses subordonnés.

Le fonctionnaire est obligé de rejoindre le poste auquel il est affecté, il doit exercer ses fonctions selon les compétences dont il dispose et consacrer l'intégralité de son activité professionnelle à ses tâches (des dispositions spécifiques s'appliquent bien sûr aux agents à temps non complet).

Les absences non autorisées ou prolongées sans autorisation sont qualifiées d'abandon de poste et constituent des fautes sanctionnées.

3.2.2.5. Obligation de résidence

Les fonctionnaires peuvent être tenus d'établir leur résidence personnelle au lieu de leur résidence administrative. Cette obligation doit être prévue par le statut particulier de chaque corps ou cadre d'emplois.

Cette obligation concerne certains fonctionnaires, comme les ambassadeurs, militaires, préfets, agents des cours et tribunaux administratifs, de la police, de l'administration pénitentiaire, de l'enseignement, etc.

3.2.2.6. Obligation d'obéissance hiérarchique

Le fonctionnaire doit se conformer aux instructions de son supérieur hiérarchique, sauf dans le cas où l'ordre donné est manifestement illégal *et* de nature à compromettre gravement un intérêt public. Le refus d'obéissance équivaut à une faute professionnelle.

Sont considérés comme supérieurs hiérarchiques : le président de la République, le Premier ministre, puis chacun des ministres et, par délégation de pouvoir, les directeurs et chefs de service.

Les fonctionnaires doivent se conformer non seulement aux ordres individuels qui leur sont donnés, mais aussi aux lois et règlements de toute nature.

Les fonctionnaires placés à la tête d'un établissement public (de l'État ou territorial) sont indépendants de la collectivité de laquelle ils font partie et bénéficient d'une autonomie hiérarchique vis-à-vis de leurs subordonnés.

3.2.2.7. Obligation de réserve

Le principe de neutralité du service public interdit au fonctionnaire de faire de sa fonction l'instrument d'une propagande quelconque. L'obligation de réserve varie d'intensité en fonction de critères divers (place du fonctionnaire dans la hiérarchie, circonstances dans lesquelles il s'est exprimé, modalités et formes de cette expression).

La réserve n'a pas trait uniquement à l'expression des opinions. Elle impose au fonctionnaire d'éviter en toutes circonstances les comportements portant atteinte à la considération du service public par les usagers, y compris en dehors de l'exercice de ses fonctions. Cependant, les fonctionnaires investis d'un mandat politique ou de responsabilités syndicales disposent d'une plus grande liberté d'expression que, par exemple, les hauts fonctionnaires.

Il convient de noter que la notion d'obligation de réserve, non inscrite dans le statut proprement dit de la fonction publique, a été déterminée par le biais de la jurisprudence.

3.2.2.8. Cumul d'emplois et de rémunérations

L'obligation de désintéressement interdit aux fonctionnaires d'exercer à titre professionnel une activité privée lucrative de quelque nature que ce soit. Cette interdiction générale de cumul s'applique à l'ensemble des agents, fonctionnaires et agents non titulaires, exerçant leur activité à temps complet. L'interdiction est encore plus rigoureuse pour les agents ayant été autorisés à exercer leurs fonctions à temps partiel, qui ne peuvent pas bénéficier des quelques dérogations énoncées ci-dessous, en dehors de la production d'une œuvre scientifique, littéraire ou artistique. Cependant, le décret du 6 janvier 2003 a assoupli la réglementation applicable aux cumuls d'emplois, s'agissant des agents publics recrutés à temps incomplet pour une durée inférieure au mi-temps.

Il existe certaines dérogations à ce principe de non-cumul pour les activités qui concernent :

– la production des œuvres scientifiques, littéraires ou artistiques, quand elles ne manquent pas au devoir de discrétion ou de réserve ;

– les enseignements, expertises et consultations ;

– l'exercice de professions libérales découlant de la nature des fonctions exercées, pour les enseignants, techniques ou scientifiques, des établissements d'enseignement et de l'administration des beaux-arts, etc.

Le fonctionnaire ne peut pas exercer d'activité commerciale ni avoir d'activité au sein d'une société. En revanche, il peut détenir une participation en capital dans une société, si celle-ci n'est pas liée à son administration.

Pour les cumuls d'activités publiques, le fonctionnaire ne peut pas exercer une deuxième fonction qui occuperait à elle seule son activité et dont la rémunération constituerait un traitement normal. Des dérogations sont cependant possibles, sous certaines conditions.

Les dérogations ne peuvent être accordées que pour une durée limitée, avec l'accord des deux administrations, elles ne peuvent pas concerner plus de deux emplois, ne doivent pas porter préjudice à l'activité principale, et la rémunération totale doit être inférieure à deux fois le traitement principal.

Le fonctionnaire qui viole ces règles peut être amené à reverser ses gains à l'administration et faire l'objet de sanctions disciplinaires ou pénales.

3.2.2.9. Probité

Les fonctionnaires ne peuvent pas prendre, par eux-mêmes ou par personnes interposées, des intérêts de nature à compromettre leur indépendance dans une entreprise soumise au contrôle de l'administration à laquelle ils appartiennent, ou en relation avec cette dernière (prise illégale d'intérêts).

Le fonctionnaire qui a cessé ses fonctions ou qui est en disponibilité ne peut exercer une activité dans une entreprise privée avec laquelle il a été en relation au cours des cinq années précédentes, ni exercer des activités lucratives (salariées ou non) qui par leur nature ou leurs conditions d'exercice, portent atteinte à la dignité de ses anciennes fonctions ou risquent de mettre en cause l'indépendance et la neutralité du service.

Sont aussi réprimés la concussion (perception indue de taxes ou impôts), la corruption active ou passive, le trafic d'influence, l'atteinte à la liberté d'accès et à l'égalité des candidats dans les marchés publics, la soustraction et le détournement de biens. Ces infractions sont réprimées par le Code pénal.

3.2.3. Droit à la participation

La participation des fonctionnaires à la gestion et au fonctionnement de l'administration s'exerce au sein d'organismes consultatifs dont la consultation est requise avant certaines décisions de caractère général ou individuel.

Tous ces organismes obéissent à deux principes :

– le paritarisme : les organismes consultatifs comprennent un nombre égal de représentants de l'administration et des organisations syndicales de fonctionnaires ;

– le rôle consultatif : les avis ou les propositions exprimées ne lient pas l'administration, qui conserve son pouvoir de décision.

3.2.4. Les commissions paritaires

3.2.4.1. Les commissions administratives paritaires

3.2.4.1.1. Principes communs de fonctionnement

La commission administrative paritaire (CAP) donne son avis sur les décisions individuelles relatives à la carrière des agents, mais a un rôle consultatif qui n'engage pas l'autorité administrative compétente.

Consultation obligatoire : recrutement (titularisation ou refus de titularisation, nomination au choix, intégration) ; avancement de grade ; recours en notation ; mutation ; détachement (sauf détachement de droit) ; sanctions disciplinaires (sauf avertissement et blâme) ; licenciement pour insuffisance professionnelle ; licenciement consécutif au refus de réintégration après disponibilité.

Information obligatoire : refus de décharge de service pour activité syndicale ; refus de congé pour formation syndicale ; refus de demande de congé formation.

La CAP peut être saisie par l'agent concerné des décisions sur : temps partiel, préparation aux concours, formation continue, notation, refus d'acceptation de démission.

La CAP peut saisir, sur demande de l'intéressé, le Conseil supérieur de la fonction publique de l'État des cas de refus d'inscription au tableau d'avancement concernant un agent proposé par la CAP pendant deux années consécutives ; elle peut aussi être saisie par son président ou sur demande écrite signée par la moitié au moins des représentants du personnel de toute question d'ordre individuel intéressant les membres du corps.

3.2.4.1.2. Fonction publique de l'État

Une commission administrative paritaire (CAP) doit être créée pour chaque corps de fonctionnaires. Toutefois, il peut être créé une CAP commune à plusieurs corps de même niveau lorsque les effectifs de ces corps sont insuffisants pour permettre de constituer une commission propre à chacun d'eux. Elles sont placées auprès des directeurs d'administration centrale, qui les président.

En plus des CAP nationales, dont la création est obligatoire, des CAP locales peuvent être créées auprès des chefs de services déconcentrés, selon l'importance de l'effectif concerné.

La CAP est composée à parité de représentants de l'administration et du personnel, à raison d'un représentant de chaque jusqu'à 19 fonctionnaires dans le corps, deux de 20 à 999, trois de 1 000 à 4 999, quatre à partir de 5 000. Dans le cas d'un corps à grade unique dont l'effectif est inférieur à 1 000, le nombre de représentants est fixé à quatre pour chaque partie.

Les représentants du personnel à la CAP sont élus au scrutin de liste à deux tours avec représentation proportionnelle sur des listes présentées par les organisations syndicales représentatives, pour une durée de trois ans qui peut, dans l'intérêt du service, être réduite ou prorogée dans la limite d'un an. Les représentants de l'administration sont désignés par l'autorité administrative compétente.

3.2.4.1.3. Fonction publique territoriale

Pour ce qui est de la fonction publique territoriale, il existe une CAP pour chaque cadre d'emplois représenté dans la collectivité territoriale.

Les CAP sont constituées auprès des centres départementaux de gestion de la fonction publique territoriale pour les collectivités obligatoirement affiliées à un tel centre, c'est-à-dire celles dont l'effectif permanent comprend moins de 350 titulaires. Pour les autres, sauf si la collectivité a choisi de déléguer cette tâche au centre de gestion, elles sont constituées auprès des collectivités et établissements non affiliés à un centre de gestion.

Lorsque la CAP est placée auprès d'un centre de gestion, les représentants des collectivités territoriales sont désignés par les élus locaux membres du conseil d'administration du centre, et choisis parmi les élus des collectivités et établissements concernés.

Lorsque la CAP est placée auprès d'une collectivité ou d'un établissement, les représentants des collectivités territoriales sont désignés parmi les membres élus de l'organe délibérant par l'autorité qui a pouvoir de nomination des fonctionnaires.

Les représentants des personnels sont élus à la proportionnelle dans les mêmes conditions que pour la fonction publique de l'État.

3.2.4.2. Les comités techniques paritaires

3.2.4.2.1. Principes communs de fonctionnement

Le CTP donne son avis sur des problèmes relatifs à l'organisation et au fonctionnement des services et à l'élaboration des règles statutaires.

Consultation obligatoire : problèmes généraux d'organisation des services et organigrammes ; conditions générales de fonctionnement ; programmes de modernisation ; règles statutaires (uniquement pour les CTP ministériels) ; grandes orientations à définir pour l'accomplissement des tâches de l'administration concernée ; critères de répartition des primes de rendement (uniquement pour les CTP ministériels) ; plans fixant des objectifs pluriannuels dans l'amélioration de l'accès des femmes aux emplois d'encadrement supérieur et les questions relatives à l'évolution des effectifs et des qualifications ; plans de formation professionnelle.

Information obligatoire : moyens budgétaires en personnel ; bilan social ; actions menées en matière de formation ; mesures prises pour améliorer l'accès des femmes aux emplois supérieurs.

3.2.4.2.2. Fonction publique de l'État

La création d'un comité technique paritaire (CTP) est obligatoire dans toutes les administrations de l'État et dans les établissements publics administratifs. Il existe obligatoirement auprès de chaque ministre un comité technique paritaire « ministériel », mais aussi des comités techniques « centraux » auprès de chaque directeur du personnel d'administration centrale et auprès de chaque directeur ou directeur général d'établissement public. Des comités techniques « spéciaux », ou locaux, peuvent aussi être créés.

Le nombre de représentants est au maximum de vingt pour tous les CTP autres que ministériels. Il est de trente dans ce dernier cas. Les représentants du personnel sont désignés par les organisations syndicales représentatives. Le nombre de sièges est fonction de l'audience obtenue par le syndicat correspondant aux élections aux CAP. S'il est impossible d'apprécier cette audience, le nombre de sièges des syndicats est déterminé par une consultation directe du personnel. Les représentants de l'administration sont désignés par l'autorité administrative compétente.

Le mandat est de trois ans, mais peut être abrégé pour les représentants du personnel soit par le syndicat concerné, soit par l'administration, lorsque la répartition des sièges est fondée sur l'audience des syndicats aux commissions administratives paritaires.

3.2.4.2.3. Fonction publique territoriale

Dans la fonction publique territoriale, les représentants du personnel sont élus à la représentation proportionnelle.

Pour ce qui est de la fonction publique territoriale, un CTP est créé dans chaque collectivité employant au moins cinquante agents, ainsi qu'auprès de chaque centre départemental de gestion.

Le CTP est présidé, selon la collectivité concernée, par le maire, le président du conseil général ou le président du centre départemental de gestion.

Le mandat est de trois ans, mais peut être abrégé pour les représentants du personnel soit par le syndicat concerné, soit par l'administration.

3.2.4.3. Les comités d'hygiène et de sécurité (CHS)

3.2.4.3.1. Principes communs de fonctionnement

Le comité d'hygiène et de sécurité (CHS) analyse les risques professionnels auxquels sont exposés les agents, enquête à chaque accident ou maladie professionnelle, suggère toute mesure d'amélioration de l'hygiène et de la sécurité, est consulté pour tout aménagement modifiant les conditions de travail, coopère à la préparation des actions de formation dans ce domaine.

Le CHS s'occupe notamment des questions relatives à l'observation des prescriptions législatives et réglementaires, aux méthodes de travail et techniques de travail, au choix des équipements de travail, aux projets d'aménagement de construction et d'entretien des bâtiments, aux mesures d'aménagement des postes de travail en vue de faciliter le travail des femmes et des handicapés.

3.2.4.3.2. Fonction publique de l'État

Un CTP peut être assisté par un comité d'hygiène et de sécurité qui examine les questions relatives à l'hygiène et à la sécurité. Le CHS central (un par ministère ou par groupe de ministères ayant une gestion commune du personnel) est composé de cinq représentants de l'administration, sept représentants du personnel, un médecin de prévention. Il ne s'agit donc pas véritablement d'un organisme paritaire.

Lorsque l'importance des effectifs ou la nature des risques professionnels le justifient, des CHS locaux ou spéciaux peuvent être créés dans les services territoriaux, les établissements publics, les bâtiments ou groupes de bâtiments.

3.2.4.3.3. Fonction publique territoriale

Dans les collectivités territoriales, la création d'un CHS est obligatoire si l'effectif de la collectivité ou de l'établissement représente 200 agents (titulaires ou non), ou en cas de risques professionnels spécifiques.

Les représentants du personnel sont élus par les personnels, par scrutin à deux tours, à la représentation proportionnelle.

3.2.4.4. Le Conseil supérieur de la fonction publique de l'État

3.2.4.4.1. Missions

Le Conseil supérieur de la fonction publique de l'État (CSFPE), présidé par le Premier ministre ou son représentant (généralement le ministre en charge de la Fonction publique), peut être saisi de toute question d'ordre général intéressant la fonction publique et les fonctionnaires. Il émet des avis ou des recommandations.

Il est saisi des projets de loi modifiant le statut général de la fonction publique, ainsi que des projets concernant la situation des agents civils de l'État, mais aussi de certains décrets statutaires.

Il donne son avis sur les orientations de la formation professionnelle continue, est compétent en matière d'hygiène et de sécurité, et sur tout ce qui concerne la modernisation du service public.

Il est l'organe supérieur de recours pour un fonctionnaire, notamment en cas de sanction disciplinaire, ou en matière d'avancement.

3.2.4.4.2. Organisation

Composé de quarante membres, le CSFPE comprend à parité des représentants de l'administration et des organisations syndicales de fonctionnaires. Ceux-ci sont nommés pour trois ans renouvelables. Vingt membres sont désignés sur proposition des organisations les plus représentatives. Les vingt sièges attribués aux organisations syndicales sont répartis de la manière suivante : un siège pour chaque organisation à forte représentativité, les autres sièges étant répartis à la proportionnelle en fonction des résultats obtenus dans l'ensemble des commissions administratives paritaires de tous les corps de la FPE.

3.2.4.5. Le Conseil supérieur de la fonction publique territoriale

3.2.4.5.1. Missions

Le Conseil supérieur de la fonction publique territoriale (CSFPT) définit les grandes orientations de la formation des personnels territoriaux, donne des avis et fait des propositions sur les problèmes statutaires relatifs à la fonction publique territoriale. Il est saisi obligatoirement pour avis des projets de loi relatifs à la fonction publique territoriale ainsi que des décrets réglementaires relatifs à la situation des fonctionnaires territoriaux et aux statuts particuliers des cadres d'emplois.

Constitué en organisme de recours en matière disciplinaire, le CSFPT a aussi en charge la tenue de statistiques et d'une documentation concernant la fonction publique territoriale, et peut faire procéder à toutes les études sur l'organisation et le perfectionnement de la gestion du personnel des administrations territoriales.

3.2.4.5.2. Organisation

Le CSFPT est composé à parité de vingt membres titulaires élus en qualité de représentants des collectivités territoriales et de vingt membres désignés en qualité de représentants du personnel par les organisations syndicales de fonctionnaires territoriaux. Il est présidé par un représentant des collectivités territoriales.

3.3. Recrutement

Le recrutement des fonctionnaires obéit au principe fondamental de l'égal accès aux emplois publics. Aucune discrimination de sexe, ou en raison d'opinions politiques, religieuses, syndicales, etc., ne peut être exercée entre les candidats.

L'accès aux corps et cadres d'emplois de la fonction publique se fait le plus souvent par concours, mais souffre certaines exceptions – par exemple, pour la fonction publique territoriale, le recrutement des agents d'entretien, des agents administratifs et des agents du patrimoine. Le concours vise à recruter des personnes sur un nombre prédéterminé d'emplois publics au moyen d'épreuves propres à chaque statut ou cadre d'emplois.

Un nombre limité de postes peut être accessible sans concours au titre de la promotion interne aux fonctionnaires du corps ou cadre d'emplois inférieur sous condition d'âge minimum et d'ancienneté. À chaque session de concours sont ouverts, dans une proportion définie par décret, des postes au concours externe et au concours interne.

Il existe trois types de concours :

– les concours externes : accessibles à tout citoyen français ou membre de l'Union européenne, sauf exceptions ;

– les concours internes : accessibles aux fonctionnaires ainsi qu'aux agents publics (auxiliaires et contractuels) de l'État et des collectivités territoriales sous conditions d'ancienneté et parfois de grade ;

– les concours de 3e voie : ces concours ont vu le jour en 2002 en application des lois sur la validation des acquis professionnels. Quand le statut particulier du corps ou du cadre d'emplois le prévoit, un 3e concours peut être organisé pour des candidats pouvant témoigner de quatre années de travail sous statut privé, dans des fonctions proches de celles du cadre d'emplois visé.

L'ordonnance n° 2005-901 du 2 août 2005 a supprimé les conditions d'âge pour le recrutement de fonctionnaires à partir du 1er novembre 2005, sauf dans des cas très limités (contraintes physiques particulières, corps exigeant après le recrutement une période de scolarité d'une durée au moins égale à deux ans, ce qui ne concerne de fait que l'École nationale d'administration, l'École normale supérieure et l'École nationale de la magistrature).

3.3.1. Conditions de recrutement

3.3.1.1. Le principe d'égale admissibilité

Le recrutement dans la fonction publique est basé sur le principe fondamental (posé par la Déclaration des droits de l'homme et du citoyen du 26 août 1789) d'égale admissibilité aux emplois publics.

Ce principe d'égale admissibilité fonde, comme indiqué plus haut, la règle du concours. Cependant, certains recrutements dans la fonction publique ne passent pas (promotion au choix) ou plus (pour certains corps ou cadres d'emplois) par la voie du concours.

3.3.1.2. Les concours

Chaque concours obéit à des règles strictes pour assurer l'égalité entre les candidats, qui doivent eux-mêmes remplir certaines conditions générales (pour tous les concours) ou spécifiques (pour certains concours).

3.3.1.2.1. Concours externes, concours internes

Il est possible d'organiser soit un concours interne, soit un concours externe, soit les deux. Dans ce dernier cas, la répartition des postes entre les deux concours est prévue, en pourcentage, dans le statut particulier du corps dans lequel il s'agit de recruter.

Les concours externes sont ouverts aux candidats justifiant de certains diplômes ou de l'accomplissement de certaines études.

Les concours internes sont réservés, sous certaines conditions, aux fonctionnaires et agents de l'administration, aux militaires et magistrats, aux agents des organisations internationales intergouvernementales.

Les concours internes propres à une fonction publique sont ouverts aux personnels des autres fonctions publiques : il s'agit là d'un principe fondamental, rappelé par la loi du 13 juillet 1983.

Les candidats aux concours internes doivent justifier d'une certaine durée de services publics, fixée dans le statut particulier et, dans certains cas, avoir reçu une formation spécifique.

3.3.1.2.2. Concours nationaux, concours déconcentrés

Les concours peuvent être organisés au niveau national, ou déconcentrés, essentiellement pour la fonction publique d'État. Dans ce dernier cas, la responsabilité d'organisation du concours doit avoir été officiellement déléguée au représentant de l'État dans la circonscription géographique concernée.

Les concours déconcentrés sont destinés à pourvoir des postes dans une circonscription géographique précise : région, département, académie. En cas de réussite, les candidats sont affectés dans cette circonscription. Ces concours sont organisés par le préfet de région ou de département afin de pourvoir aux postes de différentes administrations affectés dans la même région ou dans le même département.

Certains concours nationaux sont interministériels, c'est-à-dire organisés par plusieurs ministères.

Les concours d'accès à la fonction publique territoriale sont organisés soit par le centre de gestion compétent, soit, pour les cadres de catégorie C, par les collectivités ou établissements non affiliés au centre de gestion. Les centres départementaux peuvent organiser les concours propres aux collectivités ou établissements non affiliés, par convention. Le Centre national de la fonction publique territoriale assure l'organisation des concours de catégorie A.

3.3.1.2.3. Concours sur épreuves, concours sur titres

3.3.1.2.3.1. Concours sur épreuves

Dans le cas d'un concours sur épreuves, la nature et le programme des épreuves sont fixés par le règlement du concours, qui s'impose au jury.

Le jury note les épreuves sans devoir motiver les notes et établit un classement. Il lui est possible de compléter son appréciation des candidats par la consultation de leur dossier individuel (s'ils sont déjà fonctionnaires).

3.3.1.2.3.2. Concours sur titres

Dans le cas d'un concours sur titres, le règlement du concours fixe la nature des titres que les candidats devront produire, et qui seront soumis à l'appréciation du jury.

L'admissibilité se fait par le biais d'une vérification des capacités du candidat et par l'examen de ses titres sur dossier, voire par un simple entretien de motivation.

3.3.1.2.4. Conditions générales

Quel que soit le concours, les candidats doivent remplir certaines conditions :

– Condition de nationalité : ressortissant d'un État membre de l'Union européenne ou d'un État partie à l'accord sur l'Espace économique européen. Cependant, parmi les dix nouveaux États qui ont rejoint l'Union européenne depuis le 1er mai 2004, seuls les ressortissants de Chypre et de Malte ont pour l'instant accès aux concours.

Un certain nombre de concours sont réservés aux seuls ressortissants français, quand les corps et cadres d'emplois comportent des attributions inséparables de l'exercice de la souveraineté.

À l'inverse, les emplois de chercheurs des établissements de recherche, de professeurs de l'enseignement supérieur et de médecins des établissements hospitaliers sont ouverts aux ressortissants de toutes nationalités.

– Remplir les conditions d'aptitude physique exigées pour l'exercice de la fonction.

– Jouir de ses droits civiques.

– Ne pas avoir subi de condamnation figurant au bulletin n° 2 du casier judiciaire incompatible avec l'exercice des fonctions.

– Être en situation régulière au regard des obligations du service national.

3.3.1.2.5. Conditions de diplôme

Pour les concours externes, et selon le concours concerné, il faut remplir des conditions de diplôme ou de niveau d'études.

La plupart des concours internes sont accessibles sans condition de diplôme, mais il existe des exceptions.

Comme indiqué dans le tableau des catégories, le diplôme requis varie selon le concours concerné.

Concours de catégorie A : diplôme de l'enseignement supérieur (le plus souvent licence).

Concours de catégorie B : baccalauréat ou diplôme sanctionnant une formation professionnelle après le baccalauréat (diplôme d'État d'infirmier, d'assistant de service social, BTS ou DUT, etc.).

Concours de catégorie C : certains concours sont ouverts sans condition de diplôme ; pour d'autres, il faut le brevet des collèges, le certificat d'aptitude professionnelle ou le brevet d'études professionnelles.

Aucune condition de diplôme n'est exigée pour les mères qui élèvent ou ont élevé au moins trois enfants, ainsi que pour les sportifs de haut niveau figurant sur une liste établie par le ministre en charge de la Jeunesse et des Sports. Ces dérogations ne sont pas applicables pour les concours qui donnent accès à des emplois impliquant la possession d'un diplôme légalement exigé pour l'exercice de la profession.

Pour certains concours, les candidats qui ne possèdent pas le diplôme requis, mais qui justifient d'un titre ou d'une formation équivalents, peuvent déposer une demande de dérogation auprès d'une commission. Les candidats titulaires d'un diplôme délivré dans un autre État membre de l'Union européenne ou partie à l'accord sur l'Espace économique européen doivent demander l'assimilation de leur diplôme au diplôme français requis, lors de leur inscription au concours et par l'intermédiaire du service chargé de l'organisation du concours.

3.3.1.2.6. Les procédures des concours

Les concours d'accès à la fonction publique de l'État sont ouverts par décision ministérielle publiée au *Journal officiel* ou dans les bulletins officiels de certains ministères.

La décision d'ouvrir un concours doit préciser : le nombre de postes à pourvoir ; la date de clôture des inscriptions ; le règlement du concours. L'avis d'ouverture doit faire l'objet d'une publicité suffisamment large pour être effective.

Le jury est indépendant de l'autorité qui organise le concours, même si les membres du jury sont choisis par elle. À l'issue de la délibération du jury, les candidats sont classés par ordre de mérite, pour ce qui est de la fonction publique de l'État. Pour ce qui est de la fonction publique territoriale, les candidats sont classés par ordre alphabétique sur une liste d'aptitude parmi laquelle l'autorité territoriale optera librement pour le candidat de son choix.

Le jury est lié par les textes qui réglementent le concours à la date du début des épreuves. Il doit être impartial. Le jury n'a qu'un pouvoir de proposition, mais l'administration doit toutefois respecter le classement.

L'admission n'ouvre pas le droit à la nomination, et l'administration peut ne pas nommer les candidats si elle estime que l'intérêt du service ne le nécessite pas.

En cas de contestation des résultats d'un concours, la juridiction administrative examine les litiges relatifs au détournement de pouvoir, au règlement du concours, à la violation des dispositions législatives et réglementaires.

3.3.1.2.7. Les dérogations à la règle du concours

Le statut général prévoit des recrutements sans concours dans certaines conditions, notamment :

– Accès aux emplois réservés : les anciens militaires, les anciens combattants et les victimes de guerre peuvent accéder, par voie d'examen, à des emplois de catégories B et C de la fonction publique de l'État et des collectivités territoriales qui leur sont réservés lors de l'ouverture de chaque concours.

– Constitution initiale d'un corps : dans ce cas, l'administration peut pourvoir immédiatement aux emplois correspondants sans recourir à la procédure du concours.

– Procédure de changement de corps : passage d'une fonction publique à une autre, par voie de détachement suivi ou non d'intégration.

– Promotion interne : elle est assurée, non seulement par le biais du concours interne, mais aussi à la suite d'un examen professionnel ou d'une inscription sur une liste d'aptitude établie après avis de la commission administrative paritaire. Les statuts particuliers fixent la proportion des postes qui doivent être pourvus selon ces procédures.

– Accès direct à certains corps : il est permis dans certains corps de catégorie A, mais aussi, avec la loi Hoeffel du 27 décembre 1994, dans certains cadres d'emplois de la fonction publique territoriale où le grade de début est doté de l'échelle la moins élevée de la fonction publique. Ceci concerne un nombre considérable de cadres d'emplois de catégorie C.

– PACTE (voir le chapitre consacré aux agents non titulaires).

– Intégration après détachement : le fonctionnaire détaché dans un corps ou un cadre d'emplois peut, dans les conditions fixées par le statut particulier, être intégré dans ce corps ou cadre d'emplois.

– Tour extérieur : le tour extérieur permet de nommer par décret du président de la République des fonctionnaires ou des personnalités éminentes dans certains grands corps de la fonction publique d'État. Il ne concerne que quelques grands corps de catégorie A, notamment ceux d'inspection et de contrôle.

Enfin, un certain nombre d'emplois supérieurs peuvent être pourvus par nomination discrétionnaire, que ce soit dans la fonction publique de l'État ou dans la fonction publique territoriale. Cela concerne environ 700 postes en France. Ces emplois sont révocables, qu'ils soient occupés par des fonctionnaires ou non.

3.3.2. Modalités de recrutement

3.3.2.1. Fonction publique de l'État

Les personnes reçues à un concours d'État, ou les personnes reçues sans concours dans la fonction publique d'État, sont recrutées directement. L'agent reçu est affecté à la convenance de l'État, et il est impossible de refuser le poste proposé à moins d'abandonner. Les personnes inscrites sur une liste complémentaire d'admission peuvent être nommées, dans l'ordre d'inscription sur la liste, pour pourvoir un nouvel emploi vacant, ou pour compenser la défaillance d'un candidat inscrit sur la liste principale. Les listes complémentaires restent valables jusqu'à l'ouverture du concours suivant d'accès au même corps, dans la limite de deux ans.

3.3.2.2. Fonction publique territoriale

Les personnes reçues à un concours territorial sont inscrites par ordre alphabétique, sans mention de mérite, sur une liste d'aptitude à valeur nationale. Cela leur permet d'être recrutées par une collectivité territoriale (commune, département, région) ou un établissement public communal ou intercommunal) qui les aura choisies. Les personnes inscrites sur une liste d'aptitude gardent le bénéfice de leur réussite au concours pendant une durée de deux ou trois ans selon les cadres d'emplois.

3.3.3. Stage

3.3.3.1. Fonction publique de l'État

Après sa nomination, généralement à l'issue du concours, le fonctionnaire est astreint à une période de stage, pour permettre à l'administration d'apprécier son aptitude à occuper l'emploi pour lequel il a concouru. Tant qu'il n'est pas titularisé, le stagiaire est révocable.

La durée du stage est généralement d'un an. Durant cette période et selon les cas, le stagiaire exerce déjà sa future fonction, ou suit un apprentissage théorique et pratique. Le stagiaire perçoit une rémunération dès qu'il est installé, soit dans un emploi du corps où il sera titularisé, soit dans une école de formation.

Le stage doit être accompli dans un emploi permanent du corps dans lequel la titularisation du stagiaire pourra intervenir. Les stagiaires bénéficient, dans la mesure de leur situation particulière, des dispositions du statut général des fonctionnaires et de ses textes d'application.

Ils ne peuvent ni être mis à disposition ni se mettre en disponibilité ou être placés hors cadre, mais, sous certaines conditions, peuvent être détachés par nécessité de service. Ils peuvent bénéficier d'un congé sans traitement d'une durée maximale d'un an, renouvelable deux fois, ou d'un congé pour préparer un concours dans un autre corps de fonctionnaires.

S'ils sont déjà fonctionnaires, les stagiaires sont placés en position de détachement pendant la durée de leur stage. La majorité des sanctions disciplinaires concernant les fonctionnaires titulaires sont applicables aux stagiaires, dans les mêmes conditions.

Les stagiaires peuvent être licenciés pour insuffisance professionnelle en cours de stage ou en fin de stage, à condition d'avoir accompli au moins la moitié de leur stage. Avant de se prononcer définitivement sur le cas d'un stagiaire, l'administration peut demander la prorogation du stage. Les stagiaires licenciés en cours ou en fin de stage ont droit à l'indemnité pour perte d'emploi et, s'ils étaient déjà fonctionnaires, à la réintégration dans leur corps d'origine.

3.3.3.2. Fonction publique territoriale

La condition des stagiaires dans la fonction publique territoriale est, pour part, comparable à la situation dans la fonction publique de l'État. Pour autant, il existe, pour certains cadres d'emplois (catégories A et B essentiellement), une obligation de formation avant titularisation durant la période de stage. Certains de ces dispositifs (FAE) ne se situent pas à proprement parler pendant la période de stage, ils ont néanmoins et par commodité été inclus ici.

3.3.3.2.1. Formation initiale d'application des « élèves fonctionnaires »

Les personnes inscrites sur liste d'admission pour les cadres d'emplois d'administrateurs territoriaux, de conservateurs territoriaux de bibliothèques et de conservateurs territoriaux du patrimoine ne sont pas directement inscrites sur une liste d'aptitude.

Pendant dix-huit mois, ces personnes, « élèves », doivent suivre une formation initiale d'application à l'issue de laquelle le président du CNFPT délivre un certificat d'aptitude, qui permet aux élèves d'être nommés en qualité de stagiaires.

3.3.3.2.2. Formation avant titularisation / Formation d'adaptation à l'emploi

Pour les autres cadres d'emplois que ceux des « élèves », deux dispositifs distincts ont été mis en place par les décrets n° 97-393 et n° 97-394 d'avril 1997 :

– formation avant titularisation (FAT) : période obligatoire de formation suivie pendant le stage, dont l'accomplissement conditionne la titularisation ;

– formation d'adaptation à l'emploi (FAE) : formation obligatoire postérieure à la titularisation qui conditionne l'avancement de grade. Cette formation doit s'effectuer dans les délais fixés par les statuts particuliers suivant la date de titularisation.

3.3.4. Titularisation

La titularisation est un acte juridique qui octroie au fonctionnaire un grade dans l'administration, là où la nomination lui attribue un emploi. Toutefois, la titularisation ne peut avoir lieu que dans un emploi permanent légalement créé.

La titularisation se fait après avis favorable du chef de service et de la CAP compétente.

Si, dans la fonction publique d'État, la titularisation ne peut se faire que dans un emploi à temps complet, il est possible, dans la fonction publique territoriale, de titulariser dans un emploi à temps non complet.

Il n'y a pas, de la part de l'administration, d'obligation de titularisation par décision expresse. Les décisions accordant ou refusant la titularisation ne sont pas susceptibles d'appel devant le Conseil supérieur de la fonction publique d'État ou son équivalent pour la fonction publique territoriale.

3.4. Régime disciplinaire

Le fonctionnaire qui ne respecte pas ses obligations fait l'objet de poursuites disciplinaires, sans préjudice, le cas échéant, des peines prévues par la loi pénale.

Les fautes ne sont pas définies par la loi, mais seulement parce qu'il s'agit de manquements aux obligations des fonctionnaires. On peut citer, à titre d'exemple : détournement ou conservation de fonds, abandon de poste, indiscipline, faute professionnelle, condamnations pénales, malversations, vol de matériel, violence, insultes, exercice d'une activité privée lucrative, etc.

3.4.1. Faute disciplinaire

D'une manière générale, il y a faute disciplinaire chaque fois que le comportement d'un fonctionnaire entrave le bon fonctionnement du service ou porte atteinte à la considération du service par le public. Il peut s'agir d'une faute purement professionnelle, ou commise en dehors de l'activité professionnelle (cas du comportement incompatible avec l'exercice des fonctions, ou du comportement portant atteinte à la dignité de la fonction).

En revanche, ne constituent pas des fautes passibles de sanctions disciplinaires : l'insuffisance professionnelle ; les comportements répréhensibles imputables à un état pathologique, si l'agent n'était pas responsable de ses actes lors des faits ; des faits couverts par l'amnistie.

3.4.2. Faute disciplinaire et faute pénale

Le droit disciplinaire est autonome par rapport au droit pénal. Les deux répressions s'exercent donc distinctement, et un même fait peut justifier de deux sanctions à l'égard d'une même personne ; cependant, l'autorité investie du pouvoir disciplinaire n'est pas liée par la décision intervenue au pénal, sauf en ce qui concerne la constatation matérielle des faits.

3.4.3. Procédure disciplinaire

L'agent a droit à communication du dossier complet le concernant, il peut se faire assister par un ou plusieurs défenseurs de son choix. Une enquête peut être effectuée et l'agent peut présenter des observations écrites ou orales, citer des témoins, etc.

Pour toute sanction disciplinaire autre que l'avertissement ou le blâme, il faut l'avis d'un organisme siégeant en conseil de discipline, dans lequel le personnel est représenté. Siègent au conseil de discipline : les membres de la CAP représentant le grade du fonctionnaire poursuivi et ceux du grade immédiatement supérieur, ainsi qu'un nombre égal de représentants de l'administration. L'administration n'a pas à notifier au fonctionnaire poursuivi le nom des membres composant le conseil de discipline, et le fonctionnaire n'a aucun droit de récusation.

Le fonctionnaire est convoqué par le président du conseil de discipline quinze jours au moins avant la date de la réunion par lettre recommandée avec accusé de réception. Le conseil rend un avis qui doit être motivé et transmis à l'autorité ayant pouvoir disciplinaire. Cependant, celle-ci n'est pas liée par cette proposition et ne peut infliger que les sanctions prévues par les textes.

3.4.4. Les sanctions

Les sanctions doivent être motivées, proportionnées à la faute commise, et ne sont pas rétroactives.

Les sanctions sont classées en quatre groupes :

– premier groupe : avertissement ; blâme ;

– deuxième groupe : radiation du tableau d'avancement ; abaissement d'échelon ; exclusion temporaire de fonctions (15 jours maximum) ; déplacement d'office ;
– troisième groupe : rétrogradation ; exclusion temporaire (de 3 mois à 2 ans) ;
– quatrième groupe : mise à la retraite d'office ; révocation.

Le blâme est inscrit au dossier du fonctionnaire et automatiquement effacé au bout de trois ans si aucune autre sanction n'est intervenue pendant cette période.

La radiation du tableau d'avancement peut être prononcée à titre de sanction complémentaire d'une des sanctions des 2e et 3e groupes.

L'exclusion temporaire de fonctions (qui supprime toute rémunération) peut être assortie d'un sursis total ou partiel. Ce sursis ne peut avoir pour effet de ramener la durée de cette exclusion à moins d'un mois.

L'intervention d'une sanction disciplinaire du 2e ou du 3e groupe pendant une période de cinq ans après le prononcé de l'exclusion temporaire entraîne la révocation du sursis. En revanche, si aucune sanction disciplinaire (autre que l'avertissement ou le blâme) n'a été prononcée durant cette même période à l'encontre de l'agent, ce dernier est dispensé définitivement de l'accomplissement de la partie de la sanction pour laquelle il a bénéficié du sursis.

Ne sont pas considérés comme des sanctions les remarques faites au fonctionnaire, la mutation dans l'intérêt du service ou l'abaissement de la notation.

3.4.5. Les recours

3.4.5.1. Recours gracieux

Le fonctionnaire qui s'estime victime d'une sanction abusive peut présenter un recours gracieux auprès de l'autorité qui a infligé la sanction. Celle-ci peut la maintenir, l'atténuer ou la retirer dans les conditions du droit commun.

3.4.5.2. Recours devant le Conseil supérieur de la fonction publique de l'État

Le fonctionnaire d'État à l'encontre duquel une sanction disciplinaire a été prononcée peut saisir la commission de recours du Conseil supérieur de la fonction publique de l'État (CSFPE).

Le recours ne suspend pas l'exécution de la sanction qui est immédiatement exécutoire. La commission émet un avis rejetant la requête, ou une recommandation tendant à faire lever ou modifier la sanction. La recommandation ne lie pas l'autorité ayant pouvoir disciplinaire, qui reste libre de maintenir la sanction.

3.4.5.3. Recours contentieux

Le recours contentieux devant le tribunal administratif ne suspend pas l'exécution de la sanction. Il doit être intenté dans un délai de deux mois à compter de la date de notification de la décision litigieuse, délai prorogé s'il y a eu recours gracieux ou devant la commission du recours du CSFPE.

3.4.6. Les particularités de la fonction publique territoriale en matière de régime disciplinaire

La répartition des sanctions est légèrement différente dans la fonction publique territoriale : il existe, dans les sanctions du 1er groupe, une exclusion temporaire de fonctions pour une durée maximale de trois jours ; la radiation du tableau d'avancement n'existe pas, tout comme le déplacement d'office, et la durée des exclusions temporaires de 2e et de 3e groupe est légèrement différente. Les recours contre les sanctions disciplinaires se font devant un conseil de discipline de recours, créé dans chaque région.

3.4.7. Suspension

La suspension est une mesure conservatoire et provisoire. Elle ne présente pas par elle-même un caractère disciplinaire et, à ce titre, n'est pas soumise aux garanties disciplinaires. Elle ne peut être prononcée qu'en cas de faute grave ou d'infraction pénale.

Le fonctionnaire suspendu, considéré comme en activité, continue de bénéficier de l'ensemble des droits reconnus par le statut (notamment sa rémunération et toutes autres prestations financières) et reste soumis aux obligations prévues par le statut, et notamment à l'obligation de réserve.

La situation de l'agent suspendu doit être définitivement réglée dans un délai de quatre mois à compter de la date de la suspension. Si, à l'expiration de ce délai, aucune décision n'a été prise par l'autorité ayant pouvoir disciplinaire, l'intéressé, sauf s'il est l'objet de poursuites pénales, est rétabli dans ses fonctions.

La mesure peut aussi être levée, sans pour autant que les poursuites disciplinaires soient obligatoirement abandonnées ; mais la suspension prend normalement fin quand, dans le délai de quatre mois, l'autorité hiérarchique compétente a statué sur le cas du fonctionnaire suspendu à l'issue de la procédure disciplinaire.

3.5. Protection sociale

Le fonctionnaire bénéficie d'une protection sociale (voir plus loin) qui peut être complétée par des actions propres à chaque administration. On peut citer le capital décès, qui concerne le fonctionnaire titulaire avant 60 ans. Les ayants droit du fonctionnaire décédé en activité ont droit à un an de traitement, réparti pour 1/3 au conjoint non séparé de corps ni divorcé, pour 2/3 aux enfants de moins de 21 ans (ou infirmes) et non imposables sur le revenu.

En cas d'absence de conjoint et d'enfants, le capital décès peut être attribué aux ascendants du fonctionnaire dès lors qu'ils étaient à sa charge lors du décès. Dans certains cas, le capital décès est versé pour trois années de suite. Pour les fonctionnaires stagiaires, il est équivalent à trois mois de traitement.

3.6. Structure de la carrière

3.6.1. L'avancement

3.6.1.1. Avancement d'échelon

L'avancement d'échelon se traduit par une augmentation de traitement ; il est fonction à la fois de l'ancienneté et (au moins en théorie) de la valeur professionnelle du fonctionnaire. Il a lieu de façon continue : chaque grade comporte plusieurs échelons, et on avance d'échelon en échelon dans le même grade.

Les statuts particuliers de chaque corps ou cadre d'emplois fixent le minimum d'ancienneté exigible pour accéder à l'échelon supérieur. Toutefois, au vu de l'évolution de la note du fonctionnaire, des réductions ou des majorations d'ancienneté peuvent être accordées par rapport à l'ancienneté moyenne exigée.

Dans la fonction publique d'État, il peut être réparti chaque année entre les fonctionnaires d'un même corps un nombre de réductions de la durée moyenne des services requise pour accéder à l'échelon supérieur égal à autant de mois que les trois quarts de l'effectif des agents notés comptent d'unités (sauf les agents situés à l'échelon le plus élevé de leur grade).

Les réductions sont réparties après avis de la CAP.

3.6.1.2. Avancement de grade

L'avancement de grade est une promotion qui appelle le fonctionnaire à des fonctions supérieures et entraîne le passage dans un grade supérieur au sein du même corps. Sauf dérogations, l'avancement de grade a lieu de façon continue d'un grade au grade immédiatement supérieur.

Dans la fonction publique d'État, l'effectif de chaque grade est limité à un certain pourcentage du corps par le statut particulier. Les statuts particuliers de chaque corps de fonctionnaires fixent le minimum d'ancienneté exigible pour accéder au grade supérieur.

Le fonctionnaire promu doit accepter l'emploi qui lui est assigné dans son nouveau grade, sous peine de perdre le bénéfice de sa promotion.

Trois types d'avancement par grade sont possibles.

– Avancement au choix : les fonctionnaires qui ont une valeur professionnelle suffisante pour être promus sont inscrits par ordre de mérite sur un tableau d'avancement, à partir duquel l'autorité administrative compétente désigne les fonctionnaires qui bénéficieront d'un avancement de grade. Ceux dont le mérite est jugé égal sont départagés par l'ancienneté.

Le tableau est préparé chaque année par l'administration et soumis à la CAP siégeant en formation restreinte, il doit être arrêté le 15 décembre au plus tard pour prendre effet au 1er janvier suivant. Les agents inscrits non promus dans l'année où le tableau a effet ne peuvent être promus au cours de l'année suivante que moyennant une nouvelle inscription.

Le tableau d'avancement est établi après un examen approfondi de la valeur professionnelle des fonctionnaires, notamment à l'aide des notes obtenues par l'agent et de l'appréciation des chefs de service.

Sauf exceptions, le nombre de candidats inscrits sur le tableau d'avancement ne peut excéder de plus de 50 % le nombre des vacances prévues.

La mise en œuvre de la loi organique relative aux lois de finances (LOLF, voir le chapitre consacré aux régimes financiers) devrait à terme modifier profondément les mécanismes d'avancement de grade, en mettant en œuvre un taux de promotion, appliqué à l'effectif des agents remplissant les conditions statutaires pour être promus. Pour chaque corps des administrations de l'État, un arrêté ministériel fixe désormais le taux de promotion applicable aux fonctionnaires pendant un ou plusieurs exercices budgétaires.

– Avancement par tableau d'avancement après examen professionnel : l'inscription au tableau d'avancement après avis de la CAP est opérée à partir d'une liste d'aptitude établie à l'issue d'une sélection par examen professionnel.

Cet examen doit porter exclusivement sur des épreuves professionnelles, il consiste généralement en un entretien avec le jury.

– Avancement par voie de concours professionnel : l'avancement a lieu uniquement selon les résultats d'une sélection opérée par voie de concours professionnel.

Dans la fonction publique territoriale, un dispositif analogue est mis en place, mais les modalités pratiques d'application varient quelque peu ; en effet, la décision appartient au seul responsable de la collectivité (maire, président du conseil général, etc.) et la décision est prise sur proposition de l'administration (chef de service, direction de l'administration générale, etc.) et après avis consultatif de la CAP concernée.

Dans la fonction publique d'État, si l'autorité investie du pouvoir de nomination s'oppose pendant deux années consécutives à l'inscription au tableau d'avancement d'un fonctionnaire ayant fait l'objet d'une proposition d'inscription, la commission peut, sur demande de l'agent, saisir le CSFPE. De la même manière, la commission d'avancement peut saisir le CSFPE pour s'opposer à l'inscription d'un agent au tableau d'avancement.

3.6.2. Le traitement

La rémunération du fonctionnaire est fixée « en fonction du grade de l'agent et de l'échelon auquel il est parvenu, ou de l'emploi auquel il a été nommé » (loi du 13 juillet 1983, art. 20). On distingue la rémunération principale et les primes diverses.

3.6.2.1. Rémunération principale

« Les fonctionnaires ont droit, après service fait, à une rémunération, comprenant le traitement, l'indemnité de résidence, le supplément familial de traitement ainsi que les indemnités instituées par un texte législatif ou réglementaire » (loi du 13 juillet 1983, art. 20). Le montant du traitement est fixé en fonction du grade de l'agent et de l'échelon auquel il est parvenu, ou de l'emploi auquel il a été nommé. L'échelon, auquel est associé un indice brut, définit la position du fonctionnaire sur l'échelle indiciaire commune à tous les fonctionnaires.

3.6.2.1.1. Traitement

Le traitement brut est exigible par le fonctionnaire après service fait, il est calculé en fonction de l'indice hiérarchique. À chaque indice brut (indice de classement) correspond un indice majoré (indice de traitement) variant de 275 à 820. Le traitement annuel brut est calculé en multipliant l'indice majoré par la valeur du traitement afférent à l'indice 100, et en divisant le résultat par 100. L'indice majoré 100 est qualifié d'« indice de base de la fonction publique ». La valeur du traitement brut afférent à cet indice figure à l'article 3 du décret du 24 octobre 1985, soit la formule suivante :

T = (TB x Im)/100, où Im est l'indice majoré et TB le traitement de base à l'indice 100.

Le traitement net correspond au traitement brut moins les diverses cotisations et prélèvements sociaux signalés plus bas.

Exemple : rémunération mensuelle perçue par un secrétaire administratif débutant, résidant à Paris et ayant deux enfants à charge au 1/11/2005[1] :

(1) Traitement annuel brut : (290 x 5371,10)/100 = 15 576,19 €	
(2) **Traitement mensuel brut** : (1)/12	1 298,02 €
(3) Retenue pour pension (7,85 %)	– 101,89 €
(4) **Traitement mensuel net** : (2) – (3)	1 196,12 €
(5) Indemnité de résidence (3 %)	39,88 €
(6) Supplément familial de traitement pour deux enfants :	70,82 €
(7) **Rémunération mensuelle nette** : (4) + (5) + (6) :	1 306,82 €
(8) Contribution de solidarité (1 %) : 0 pour cet indice.	
(9) CSG (7,5 %) :	– 102,48 €
(10) CRDS (0,5 %) :	– 6,83 €
(11) Retraite additionnelle de la fonction publique :	– 5,54 €
(12) **Net à payer** : (7) – (8) – (9) – (10) – (11) =	1 191,97 €

Où : 290 = indice majoré et 5 371,10 € = traitement de base à l'indice 100.

1. Tiré du site de la Direction générale de l'administration publique.

3.6.2.1.2. Indemnité de résidence

L'indemnité de résidence a pour but d'adapter la rémunération du fonctionnaire aux variations du coût de la vie selon le lieu d'exercice de ses fonctions. Les modalités d'attribution de l'indemnité de résidence sont fixées par l'article 9 du décret du 24 octobre 1985. Le montant de l'indemnité auquel a droit un agent public est calculé en appliquant au traitement brut un taux variable selon la zone territoriale dans laquelle est classée la commune où il exerce ses fonctions.

Il existe trois zones d'indemnité :
- zone 1, taux à 3 % ;
- zone 2, taux à 1 % ;
- zone 3, taux à 0 %.

Le montant minimum de l'indemnité de résidence perçue par un agent exerçant ses fonctions en zone 1 ou 2 est celui afférent à l'indice majoré 297.

3.6.2.1.3. Nouvelle bonification indiciaire

La nouvelle bonification indiciaire (NBI) est attribuée en nombre de points d'indice pour certains emplois comportant une responsabilité ou une technicité particulière, la somme mensuelle correspondante devenant un complément de salaire. Elle est de ce fait prise en compte pour le calcul de la pension de retraite, mais aussi du supplément familial et le cas échéant de l'indemnité de résidence. L'attribution est de droit et s'effectue par voie d'arrêté. Elle cesse lorsque l'agent n'exerce plus ses fonctions.

Les fonctions donnant droit à la NBI peuvent être exercées notamment dans les collèges et les lycées situés en zone d'éducation prioritaire, et la NBI attribuée aussi bien aux personnels enseignants que non enseignants (y compris les personnels de documentation). La NBI concerne aussi bien les agents de la fonction publique de l'État que ceux de la fonction publique territoriale.

La NBI se concrétise par l'attribution d'un certain nombre de points majorés, la somme mensuelle correspondante devenant un complément de salaire.

3.6.2.1.4. Supplément familial de traitement

Le supplément familial de traitement est attribué aux agents publics ayant au moins un enfant à charge au sens des prestations familiales. Les règles de liquidation du supplément sont fixées par le décret du 24 octobre 1985 (art. 10-12).

Le supplément familial de traitement comprend un élément fixe et un élément proportionnel au traitement brut, qui varie en fonction du nombre d'enfants à charge. La partie variable ne peut pas être inférieure à celle afférente à l'indice majoré 448, ni supérieure à celle afférente à l'indice majoré 716.

3.6.2.1.5. Retenues

Le traitement mensuel brut fait l'objet des retenues suivantes :

– Retenue pour pension civile : 7,85 % pour les seuls actifs depuis le 1er février 1991.

– Contribution sociale généralisée (CSG), prélevée à compter du 1er janvier 1997 au taux de 7,5 % sur le montant du traitement brut, de l'indemnité de résidence et du supplément familial de traitement, ainsi que des primes, après déduction d'un abattement pour frais professionnels de 3 % de ce montant.

– Contribution au remboursement de la dette sociale (CRDS), prélevée à compter du 1er février 1996 au taux de 0,5 % sur le montant du traitement brut, de l'indemnité de résidence et du supplément familial de traitement, ainsi que des primes, après déduction d'un abattement pour frais professionnels de 3 % de ce montant.

Le régime de retraite additionnelle sur les primes des fonctionnaires donne lieu à une retenue à compter du 1er janvier 2005, au taux de 5 %, sur les éléments de rémunération de toute nature perçus et non cotisés au titre de la couverture vieillesse (indemnité de résidence, supplément familial, etc.) dans la limite de 20 % du traitement indiciaire brut annuel.

Le traitement mensuel net majoré de l'indemnité de résidence, du supplément familial de traitement et des primes fait l'objet depuis le 1er novembre 1982 d'une contribution de solidarité au taux de 1 %. Depuis le 1er janvier 1998, sont exonérés de cette contribution les agents dont la rémunération mensuelle nette est inférieure au traitement mensuel brut afférent à l'indice brut 296.

3.6.2.2. Primes

Il existe un grand nombre d'indemnités et de primes, éléments accessoires de la rémunération, qui ne peuvent être étudiées en détail, et qui ne concernent que très partiellement les personnels exerçant en bibliothèque. On se contentera de rappeler les plus courantes, sans entrer dans le détail de leur mode de calcul et de répartition.

Depuis les lois de décentralisation de 1982 et les lois sur la fonction publique de 1984, les primes accordées aux personnels de la fonction publique de l'État et de la fonction publique territoriale sont partiellement comparables. Le principe est que, en aucun cas, les primes attribuées par les collectivités territoriales ne doivent dépasser le taux appliqué par l'État, bien sûr à statuts et fonctions équivalents.

Cependant, dans la mesure où, antérieurement, les collectivités territoriales décidaient par elles-mêmes de l'attribution et du montant des primes, cette harmonisation est loin d'être totale. Pour autant, certains régimes de prime très spécifiques à la fonction publique territoriale, et qui ne s'appliquent que très rarement aux personnels de bibliothèques, ne sont pas repris ici[1-2].

1. Voir sur ce point l'ouvrage de Claudine Belayche et Hugues Vanbesien, p. 132-136 (voir Bibliographie).

2. Par exemple l'indemnité spéciale des conservateurs de bibliothèques, indemnité annuelle dont le montant est fixé et encadré par décret quant à ses valeurs moyenne et maximale par agent.

3.6.2.2.1. Indemnités horaires ou forfaitaires pour travaux supplémentaires

Le travail effectué au-delà de la durée réglementaire du travail peut donner lieu à rétribution horaire (IHTS) ou forfaitaire (IFTS). Les deux types d'indemnités ne sont pas cumulables.

Depuis l'entrée en vigueur du décret du 25 août 2000 relatif à l'aménagement et à la réduction du temps de travail, les horaires de travail des agents sont définis à l'intérieur de périodes dénommées « cycles de travail ». Les heures supplémentaires sont donc celles, effectuées à la demande du chef de service, qui interviennent en dépassement des bornes horaires du cycle.

Les IHTS ne peuvent concerner que certains fonctionnaires de catégorie B ou C, ou les agents non titulaires de même niveau. La compensation des heures supplémentaires peut être réalisée, en tout ou partie, sous forme de repos compensateur, ou les heures supplémentaires peuvent être indemnisées. Le montant de l'indemnité horaire est calculé en fonction de l'indice détenu par l'agent.

Le contingent des heures supplémentaires est fixé à 25 heures maximum par mois dans la fonction publique d'État[1].

3.6.2.2.2. Sujétions spéciales risques professionnels

Ces indemnités sont attribuées pour compenser les contraintes subies et les risques encourus dans l'exercice des fonctions. Elles peuvent être soit d'application interministérielle, soit propres à certaines administrations.

Les sujétions sont principalement liées au travail de nuit, au travail dans les centres de traitement automatisé de l'information, aux travaux dangereux, insalubres ou salissants, etc.

3.6.2.2.3. Qualification / Technicité

L'exercice de certaines fonctions exige un niveau de qualification et de technicité dont la reconnaissance peut donner lieu à l'attribution d'une indemnité. La plupart de ces indemnités sont propres au personnel de chaque administration, mais certaines sont d'application interministérielle, comme celles liées à la pratique de langues étrangères par les agents dans l'exécution de leur service, ou les primes informatiques.

3.6.2.2.4. Rendement / Productivité

Le rendement et la productivité des fonctionnaires peuvent être rémunérés par des primes de rendement ou des primes de service. Ces primes sont essentiellement variables et personnelles, attribuées compte tenu de la valeur et de l'action des agents, elles sont révisées chaque année et ne peuvent excéder 18 % du traitement le plus élevé du grade des bénéficiaires.

Des textes réglementaires déterminent, ministère par ministère, les catégories de personnels susceptibles de bénéficier de primes de rendement, ainsi que les conditions dans lesquelles sont fixés les montants des crédits alloués à cet effet.

---

1. Il existe aussi des indemnités forfaitaires pour travaux supplémentaires (IFTS) dont le mode d'attribution est, dans la fonction publique de l'État comme dans la fonction publique territoriale, fort complexe.

3.6.2.2.5. Enseignement et jury

Les personnels assurant, à titre d'occupation accessoire et pour le compte de l'administration, une activité d'enseignement ou le fonctionnement de jurys d'examens ou de concours peuvent recevoir des indemnités dites « indemnités d'enseignement ».

Le taux des indemnités attribuées est indépendant du grade du personnel enseignant et déterminé en prenant notamment en considération la nature de la fonction exercée et la formule pédagogique.

3.6.2.2.6. Affectation et changement de résidence

Une prime spéciale d'installation est attribuée aux fonctionnaires qui, à l'occasion de leur accès à un premier emploi d'une administration de l'État, reçoivent une affectation dans toute commune de la région Île-de-France ou composant la communauté urbaine de Lille – sous certaines conditions de rémunération. Une indemnité comparable est versée, sous certaines conditions, aux personnels enseignants.

Par ailleurs, les fonctionnaires et les agents contractuels peuvent bénéficier de la prise en charge des indemnités de changement de résidence au titre de certains changements de résidence administrative entraînant un transfert du domicile personnel ou familial.

L'agent bénéficiaire peut prétendre au remboursement des frais de transport des personnes entre la résidence administrative (ou le domicile) antérieure et la nouvelle résidence administrative (ou le nouveau domicile), à une indemnité forfaitaire de transport de bagages et à une indemnité forfaitaire de déménagement.

3.6.2.2.7. Compensation de frais divers

Les fonctionnaires reçoivent des indemnités directement liées aux frais qu'ils engagent dans l'exercice de leurs fonctions, et notamment : indemnités de déplacement et de mission, de stage, intérim, indemnités d'habillement, de chaussures et de petit équipement, etc.

3.6.3. Les spécificités de la gestion des personnels de la fonction publique territoriale

Les personnels territoriaux sont *a priori* gérés par la collectivité territoriale qui les emploie, exécutif et assemblée délibérante. Le représentant de l'exécutif en particulier (maire, président du conseil général ou du conseil régional) est le chef du personnel.

Pour autant, il existe un certain nombre d'organismes de gestion à compétence spécialisée, qui suppléent ou assistent la collectivité pour ce qui est de la gestion des personnels de la fonction publique territoriale.

3.6.3.1. Le Centre national de la fonction publique territoriale

Né en 1987, le Centre national de la fonction publique territoriale (CNFPT) est un établissement public administré par un conseil d'administration composé à parité d'élus des collectivités territoriales et de représentants des personnels par l'intermédiaire des syndicats. Le conseil d'administration est assisté dans ses tâches par 28 conseils régionaux d'orientation et un conseil national d'orientation.

Le CNFPT comprend 28 délégations régionales, une par région administrative, sauf en Île-de-France où il en existe deux (petite couronne et grande couronne), quatre écoles nationales d'application des cadres territoriaux, et l'Institut national des études territoriales de Strasbourg (INET).

Le CNFPT est financé par une cotisation obligatoire versée par les collectivités sur la base de leur masse salariale, et sur la perception de recettes liées à ses activités.

Le CNFPT assure à l'égard des personnels de la fonction publique territoriale un certain nombre de missions en matière d'organisation de concours, de formation, de gestion des personnels.

[Le site du CNFPT : http://www.cnfpt.fr]

3.6.3.2. Les centres départementaux de gestion de la fonction publique territoriale

Les centres départementaux de gestion (CDG) de la fonction publique territoriale sont des établissements publics administratifs. Il en existe un par département, sauf pour l'Île-de-France qui possède deux centres interdépartementaux (petite couronne et grande couronne).

Les centres remplissent pour les collectivités territoriales des missions dans le domaine de l'emploi et de la gestion des personnels territoriaux. Certaines de ces missions sont obligatoires (organisation des concours de catégories B et C, gestion d'une bourse de l'emploi, fonctionnement des CAP, des CTP et des conseils de discipline, gestion des dossiers individuels des agents, etc.), d'autres sont facultatives (recrutement d'agents temporaires, paie, gestion des droits sociaux, etc.).

L'affiliation à un centre de gestion est obligatoire pour les collectivités qui comptent moins de 350 agents permanents et possible pour les autres – qui peuvent pour autant conserver en propre la gestion de leur personnel.

3.7. Positions du fonctionnaire

Les différentes positions du fonctionnaire sont au nombre de six : activité à temps complet ou à temps partiel ; détachement ; position hors cadres ; disponibilité ; accomplissement du service national ; congé parental. Comme les différents types de congés, la mise à disposition se rattache à la position d'activité.

3.7.1. Activité et mise à disposition

3.7.1.1. Activité à temps complet ou à temps partiel

3.7.1.1.1. Activité

L'activité est la position du fonctionnaire qui, titulaire d'un grade, exerce effectivement les fonctions de l'un des emplois correspondant à ce grade.

Le fonctionnaire en activité doit assurer un certain temps de travail, qui peut être aménagé. Il bénéficie de congés annuels et peut être mis à disposition d'une autre administration, ou déchargé de service ou autorisé à s'absenter, notamment pour exercer des activités syndicales.

3.7.1.1.1.1. Fonction publique de l'État

La durée du travail effectif est fixée à 35 heures par semaine. Le décompte du temps de travail est réalisé sur la base d'une durée annuelle de travail effectif de 1 607 heures, heures supplémentaires non comprises.

La durée maximale de travail ne peut pas dépasser 48 heures, heures supplémentaires incluses, au cours d'une semaine, ou 44 heures en moyenne sur 12 semaines consécutives. Le repos hebdomadaire ne peut pas être inférieur à 35 heures, comprenant en principe le dimanche.

La durée quotidienne de travail ne peut pas dépasser 10 heures, avec un temps de pause de 20 minutes toutes les 6 heures, et le repos quotidien est fixé à 11 heures minimum, avec une amplitude de 12 heures pour chaque journée de travail.

Le travail de nuit comprend au moins la période entre 22 heures et 5 heures ou une autre période de 7 heures consécutives entre 22 heures et 7 heures.

3.7.1.1.1.2. Fonction publique territoriale

Dans la fonction publique territoriale, les règles relatives à la définition, à la durée et à l'aménagement du temps de travail des agents sont fixées par la collectivité territoriale dans les limites applicables aux agents de l'État. La durée du temps de travail peut être inférieure à la durée officielle, par décision de l'organe délibérant de la collectivité ou de l'établissement, après avis de la CTP. Cette réduction intervient en cas de sujétions particulières liées aux missions des agents.

Le temps de travail est organisé en cycles déterminés par l'organe délibérant de la collectivité ou de l'établissement.

Les durées maximales, hebdomadaires et quotidiennes du temps de travail sont semblables à celles de la fonction publique d'État, tout comme pour les temps de pause et de repos, et pour le travail de nuit.

3.7.1.1.2. Le compte épargne-temps

Le compte épargne-temps, mis en place au 1er janvier 2002 (pour la fonction publique d'État), est ouvert aux agents titulaires des services publics ayant accompli au moins une année de service. Il permet d'accumuler des droits à congé rémunéré, et est alimenté par des jours de congés annuels, des jours de réduction du temps de travail, éventuellement des jours de repos compensateur.

Le compte épargne-temps peut être alimenté au maximum par 22 jours de congés ou de réduction du temps de travail dans l'année (les collectivités territoriales peuvent cependant réduire ce nombre). Les droits à congés peuvent être utilisés dès que le compte comporte au moins 40 jours (20 jours dans la fonction publique territoriale).

Le compte épargne-temps est utilisé pour rémunérer des congés d'une durée minimale de 5 jours ouvrés, et doit être utilisé dans un délai de 10 ans à compter de la date où 40 jours y ont été accumulés (20 jours dans la fonction publique territoriale, pour un délai de 5 ans). Ce délai est prorogé en cas de congé de présence parentale, de congé de longue maladie ou de congé de longue durée.

Pendant la période de congés pris au titre du compte épargne-temps, l'agent conserve sa rémunération, ses droits à l'avancement, à la retraite et aux congés. Les droits acquis sont conservés en cas de mutation ou de détachement, de mise en position hors cadres, en disponibilité, en congé parental ou de présence parentale.

Les règles spécifiques d'ouverture, de fonctionnement, d'utilisation et de fermeture du compte sont fixées par arrêté pour chaque administration.

3.7.1.1.3. Les horaires variés ou aménagés

Ce dispositif permet un aménagement des horaires et peut être mis en œuvre sous réserve des nécessités de service, après avis du CTP compétent, dans les trois fonctions publiques.

Une période de référence est fixée (15 jours ou 1 mois en général), pendant laquelle les agents doivent effectuer le nombre d'heures correspondant à la durée réglementaire du temps de travail. Un dispositif dit de crédit-débit permet le report d'un nombre limité d'heures, fixé lors de la mise en place du système, d'une période sur une autre.

Le temps de travail se décompose en « plages fixes » où tout le personnel doit être présent (qui ne peuvent être inférieures à quatre heures par jour) et en « plages mobiles » où chacun choisit ses heures d'arrivée et de départ, moyennant la mise en place d'un système de contrôle des horaires.

3.7.1.1.4. Temps partiel

Les fonctionnaires peuvent être autorisés à exercer leur activité à temps partiel, sous réserve des nécessités du service. Le chef de service peut fixer le ou les jours non travaillés auxquels correspond le temps partiel en fonction du calendrier et des nécessités de l'organisation du service.

Les quotités sont de 50 %, 60 %, 70 %, 80 % et 90 % d'un temps plein de travail. Les comptables sont exclus du temps partiel, et les personnels enseignants du 1er degré ne peuvent exercer une activité à temps partiel qu'à mi-temps (ou exceptionnellement à 80 %).

L'autorisation de travail à temps partiel est de 6 mois, 1 an, 2 ans ou 3 ans (années scolaires pour les personnels enseignants). Elle peut être renouvelée dans les mêmes conditions sur demande présentée au moins deux mois avant l'expiration de la période en cours.

Pour les enseignants, les agents qui après une période à temps partiel occupent un emploi à temps plein ne peuvent présenter une nouvelle demande avant un délai de 6 mois.

Le traitement, l'indemnité de résidence, les indemnités afférentes au grade, à l'échelon ou à l'emploi sont versés au prorata du temps. Toutefois, pour les services à 80 %, la rémunération est égale aux 6/7e et, pour les services à 90 %, à 32/35e.

Pour la retraite, les années de service à temps partiel sont prises en compte dans leur totalité pour la constitution des droits à pension, mais elles sont prises en compte au prorata du temps travaillé pour la liquidation de la pension.

L'administration est tenue d'accorder un temps partiel dans les cas suivants : à l'occasion de chaque naissance ou adoption, jusqu'au 3e anniversaire de l'enfant ou de la date d'adoption ; pour donner des soins à un enfant à charge ou à un ascendant atteint d'un handicap grave ; après un congé de longue maladie, de longue durée, pour accident de service ; aux fonctionnaires handicapés à 80 %.

Un refus éventuel de la part de l'administration doit être motivé et précédé d'un entretien avec l'agent concerné. L'agent peut, dans ce cas, saisir le juge.

Des recrutements de fonctionnaires titulaires peuvent compenser le temps de travail libéré par le temps partiel de certains agents.

Le temps partiel annualisé permet une répartition sur l'année des périodes travaillées et non travaillées, l'intégralité des temps de service devant être effectuée sur l'année. Il est attribué dans les mêmes conditions que le temps partiel non annualisé. La rémunération perçue mensuellement correspond au douzième de la rémunération annuelle.

Les agents non titulaires employés depuis plus d'un an à temps complet et ce de façon continue peuvent être autorisés à travailler à temps partiel selon les modalités applicables aux titulaires.

3.7.1.1.5. Mi-temps thérapeutique

Le mi-temps thérapeutique peut être accordé au fonctionnaire après un congé de longue maladie, de longue durée, un accident de service ou une affection contractée en service. Le fonctionnaire dans cette position perçoit l'intégralité de son traitement.

Le mi-temps thérapeutique est accordé sur demande de l'agent après que le comité médical ou la commission de réforme a reconnu que le travail à mi-temps favorisera l'amélioration de l'état de santé ou permettra une rééducation ou une réadaptation professionnelle.

La durée du mi-temps thérapeutique est de trois mois renouvelable, dans la limite d'un an par maladie ayant ouvert droit à congé de longue maladie ou à congé de longue durée. Après un accident de service, il peut être de six mois maximum, renouvelable une fois après avis favorable de la commission de réforme.

3.7.1.2. Congés

Les congés s'inscrivent dans la période d'activité, à temps complet ou à temps partiel, du fonctionnaire. Le fonctionnaire a droit à différents types de congés : congé annuel, congés bonifiés, congé de maladie, congé de longue maladie, congé de longue durée, congé de formation professionnelle, congé pour formation syndicale, autorisations d'absence, congé pour maternité et adoption, congé de paternité, congé spécial.

3.7.1.2.1. Congé annuel

Pour un an de service accompli sur une année civile, le congé annuel est égal à cinq fois les obligations hebdomadaires de service. Cette durée est appréciée en nombre de jours ouvrés.

Congés pris en dehors de la période du 1er mai au 31 octobre :
- 1 jour supplémentaire pour 5, 6 ou 7 jours ;
- 2 jours supplémentaires pour au moins 8 jours.

Pour un agent n'ayant pas travaillé pendant toute l'année, le congé est calculé au prorata du temps travaillé. Pour un agent à temps partiel, les congés sont aussi calculés au prorata du temps travaillé.

Dans la fonction publique d'État, le calendrier des congés est fixé par le chef de service, avec une priorité pour les fonctionnaires chargés de famille. L'absence du service ne peut excéder 31 jours consécutifs (sauf cas du congé bonifié).

Un congé non pris ne peut pas donner lieu à une indemnité compensatrice. Le report de congés sur l'année suivante n'est pas possible, sauf autorisation exceptionnelle du chef de service. L'agent non titulaire a droit, compte tenu de la durée de service effectué, à un congé annuel dans les mêmes conditions que le titulaire.

3.7.1.2.2. Congés bonifiés

Les congés bonifiés ne concernent que les magistrats et les fonctionnaires titulaires en poste dans un département d'outre-mer (DOM) ou en métropole, si leur résidence habituelle est située dans un DOM. La résidence habituelle est définie comme le « centre des intérêts matériels et moraux », ce dont l'agent doit apporter la preuve à partir d'un certain nombre de critères.

La durée maximale du congé bonifié est de 65 jours (dimanches et jours fériés inclus), délais de route compris, après une durée minimale de service ininterrompu de 36 mois. La bonification suit le congé annuel. Elle peut ne pas être accordée en totalité : dans ce cas, le bénéficiaire du congé perd tout droit à la bonification ou fraction de bonification non utilisée.

Pendant les congés annuels, congés de maladie, longue maladie, maternité, formation professionnelle ou syndicale, l'agent continue à acquérir des droits. Par contre, le congé de longue durée, l'accomplissement du service national suspendent la période prise en compte. La disponibilité et le congé parental interrompent la durée de service ininterrompu nécessaire à l'obtention d'un congé bonifié.

3.7.1.2.3. Congé de maladie

Le fonctionnaire en congé de maladie reste dans une position d'activité et, en tant que tel, conserve ses droits à l'avancement et à la retraite.

La durée des congés de maladie peut atteindre un an. Le traitement est versé intégralement pendant trois mois, et réduit de moitié pendant les neuf mois suivants (les indemnités de résidence et le supplément familial de traitement sont versés intégralement).

Le congé de maladie doit être accordé par un médecin qui établit un arrêt de travail. L'administration peut demander une contre-visite par un médecin agréé.

Au bout de six mois de congé de maladie, un comité médical est saisi pour avis de toute demande de prolongation de ce congé dans la limite des six mois restant à courir. Au bout des douze mois, l'agent ne peut reprendre son service sans l'avis du comité médical. Si le comité donne un avis défavorable pour la reprise du travail, le fonctionnaire est mis en disponibilité d'office ou admis à la retraite.

L'agent non titulaire en activité bénéficie dc congés de maladie dans des limites qui varient selon le nombre de mois de service effectués.

3.7.1.2.4. Congé de longue maladie

La durée des congés de longue maladie est au maximum de trois ans. Ils sont accordés en cas de maladie rendant nécessaire un traitement et des soins prolongés.

La liste indicative des maladies ouvrant droit à ce congé inclut : insuffisance respiratoire chronique, infarctus myocardique, sclérose en plaques, pancréatite chronique, etc. Lorsque l'affection dont souffre le fonctionnaire n'est pas inscrite sur la liste, il ne peut être accordé qu'après avis du comité médical.

Le traitement est versé intégralement pendant un an, réduit de moitié pendant les deux années suivantes. Les suppléments pour charge de famille et l'indemnité de résidence continuent à être versés dans leur intégralité.

Après un congé de longue maladie, les fonctionnaires peuvent être autorisés à accomplir un service à mi-temps pour une période de trois mois renouvelable dans la limite d'un an (mi-temps thérapeutique, voir plus haut). Ils perçoivent dans ce cas l'intégralité de leur traitement. Le congé est renouvelable si le fonctionnaire a repris ses fonctions pendant au moins un an.

3.7.1.2.5. Congé de longue durée

La durée des congés de longue durée est au maximum de cinq ans, dont trois sont à plein traitement et deux à demi-traitement. La durée est de cinq ans si la maladie a été contractée pendant le service.

La liste indicative des maladies ouvrant droit à ce congé inclut : tuberculose, maladie mentale, affection cancéreuse ou poliomyélite, déficit immunitaire grave et acquis (sida). Ce congé concerne aussi les fonctionnaires qui ont épuisé la période de rémunération à plein traitement d'un congé de longue maladie. Il est accordé après avis du comité médical.

Après un congé de longue durée, les fonctionnaires peuvent être autorisés à accomplir un service à mi-temps pour une période de six mois renouvelable dans la limite d'un an (mi-temps thérapeutique, voir plus haut). Ils perçoivent dans ce cas l'intégralité de leur traitement.

3.7.1.2.6. Congé de formation professionnelle

L'agent qui souhaite bénéficier d'un congé de formation professionnelle (dit ci-après « congé formation ») doit avoir effectué au moins trois années de services effectifs dans l'administration (y compris en qualité de stagiaire). Les fonctionnaires titulaires, mais aussi les agents civils non titulaires peuvent bénéficier de ce type de congé.

La forme est au libre choix de l'agent, mais doit être agréée par l'administration concernée. La formation doit être dispensée en France, ou dans les établissements publics des pays de la Communauté économique européenne agréés, sauf dérogations. Ce congé formation peut notamment être utilisé pour préparer un examen ou un concours administratif.

Le congé formation ne peut excéder trois ans sur l'ensemble de la carrière de l'agent, et peut être pris en une seule fois ou réparti en stages à temps plein d'une durée minimale d'un mois, ou en stages fractionnés en semaines, demi-journées ou journées.

L'octroi d'un congé formation est subordonné à la signature par l'agent d'un engagement à rester au service de l'État, de la collectivité ou de l'établissement public concerné pendant une période égale au triple de celle pendant laquelle il a perçu l'indemnité forfaitaire mensuelle. Cette obligation n'existe pas pour les agents non titulaires.

La demande de congé formation doit être formulée 120 jours au moins avant la date à laquelle commence la formation (90 jours pour l'autorité territoriale). L'administration doit faire connaître sa décision dans les 30 jours à date de réception. L'administration ne peut pas refuser plus de trois fois de suite une demande présentée par un agent, sauf avis de l'organisme paritaire compétent. Tout refus ou report doit être clairement motivé.

L'agent perçoit une indemnité forfaitaire égale à 85 % du traitement brut et de l'indemnité de résidence qu'il percevait au moment de sa mise en congé. Le versement de l'indemnité est limité à douze mois et n'est pas susceptible de revalorisation, même en cas de hausse générale des traitements. Si l'agent exerçait ses fonctions à temps partiel avant son départ en congé, l'indemnité est calculée sur la base du traitement brut et de l'indemnité de résidence d'un temps plein.

Le coût de la formation est à la charge de l'intéressé.

Le bénéficiaire du congé formation doit consacrer l'intégralité de son activité à sa formation. Dans la mesure où aucune indemnité n'est plus versée après les douze premiers mois du congé, il peut exercer des activités rémunérées dans les limites prévues par les textes.

L'agent en congé formation est considéré comme en activité. Il est maintenu dans ses droits à avancement, la période de congé est prise en compte dans le calcul de son ancienneté pour la retraite et donne lieu aux retenues pour pension civile.

Le congé formation n'ouvre pas la vacance de l'emploi dont est titulaire le fonctionnaire. Il est réintégré de plein droit dans son administration d'origine à l'issue de son congé. Toutefois, l'administration peut ne pas le réintégrer au même poste que celui qu'il occupait au moment de son départ en congé formation.

3.7.1.2.7. Congé pour formation syndicale

Le congé pour formation syndicale est d'une durée maximale de 12 jours ; il ne peut être refusé qu'en fonction des nécessités du service.

3.7.1.2.8. Autorisations d'absence

Les autorisations d'absence ne se déduisent pas obligatoirement du congé annuel et sont accordées sous certaines conditions.

3.7.1.2.8.1. Fonctions publiques électives

Les candidats à des fonctions publiques électives peuvent bénéficier de 20 jours de congés dans le cas des élections législatives, sénatoriales, présidentielles ou européennes ; de 10 jours dans le cas des élections municipales, cantonales et régionales. Ces congés peuvent être déduits de leurs congés annuels normaux, ou imputés par un report d'heures de travail d'une période sur une autre.

Les candidats qui souhaitent obtenir des congés supplémentaires peuvent demander une disponibilité pour convenances personnelles ou un congé sans traitement pour les agents non titulaires.

3.7.1.2.8.2. Élus locaux

Des autorisations d'absence, des crédits d'heures et un congé de formation sont prévus par le Code général des collectivités territoriales au profit des élus locaux.

Les autorisations d'absence – qui sont de droit – permettent, notamment, à leurs bénéficiaires de participer aux réunions du conseil auquel ils appartiennent. Leur rémunération peut être maintenue. Les crédits d'heure – de droit – dont le montant varie avec la taille de la collectivité territoriale concernée et les fonctions exercées en son sein sont notamment destinés à dégager du temps pour l'administration de la collectivité. La rémunération n'est pas maintenue.

3.7.1.2.8.3. Autres fonctions électives non syndicales

Ces congés concernent notamment :

– les parents d'élèves membres des comités de parents et des conseils d'écoles des écoles maternelles ou élémentaires, des commissions permanentes, des conseils de classe et des conseils d'administration des collèges, lycées et établissements d'éducation spéciale, des commissions chargées d'organiser les élections des représentants des parents d'élèves aux conseils d'école : durée de la participation aux réunions ;

– l'assesseur ou le délégué de liste lors des élections prud'homales : le jour du scrutin ;

– le juré ou l'assesseur devant un tribunal ou une cour judiciaire : durée nécessaire aux séances. Dans le cas d'un juré d'assises, l'autorisation spéciale d'absence est de droit.

3.7.1.2.8.4. Fonctions syndicales

Des congés sont accordés aux représentants syndicaux pour participer aux activités des instances statutaires des organisations syndicales, ainsi qu'aux congrès nationaux ou internationaux (10 ou 20 jours par an) ; pour une audience auprès d'une autorité administrative.

Des décharges totales ou partielles d'activité de service sont accordées aux représentants syndicaux désignés et acceptés par l'autorité. Elles ne modifient pas la situation statutaire des intéressés.

Des autorisations spéciales d'absence sont accordées à raison d'une journée d'autorisation spéciale d'absence pour mille journées de travail effectuées dans le département considéré, à répartir entre les organisations représentatives compte tenu de leur représentativité.

3.7.1.2.8.5. Événements familiaux

Sous réserve des nécessités du service, peuvent être accordés dans la fonction publique d'État des congés pour :
– mariage et PACS : 5 jours ouvrables ;
– naissance ou adoption : 3 jours ouvrables ;
– maladie très grave ou décès du conjoint, du père, de la mère ou d'un enfant : 3 jours ouvrables ;
– garde d'enfant malade : les fonctionnaires peuvent bénéficier d'autorisations d'absence pour soigner leur enfant malade ou en assurer la garde temporaire, si l'enfant est âgé de moins de 16 ans ou handicapé. Le nombre de jours octroyés est égal au nombre de jours hebdomadaires travaillés plus un. Le nombre de jours est doublé si le conjoint ne bénéficie d'aucun congé similaire, s'il est demandeur d'emploi, ou si le fonctionnaire assume seul la charge de son enfant. Il peut être porté à 8 jours si les autorisations d'absence ne sont pas fractionnées.

Dans la fonction publique territoriale, les congés pour événements familiaux sont attribués selon des règles décidées par la collectivité concernée après consultation du CTP, dans la limite des obligations législatives et réglementaires imposées par la loi, et sous réserve que ces congés ne dépassent pas les autorisations accordées par l'État dans les cas similaires.

3.7.1.2.8.6. Actions de formation permanente

Pour ce qui est de la fonction publique d'État, l'État met en œuvre en direction de ses agents une politique de formation professionnelle et de promotion sociale et, à ce titre, les agents bénéficient d'autorisations d'absence en vue de la préparation aux concours et examens administratifs.

Ces autorisations, sous forme de décharge de service, sont de 8 jours à temps plein pour une année donnée, et de 24 jours pour l'ensemble de la carrière si la préparation a lieu en dehors des heures normalement dévolues au service.

Le congé de formation professionnelle, examiné plus haut, relève d'un autre type de congé.

3.7.1.2.9. Congé de maternité

Le fonctionnaire ou le stagiaire en activité a droit au congé de maternité avec traitement d'une durée égale à celle prévue par la Sécurité sociale.

La durée du congé varie :

Pour le 1er ou le 2e enfant : congé prénatal : 6 semaines avant la date présumée de l'accouchement ; congé postnatal : 10 semaines après la date de l'accouchement.

Le congé prénatal peut être reporté sur le congé postnatal, mais le congé prénatal doit être d'au moins 2 semaines avant la date présumée de l'accouchement.

3e enfant ou plus : congé prénatal : 8 ou 10 semaines ; congé postnatal : 16 ou 18 semaines.

Dans le cas de naissances multiples, les durées du congé de maternité sont augmentées.

Jumeaux : congé prénatal : 12 semaines ; congé postnatal : 22 semaines.

Triplés ou plus : congé prénatal : 24 semaines ; congé postnatal : 22 semaines.

Pendant la grossesse, le médecin de prévention peut proposer des aménagements temporaires du poste de travail ou des conditions de travail ; en cas d'incompatibilité entre la grossesse et les fonctions, un changement temporaire d'affectation avec maintien des avantages pécuniaires est possible sur avis du médecin de prévention et sur demande de l'agent.

Le congé de maternité est assimilé à une période d'activité pour les droits à pension civile, il est pris en compte pour l'avancement.

Pour les agents à temps partiel, le temps partiel est suspendu pendant le congé, ce qui veut dire que le fonctionnaire est rétabli à plein traitement.

Des autorisations d'absence sont accordées de droit pour les examens médicaux antérieurs ou postérieurs à l'accouchement s'ils ne peuvent avoir lieu en dehors des heures de service (0,5 jour par examen).

Les horaires de travail peuvent être aménagés, sur avis du médecin de prévention et compte tenu des nécessités des horaires du service : une heure par jour maximum à partir du 3e mois de grossesse.

Si les séances préparatoires à l'accouchement ne peuvent avoir lieu en dehors des heures de service, des autorisations d'absence peuvent être accordées par le chef de service sur avis du médecin de prévention.

Lors de la reprise de ses fonctions, l'agent reprend ses fonctions dans la même résidence, le même service, le même poste, sauf si les nécessités de service s'y opposent formellement.

3.7.1.2.10. Congé d'adoption

Le bénéficiaire du congé d'adoption peut être le père ou la mère. L'intéressé doit faire une demande accompagnée d'une déclaration sur l'honneur de son conjoint attestant qu'il ne bénéficie pas d'un congé d'adoption pendant cette période.

Le conjoint qui renonce au bénéfice du congé d'adoption peut bénéficier de 3 jours de congé consécutifs ou non, à prendre dans les 15 jours suivant la date de l'arrivée au foyer de l'enfant adopté.

Le congé débute à compter de la date d'arrivée de l'enfant au foyer et dure : 1er ou 2e enfant : 10 semaines ; 3e enfant et plus : 18 semaines ; adoptions multiples : 22 semaines.

Le congé est assimilé à une période d'activité pour les droits à pension civile et est pris en compte pour l'avancement.

Pour les agents à temps partiel, le temps partiel est suspendu pendant le congé, ce qui veut dire que le fonctionnaire est rétabli à plein traitement.

Lors de la reprise de ses fonctions, l'agent les reprend dans la même résidence, le même service, le même poste, sauf si les nécessités de service s'y opposent formellement.

3.7.1.2.11. Congé de paternité

Le fonctionnaire ou le stagiaire en activité a droit au congé de paternité avec traitement d'une durée égale à celle prévue par la législation sur la Sécurité sociale.

Le congé est accordé, sur demande du père, pour une durée de 11 jours consécutifs et non fractionnables, ou pour une durée de 18 jours en cas de naissances multiples (dimanches et jours non travaillés compris).

Le congé doit être pris dans les 4 mois suivant la naissance de l'enfant, sauf en cas de report pour hospitalisation du nouveau-né.

L'agent qui souhaite bénéficier du congé de paternité doit avertir l'administration au moins un mois avant la date à laquelle il entend prendre son congé et justifier de la filiation de l'enfant à son égard.

Le congé de paternité est assimilé à une période d'activité pour les droits à pension civile et pris en compte pour l'avancement.

Pour les agents à temps partiel, le temps partiel est suspendu pendant le congé, ce qui veut dire que le fonctionnaire est rétabli à plein traitement.

Lors de la reprise de ses fonctions, l'agent reprend ses fonctions dans la même résidence, le même service, le même poste, sauf si les nécessités de service s'y opposent formellement.

3.7.1.2.12. Congé spécial

Existant essentiellement dans la fonction publique territoriale, le congé spécial est accordé aux fonctionnaires territoriaux pour une durée maximale de 5 ans. Pendant ce congé, la rémunération des intéressés demeure à la charge de la collectivité concernée. À l'expiration de ce congé, le fonctionnaire est admis d'office à la retraite.

Le congé spécial peut être accordé si le fonctionnaire qui en fait la demande compte au moins vingt ans de services civils et militaires valables pour le calcul de ses droits à pension, est âgé d'au moins cinquante-cinq ans et occupe son emploi depuis deux ans au moins (limite dont sont exempts, sous certaines conditions, les fonctionnaires territoriaux qui ont perdu leur emploi par suite de sa suppression).

3.7.1.2.13. Autres congés

D'autres types de congés peuvent être octroyés :
– congé d'accompagnement d'une personne en fin de vie : congé non rémunéré et accordé pour une durée maximale de 3 mois ;
– congé pour animateur de la jeunesse ou sportif : congé de six jours ouvrables par an, réservé aux fonctionnaires de moins de 25 ans. Ce congé est non rémunéré et peut être fractionné en deux fois ;
– congé de formation mobilité : pour permettre au fonctionnaire de suivre une formation continue préalable à l'entrée dans ses nouvelles fonctions, ce congé est accordé pour une durée maximale de 3 mois ;
– congé de restructuration : ce type de congé est mis en place dans lc cas de profondes refontes de certaines administrations de l'État.

3.7.1.3. Mise à disposition

La mise à disposition est la situation du fonctionnaire qui demeure dans son corps d'origine, est réputé occuper son emploi, continue à percevoir la rémunération correspondante, mais effectue son service dans une autre administration ou association d'utilité publique que la sienne.

La mise à disposition peut être faite au profit de : administration de l'État ; établissement public administratif de l'État ; organisation internationale ou intergouvernementale ; organisme d'intérêt général public ou privé ; organisation à caractère associatif qui assure une mission d'intérêt général.

L'agent mis à disposition continue à percevoir sa rémunération par l'organisme d'origine, dans le corps d'origine, et le pouvoir disciplinaire reste à l'administration d'origine qui note l'agent, mais reçoit de l'organisme d'accueil des rapports sur sa manière de servir ; cependant, les conditions de travail de l'agent sont fixées par l'organisme d'accueil.

La mise à disposition exige : l'accord du fonctionnaire ; la nécessité de service ; un arrêté de mise à disposition du ministre dont relève l'agent. Elle ne peut excéder trois ans, mais elle est renouvelable.

La fin de la mise à disposition peut être faite à la demande de l'agent, de l'organisme d'accueil ou du ministère gestionnaire de l'agent.

À la fin de la mise à disposition, si l'agent ne peut être réaffecté dans ses fonctions antérieures, il est placé dans l'un des emplois correspondant à son grade.

3.7.2. Détachement

Le détachement est la position du fonctionnaire placé hors de son corps d'origine et continuant à bénéficier dans ce corps de ses droits à l'avancement et à la retraite. Il est généralement prononcé par arrêté du ministre sur demande de l'intéressé.

En détachement, le fonctionnaire détaché est placé sous l'autorité des supérieurs hiérarchiques du service d'accueil ; sa notation est assurée par le chef de service de l'administration de détachement, mais il demeure assujetti au pouvoir disciplinaire détenu par le chef du service d'origine ; l'autorité de détachement peut remettre l'intéressé à la disposition de l'administration d'origine ou prononcer sa suspension.

Le fonctionnaire détaché conserve son droit à l'avancement dans son corps d'origine ; il perçoit la rémunération de son emploi d'accueil, mais paie la retenue pour constitution de la pension de retraite de son corps d'origine ; s'il est détaché d'office, il conserve sa rémunération d'origine si celle du nouvel emploi est moins élevée.

Il existe quatorze cas de détachement, parmi lesquels on peut citer : auprès d'une administration ou d'un établissement public de l'État ; auprès d'une collectivité territoriale ou d'un établissement public en relevant ; auprès d'une entreprise ou d'un organisme privé d'intérêt général ou de caractère associatif assurant des missions d'intérêt général ; pour dispenser un enseignement à l'étranger ; pour exercer les fonctions de membre du gouvernement, un mandat local, ou une fonction publique élective empêchant l'exercice normal de la fonction (le détachement est dans ce cas de plein droit) ; auprès d'une entreprise ou d'un organisme privé ou d'un groupement d'intérêt public, pour effectuer des travaux de recherche et d'intérêt national ; pour exercer un mandat syndical (le détachement est dans ce cas de plein droit) ; auprès de l'administration d'un État membre de la Communauté européenne ou d'un autre État partie à l'accord sur l'Espace économique européen.

Le détachement peut être : de courte durée (6 mois maximum), porté à un an non renouvelable pour des détachements à l'étranger ou dans les territoires d'outre-mer ; de longue durée : cinq ans au maximum, avec renouvellement possible.

À la fin du détachement, le fonctionnaire est obligatoirement réintégré, même en surnombre, dans son corps d'origine, et affecté à un emploi correspondant à son grade. Dans le cas d'une fin anticipée de détachement, et si aucune faute n'a été commise par le fonctionnaire, celui-ci continue à percevoir sa rémunération par l'organisme de détachement, tant que sa réintégration n'est pas effective.

Il est possible, passé un certain délai, d'être intégré dans la fonction publique d'accueil. Les conditions de cette intégration sont fixées par les statuts particuliers des corps ou des cadres d'emplois concernés.

3.7.3. Position hors cadres

Le fonctionnaire, remplissant les conditions pour être détaché auprès d'une administration ou d'une entreprise publique, ou auprès d'organismes internationaux, peut être placé sur sa demande en position hors cadres pour servir dans cette administration, cette entreprise ou cet organisme.

Ne pouvant être décidée d'office, la position hors cadres suppose que le fonctionnaire compte au moins quinze ans de services civils et militaires valables pour la constitution du droit à pension.

Le fonctionnaire hors cadres perd ses droits à traitement, avancement et retraite dans son corps d'origine. Il est soumis au régime statutaire et de retraite régissant la fonction qu'il exerce dans cette position. Notamment, l'administration d'origine perd le pouvoir disciplinaire à son égard, et les droits à pension ou allocations de retraite s'acquièrent dans le corps ou l'emploi d'affectation.

La durée de la position hors cadres est de cinq ans maximum, renouvelable. Tous les cinq ans, le fonctionnaire peut demander sa réintégration dans son corps d'origine et peut exiger qu'elle soit prononcée à la première vacance ; si le fonctionnaire n'est pas réintégré immédiatement dans son corps d'origine, il peut demander à être admis à la retraite.

Il a droit à une pension à jouissance immédiate lorsque sa mise hors cadres a cessé en raison d'une invalidité le mettant dans l'impossibilité définitive d'exercer ses fonctions.

3.7.4. Mise en disponibilité

La disponibilité est la position du fonctionnaire qui, placé hors de son administration d'origine, cesse de bénéficier de ses droits à l'avancement ou à la retraite.

Il existe trois types de disponibilité.

– Disponibilité d'office : prononcée en cas d'inaptitude physique temporaire, à l'expiration d'un congé de maladie, de longue maladie ou de longue durée, si l'agent ne peut être immédiatement reclassé. Cette disponibilité est prise pour un an maximum, renouvelable deux fois. À son expiration, si l'agent n'a pas pu être reclassé, il est soit réintégré, soit mis à la retraite soit, s'il n'a pas droit à pension, licencié.

– Disponibilité sur demande sous réserve de nécessité de service : après avis des commissions paritaires et pour : études et recherches d'intérêt général (3 ans maximum, renouvelable une fois) ; convenance personnelle (3 ans maximum, renouvelable, dans la limite de 10 ans pour toute la carrière) ; création ou reprise d'une entreprise (2 ans, non renouvelable).

– Disponibilité sur demande accordée de droit : pour donner des soins au conjoint, enfant ou ascendant en cas d'accident ou de maladie grave ; pour élever un enfant de moins de 8 ans ou donner des soins à un enfant à charge, au conjoint, à un ascendant, atteint d'un handicap nécessitant la présence d'une tierce personne ; pour suivre son conjoint astreint professionnellement à une résidence à l'étranger ; pour exercer un mandat d'élu local, pendant la durée du mandat. Les disponibilités accordées de droit durent 3 ans au maximum, renouvelables deux fois pour donner des soins, sans limite dans les autres cas.

La mise en disponibilité est également accordée de droit, pendant la durée de son mandat et sur sa demande, au fonctionnaire qui exerce un mandat d'élu local.

À l'expiration d'une disponibilité d'office, le fonctionnaire, s'il n'a pas pu bénéficier d'une mesure de reclassement, est soit réintégré dans son administration, soit admis à la retraite, soit, s'il n'a pas droit à pension, licencié.

Le fonctionnaire mis en disponibilité sur sa demande dispose en principe d'un droit à la réintégration, dans certaines limites : la réintégration doit être demandée dans un délai de trois mois avant la fin de la mise en disponibilité ; le fonctionnaire doit accepter l'un des trois postes vacants qui lui sont proposés à l'issue de sa disponibilité, sous peine d'être licencié ; dans certains cas de disponibilité accordée de droit, le fonctionnaire est obligatoirement réintégré à la première vacance.

Les activités qu'on peut exercer en disponibilité sont définies par les textes, et notamment par le décret du 17 février 1995. Les contrôles portent essentiellement sur la compatibilité entre l'emploi précédemment exercé dans la fonction publique et le futur emploi, de façon notamment à prévenir les risques de corruption.

3.7.5. Service national et activités dans la réserve opérationnelle

Il faut distinguer trois cas.

– Service national actif : le fonctionnaire conserve sa qualité, mais perd son traitement tout en conservant son droit à réintégration dans un emploi similaire à celui qu'il a quitté.

– Périodes d'instruction ou de réserve : le fonctionnaire mis en congé perçoit son traitement.

– Activités dans la réserve opérationnelle : le fonctionnaire est mis en congé avec traitement lorsqu'il exerce une activité dans la réserve opérationnelle d'une durée inférieure ou égale à trente jours cumulés par année civile.

3.7.6. Congé parental et congé de présence parentale

3.7.6.1. Congé parental

Le congé parental est la position du fonctionnaire qui est placé hors de son administration d'origine pour élever son enfant. Il perd ses droits à rémunération et à la retraite ; ses droits à l'avancement d'échelon sont réduits de moitié.

Le congé parental est accordé de droit soit à la mère fonctionnaire après un congé pour maternité ou pour adoption, ou lors de l'arrivée au foyer d'un enfant n'ayant pas atteint l'âge de la fin de l'obligation scolaire, soit au père fonctionnaire après la naissance ou le congé d'adoption ou lors de l'arrivée au foyer de l'enfant adopté. Il est de droit à l'occasion de chaque naissance ou de chaque adoption.

Le congé parental est accordé par périodes de 6 mois renouvelables ; il prend fin au plus tard au 3e anniversaire de l'enfant ou à l'expiration de la 3e année suivant l'adoption. Si une nouvelle naissance ou une nouvelle adoption survient pendant son déroulement, il peut être prolongé.

Le bénéficiaire d'un congé parental possède un droit à réintégration, au besoin en surnombre, dans son corps d'origine. Il est réaffecté dans son emploi. Dans le cas où celui-ci ne peut lui être proposé, il est affecté dans un emploi le plus proche de son dernier lieu de travail. S'il le demande, il peut également être affecté dans un emploi le plus proche de son domicile (sous réserve des priorités de mutation).

3.7.6.2. Congé de présence parentale

Le congé de présence parentale est la position du fonctionnaire qui est placé hors de son administration d'origine lorsque la maladie, l'accident ou le handicap grave d'un enfant à charge nécessite la présence de son père ou de sa mère auprès de lui.

Il est accordé de droit pour une durée initiale de 4 mois au plus et peut être prolongé deux fois dans la limite d'un an.

Le fonctionnaire perd ses droits à rémunération et à la retraite, ses droits à l'avancement d'échelon sont réduits de moitié.

Le bénéficiaire d'un congé de présence parentale possède un droit à réintégration, au besoin en surnombre, dans son corps d'origine. Il est réaffecté dans son emploi. Dans le cas où celui-ci ne peut lui être proposé, il est affecté dans un emploi le plus proche de son dernier lieu de travail. S'il le demande, il peut également être affecté dans un emploi le plus proche de son domicile (sous réserve des priorités de mutation).

3.8. Mutation

La mutation est définie comme un changement d'affectation administrative du fonctionnaire. Elle peut intervenir soit à la demande de l'intéressé, soit dans l'intérêt du service.

Les mutations ne concernent pas les fonctionnaires stagiaires, qui doivent d'abord être titularisés, ni les personnels non titulaires.

Le refus de rejoindre le poste assigné peut entraîner la radiation des cadres sans que soient observées les formalités prévues en matière disciplinaire.

3.8.1. Fonction publique d'État

Dans la fonction publique d'État, des tableaux périodiques de mutation sont dressés (une fois par an, exceptionnellement deux fois ou plus). Dans ce cas, les CAP sont consultées lors de l'élaboration de ces tableaux. Dans le cas contraire, seules sont soumises aux CAP les mutations comportant un changement de résidence ou une modification de la situation de l'intéressé. Les mutations sont prononcées par les services centraux des ministères, après avis des CAP.

Dans la mesure compatible avec le bon fonctionnement du service, les mutations prononcées doivent tenir compte des demandes des agents et de leur situation de famille. Priorité est donnée aux fonctionnaires séparés de leur conjoint pour des raisons professionnelles, aux travailleurs handicapés et aux fonctionnaires qui exercent leurs fonctions pendant une certaine durée dans des quartiers urbains difficiles.

Mesure disciplinaire, la mutation dans l'intérêt du service est une mesure unilatérale ayant pour effet de modifier les conditions d'emploi du fonctionnaire, soit par changement de résidence, soit par changement de la situation de l'intéressé.

3.8.2. Fonction publique territoriale

Dans la fonction publique territoriale, le fonctionnaire doit chercher lui-même une collectivité d'accueil, comme c'est le cas après le succès à un concours. Les candidats sont généralement sélectionnés par voie d'entretien. La mutation s'impose à la collectivité d'origine, sur demande de la collectivité d'accueil, dans un délai maximal de trois mois après expression écrite de la demande.

Les collectivités territoriales doivent obligatoirement publier les vacances d'emploi, au minimum auprès du centre départemental de gestion ou du CNFPT qui les met en ligne.

3.9. Reclassement

Le fonctionnaire titulaire devenu inapte physiquement, temporairement ou définitivement, à exercer les fonctions de son grade, peut être reclassé dans un autre corps après avis du comité médical. La procédure de reclassement dans un autre corps doit être conduite dans les trois mois suivant la demande.

Le fonctionnaire peut être détaché dans un corps de niveau équivalent. Dans ce cas, il conserve l'indice détenu dans son ancien corps. Ni les dispositions statutaires ni les limites d'âge supérieures ne lui sont opposables. En cas d'inaptitude définitive à son précédent emploi, il peut demander son intégration au bout d'un an de détachement.

Le fonctionnaire peut demander un reclassement dans un autre corps équivalent, inférieur ou supérieur par concours, examen ou autre mode de recrutement. Il doit remplir les conditions d'ancienneté fixées par les statuts, mais les limites d'âge supérieures ne lui sont pas opposables.

3.10. Notation

La notation est l'appréciation de la valeur professionnelle du fonctionnaire par ses supérieurs hiérarchiques.

Le système de notation comporte une note établie selon divers critères (exactitude, esprit d'initiative, compétence technique, etc.) prévus par arrêté ministériel, et une appréciation générale du chef de service. Une note provisoire est établie après un entretien avec l'agent. La note et l'appréciation sont communiquées à l'agent et à la CAP. Après péréquation (notamment en tenant compte de la moyenne du corps), la note définitive est attribuée.

Les notes et appréciations sont communiquées au fonctionnaire, qui peut par l'intermédiaire de la CAP demander la révision de sa notation.

Il peut aussi faire un recours juridictionnel contre la décision de notation.

La notation est notamment prise en compte pour la modulation de certaines primes et pour les bonifications et majorations d'ancienneté en matière d'avancement d'échelon.

Le décret du 29 avril 2002, qui met en place un processus d'évaluation des agents, s'accompagne d'une rénovation du mode de notation. Désormais, des arrêtés ministériels définissent les niveaux des notes, leurs marges d'évolution, les critères d'appréciation des agents et les conditions d'harmonisation préalable des notes. De ce fait, la note n'est plus nécessairement chiffrée.

La notation peut être faite chaque année ou tous les deux ans, et une procédure d'harmonisation est substituée à la procédure de péréquation en cours auparavant. Les réductions d'ancienneté sont corrélées à l'évolution des notes et mises en œuvre selon un processus relativement complexe – mais qui peut aboutir parfois à des minorations d'ancienneté pour les agents dont la manière de servir est jugée insuffisante.

3.11. Évaluation

La nécessité de réformer en profondeur le système de notation pour prendre en compte la dimension de l'évaluation des personnels a abouti à la publication du décret du 29 avril 2002. Ce texte vise à simplifier les procédures de notation et d'avancement d'échelon.

Cette procédure d'évaluation se concrétise essentiellement par la mise en place d'entretiens individuels d'évaluation, menés par le supérieur hiérarchique direct de l'agent concerné.

3.12. Cessation définitive de fonctions

« Les fonctionnaires ne peuvent être maintenus en fonction au-delà de la limite d'âge de leur emploi sous réserve des exceptions prévues par les textes en vigueur » (loi du 11 janvier 1984, art. 68).

La cessation définitive de fonction entraîne la radiation des cadres et la perte de la qualité de fonctionnaire. Cinq cas sont à distinguer : retraite ; démission ; licenciement ; révocation ; abandon de poste. À ces cinq cas il convient d'ajouter le départ des fonctionnaires vers le privé, qui ne peut se faire que dans certaines conditions, la suppression d'emploi, le congé de fin d'activité et la cessation progressive d'activité.

3.12.1. Retraite

Le départ à la retraite est une cessation définitive de fonction qui entraîne la radiation des cadres.

Il intervient soit en raison de la limite d'âge, soit à la demande de l'intéressé, soit d'office en raison de certaines circonstances liées à la santé ou à une insuffisance professionnelle, ou encore pour dégagement des cadres[1].

3.12.2. Démission

La démission résulte d'une demande écrite de l'intéressé, marquant sa volonté expresse de quitter l'administration.

L'autorité de nomination doit donner réponse dans les quatre mois à cette demande (un mois pour la fonction publique territoriale) ; le silence de l'administration équivaut à un rejet de la demande de démission. Le refus de la démission doit être motivé et est susceptible de saisine par la CAP de l'agent concerné.

Le fonctionnaire dont la démission a été régulièrement acceptée continue à exercer ses fonctions jusqu'à la date indiquée par l'autorité hiérarchique.

L'acceptation de la démission rend celle-ci irrévocable. Le fonctionnaire démissionnaire ne pourra être réintégré que par le fait d'une nouvelle nomination soumise aux règles ordinaires (concours, etc.).

3.12.3. Licenciement

Le licenciement peut être prononcé en raison de l'indisponibilité du fonctionnaire, notamment s'il refuse le poste assigné à l'expiration d'une disponibilité ou d'un congé de maladie, de longue maladie ou de longue durée.

Un licenciement pour insuffisance professionnelle peut être prononcé après observation de la procédure prévue en matière disciplinaire, même s'il ne s'agit pas en l'espèce d'une mesure disciplinaire. Le fonctionnaire licencié peut recevoir une indemnité de licenciement en capital égale aux trois quarts des traitements bruts afférents au dernier mois d'activité, multiplié par le nombre d'années de service valables pour la retraite, sans que ce nombre puisse être supérieur à quinze.

3.12.4. Révocation

La révocation est une sanction disciplinaire de quatrième groupe. Elle peut aussi être prononcée en cas de perte de la nationalité française, de la déchéance des droits civiques, de l'interdiction par décision de justice d'exercer un emploi public ou de la non-réintégration à l'issue d'une période de disponibilité.

3.12.5. Abandon de poste

Le fonctionnaire qui abandonne son poste est considéré comme ayant renoncé aux garanties qu'il tient de son statut, et peut donc être radié autoritairement des cadres sans observation d'une procédure disciplinaire.

1. Voir plus bas la partie sur les départs en retraite et les cessations d'activité.

3.12.6. Départ des agents publics vers le secteur privé

Les fonctionnaires en disponibilité ou cessant définitivement leurs fonctions ne peuvent exercer dans le secteur privé des fonctions incompatibles avec leurs précédentes fonctions.

Cependant, dans le cadre de la mise en place du dispositif innovation recherche, les articles L 413-1 à L 413-14 du Code de la recherche prévoient que la commission de déontologie est saisie pour avis des demandes d'autorisation ou de renouvellement d'autorisation de départ du fonctionnaire, personnel du service public de la recherche, vers l'entreprise avec laquelle il a été amené à collaborer, et informée pendant la durée de l'autorisation et durant cinq ans à compter de son expiration ou de son retrait, des contrats et conventions conclus entre l'entreprise et le service public de la recherche.

3.12.7. Suppression d'emploi

Dans la fonction publique d'État, la suppression d'emploi n'est possible que par une loi de « dégagement des cadres ».

Dans la fonction publique territoriale, les collectivités territoriales peuvent supprimer par décision de l'autorité compétente tout emploi de cette collectivité.

Dans le cas où l'emploi d'un fonctionnaire territorial est supprimé, et après avis du CTP, s'il n'existe pas d'emploi correspondant à lui offrir, il est géré par le CNFPT (pour les agents de catégorie A) ou le centre de gestion (pour les agents de catégorie B ou C) qui continue à lui verser son traitement.

Tout poste disponible lui est proposé et, s'il en refuse trois, il peut être licencié[1] ou admis à faire valoir ses droits à la retraite.

3.12.8. Congé de fin d'activité

Le congé de fin d'activité est ouvert aux agents titulaires ou non titulaires de la fonction publique d'État et de la fonction publique territoriale réunissant certaines conditions d'âge, de durée de cotisation et de services, qui sont très restrictives.

Ce congé n'est accessible qu'aux agents nés entre le 1er janvier 1943 et le 31 décembre 1946 et qui réunissent les conditions au 31 décembre 2002.

La rémunération est égale à 75 % du traitement brut moyen des six derniers mois pour les titulaires, et à 70 % du salaire moyen brut des douze derniers mois pour les non-titulaires. Un montant minimum brut est fixé, la rémunération est soumise à la CSG et à la CRDS.

Aucun avancement n'est accordé durant le congé, ni aucun nouveau droit pour la retraite de base.

---

1. Dans ce cas, il bénéficie du régime d'assurance-chômage dans les mêmes conditions que le salarié du secteur privé.

3.12.9. La cessation progressive d'activité

La cessation progressive d'activité (CPA) permet d'aménager une transition entre l'activité et la retraite. Elle s'applique (sous réserve de l'intérêt du service) à l'ensemble des fonctionnaires dont l'âge légal de départ à la retraite est fixé à 60 ans. Pour en bénéficier, il faudra, à compter du 1er janvier 2008, être âgé de 57 ans et justifier de 33 années de cotisation « tous régimes », dont 25 années de service public.

Les agents qui entrent en CPA s'engagent à y demeurer jusqu'à 60 ans. La CPA peut se poursuivre au-delà, mais cesse lorsque l'agent atteint la durée de service nécessaire à l'obtention d'une pension à taux maximal.

Pendant la durée de la CPA, les agents exercent leur fonction à temps partiel, selon une quotité qui peut être dégressive ou fixe :

– dégressive : quotité de travail de 80 % pendant les deux premières années avec les 6/7e du traitement et des indemnités perçus auparavant, puis 60 % du temps de travail et 70 % du traitement et des indemnités jusqu'à la fin de la CPA ;

– fixe : quotité de travail de 50 % et traitement et indemnités de 60 %.

Les dispositions de la CPA sont aménagées pour les enseignants, compte tenu des conditions particulières de l'exercice de leur activité.

La CPA concerne tous les agents titulaires de l'État ou des collectivités territoriales, mais aussi les agents non titulaires de la fonction publique territoriale et, sous certaines conditions, les agents non titulaires de la fonction publique de l'État.

3.12.10. Les pensions civiles de retraite

La pension de retraite des fonctionnaires est une créance sur le Trésor public que se constituent les agents titulaires durant leur activité. À cet égard, la fonction publique présente des caractéristiques spécifiques, distinctes de celles du régime général applicable aux salariés. À côté du régime spécifique des fonctionnaires, il existe un grand nombre de régimes spéciaux (militaires, marine marchande, mines, etc.) qui ne seront pas examinés ici.

Le régime des retraites a été profondément bouleversé dans ses modalités par la mise en œuvre progressive de la loi du 21 août 2003 portant réforme des retraites, même si celle-ci n'a pas modifié les conditions du droit à pension.

Le départ en retraite correspond en fait à deux actions distinctes : la radiation des cadres de l'administration, qui n'implique pas dans tous les cas le paiement immédiat de la pension ; la liquidation, c'est-à-dire la détermination du montant de la pension.

3.12.10.1. La pension civile d'ancienneté

Les fonctionnaires de l'État (tout comme les militaires et les magistrats) bénéficient du régime des pensions de l'État, dont les dispositions sont regroupées dans le Code des pensions civiles et militaires. Les fonctionnaires territoriaux (et hospitaliers) sont affiliés à la Caisse nationale de retraite des agents des collectivités locales (CNRACL). Les modalités de calcul et d'attribution des pensions dans les trois fonctions publiques sont proches.

La pension est accordée au moment de l'admission à la retraite, sur demande du fonctionnaire et non de l'administration (sauf admission d'office, par exemple en raison de la limite d'âge). C'est une allocation personnelle et viagère, versée mensuellement pendant toute la durée de la vie et, en cas de décès, aux « ayants cause » (conjoint, ex-conjoint, orphelins). Il s'agit alors d'une pension de réversion.

Le droit à pension reste acquis à partir de quinze ans de service :

– de plein droit, à condition d'avoir atteint l'âge d'ouverture des droits (entre 50 et 60 ans selon l'emploi détenu) ;

– en cas de démission, révocation ou licenciement. Dans ce cas, la liquidation et le paiement de la pension seront différés jusqu'à l'âge d'ouverture des droits (entre 50 et 60 ans selon l'emploi détenu).

Les critères du droit à pension sont :

– la nature de l'emploi : l'âge d'ouverture des droits est normalement fixé à 60 ans. Certains emplois permettent d'ouvrir ce droit à 50 ou 55 ans en raison des risques ou des conditions de pénibilité particulières liées à cet emploi (policiers, douaniers, surveillants pénitentiaires, etc.). Ces emplois sont classés en services actifs, les autres sont dits emplois sédentaires ;

– l'âge : si elle est prise, en fonction de l'emploi, entre 50 et 60 ans, la retraite doit aussi être prise avant un âge limite, au-delà duquel le fonctionnaire est mis d'office en retraite (de 55 à 65 ans, sauf exceptions) ;

– le traitement indiciaire en fin de carrière : le traitement indiciaire retenu est, sauf cas particuliers, le dernier indice détenu pendant au moins six mois avant le départ à la retraite ;

– la situation familiale : des bonifications de durée de service et des majorations de pension peuvent intervenir dans certains cas ;

– la durée de service dans la fonction publique et la « durée d'assurance » tous régimes (public ou privé).

Un recul de la limite d'âge est possible dans les conditions suivantes :

– une année par enfant à charge à la limite d'âge, dans la limite de trois ans de prolongation ;

– une année pour le fonctionnaire qui, à 50 ans, avait trois enfants vivants, à condition qu'il soit apte physiquement à continuer son emploi.

Les périodes travaillées après la limite d'âge sont désormais prises en compte dans le calcul de la pension.

La pension est versée à la date d'ouverture des droits, même si la retraite est prise antérieurement. Dans certains cas cependant, il est possible de toucher sa retraite sans attendre l'âge d'ouverture des droits : mères de 3 enfants ayant effectué 15 ans de service, ou ayant élevé 3 enfants au moins pendant 9 ans avant leur seizième anniversaire, fonctionnaires atteints d'une infirmité ou d'une maladie incurable, ou dont les conjoints souffrent de ces mêmes maladies.

3.12.10.1.1. Durée de service

3.12.10.1.1.1. Années prises en compte dans le calcul de la pension

L'élément de base pour le calcul de la pension est le décompte des années de service effectuées dans la fonction publique. S'y ajoutent éventuellement des bonifications, l'ensemble permettant d'évaluer le montant de la pension. Pour éventuellement l'augmenter, il est possible de prolonger son activité, de cotiser à temps plein pour le fonctionnaire travaillant à temps partiel ou en CPA, ou de racheter des années d'études.

La réforme des retraites a fait évoluer le nombre de trimestres nécessaires à la perception d'une retraite à taux maximal : de 156 trimestres (soit 39 années) en 2006, il passera progressivement à 164 trimestres en 2012 (soit 41 années).

Les principaux services pris en compte pour le calcul incluent les services accomplis comme fonctionnaires titulaires, dans des établissements industriels de l'État en qualité d'affilié au régime de retraite, dans les cadres permanents des administrations des départements et territoires d'outre-mer ainsi que dans les anciennes colonies.

Ne peuvent pas être prises en compte, notamment, les périodes de disponibilité, sauf pour formation professionnelle, et les périodes de congé parental (considéré comme une position particulière).

Certaines périodes sont prises en compte gratuitement : le service national et les interruptions d'activité pour les enfants nés ou adoptés après le 1er janvier 2004, généralement dans la limite de trois ans par enfant naturel ou adoptif (congé parental, congé d'adoption, congé de présence parentale dans la limite d'un an, disponibilité, temps partiel de droit pour raisons familiales).

3.12.10.1.1.2. Bonifications

À la durée du service s'ajoutent des bonifications pour charges de famille, ainsi que d'autres bonifications telles que : dépaysement pour les services civils hors d'Europe, bénéfices de campagnes.

Les bonifications pour charge de famille sont d'un an de durée de service pour chaque enfant né ou adopté avant le 1er janvier 2004, à la condition d'avoir interrompu son activité pendant une période continue d'au moins deux mois (congé de maternité, congé parental, congé d'adoption, congé de présence parentale, disponibilité) et d'avoir élevé l'enfant pendant au moins neuf ans avant son 21e anniversaire. Les femmes fonctionnaires bénéficient en plus d'une majoration de six mois par enfant pour les naissances postérieures au 1er janvier 2004.

Les fonctionnaires élevant à domicile un enfant handicapé atteint d'une invalidité supérieure à 80 % bénéficient d'une majoration de durée d'un trimestre par période d'éducation de trente mois dans la limite de quatre trimestres.

Les bonifications du « 1/5e » de la durée de service effectif concernent certains fonctionnaires classés en catégorie active (policiers, surveillants pénitentiaires), dans la limite de cinq années. Ces bonifications ne permettent pas de dépasser le taux de liquidation maximal de 75 %.

3.12.10.1.1.3. Validation de service des agents non titulaires

La validation de services effectués comme contractuel ou agent non titulaire de la fonction publique doit être demandée dans les deux ans qui suivent la titularisation. Les périodes validées s'ajoutent à la durée de service prise en compte pour le calcul de la pension, mais cette validation nécessite le paiement de cotisations calculées sur le traitement indiciaire à la date de la demande.

3.12.10.1.2. Le montant de la pension

3.12.10.1.2.1. Calcul du montant de la pension

Le calcul du montant de la pension prend en compte de nombreux éléments : années de service, bonifications, etc.

Le traitement indiciaire de fin de carrière sert de base au calcul de la pension. Il s'agit de l'indice effectivement détenu depuis six mois au moins au moment de la cessation de service. Le traitement des fonctionnaires qui accomplissent un service à temps partiel est compté pour la valeur annuelle d'un temps plein. La nouvelle bonification indiciaire donne droit à un supplément de pension.

La pension est égale au résultat du calcul suivant : nombre de trimestres acquis (N) multiplié par le montant du traitement indiciaire brut mensuel (TB) multiplié par 75 %, divisé par le nombre de trimestres requis l'année d'ouverture des droits (DSB).

Formule : P = (N x TB x 75 %) / DSB.

Pour les parents ayant élevé 3 enfants au moins pendant 9 ans avant leur seizième anniversaire, la pension est majorée de 10 %, et de 5 % par enfant supplémentaire.

Un minimum garanti de pension a été mis en place, dont la valeur sera progressivement portée (en 2013) à 57,5 % de l'indice majoré 227.

À compter du 1er janvier 2005 est mis en place un régime de retraite additionnel obligatoire, dont la gestion paritaire est confiée à un établissement public à caractère administratif placé sous la tutelle de l'État. Ce régime est fondé sur l'ensemble des éléments du traitement non pris en compte dans le calcul de la pension, par exemple les primes et indemnités de toute nature et les heures supplémentaires. Ces éléments sont pris en compte à hauteur de 20 % maximum du traitement indiciaire. Cette retraite additionnelle sera versée au plus tôt à l'âge de 60 ans.

Les pensions sont soumises à la contribution sociale généralisée (CSG) et à la contribution au remboursement de la dette sociale (CRDS).

À partir de janvier 2004, le montant des pensions est revalorisé annuellement par décret, non plus en fonction de la valeur du point d'indice de la fonction publique, comme c'était le cas auparavant, mais en fonction de l'évolution prévisionnelle des prix à la consommation.

La pension peut être suspendue par la perte de la nationalité française, en cas de malversation ou de condamnation.

3.12.10.1.2.2. Décote

À partir de 2006, une décote est appliquée au calcul de la pension des personnels n'ayant pas atteint la durée d'assurance requise l'année d'ouverture de leurs droits à la retraite. Cette décote (ou coefficient de minoration) est appliquée à un taux de 0,125 % par trimestre manquant dans la durée d'assurance nécessaire pour obtenir une pension au taux maximal. La décote augmentera progressivement de 0,125 % par trimestre pour atteindre 1,25 % par trimestre en 2015.

Aucune décote n'est appliquée lorsque le fonctionnaire part à son âge limite, même s'il n'a pas le nombre de trimestres nécessaires pour obtenir une pension au taux maximal. L'âge auquel cette décote ne peut plus s'appliquer augmentera progressivement, jusqu'à atteindre 65 ans en 2020. Le nombre de trimestres pris en compte pour le calcul de la décote est plafonné à 20, soit 5 ans.

3.12.10.1.2.3. Surcote

La surcote a été mise en place au 1er janvier 2004, elle permet au fonctionnaire qui travaille au-delà de l'âge nécessaire pour obtenir une retraite au taux maximal de bénéficier d'une surcote par trimestre supplémentaire travaillé. Cette surcote éventuelle ne s'applique qu'aux personnels de plus de 60 ans. La surcote est de 0,75 % par trimestre (soit 3 % par an) dans la limite de 20 trimestres (soit 5 ans).

À compter du 1er janvier 2004, les périodes de travail à temps partiel effectuées peuvent être décomptées dans la pension comme du temps plein, moyennant une surcotisation. Cette option, cependant, est limitée à 4 trimestres d'activité.

3.12.10.2. Pension de réversion

Les veuves et les veufs de fonctionnaires ont droit à une pension égale à 50 % de la pension dont bénéficiait leur conjoint, sans condition d'âge, d'activité ou de ressources. À la pension de réversion s'ajoutent le cas échéant la moitié de la rente d'invalidité dont le fonctionnaire bénéficiait, ou aurait pu bénéficier, et la moitié de la majoration pour enfant obtenue.

Les orphelins de fonctionnaires, âgés de moins de 21 ans, ainsi que les enfants âgés de plus de 21 ans à la charge du fonctionnaire à la date de son décès et atteints d'une infirmité permanente perçoivent une pension temporaire d'orphelin égale au maximum à 10 % de la pension du fonctionnaire.

Si le fonctionnaire décède en activité, son conjoint touchera 50 % de la pension qu'il aurait pu obtenir le jour de son décès.

3.12.10.3. Cumul de pensions avec des rémunérations d'activités ou d'autres pensions

Les titulaires de pensions admis à la retraite avant d'avoir atteint la limite d'âge et qui perçoivent une rémunération d'un organisme soumis à la règle des cumuls ne peuvent percevoir leur pension. Toutefois, si la pension est supérieure à leur rémunération, ils perçoivent le différentiel.

Le fonctionnaire titulaire de deux emplois relevant de l'État ou des collectivités territoriales et comportant des limites d'âge différentes peut demeurer en fonction dans son second emploi et cumuler sa pension et la rémunération attachée à cet emploi.

Certaines activités sont placées hors du champ du cumul, notamment celles liées aux activités pédagogiques ou culturelles.

3.13. La Sécurité sociale des fonctionnaires

Les fonctionnaires de la fonction publique de l'État et de la fonction publique territoriale dépendent d'un régime spécial de sécurité sociale, spécifique à chacune des fonctions publiques. Les dispositions de ces régimes spéciaux sont plus favorables que celles du régime général, et les prestations servies ne peuvent en aucun cas être inférieures à celles du régime général[1].

Pour percevoir des prestations, les assurés sociaux doivent obligatoirement être inscrits à une caisse primaire. La loi n° 47-648 du 9 avril 1947 ratifiant le décret du 31 décembre 1946 relatif à l'institution d'un régime de sécurité sociale pour les fonctionnaires, a confié aux mutuelles de fonctionnaires la gestion des dossiers de Sécurité sociale. Ainsi les fonctionnaires sont-ils rattachés, autrement dit affiliés (qu'ils soient mutualistes ou non) à la mutuelle constituée dans le cadre de leur administration et chargée de gérer l'assurance maladie pour le compte de la Sécurité sociale. Pour les fonctionnaires de l'Éducation nationale, c'est le cas par exemple de la Mutuelle générale de l'Éducation nationale (MGEN).

Pour autant, depuis 2005, les prestations familiales sont désormais versées, pour les fonctionnaires comme pour les autres bénéficiaires, par les caisses d'allocations familiales.

3.13.1. Prestations familiales

Les caisses d'allocations familiales versent des prestations familiales aux salariés ayant à leur charge un ou plusieurs enfants, jusqu'à l'âge de 20 ans pour tous les enfants n'exerçant aucune activité ou dont la rémunération n'excède pas par mois 55 % du SMIC. Les prestations familiales représentent un pourcentage d'une base mensuelle de calcul (BMAF) fixée par décret. Certaines de ces prestations sont soumises à la contribution pour le remboursement de la dette sociale au taux de 0,5 %.

On distingue les prestations générales d'entretien, la prestation d'accueil du jeune enfant, les prestations à affectation spéciale.

1. Dans la précédente édition de cet ouvrage, un chapitre commun était consacré à la Sécurité sociale des fonctionnaires et des personnels non titulaires. De façon à ménager une cohérence spécifique aux chapitres consacrés d'une part aux fonctionnaires, de l'autre aux personnels non titulaires, il a paru souhaitable de faire deux chapitres distincts, au risque de certaines redondances. De ce fait, les explications sur chaque type de prestation envisagée sont plus succinctement résumées, en particulier quant aux conditions d'obtention et aux modes de calcul des montants de prestations considérés.

3.13.1.1. Prestations générales d'entretien

Les prestations générales d'entretien incluent les allocations familiales, l'allocation forfaitaire, le complément familial, l'allocation de soutien familial et l'allocation de parent isolé.

3.13.1.1.1. Allocations familiales

Les allocations familiales sont dues à partir du deuxième enfant à charge résidant en France. Elles sont versées sans condition d'activité et de ressources. Au 1er janvier 2006, elles représentent, pour deux enfants, 32 % de la base de calcul (117,71 euros) et 41 % de cette même base par enfant supplémentaire. Elles sont assorties de majorations égales à 9 % de la base de calcul (33,11 euros) pour tout enfant, à l'exception de l'aîné des familles de moins de 3 enfants âgés de 11 à 16 ans, et 16 % du même montant (58,86 euros) pour tout enfant, à l'exception de l'aîné des familles de moins de 3 enfants âgés de 16 ans et plus.

3.13.1.1.2. Allocation forfaitaire

L'allocation forfaitaire est servie aux familles de 3 enfants à charge et plus qui perdent le bénéfice d'une partie des allocations familiales du fait qu'un ou plusieurs enfants atteint l'âge de 20 ans. Elle est versée au titre de l'enfant concerné pendant un an.

3.13.1.1.3. Complément familial

Le complément familial est attribué sous condition de ressources aux familles ayant à leur charge au moins 3 enfants âgés de 3 ans et plus et de moins de 21 ans.

3.13.1.1.4. Allocation de soutien familial

Cette allocation est attribuée sans condition de ressources pour tout enfant orphelin de père ou de mère ou pour tout enfant dont la filiation n'est pas légitimement établie à l'égard de l'un ou l'autre des parents, ou pour tout enfant dont le père ou la mère (ou les deux) se soustrait à l'obligation d'entretien.

3.13.1.1.5. Allocation de parent isolé

L'allocation de parent isolé est destinée à garantir un revenu minimum à toute personne isolée (célibataire, veuve, divorcée, abandonnée) ayant la charge effective d'un ou de plusieurs enfants.

3.13.1.2. Prestation d'accueil du jeune enfant

La prestation d'accueil du jeune enfant (PAJE) s'applique aux naissances survenues à compter du 1er janvier 2004. Elle se compose d'une prime à la naissance ou à l'adoption, d'une allocation mensuelle versée sous condition de ressources de la naissance aux trois ans de l'enfant ou lors de l'adoption d'un enfant, d'un complément de libre choix d'activité, d'un complément de libre choix du mode de garde.

Depuis le 1er janvier 2004, la PAJE se substitue progressivement à l'ensemble des prestations existantes liées à la petite enfance et à la garde, à savoir l'allocation pour jeune enfant (APJE), l'allocation d'adoption (AAD), l'allocation parentale d'éducation (APE), l'aide à la famille pour l'emploi d'une assistante maternelle agréée (AFEAMA) et l'allocation de garde d'enfant à domicile (AGED).

– Prime à la naissance ou à l'adoption : elle est servie du 5e mois de grossesse au 3e mois après la naissance et versée sous conditions de ressources lors du 7e mois de grossesse pour tout enfant à naître ou lors de l'adoption d'un enfant de moins de 20 ans.

– Allocation de base : elle suit le versement de la prime à la naissance ou à l'adoption ; elle est servie sous conditions de ressources à partir de la naissance de l'enfant jusqu'aux 3 ans de celui-ci.

– Complément de libre choix d'activité : cette allocation permet au parent de suspendre son activité ou de la réduire afin de s'occuper de son enfant. Elle est servie à partir du premier enfant et elle est soumise à une condition d'activité préalable de deux ans dans une période de référence qui varie en fonction du rang de l'enfant.

– Complément de libre choix du mode de garde : ce complément est servi au ménage ou à la personne qui emploie directement une assistante maternelle agréée ou une garde à domicile pour assurer la garde d'un enfant. Cette prestation consiste dans la prise en charge partielle de la rémunération du salarié et varie en fonction de l'âge de l'enfant et des ressources du ménage.

3.13.1.3. Prestations à affectation spéciale

Ces prestations sont l'allocation d'éducation de l'enfant handicapé, l'allocation de rentrée scolaire, l'allocation de présence parentale, l'allocation de logement familiale et la prime de déménagement.

3.13.1.3.1. Allocation d'éducation de l'enfant handicapé

L'allocation d'éducation de l'enfant handicapé est servie sans condition de ressources pour tout enfant âgé de moins de 20 ans, quel que soit son rang et atteint d'une incapacité permanente d'un taux au moins égal à 80 %, ou compris entre 50 et 80 % à condition que l'enfant bénéficie d'un placement dans un établissement d'éducation spéciale ou de soins à domicile.

3.13.1.3.2. Allocation de rentrée scolaire

L'allocation de rentrée scolaire est servie sous conditions de ressources pour tout enfant en âge scolaire (de 6 à 18 ans) au 15 septembre de l'année considérée, et qui poursuit des études.

3.13.1.3.3. Allocation de présence parentale

L'allocation de présence parentale est destinée aux parents qui souhaitent interrompre ou réduire leur activité professionnelle pour s'occuper de leur enfant atteint d'une maladie, d'un handicap graves ou victime d'un accident grave.

L'allocation est versée mensuellement dans la limite maximale d'une année pour un même enfant et par maladie, accident ou handicap.

3.13.1.3.4. Allocation de logement familiale

L'allocation de logement familiale est une prestation destinée à couvrir en partie les charges de logement supportées par les familles. Le droit à l'allocation est subordonné à des conditions tenant aux caractéristiques du logement, au loyer et aux ressources de la famille.

3.13.1.3.5. Prime de déménagement

La prime de déménagement est attribuée sous conditions de ressources aux familles ayant à charge au moins 3 enfants et qui ouvrent droit dans leur nouveau logement aux allocations logement.

3.13.2. Prestations sociales

On distingue essentiellement, parmi les prestations sociales : l'assurance maladie maternité, l'assurance invalidité, l'assurance accidents du travail et maladies professionnelles, l'assurance décès.

3.13.2.1. Assurance maladie maternité

Cette assurance permet le remboursement des frais médicaux, paramédicaux, des frais de pharmacie, d'appareillage et d'hospitalisation. Elle permet aussi le remboursement des frais médicaux liés à la grossesse et à son déroulement.

Comme indiqué plus haut, le fonctionnaire bénéficie de son traitement intégral pendant trois mois, réduit de moitié pendant les neuf mois suivants (les indemnités de résidence et le supplément familial de traitement sont versés intégralement).

Peuvent bénéficier de ces prestations, non seulement l'assuré lui-même, mais également ses ayants droit qui ne sont pas eux-mêmes assujettis à un régime de sécurité sociale (par exemple les enfants jusqu'à un certain âge).

3.13.2.2. Assurance invalidité

Cette assurance prend la forme d'une pension d'invalidité en cas de réduction de la capacité de travail causée par la maladie ou un accident non professionnel. La capacité de travail doit être réduite au moins des deux tiers. À 60 ans, la pension d'invalidité est transformée en pension de retraite.

3.13.2.3. Assurance accidents du travail et maladies professionnelles

Les accidents du travail concernent les accidents survenus sur le lieu du travail, ou pendant le trajet jusqu'au lieu de travail ou jusqu'à la cantine.

Ces prestations sont servies par les caisses primaires d'assurance maladie. Elles concernent tout à la fois des prestations en nature (pas d'avance de frais) et des prestations en espèces (indemnité journalière).

Cette assurance permet la gratuité des soins médicaux, des médicaments, de l'hospitalisation et de l'appareillage, le maintien du traitement jusqu'à la guérison.

Le traitement est maintenu jusqu'à rétablissement ou mise à la retraite. Une allocation temporaire d'invalidité, cumulable avec le traitement, peut être attribuée à la suite d'un accident de service ayant entraîné une incapacité permanente au moins égale à 10 % ou en cas de maladie professionnelle. En cas d'aggravation de l'état de l'agent qui le met dans l'incapacité d'exercer ses fonctions, il est mis à la retraite pour invalidité et bénéficie dans ce cas d'une rente d'invalidité.

3.13.2.4. Assurance décès

Cette assurance permet d'accorder un capital décès au conjoint ou à certains membres de la famille.

Si le fonctionnaire décède avant 60 ans, le capital décès est égal au montant du dernier traitement annuel brut, majoré de 3 % du traitement à l'indice brut 585 par enfant à charge. Si le fonctionnaire décède après 60 ans, le capital est égal à trois fois le salaire mensuel, dans la limite de trois fois le plafond mensuel de la Sécurité sociale.

Les bénéficiaires sont, pour un tiers, le conjoint non divorcé ni séparé, pour deux tiers les enfants de moins de 21 ans ou infirmes non imposables.

4. Les agents non titulaires de la fonction publique[1]

Bien que les emplois civils permanents de l'État, des départements et des régions doivent être occupés par des fonctionnaires[2], l'administration peut recruter dans certains cas des agents non titulaires. La plupart d'entre eux bénéficient d'un contrat individuel, ce qui amène à les désigner sous l'appellation d'agents contractuels[3].

Le statut général de la fonction publique prévoit que seule une mesure législative peut permettre de déroger à l'emploi de fonctionnaires pour occuper les emplois civils permanents.

---

1. Stricto sensu, il existe des agents de la fonction publique qui ne sont ni fonctionnaires, ni même non titulaires. Pour la commodité de l'exposé, on a cependant retenu ce terme, consacré par l'usage, et précisé en tant que de besoin.
2. Ce que rappelle le statut général des fonctionnaires dans son titre 1er (article 3 de la loi du 13 juillet 1983).
3. Dans la mesure où il en recoupait largement le contenu, le chapitre « Personnels non titulaires des bibliothèques de la fonction publique de l'État », qui figurait dans la précédente édition de l'ouvrage, a été inclus ici dans la présente édition.

Le statut général prévoit lui-même certaines de ces dérogations. Des dispositions législatives spécifiques sont venues s'ajouter, soit dans le cadre de la lutte contre le chômage et pour favoriser la réinsertion de populations défavorisées, soit dans le cadre de reprise de certains salariés de droit privé.

Parmi les quelque cinq millions d'agents ayant un emploi principal dans la fonction publique, 768 000 sont non titulaires. Cette catégorie d'agents représente environ 13 % de l'emploi dans la fonction publique de l'État et dans la fonction publique hospitalière, et 20 % dans la fonction publique territoriale. Entre 1992 et 2003, l'emploi des non-titulaires a progressé un peu plus vite que l'emploi public (17 %, contre 15 % pour l'emploi public). Cette progression cache de grandes disparités : dans les ministères, le nombre de non-titulaires a baissé en volume et en proportion – notamment sous l'effet des plans de titularisation – alors qu'il est en forte augmentation dans les établissements publics nationaux. Depuis 1992, alors que les effectifs de la fonction publique territoriale ont progressé de 27 %, ceux des non-titulaires n'ont augmenté que de 12 %[1].

Les agents non titulaires ne constituent pas une catégorie homogène. Cependant, on peut distinguer deux grandes catégories d'agents non titulaires, selon qu'ils relèvent du droit public ou du droit privé. Ces catégories se subdivisent elles-mêmes en une typologie plus ou moins complexe selon les dispositions législatives ou réglementaires qui ont motivé le recrutement de ces agents.

4.1. Les agents non titulaires de droit public

Les agents non titulaires de droit public sont de loin les plus nombreux dans les administrations de l'État, des collectivités territoriales et de leurs établissements publics. Le Tribunal des conflits et le Conseil d'État ont clarifié le critère d'identification de ces agents : toute personne recrutée pour le compte d'un service public à caractère administratif géré par une personne publique est un agent de droit public, quelle que soit la nature de ses fonctions, sauf disposition législative particulière.

4.1.1. Recrutement

4.1.1.1. Conditions

Pour être recrutés, les agents non titulaires de droit public doivent :

– s'ils sont de nationalité française ou d'un État membre de l'Union européenne, jouir de leurs droits civiques et être en position régulière vis-à-vis du service national ;

1. Source : Observatoire de l'emploi public (voir Bibliographie).

– s'ils sont de nationalité étrangère, être en situation régulière vis-à-vis des lois régissant l'immigration ;
– être aptes physiquement.

4.1.1.2. Types

Les agents non titulaires de droit public sont recrutés par contrat ou par engagement écrit (décision administrative) en vertu des dispositions de l'article 4 du décret n° 86-83 du 17 janvier 1986 pour ceux relevant d'un service public de l'État ou de l'article 3 du décret n° 88-145 du 15 février 1988 pour les agents relevant des collectivités territoriales.

La plupart des agents non titulaires sont recrutés sur la base d'un contrat qui rappelle les principales caractéristiques de leur recrutement : base législative, objet du recrutement (besoin fonctionnel), nature des fonctions, durée du recrutement, éventuellement de la période d'essai, rémunération, dispositions particulières, voies de recours contentieux.

Les agents non titulaires recrutés par décision administrative (quelle que soit la forme de cette décision : lettre, arrêté, décision) sont :
– les vacataires recrutés pour accomplir un acte déterminé (cours, jury de concours, prestations diverses, etc.) ;
– les auxiliaires ou agents non titulaires bénéficiant par ailleurs de dispositions réglementaires de nature statutaire ;
– les agents des cabinets ministériels (dont la nomination doit être publiée au *Journal officiel*, mais dont le recrutement peut être complété par un « contrat cabinet » dont les dispositions deviennent caduques en cas de départ du ministre).

Il existe pour autant d'autres types d'agents non titulaires :

– Enseignants chercheurs associés ou invités, à temps complet ou incomplet.
– Agents destinés à pourvoir un emploi permanent qui implique un service à temps incomplet à condition que celui-ci ne soit pas supérieur à 70 % d'un service à temps complet. Les agents ainsi recrutés peuvent bénéficier de contrats à durée indéterminée.
– Agents recrutés pour répondre à un besoin saisonnier ou occasionnel. L'article 7 du décret n° 86-83 du 17 janvier 1986 limite ces recrutements à six mois pour les besoins saisonniers et dix mois pour les besoins occasionnels.
– PACTE : le PACTE est un parcours d'accès particulier pour l'accès aux carrières de la fonction publique réservé aux jeunes de 16 à 25 ans sans diplôme ou sans qualification professionnelle reconnue.

Les jeunes recrutés *via* un PACTE sur des emplois de catégorie C bénéficient de contrats de droit public d'une durée qui ne peut être inférieure à un an ni supérieure à deux ans. Toutefois, ces contrats peuvent être renouvelés dans la limite d'un an. Ils ont pour objet de permettre aux jeunes d'acquérir, par une formation en alternance avec leur activité professionnelle, une qualification en rapport avec l'emploi dans lequel ils ont été recrutés ou, le cas échéant, le titre ou diplôme requis pour l'accès au corps dont relève l'emploi. Au terme de son contrat et une fois le titre ou le diplôme obtenu, l'intéressé peut être titularisé dans le corps correspondant à l'emploi occupé.

– Accès particulier aux carrières des fonctionnaires pour les travailleurs reconnus handicapés : les agents ainsi recrutés bénéficient d'un contrat d'un an renouvelable une fois à l'issue duquel ils peuvent être titularisés.

4.1.2. Fonctions occupées

Six catégories d'emplois peuvent ne pas être pourvues par des fonctionnaires, notamment :

– les emplois supérieurs laissés à la décision du gouvernement : cela concerne entre autres les emplois de directeur d'administration centrale, de préfet, de recteur d'académie[1], etc. ;

– les emplois ou catégories d'emplois de certains établissements publics administratifs[2] ;

– les emplois occupés par les maîtres d'internat et surveillants d'internat des établissements d'enseignement.

Il est possible de recourir à des agents non titulaires lorsqu'il n'existe pas de corps de fonctionnaires pour exercer certaines fonctions ou pour des fonctions du niveau de la catégorie A, lorsque les besoins du service le justifient. Les agents recrutés en application de cet article sont recrutés pour une durée maximale de trois ans renouvelable par reconduction expresse dans la limite de six ans. À l'issue de six ans, ces contrats ne peuvent être reconduits que pour une durée indéterminée.

4.1.3. Droits et obligations

Les agents non titulaires sont essentiellement soumis aux mêmes droits et obligations que les fonctionnaires. Les principales exceptions sont les suivantes :

– le droit à la carrière n'existe pas pour un agent non titulaire ;

– le régime des positions administratives s'applique aux seuls titulaires. Ainsi, les agents non titulaires ne peuvent pas bénéficier d'une mise à disposition, d'un détachement ou d'une disponibilité. Cependant (voir plus loin), ils peuvent bénéficier du congé parental et du congé de présence parentale, avec des règles d'application spécifiques.

1. La liste en est fixée par le décret n° 85-779 du 24 juillet 1985.
2. La liste en est fixée par le décret n° 84-38 du 18 janvier 1984.

4.1.4. Dispositions particulières aux agents non titulaires de droit public

4.1.4.1. Congés

Les personnels non titulaires de droit public bénéficient des mêmes congés que les personnels titulaires, mais aussi d'autres types de congés qui leur sont spécifiques[1]. Pour les congés communs avec les personnels titulaires, des dispositions spécifiques sont appliquées.

– Congé pour élever un enfant : congé sans traitement pour élever un enfant de moins de 8 ans, ou atteint d'une infirmité exigeant des soins continus. Les agents peuvent en bénéficier s'ils ont déjà un an de service. Ce congé est d'un an, renouvelable dans la limite de 5 ans.

– Congé pour accompagnement d'une personne en fin de vie : aucune condition d'ancienneté n'est exigée pour bénéficier de ce congé, accordé de droit pour une période maximale de 3 mois non renouvelable.

– Congé pour raisons de famille : congé sans traitement de 15 jours par an.

– Congé de maternité, de paternité ou d'adoption : si l'ancienneté de l'agent est supérieure à six mois de service, il bénéficie des mêmes conditions que les fonctionnaires ; si son ancienneté est inférieure ou égale à six mois de service, il est placé en congé sans traitement pendant le congé de maternité ou d'adoption, les indemnités journalières lui étant versées par la Sécurité sociale. Si l'agent ne totalise pas six mois de service, il est placé en congé sans traitement et bénéficie des indemnités journalières versées par la Sécurité sociale.

– Congé parental : ce congé est ouvert aux agents non titulaires qui justifient, à la date de naissance de l'enfant ou de l'arrivée au foyer de l'enfant adopté, avoir été employés de manière continue depuis au moins un an.

– Congé de présence parentale : il est accordé de droit quand la maladie, l'accident ou le handicap grave d'un enfant à charge nécessite la présence d'un parent. Il est accordé pour une durée de 4 mois renouvelable deux fois, dans la limite d'un an.

– Congé pour l'adoption à l'étranger, dans les DOM et les TOM : congé sans traitement de 6 semaines au maximum.

– Congé pour convenance personnelle : réservé aux agents ayant déjà 3 ans de service, ce congé sans traitement est de 6 mois au minimum et de 11 mois au maximum.

– Congé pour création d'entreprise : réservé aux agents ayant déjà 3 ans de service, ce congé sans rémunération est d'un an renouvelable une fois.

– Congé de maladie : la durée est variable selon les années de service. Après 4 mois de service, l'agent non titulaire bénéficie du plein traitement pendant un

---

1. Notons cependant que les personnels non titulaires qui n'utilisent pas l'ensemble de leurs congés annuels peuvent se faire payer les congés non pris.

mois, puis du demi-traitement pendant 1 mois ; après 2 ans de service, plein traitement pendant 2 mois, puis demi-traitement pendant 2 mois ; après 3 ans de service, plein traitement pendant 3 mois, demi-traitement pendant 3 mois.

– Congé de longue maladie : après 3 ans de service au minimum, 12 mois à plein traitement, puis 24 mois à demi-traitement.

Les agents qui n'ont pas une ancienneté de service suffisante pour bénéficier des congés de maladie ou de longue maladie sont placés en congé sans traitement pour maladie pour une durée maximale d'un an, ou licenciés si l'incapacité de travail est permanente.

Dans le premier cas, les agents peuvent, sous certaines conditions de durée de travail et de cotisations, percevoir des indemnités journalières versées par la Sécurité sociale. Les indemnités sont égales à 50 % du salaire journalier de base pour les 6 premiers mois, dans la limite du plafond de la Sécurité sociale.

4.1.4.2. Régime disciplinaire

Par rapport au régime des fonctionnaires les sanctions disciplinaires susceptibles d'être appliquées aux agents non titulaires sont les suivantes :

– l'avertissement ;

– le blâme ;

– l'exclusion temporaire des fonctions, sans traitement, pour une durée maximale d'un mois ;

– le licenciement sans préavis ni indemnité de licenciement.

Dans la mesure où il n'existe pas de commissions administratives paritaires compétentes pour les agents non titulaires, la procédure disciplinaire applicable ne prévoit pas d'examen par un conseil de discipline ; par contre, les droits de la défense sont les mêmes que ceux des fonctionnaires. Cependant, la fonction publique a, depuis 1996, encouragé la constitution de commissions consultatives paritaires qui, le cas échéant, peuvent se réunir en conseil de discipline. C'est la plupart du temps le cas lorsque les agents non titulaires bénéficient d'un quasi-statut[1].

4.1.4.3. Rémunération

4.1.4.3.1. Rémunération

Aucun texte ne fixe les modalités de rémunération des agents non titulaires. Cette rémunération est fixée par le contrat. Le contrat peut prévoir une rémunération forfaitaire, basée sur un taux horaire ou sur un indice, ou en rapport avec celle d'un corps de fonctionnaires. Certains contrats peuvent prévoir une part fixe (la plupart du temps basée sur un indice) et une part variable, le plus souvent

---

1. Comme c'est le cas des agents contractuels des bibliothèques régis par le décret de décembre 1953, ou celui des agents non titulaires de certains établissements publics inscrits dans la liste annexée au décret n° 84-38 du 18 janvier 1984.

basée sur un texte indemnitaire (à condition qu'il soit applicable aux agents non titulaires).

La plupart du temps, la rémunération d'un agent non titulaire est basée sur un indice, en application du décret n° 85-1148 du 24 octobre 1985 relatif à la rémunération des personnels civils et militaires. Elle est composée d'une rémunération dite de base comprenant le traitement indiciaire, le supplément familial de traitement et l'indemnité de résidence, et éventuellement d'une rémunération dite accessoire comprenant des indemnités liées aux fonctions.

Le traitement indiciaire est calculé en référence à un indice brut, mais son montant obéit au principe de libre détermination. En particulier, aucun texte n'oblige à rémunérer un agent sur la base du 1er échelon du grade correspondant au poste qu'il occupe temporairement.

Cependant, la rémunération ne peut être inférieure au SMIC, en application d'un principe général du droit.

S'ils perçoivent par ailleurs l'indemnité de résidence et le supplément familial de traitement, les personnels non titulaires ne peuvent bénéficier de la nouvelle bonification indiciaire, réservée aux fonctionnaires.

4.1.4.3.2. Retenues

Les retenues sur traitement des agents non titulaires se font selon des modalités légèrement différentes de celles des personnels titulaires (seules les différences sont listées).

– Cotisations sociales : les cotisations d'assurance maladie, maternité, invalidité, décès représentent 0,75 % du traitement brut, de l'indemnité de résidence et du supplément familial de traitement ; cotisation d'assurance vieillesse de 6,55 % du traitement brut, de l'indemnité de résidence et du supplément familial de traitement.

– Cotisation d'assurance veuvage : 0,1 % du traitement brut, de l'indemnité de résidence et du supplément familial de traitement.

– Assurance chômage des agents des collectivités territoriales : si la collectivité employeur a adhéré au régime d'assurance chômage (Assedic), une cotisation de 1 % est prélevée sur le salaire brut.

– Retraite complémentaire (Ircantec) : prélevée sur le traitement brut, l'indemnité de résidence et des indemnités diverses, la retenue varie de 2,25 % à 5,95 % selon la tranche de salaire concernée.

D'une manière générale, il convient d'insister sur le fait que les cotisations des agents non titulaires sont calculées sur l'ensemble de la rémunération, contrairement à ce qui se passe pour les fonctionnaires, qui ne cotisent que sur le traitement principal.

4.1.4.4. La Sécurité sociale des agents non titulaires

Les agents non titulaires sont soumis au régime général de la Sécurité sociale. Les prestations sociales sont servies par la caisse primaire d'assurance maladie, les prestations familiales par les caisses d'allocations familiales (comme, désormais, pour les fonctionnaires).

Comme indiqué plus haut, les cotisations sociales représentent 0,75 % du traitement brut, de l'indemnité de résidence et du supplément familial de traitement ; la cotisation d'assurance vieillesse représente 6,55 % du traitement brut, de l'indemnité de résidence et du supplément familial de traitement et la cotisation d'assurance veuvage 0,1 % du traitement brut, de l'indemnité de résidence et du supplément familial de traitement.

4.1.4.4.1. Prestations familiales

Dans la mesure où les prestations familiales sont identiques pour les fonctionnaires et pour les personnels non titulaires, cette partie n'est pas reproduite ici.

4.1.4.4.2. Prestations sociales

Les agents non titulaires de la fonction publique dépendent du régime général de la Sécurité sociale. Ils peuvent bénéficier de ce fait des assurances sociales de ce régime : assurance maladie maternité, assurance invalidité, assurance accidents du travail, assurance décès. Le régime de retraite est évoqué plus loin.

4.1.4.4.2.1. Assurance maladie maternité

Les prestations de l'assurance maladie maternité sont attribuées par les caisses primaires d'assurance maladie. Le droit à ces prestations est subordonné soit au versement d'un certain montant de cotisations, soit à un nombre d'heures de travail durant chaque période de référence.

Cette assurance permet le remboursement des frais médicaux, paramédicaux, des frais de pharmacie, d'appareillage et d'hospitalisation, le remboursement des frais médicaux liés à la grossesse et à son déroulement, le paiement d'indemnités journalières liées au repos pré et postnatal.

Comme indiqué plus haut, les personnels non titulaires bénéficient d'avantages spécifiques en matière de versement du traitement pendant le début du congé de maladie (voir la partie consacrée aux congés de maladie). Ensuite, les personnels non titulaires ont droit au paiement d'indemnités journalières en cas d'arrêt de travail.

4.1.4.4.2.2. Assurance invalidité

Cette assurance prend la forme d'une pension d'invalidité en cas de réduction de la capacité de travail causée par la maladie ou par un accident non professionnel. Les personnels non titulaires doivent, pour en bénéficier, être âgés de moins de 60 ans, totaliser 12 mois d'immatriculation et justifier d'un minimum d'heures de travail ou de cotisations au cours des 12 mois précédents. La capacité de travail doit être réduite au moins des deux tiers. À 60 ans, la pension d'invalidité est transformée en pension de retraite.

Le montant de la pension est calculé en fonction d'un pourcentage variable du salaire annuel moyen, établi sur les dix meilleures années. Ce pourcentage est attribué selon le taux d'invalidité. Le versement de la pension d'invalidité est assuré par la caisse primaire d'assurance maladie.

4.1.4.4.2.3. Assurance accidents du travail et maladies professionnelles

Les prestations sont servies par les caisses primaires d'assurance maladie. Elles concernent tout à la fois des prestations en nature (pas d'avance de frais) et des prestations en espèces (indemnité journalière).

Cette assurance permet la gratuité des soins médicaux, des médicaments, de l'hospitalisation et de l'appareillage, le maintien du traitement jusqu'à la guérison. En cas de congé pour incapacité de travail, le traitement est maintenu à plein traitement pour une durée qui dépend de l'ancienneté dans le service (1 mois dès l'entrée en fonction, 2 mois après 2 ans de service, 3 mois après 3 ans de service). Au-delà, les agents non titulaires peuvent bénéficier d'indemnités journalières versées par la CPAM ou par l'administration, égales à 60 % du salaire journalier de base pendant les 28 premiers jours, à 80 % à partir du 29e jour.

En cas d'incapacité permanente, une rente est due à la victime, dont le montant est calculé à partir de deux éléments : le taux d'incapacité de la victime, le montant du salaire antérieur. Lorsque l'accident ou la maladie professionnelle entraîne le décès de la victime, certains ayants droit peuvent prétendre à une rente de survivants (conjoint ou concubin, enfants ou descendants, ascendants, sous certaines conditions).

4.1.4.4.2.4. Assurance décès

Cette assurance permet d'accorder un capital décès au conjoint ou à certains membres de la famille. L'assurance décès garantit aux ayants droit d'un assuré social le paiement, dès son décès, d'un capital représentant trois mois de salaire. Le capital décès n'est pas soumis aux droits de succession, à la CSG, à la CRDS et aux cotisations de Sécurité sociale.

4.1.4.5. Cessation d'emploi

Les fonctions d'un agent non titulaire peuvent prendre fin de diverses manières : démission, non-renouvellement de contrat, licenciement, admission à la retraite.

4.1.4.5.1. Démission

Les agents non titulaires peuvent démissionner sans justification spéciale. Ils ne peuvent dans ce cas bénéficier d'indemnités de chômage.

Des délais doivent être respectés quant à la demande de démission : 8 jours au moins pour un agent ayant effectué moins de 6 mois de service ; 1 mois au moins entre 6 mois et moins de 2 ans de service ; 2 mois au moins pour plus de 2 ans de service. Le fait de démissionner pour signer un contrat à durée indéterminée avec un autre employeur ne permet pas de s'exonérer de ce délai de préavis.

L'agent qui refuse le renouvellement proposé de son contrat n'est pas considéré comme démissionnaire et ne doit pas, par conséquent, signer de lettre de démission. Il doit cependant travailler jusqu'à la fin de son contrat.

4.1.4.5.2. Non-renouvellement de contrat

L'autorité qui a embauché un agent non titulaire pour une durée déterminée, susceptible d'être reconduite, l'informe de la suite qu'elle souhaite donner à son contrat (renouvellement ou non-renouvellement) en respectant l'un des préavis suivants : 8 jours avant la fin du contrat si l'agent a moins de 6 mois de service ; 1 mois avant la fin du contrat pour 6 mois à moins de deux ans de service ; 2 mois avant la fin du contrat si l'agent a travaillé plus de deux ans.

4.1.4.5.3. Licenciement

Les agents non titulaires recrutés pour une durée indéterminée ou qui sont licenciés avant la fin de leur contrat à durée déterminée ont droit à un préavis : 8 jours au moins si l'agent a accompli moins de 6 mois de service ; 1 mois au moins entre 6 mois et moins de 2 ans de service ; 2 mois au moins si l'agent a accompli plus de 2 ans de service.

Aucun préavis n'est nécessaire si le licenciement est prononcé pendant ou à l'expiration d'une période d'essai, ainsi que dans le cas où le licenciement est prononcé pour des motifs disciplinaires, pour inaptitude physique ou à la suite d'un congé sans traitement d'une durée égale ou supérieure à un mois.

Les femmes enceintes et les agents en congé de maternité, de paternité ou d'adoption ne peuvent pas être licenciés.

Les agents licenciés ont droit à des indemnités, sauf s'ils sont en période d'essai, s'ils retrouvent immédiatement un emploi dans la fonction publique, s'il s'agit de fonctionnaires en détachement dans un emploi contractuel, s'ils ont atteint l'âge de la retraite, s'ils ont effectué des vacations (et ont donc été engagés pour un acte déterminé) ou s'ils ont été licenciés pour raisons disciplinaires.

L'indemnité de licenciement est égale à un demi-mois de traitement net pour chacune des 12 premières années de service, plus un tiers de mois de traitement pour chacune des années suivantes (dans la limite de 12 mois de traitement). Elle est réduite dans certains cas (motif du licenciement, âge de l'agent) et versée en une seule fois.

4.1.4.5.4. Chômage

4.1.4.5.4.1. Cadre général

Le régime d'assurance chômage résulte d'une convention conclue entre les partenaires sociaux, approuvée par les pouvoirs publics. Les agents non titulaires bénéficient du même régime d'indemnisation que les salariés du secteur privé.

La gestion du régime d'assurance chômage est confiée aux associations pour l'emploi dans l'industrie et le commerce (Assedic) et à l'Union nationale professionnelle pour l'emploi dans l'industrie et le commerce (Unedic). Les Assedic se chargent de la gestion du régime, l'Unedic coordonne l'action des Assedic.

Le financement du régime d'assurance chômage est assuré au moyen de cotisations prélevées sur le salaire, d'un montant de 6,40 % (4 % à la charge de l'employeur et 2,40 % à la charge du salarié).

Les prestations d'assurance chômage sont fonction de la durée d'assujettissement au régime et des cotisations versées. Pour en bénéficier, il faut :

- un licenciement, une démission pour motif légitime, la fin d'un contrat à durée déterminée ;
- une inscription comme demandeur d'emploi auprès de l'Assedic ;
- une certaine durée d'affiliation au régime.

L'allocation journalière de chômage est calculée pour partie d'après le salaire journalier de référence, constitué des rémunérations soumises à cotisation au titre des 12 derniers mois. Le montant est égal soit à 57,4 % du salaire journalier de référence, soit à la somme d'une partie proportionnelle représentant 40,4 % du salaire journalier de référence et d'une partie fixe égale à 10,25 euros (au plus avantageux pour l'assuré).

La durée de versement de l'allocation (entre 7 et 42 mois) varie en fonction de la durée préalable d'affiliation et de l'âge du demandeur d'emploi.

4.1.4.5.4.2. L'indemnisation du chômage pour les agents non titulaires de droit public

Les agents non titulaires de l'État peuvent bénéficier de l'indemnisation chômage assurée par le régime de l'Unedic. Selon les cas, les employeurs publics peuvent choisir de procéder eux-mêmes à l'indemnisation des agents qu'ils licencient ou qui sont au terme de leur contrat, ou confier cette gestion à l'Unedic.

Pour les agents non titulaires de l'État, l'allocation chômage est versée par l'administration employeur[1] ; pour les collectivités territoriales, elle est versée soit par l'employeur, soit par les Assedic si l'établissement employeur a adhéré à la convention d'assurance chômage.

4.1.4.5.5. Retraite

Les agents non titulaires de l'État ne relèvent pas du régime des fonctionnaires, mais du régime de la Sécurité sociale pour leur pension de base et du régime particulier de l'Ircantec pour leur pension complémentaire.

Le régime complémentaire de l'Ircantec est un régime obligatoire de retraite complémentaire par répartition qui concerne essentiellement les administrations, les services et établissements publics de l'État, des départements et des communes.

Sont obligatoirement affiliés à ce régime les agents non titulaires des collectivités territoriales, les titulaires à temps partiel des collectivités territoriales, les élus locaux, etc.

---

1. Certains établissements publics de l'État ont conclu pour cela des conventions de gestion avec l'Unedic. Les Assedic gèrent l'agent et lui versent les allocations ; l'établissement rembourse l'Unedic sur la base d'un forfait augmenté de 3 % au titre des frais de gestion.

Le mode de calcul de la pension servie obéit à des règles distinctes de celles des fonctionnaires, mais tout aussi complexes, et qui ne peuvent être ici précisées.

Les agents non titulaires peuvent, dans les mêmes conditions que les titulaires, bénéficier de la cessation progressive d'activité.

4.2. Les agents non titulaires de droit privé

Certains agents de l'administration ou de ses établissements publics peuvent relever du droit privé. Ils relèvent dans ce cas des dispositions du Code du travail. Cela concerne notamment les contrats d'accompagnement vers l'emploi (CAE), les contrats d'avenir (CAV) et les contrats d'apprentissage.

D'autres cas spécifiques et très particuliers ne seront pas évoqués, comme les agents non titulaires recrutés en application de certaines dispositions de la loi du 11 janvier 1984, et qui, en vertu d'un droit d'option[1], peuvent demander à ce que leur contrat de travail soit de droit privé et soumis aux dispositions du Code du travail.

Les CAE et les CAV, créés par la loi de cohésion sociale du 18 janvier 2005, ont remplacé les contrats emploi-solidarité et les contrats emploi consolidé. Il peut rester, dans certaines collectivités, des agents recrutés sur ce type de contrats (ou des emplois-jeunes)[2], mais en tout état de cause ces contrats sont voués à extinction.

4.2.1. Contrats d'accompagnement vers l'emploi

Les contrats d'accompagnement vers l'emploi (CAE) sont réservés au secteur non marchand. Ils visent à faciliter l'insertion professionnelle des demandeurs d'emploi rencontrant des difficultés sociales et professionnelles particulières d'accès à l'emploi.

Les CAE sont à durée déterminée (entre 18 et 24 mois), d'une durée de travail de 20 heures hebdomadaires au minimum. Ils supposent l'existence d'une convention signée avec l'État fixant les modalités d'orientation et d'accompagnement professionnel de chaque bénéficiaire, et prévoyant des actions de formation professionnelle et de validation des acquis de l'expérience nécessaires à la réalisation du projet professionnel de l'intéressé.

La rémunération des CAE est calculée sur la base du SMIC horaire.

1. Institué par la loi n° 2000-231 du 12 avril 2000.
2. Ce dispositif a été remplacé par celui consistant à recruter des assistants d'éducation, qui relèvent du droit public et sont recrutés en application de l'article 3-6 de la loi du 11 janvier 1984 portant dispositions statutaires relatives à la fonction publique de l'État, et régis par le décret n° 2003-484 du 6 juin 1984 qui fixe les conditions de recrutement et d'emploi de ces personnels.

4.2.2. Contrats d'avenir

Les contrats d'avenir (CAV) sont, comme les CAE, réservés au secteur non marchand. Ils visent à faciliter l'insertion professionnelle des personnes bénéficiant depuis au moins six mois (sur les douze derniers mois) du revenu minimum d'insertion, de l'allocation spécifique de solidarité, de l'allocation de parent isolé.

Les CAV sont des contrats à durée déterminée qui doivent être établis sur une base de 26 heures hebdomadaires, d'une durée de deux ans renouvelable dans la limite d'un an (trois ans pour les plus de 50 ans). Ils supposent la signature d'une convention définissant le projet professionnel et fixant les conditions d'accompagnement dans l'emploi, les actions de formation professionnelle et la validation des acquis de l'expérience.

Tout comme pour le CAE, la rémunération du CAV est calculée sur la base du SMIC horaire.

4.2.3. Contrats d'apprentissage

L'administration peut recruter des apprentis dans les conditions fixées aux articles L. 117-1 et suivants du Code du travail. L'apprentissage s'adresse aux jeunes de 16 à 25 ans, et leur offre, au travers d'un travail effectif, d'une rémunération et de la tutelle d'un maître d'apprentissage, un cadre structuré pour leur permettre de suivre et préparer au mieux leur formation.

L'apprentissage est une formation en alternance délivrée dans le cadre d'un contrat de travail de droit privé. Une formation théorique, dispensée en centre de formation d'apprentis (CFA), alterne avec une formation pratique dans une administration ou un établissement public.

Le but de l'apprentissage est l'acquisition d'une formation professionnelle sanctionnée par la délivrance d'un diplôme ou d'un titre à finalité professionnelle. L'apprenti n'a pas vocation à devenir fonctionnaire, sauf si, à l'issue de sa formation, il présente et réussit un concours d'accès à un corps ou à un cadre d'emplois de la fonction publique.

La durée du contrat est de un à trois ans en fonction de la durée nécessaire pour la préparation du diplôme envisagé. Cette durée est en général de deux ans pour la préparation des diplômes les plus courants (CAP, BEP, bac professionnel, BTS).

Le contrat d'apprentissage cesse après l'obtention du diplôme. Il peut être renouvelé deux fois pour préparer d'autres certificats ou brevets. À la fin du contrat, l'apprenti peut soit rechercher un employeur privé, soit – comme indiqué plus haut – présenter un concours d'accès à la fonction publique.

VI. Statuts particuliers des personnels de bibliothèques

1. Fonction publique de l'État

1.1. Personnels de catégorie A

1.1.1. Personnel scientifique des bibliothèques

Le personnel scientifiques des bibliothèques de la fonction publique de l'État est constitué de deux corps, celui des conservateurs et celui des conservateurs généraux.

Les conservateurs des bibliothèques ont vocation à exercer les fonctions de direction et d'encadrement des bibliothèques de l'État et de ses établissements publics. Par mise à disposition (BM) ou par voie de détachement (BDP), ils peuvent assurer les mêmes fonctions dans les bibliothèques municipales classées et les bibliothèques départementales de prêt.

[T. R. : Décret n° 92-26 du 9 janvier 1992 portant statut particulier du corps des conservateurs des bibliothèques et du corps des conservateurs généraux des bibliothèques modifié par le décret n° 2001-946 du 11 octobre 2001.]

1.1.1.1. Statut particulier des conservateurs généraux des bibliothèques

1.1.1.1.1. Missions

« Les conservateurs généraux des bibliothèques sont chargés de fonctions supérieures de direction, d'encadrement, de coordination ainsi que d'études et de conseil comportant des responsabilités particulières… » Ils peuvent être chargés de missions d'inspection générale.

1.1.1.1.2. Recrutement

Les conservateurs généraux sont nommés parmi les conservateurs en chef et les conservateurs de 1re classe inscrits au tableau d'avancement au grade de conservateur en chef.

1.1.1.1.3. Structure de la carrière

Le corps des conservateurs généraux comprend un grade unique comportant quatre échelons.

Le temps passé à chaque échelon est fixé à trois ans pour les trois premiers échelons.

1.1.1.1.4. Dispositions diverses

Dans la limite de 20 % de l'effectif budgétaire de chaque grade, les fonctionnaires de catégorie A de l'État ou des collectivités territoriales ou d'un établissement public en dépendant peuvent être détachés dans le corps des conservateurs généraux. Le détachement est prononcé à équivalence de grade ou d'échelon.

À l'issue d'une période de détachement de cinq ans, les intéressés peuvent être intégrés sur leur demande dans le corps des conservateurs généraux des bibliothèques. Cette durée est ramenée à un an pour les fonctionnaires du corps des conservateurs du patrimoine.

S'ils justifient de six ans de services effectifs dans le corps, les conservateurs généraux peuvent demander à suivre une ou plusieurs périodes de formation, d'une durée totale d'un an sur l'ensemble de leur carrière, auprès d'établissements d'enseignement ou de recherche ou auprès d'établissements culturels.

L'effectif des conservateurs bénéficiant d'une formation de ce type ne peut excéder 4 % de l'effectif budgétaire du corps.

1.1.1.2. Statut particulier des conservateurs des bibliothèques

1.1.1.2.1. Mission

« Les conservateurs des bibliothèques constituent, organisent, enrichissent, évaluent et exploitent les collections de toute nature des bibliothèques. Ils sont responsables de ce patrimoine. Ils organisent l'accès du public aux collections et la diffusion des documents à des fins de recherche, d'information ou de culture. Les catalogues des collections sont établis sous leur responsabilité. Ils peuvent participer à la formation des professionnels et du public dans les domaines des bibliothèques et de la documentation, ainsi qu'à l'information scientifique et technique en ces mêmes domaines. Les conservateurs en chef assument des responsabilités particulières en raison de l'importance des collections ou des missions scientifiques ou administratives qui leur sont confiées [...] Ils peuvent se voir confier des missions d'inspection générale… »

1.1.1.2.2. Recrutement par concours

Le recrutement se fait soit par le biais du concours externe, soit par le biais du concours interne, soit parmi les élèves et anciens élèves de l'École nationale des chartes.

1.1.1.2.2.1. Concours externe

Le concours de conservateur d'État est désormais ouvert aux ressortissants d'un État membre de la Communauté européenne ou d'un autre État partie à l'accord sur l'Espace économique européen. Les candidats doivent être titulaires d'une licence ou d'un titre ou diplôme équivalent, sauf les mères et les pères de trois enfants, pour lesquels aucune condition de diplôme n'est exigée.

Les candidats doivent remplir un engagement de servir l'État pendant dix ans à compter de la titularisation.

1.1.1.2.2.2. Concours interne

Le concours est ouvert aux fonctionnaires ou agents publics de l'État, des collectivités territoriales ou d'un établissement public en dépendant.

Ils doivent justifier de sept ans de services effectifs dans un emploi au moins du niveau de la catégorie B au 1er janvier de l'année du concours.

Les candidats doivent remplir un engagement de servir l'État pendant dix ans à compter de la titularisation.

Le concours interne est ouvert pour un tiers au plus du nombre total des postes mis aux concours au titre du concours externe et du recrutement auprès des élèves et anciens élèves de l'École nationale des chartes.

1.1.1.2.2.3. Élèves et anciens élèves de l'École nationale des chartes

Les conservateurs sont aussi recrutés parmi les élèves et anciens élèves de l'École nationale des chartes ayant satisfait aux obligations de scolarité de la troisième année de cette école et âgés de moins de 35 ans au 1er janvier de l'année du concours, admis à un concours comportant un examen de leurs travaux suivi d'une audition.

1.1.1.2.2.4. Dispositions spéciales

Les emplois mis à l'un des concours et non pourvus peuvent être attribués aux candidats des autres concours, dans la limite de 20 % du total des postes mis aux concours.

1.1.1.2.3. Formation

À l'issue de leur recrutement, les élèves issus du concours externe suivent leur scolarité à l'Enssib pendant 18 mois, en qualité de conservateurs stagiaires. Cette scolarité est sanctionnée par le diplôme de conservateur de bibliothèque (DCB).

1.1.1.2.4. Structure de la carrière

1.1.1.2.4.1. Grades

Le corps des conservateurs comprend trois grades :
- conservateur de 2e classe (un échelon de stage et trois échelons) ;
- conservateur de 1re classe (cinq échelons) ;
- conservateur en chef (six échelons).

Pour être inscrits au tableau d'avancement pour l'accès au grade de conservateur de 1re classe, les conservateurs de 2e classe doivent avoir atteint le 3e échelon de leur grade depuis un an.

Pour être inscrits au tableau d'avancement pour l'accès au grade de conservateur en chef les conservateurs de 1re classe doivent avoir atteint le 3e échelon de leur grade.

1.1.1.2.4.2. Échelons

Grade et échelon	Ancienneté requise (durée moyenne)
Conservateur en chef	
6e échelon	
5e échelon	3 ans
4e échelon	2 ans
3e échelon	2 ans
2e échelon	2 ans
1er échelon	1 an
Conservateur de 1re classe	
5e échelon	
4e échelon	3 ans
3e échelon	2 ans et 6 mois
2e échelon	2 ans
1er échelon	1 an
Conservateur de 2e classe	
3e échelon	
2e échelon	3 ans
1er échelon	2 ans

1.1.1.2.4.3. Dispositions diverses

Dans la limite d'un sixième des postes pourvus au titre des concours, un conservateur stagiaire est nommé parmi les bibliothécaires âgés de quarante-cinq ans au moins au 1er janvier de l'année de nomination, ayant dix ans de services effectifs dans une bibliothèque et inscrits sur une liste d'aptitude.

Dans la limite de 20 % de l'effectif budgétaire de chaque grade, les fonctionnaires de catégorie A de l'État ou des collectivités territoriales ou d'un établissement public en dépendant peuvent être détachés dans le corps des conservateurs. Le détachement est prononcé à équivalence de grade ou d'échelon.

À l'issue d'une période de détachement de cinq ans, les intéressés peuvent être intégrés sur leur demande dans le corps des conservateurs des bibliothèques. Cette durée est ramenée à un an pour les fonctionnaires du corps des conservateurs du patrimoine.

S'ils justifient de six ans de services effectifs dans le corps, les conservateurs peuvent demander à suivre une ou plusieurs périodes de formation, d'une durée totale d'un an sur l'ensemble de leur carrière, auprès d'établissements d'enseignement ou de recherche ou auprès d'établissements culturels.

Les bénéficiaires conservent la rémunération correspondant à leur grade (sauf indemnités spécifiques).

Enfin, les conservateurs titularisés à l'issue de leur scolarité à l'Enssib peuvent bénéficier d'une formation de six mois dans les mêmes conditions que précédemment. Les deux types de formation ne sont pas cumulables.

L'effectif des conservateurs bénéficiant d'une formation de ce type ne peut excéder 2 % de l'effectif budgétaire du corps.

1.1.2. Statut particulier du corps des bibliothécaires

[T. R. : Décret n° 92-29 du 9 janvier 1992 portant statut particulier du corps des bibliothécaires.]

1.1.2.1. Missions

« Les bibliothécaires participent à la constitution, à l'organisation, à l'enrichissement, à l'évaluation, à l'exploitation et à la communication au public des collections de toute nature des bibliothèques. Ils concourent également aux tâches d'animation et de formation au sein des établissements où ils sont affectés et peuvent être appelés à assurer des tâches d'encadrement. Ils exercent leurs fonctions dans les services techniques et les bibliothèques relevant du ministère chargé de l'Enseignement supérieur ou d'autres départements ministériels. »

1.1.2.2. Recrutement par concours

Le recrutement se fait soit par le biais du concours externe, soit par le biais du concours interne.

1.1.2.2.1. Concours externe

Le concours externe est ouvert à toute personne titulaire de l'un des diplômes exigés pour se présenter au premier concours d'entrée à l'École nationale d'administration (licence ou équivalent) ou d'un titre équivalent, sauf les mères et pères de trois enfants, pour lesquels aucune condition de diplôme n'est exigée.

Le concours de bibliothécaire est ouvert aux candidats titulaires de la nationalité française au jour des épreuves écrites ainsi qu'aux ressortissants d'un État membre de la Communauté européenne ou d'un autre État partie à l'accord sur l'Espace économique européen.

Les candidats ne possédant pas l'un des diplômes requis mais pouvant justifier d'une formation équivalente peuvent déposer une demande spéciale de dérogation auprès d'une commission qui statue au vu de leur dossier sur leur capacité à concourir.

1.1.2.2.2. Concours interne

Le concours interne est ouvert pour la moitié au plus du nombre total des postes mis au concours aux fonctionnaires et agents de l'État, des collectivités territoriales ou d'un établissement public en dépendant.

Les candidats doivent justifier au 1er janvier de l'année du concours de quatre ans de services publics, dont deux années au moins dans une bibliothèque.

1.1.2.2.3. Dispositions spéciales

Les emplois mis au concours qui n'auraient pas été pourvus par la nomination des candidats de la catégorie correspondante peuvent être attribués aux candidats de l'autre catégorie dans la limite de 20 % de l'ensemble des postes mis au concours.

1.1.2.2.3. Formation

La formation des bibliothécaires est, depuis la fusion de l'Institut de formation des bibliothécaires (IFB) avec l'Enssib, dispensée sur une durée d'une année, alternant périodes d'enseignement (24 semaines au total) et périodes sur le terrain, dans l'établissement d'affectation ou sur un lieu de stage extérieur.

En fonction de l'expérience antérieure des stagiaires, des parcours de formation individualisés sont proposés.

En cas de nécessité, la formation peut être étendue sur deux ans. Dans ce cas, un calendrier individuel est fixé pour le stagiaire sur ces deux ans. L'étalement concerne l'ensemble des modules, les stages et les travaux personnels.

1.1.2.3. Structure de la carrière

Le corps des bibliothécaires comprend un grade unique comportant onze échelons.

Grade et échelon	Ancienneté requise minimale / moyenne
11e échelon	
10e échelon	3 ans / 4 ans
9e échelon	2 ans 3 mois / 3 ans
8e échelon	2 ans 3 mois / 3 ans
7e échelon	2 ans 3 mois / 3 ans
6e échelon	2 ans 3 mois / 3 ans
5e échelon	2 ans 3 mois / 3 ans
4e échelon	2 ans 3 mois / 3 ans
3e échelon	1 an 6 mois / 2 ans
2e échelon	1 an 6 mois / 2 ans
1er échelon	1 an / 1 an

1.1.2.4. Dispositions diverses

Dans la limite d'un cinquième des postes pourvus au titre des concours et par voie de détachement, un bibliothécaire stagiaire est nommé parmi les bibliothécaires adjoints spécialisés âgés de quarante ans au moins au 1er janvier de l'année de nomination, ayant neuf ans de services effectifs dont cinq au moins dans une bibliothèque et inscrits sur une liste d'aptitude.

Dans la limite de 20 % de l'effectif budgétaire de chaque grade, les fonctionnaires de catégorie A de l'État ou des collectivités territoriales ou d'un établissement public en dépendant peuvent être détachés dans le corps des bibliothécaires. Le détachement est prononcé à équivalence de grade ou d'échelon.

À l'issue d'une période de détachement de cinq ans, les intéressés peuvent être intégrés sur leur demande dans le corps des bibliothécaires.

1.2. Personnels de catégorie B

1.2.1. Statut particulier du corps des bibliothécaires adjoints spécialisés

[T. R. : Décret n° 92-30 du 9 janvier 1992 portant statut particulier du corps des bibliothécaires adjoints spécialisés.]

1.2.1.1. Missions

« Les bibliothécaires adjoints spécialisés sont chargés des tâches techniques exigeant une qualification professionnelle dans un domaine particulier. Ils peuvent notamment faire des recherches bibliographiques et documentaires, coordonner des travaux techniques courants et participer à la formation professionnelle dans leur domaine de compétence. Ils participent également à l'accueil du public. Ils exercent leurs fonctions dans les services techniques et les bibliothèques relevant du ministère chargé de l'Enseignement supérieur ou d'autres départements ministériels. »

1.2.1.2. Recrutement par concours

Le recrutement se fait soit par le biais du concours externe, soit par le biais du concours interne.

1.2.1.2.1. Concours externe

Le concours est ouvert à toute personne titulaire d'un diplôme universitaire de technologie (DUT), d'un diplôme d'études universitaires scientifiques et technologiques (DEUST) des métiers du livre et de la documentation, du diplôme de bibliothécaire-documentaliste de l'Institut catholique de Paris, du diplôme de documentaliste de l'Institut national des techniques documentaires, ou d'un diplôme d'études universitaires générales (DEUG) comprenant un enseignement en bibliothéconomie et de documentation délivré après un an d'études dans un IUP. Les mères et les pères de trois enfants sont autorisés à candidater sans condition de diplôme.

Le concours de bibliothécaire adjoint spécialisé est ouvert aux candidats titulaires de la nationalité française au jour des épreuves écrites ainsi qu'aux ressortissants d'un État membre de la Communauté européenne ou d'un autre État partie à l'accord sur l'Espace économique européen.

1.2.1.2.2. Concours interne

Le concours interne est ouvert pour la moitié au plus du nombre total des postes mis au concours aux fonctionnaires et agents de l'État, des collectivités territoriales ou d'un établissement public en dépendant.

Les candidats doivent justifier au 1er janvier de l'année du concours de quatre ans de services publics, dont deux années au moins dans une bibliothèque.

1.2.1.2.3. Dispositions spéciales

Les emplois mis au concours qui n'auraient pas été pourvus par la nomination des candidats de la catégorie correspondante peuvent être attribués aux candidats de l'autre catégorie dans la limite de 20 % de l'ensemble des postes mis au concours.

1.2.1.3. Structure de la carrière

1.2.1.3.1. Grades

Le corps des bibliothécaires adjoints spécialisés comprend trois grades :
- bibliothécaire adjoint spécialisé hors classe (sept échelons) ;
- bibliothécaire adjoint spécialisé de 1re classe (six échelons) ;
- bibliothécaire adjoint spécialisé de 2e classe (douze échelons).

Peuvent être promus au grade de bibliothécaire adjoint spécialisé hors classe : *via* un examen professionnel, les bibliothécaires adjoints spécialisés de 1re classe et les bibliothécaires adjoints spécialisés comptant au moins un an d'ancienneté au 7e échelon de la 2e classe ; après inscription au tableau d'avancement, les bibliothécaires adjoints spécialisés de 1re classe appartenant au moins au 3e échelon de leur grade et les bibliothécaires adjoints spécialisés de 2e classe ayant atteint le 11e échelon de leur grade.

Peuvent être inscrits au tableau d'avancement au grade de bibliothécaire adjoint spécialisé de 1re classe les bibliothécaires adjoints spécialisés de 2e classe ayant atteint au moins le 9e échelon de leur grade et qui justifient de cinq ans de services publics dans un corps de catégorie B.

1.2.1.3.2. Échelons

Grade et échelon	Ancienneté requise minimale / moyenne
Bibliothécaire adjoint spécialisé hors classe	
7e échelon	
6e échelon	2 ans / 2 ans 6 mois
5e échelon	2 ans / 2 ans 6 mois
4e échelon	1 an 6 mois / 2 ans
3e échelon	1 an 6 mois / 2 ans
2e échelon	1 an 6 mois / 2 ans
1er échelon	1 an 6 mois / 2 ans
Bibliothécaire adjoint spécialisé de 1re classe	
6e échelon	
5e échelon	3 ans / 4 ans
4e échelon	2 ans 3 mois / 3 ans
3e échelon	2 ans 3 mois / 3 ans
2e échelon	1 an 6 mois / 2 ans
1er échelon	1 an 6 mois / 2 ans

Bibliothécaire adjoint spécialisé de 2e classe	
12e échelon	
11e échelon	3 ans / 4 ans
10e échelon	2 ans 3 mois / 3 ans
9e échelon	2 ans 3 mois / 3 ans
8e échelon	2 ans 3 mois / 3 ans
7e échelon	2 ans 3 mois / 3 ans
6e échelon	1 an 6 mois / 2 ans
5e échelon	1 an 6 mois / 1 an 6 mois
4e échelon	1 an 6 mois / 1 an 6 mois
3e échelon	1 an 6 mois / 1 an 6 mois
2e échelon	1 an 6 mois / 1 an 6 mois
1er échelon	1 an / 1 an

1.2.1.4. Dispositions diverses

Dans la limite d'un sixième des postes pourvus au titre des concours et par voie de détachement, un bibliothécaire adjoint spécialisé stagiaire est nommé parmi les assistants des bibliothèques âgés de trente-cinq ans au moins au 1er janvier de l'année de nomination, ayant sept ans de services effectifs dont cinq au moins dans une bibliothèque et inscrits sur une liste d'aptitude.

Les fonctionnaires de catégorie B de l'État ou des collectivités territoriales ou d'un établissement public en dépendant peuvent être détachés dans le corps des bibliothécaires adjoints spécialisés. Le détachement est prononcé à équivalence de grade ou d'échelon.

À l'issue d'une période de détachement de cinq ans, les intéressés peuvent être intégrés sur leur demande dans le corps des bibliothécaires adjoints spécialisés.

1.2.2. Statut particulier du corps des assistants des bibliothèques

Dans le corps d'assistants des bibliothèques, créé par le décret du 13 avril 2001, sont intégrés les anciens corps de bibliothécaires adjoints et d'inspecteurs de magasinage des bibliothèques.

[T. R. : Décret n° 2001-326 du 13 avril 2001 portant dispositions statutaires applicables au corps des assistants des bibliothèques ; décret n° 94-1016 du 18 novembre 1994 fixant les dispositions statutaires communes applicables à divers corps de fonctionnaires de la catégorie B.]

1.2.2.1. Missions

« Dans les bibliothèques, départements ou services auxquels ils sont affectés, les assistants des bibliothèques effectuent des tâches de caractère technique dans le domaine du traitement documentaire des collections ainsi que dans celui de leur gestion. Ils peuvent en outre être chargés de la gestion des magasins, des lieux accessibles au public et des matériels, notamment des matériels d'accès à l'information. Ils ont vocation à encadrer les personnels chargés du magasinage. Ils participent à l'accueil, à l'information ainsi qu'à la formation du public. Ils peuvent se voir confier des fonctions touchant à la sécurité des personnes, des locaux et des collections. »

1.2.2.2. Recrutement par concours

Le recrutement se fait soit par le biais du concours externe, soit par le biais du concours interne.

1.2.2.2.1. Concours externe

Le concours externe d'assistant des bibliothèques est ouvert aux candidats titulaires de la nationalité française au jour des épreuves écrites ainsi qu'aux ressortissants d'un État membre de la Communauté européenne ou d'un autre État partie à l'accord sur l'Espacc économique européen.

Le concours externe est ouvert aux candidats possédant le baccalauréat ou un diplôme homologué au niveau IV au jour des épreuves écrites. Les candidats ne possédant pas l'un des diplômes requis, mais pouvant justifier d'une formation équivalente, doivent demander, lors de l'inscription, une dérogation. Aucune condition de diplôme n'est exigée pour les mères et pères d'au moins trois enfants.

Le concours d'assistant des bibliothèques est ouvert aux candidats titulaires de la nationalité française au jour des épreuves écrites ainsi qu'aux ressortissants d'un État membre de la communauté européenne ou d'un autre État partie à l'accord sur l'Espace économique européen.

1.2.2.2.2. Concours interne

Les candidats au concours interne doivent être fonctionnaires ou agents de l'État, des collectivités territoriales ou des établissements publics en dépendant, ou militaires ou agents en fonction dans une organisation internationale intergouvernementale, et justifier au 1er janvier de l'année du concours de quatre ans de services publics.

1.2.2.2.3. Dispositions spéciales

Le nombre de places offertes respectivement au concours externe et au concours interne ne peut être inférieur à 40 % du nombre total de places offertes aux deux concours.

Les emplois mis aux concours qui n'auraient pas été pourvus par la nomination des candidats à l'un des concours peuvent être attribués à l'autre concours. Ce report ne peut avoir pour conséquence que le nombre des emplois offerts à l'un des concours soit supérieur aux deux tiers du nombre total de places offertes aux deux concours.

1.2.2.3. Structure de la carrière

1.2.2.3.1. Grades

Le corps des assistants des bibliothèques comporte trois grades :
- assistant des bibliothèques de classe normale (treize échelons) ;
- assistant des bibliothèques de classe supérieure (huit échelons) ;
- assistant des bibliothèques de classe exceptionnelle (sept échelons).

Le nombre des emplois d'assistant des bibliothèques de classe supérieure ne peut comprendre plus de 25 % de l'effectif total des deux premiers grades.

Peuvent être promus au grade d'assistant des bibliothèques de classe supérieure les assistants de bibliothèques de classe normale au 7e échelon depuis au moins deux ans et qui justifient de cinq ans de services publics dans un corps de catégorie B.

Peuvent être promus au grade d'assistant des bibliothèques de classe exceptionnelle, *via* un examen professionnel, les assistants des bibliothèques de classe supérieure, ou les assistants des bibliothèques de classe normale ayant atteint le 7e échelon.

Peuvent être inscrits au tableau d'avancement au grade d'assistant des bibliothèques de classe exceptionnelle les assistants des bibliothèques de classe supérieure ayant atteint le 4e échelon de leur grade.

Ces promotions s'effectuent pour les deux tiers par la voie de l'examen professionnel et pour un tiers au choix.

1.2.2.3.2. Échelons

Grade et échelon	Ancienneté requise minimale / moyenne
Assistant des bibliothèques de classe exceptionnelle	
7e échelon	
6e échelon	3 ans / 4 ans
5e échelon	2 ans 3 mois / 3 ans
4e échelon	2 ans 3 mois / 3 ans
3e échelon	2 ans / 2 an 6 mois
2e échelon	2 ans / 2 an 6 mois
1er échelon	1 an 6 mois / 2 ans
Assistant des bibliothèques de classe supérieure	
8e échelon	
7e échelon	3 ans / 4 ans
6e échelon	2 ans 3 mois / 3 ans
5e échelon	2 ans 3 mois / 3 ans
4e échelon	2 ans / 2 ans 6 mois
3e échelon	1 an 6 mois / 2 ans
2e échelon	1 an 6 mois / 2 ans
1er échelon	1 an 6 mois / 1 an 6 mois

Assistant des bibliothèques de classe normale	
13e échelon	
12e échelon	3 ans / 4 ans
11e échelon	2 ans 3 mois / 3 ans
10e échelon	2 ans 3 mois / 3 ans
9e échelon	2 ans 3 mois / 3 ans
8e échelon	2 ans 3 mois / 3 ans
7e échelon	2 ans 3 mois / 3 ans
6e échelon	1 an 6 mois / 2 ans
5e échelon	1 an 6 mois / 1 an 6 mois
4e échelon	1 an 6 mois / 1 an 6 mois
3e échelon	1 an 6 mois / 1 an 6 mois
2e échelon	1 an 6 mois / 1 an 6 mois
1er échelon	1 an / 1 an

1.2.2.4. Dispositions diverses

Dans la limite d'un cinquième des postes pourvus au titre des concours et par voie de détachement, un assistant des bibliothèques stagiaire est nommé parmi les membres des corps de catégorie C du personnel de magasinage spécialisé des bibliothèques ayant neuf ans de services effectifs dans un service public.

Les fonctionnaires de catégorie B de l'État ou des collectivités territoriales ou d'un établissement public en dépendant peuvent être détachés dans le corps des assistants des bibliothèques. Le détachement est prononcé à équivalence de grade ou d'échelon.

À l'issue d'une période de détachement de deux ans, les intéressés peuvent être intégrés sur leur demande dans le corps des assistants des bibliothèques.

1.3. Personnels de catégorie C

1.3.1. Personnel de magasinage spécialisé des bibliothèques

Le personnel de magasinage spécialisé des bibliothèques est réparti entre les corps de magasiniers en chef et de magasiniers spécialisés. Les corps devraient être prochainement fusionnés mais, à la date de parution de cet ouvrage, cette fusion n'a pas été finalisée.

1.3.1.1. Statut particulier du corps des magasiniers en chef

[T. R. : Décret n° 88-646 du 6 mai 1988 portant statut particulier du personnel de magasinage spécialisé des bibliothèques.]

1.3.1.1.1. Missions

« Le personnel de magasinage spécialisé est appelé à servir dans les services techniques, les bibliothèques et les établissements relevant du ministre chargé de l'Enseignement supérieur, du ministre chargé de la Culture ou d'autres départements ministériels [...] Les magasiniers en chef assurent l'encadrement des magasiniers spécialisés placés sous leur autorité et participent à l'exécution de leurs tâches. »

1.3.1.1.2. Recrutement par concours

Le recrutement se fait soit par le biais d'un concours externe, soit par le biais d'un concours interne.

1.3.1.1.2.1. Concours externe

Le concours externe est ouvert pour 20 % des postes aux candidats titulaires du brevet des collèges ou de son équivalent ; aucune condition de diplôme n'est exigée pour les pères et les mères de trois enfants.

Le concours est ouvert aux candidats titulaires de la nationalité française ainsi qu'aux ressortissants d'un État membre de la Communauté européenne ou d'un autre État partie à l'accord sur l'Espace économique européen.

1.3.1.1.2.2. Concours interne

Le concours interne est ouvert, pour 80 % des postes, aux magasiniers spécialisés justifiant d'au moins quatre années de services effectifs dans le corps.

1.3.1.1.2.3. Dispositions spéciales

Si le nombre des candidats admis à l'un des concours est insuffisant, les postes non pourvus peuvent être reportés sur l'autre concours.

1.3.1.1.3. Structure de la carrière

1.3.1.1.3.1. Grades

Le corps des magasiniers en chef comporte deux grades :
- magasinier en chef (dix échelons) ;
- magasinier en chef principal (trois échelons).

Le nombre des emplois de magasinier en chef principal ne peut excéder 15 % de l'effectif total du corps des magasiniers en chef.

1.3.1.1.3.2. Échelons

Grade et échelon	Ancienneté requise minimale / moyenne
Magasinier en chef principal	
3e échelon 2e échelon 1er échelon	 3 ans / 4 ans 2 ans / 3 ans

Magasinier en chef	
10e échelon	
9e échelon	3 ans / 4 ans
8e échelon	3 ans / 4 ans
7e échelon	2 ans / 4 ans
6e échelon	2 ans / 3 ans
5e échelon	2 ans / 3 ans
4e échelon	1 an 6 mois / 3 ans
3e échelon	1 an 6 mois / 2 ans
2e échelon	1 an 6 mois / 2 ans
1er échelon	1 an / 1 an

1.3.1.1.3.3. Dispositions diverses

Dans la limite d'un sixième des postes pourvus au titre des concours ou par voie de détachement, un magasinier en chef stagiaire est nommé parmi les magasiniers spécialisés hors classe ayant atteint le 7e échelon de leur grade et inscrits au tableau d'avancement.

Peuvent être promus au grade de magasinier en chef principal par voie d'inscription sur un tableau annuel d'avancement les magasiniers en chef comptant au moins deux ans d'ancienneté dans le 8e échelon de leur grade.

Des fonctionnaires de catégorie C de l'État, des collectivités territoriales ou des établissements publics qui en dépendent peuvent être détachés dans le corps des magasiniers en chef ou dans le corps des magasiniers spécialisés.

Les fonctionnaires placés en position de détachement dans le corps des magasiniers en chef ou dans le corps des magasiniers spécialisés peuvent demander leur intégration dans le corps où ils sont détachés à l'issue d'un délai d'un an.

1.3.1.2. Statut particulier du corps des magasiniers spécialisés

[T. R. : Décret n° 88-646 du 6 mai 1988 modifié portant statut particulier du personnel de magasinage spécialisé des bibliothèques.]

1.3.1.2.1. Missions

« Les magasiniers spécialisés participent à la mise en place et au classement des collections et assurent leur équipement, leur entretien matériel ainsi que celui des rayonnages. Ils concourent à l'accueil du public et veillent à la sauvegarde et à la diffusion des documents ainsi qu'à la sécurité des personnes. Ils effectuent les tâches de manutention nécessaires à l'exécution du service. »

1.3.1.2.2. Recrutement

Les magasiniers spécialisés sont désormais recrutés sur concours sans épreuves ouverts dans chaque université. Pour autant, le nombre de postes pour chaque université est fixé annuellement par décret.

1.3.1.2.3. Structure de la carrière

1.3.1.2.3.1. Grades

Le corps des magasiniers spécialisés comporte deux grades :
- magasinier spécialisé hors classe (dix échelons) ;
- magasinier spécialisé de classe normale (dix échelons).

1.3.1.2.3.2. Échelons

Grade et échelon	Ancienneté requise minimale / moyenne
Magasinier spécialisé hors classe	
10e échelon	
9e échelon	3 ans / 4 ans
8e échelon	3 ans / 4 ans
7e échelon	3 ans / 4 ans
6e échelon	2 ans / 3 ans
5e échelon	2 ans / 3 ans
4e échelon	2 ans / 3 ans
3e échelon	1 an 6 mois / 2 ans
2e échelon	1 an 6 mois / 2 ans
1er échelon	1 an 6 mois / 1 an
Magasinier spécialisé de classe normale	
10e échelon	
9e échelon	3 ans / 4 ans
8e échelon	3 ans / 4 ans
7e échelon	3 ans / 4 ans
6e échelon	2 ans / 3 ans
5e échelon	2 ans / 3 ans
4e échelon	2 ans / 3 ans
3e échelon	1 an 6 mois / 2 ans
2e échelon	1 an 6 mois / 2 ans
1er échelon	1 an / 1 an

1.3.1.2.3.3. Dispositions diverses

Peuvent être promus magasiniers spécialisés hors classe les magasiniers spécialisés de classe normale ayant atteint le cinquième échelon de leur grade et ayant au moins 3 ans de services effectifs dans ce grade, inscrits au tableau d'avancement annuel après avis de la commission administrative paritaire.

2. Fonction publique territoriale

Les fonctionnaires des cadres d'emplois de la fonction publique territoriale ont vocation à exercer les métiers spécifiques aux bibliothèques. Ils relèvent tous de la filière culturelle.

Les concours de recrutement de fonctionnaires territoriaux sont pour l'instant organisés par le CNFPT et ses délégations régionales. Un projet de loi devrait transférer cette gestion aux centres de gestion départementaux, sauf pour ce qui concerne le recrutement des conservateurs territoriaux des bibliothèques, compte tenu de la formation post-recrutement suivie par ceux-ci à l'Enssib.

2.1. Personnels de catégorie A

2.1.1. Statut particulier du cadre d'emplois des conservateurs territoriaux de bibliothèques

Les conservateurs territoriaux de bibliothèques peuvent exercer leurs fonctions dans les bibliothèques qui remplissent la triple condition d'être implantées dans une commune de plus de 20 000 habitants ou un établissement public local assimilé à une commune de plus de 20 000 habitants, de disposer de plus de 30 000 documents et d'effectuer plus de 40 000 prêts par an.

Un arrêté conjoint du ministre chargé des Collectivités territoriales et du ministre chargé de la Culture fixe par ailleurs la liste des bibliothèques qui peuvent avoir plusieurs conservateurs.

Les conservateurs territoriaux en chef exercent leurs fonctions dans les établissements ou services disposant de plus de 70 000 ouvrages. Ces établissements ou services figurent sur une liste établie par arrêté conjoint du ministre chargé des Collectivités territoriales et du ministre chargé de la Culture, sur proposition de l'autorité territoriale. Un seul emploi de conservateur en chef peut être créé par établissement ou service mentionné à l'alinéa précédent.

[T. R. : Décret n° 91-841 du 2 septembre 1991 portant statut particulier du cadre d'emplois des conservateurs territoriaux de bibliothèques.]

2.1.1.1. Missions

« Les conservateurs territoriaux de bibliothèques constituent, organisent, enrichissent, évaluent et exploitent les collections de toute nature des bibliothèques. Ils sont responsables de ce patrimoine et du développement de la lecture publique. Ils organisent l'accès du public aux collections et la diffusion des documents à des fins de recherche, d'information ou de culture. Les catalogues de collections sont établis sous leur responsabilité […] Ils exercent leurs fonctions dans les bibliothèques municipales classées et les bibliothèques centrales de prêt. »

2.1.1.2. Recrutement par concours

Le recrutement se fait soit par le biais d'un concours externe, soit par le biais d'un concours interne, soit auprès des élèves et anciens élèves de l'École nationale des chartes.

2.1.1.2.1. Concours externe

Le concours externe est ouvert aux candidats âgés de moins de 30 ans, titulaires d'un diplôme national sanctionnant un second cycle d'études supérieures.

2.1.1.2.2. Concours interne

Un concours interne sur épreuves est ouvert pour un tiers du nombre total des postes à pourvoir au titre des concours externes aux candidats qui justifient d'au moins sept ans de services publics effectifs.

2.1.1.2.3. Élèves et anciens élèves de l'École nationale des chartes

Un concours externe est ouvert aux élèves de l'École nationale des chartes ayant satisfait aux obligations de scolarité de la troisième année de cette école et âgés de moins de 35 ans. Ce concours comporte un examen des titres et travaux des candidats, suivi d'une audition.

2.1.1.3. Formation

Les candidats inscrits sur la liste d'admission sont nommés élèves du Centre national de la fonction publique territoriale pour une période de formation d'une durée de dix-huit mois. Leur formation s'effectue, comme pour les conservateurs de bibliothèques de l'État, à l'Enssib. Cette formation n'est que de six mois pour les conservateurs territoriaux recrutés au sein du cadre d'emplois des bibliothécaires territoriaux.

2.1.1.4. Structure de la carrière

2.1.1.4.1. Grades

Le cadre d'emplois des conservateurs territoriaux comprend trois grades :
- conservateur de 2e classe (cinq échelons, dont deux échelons de stage) ;
- conservateur de 1re classe (cinq échelons) ;
- conservateur en chef (six échelons).

2.1.1.4.2. Échelons

Grade et échelon	Ancienneté requise minimale / moyenne
Conservateur en chef	
6e échelon	
5e échelon	3 ans 1 mois / 2 ans 11 mois
4e échelon	2 ans 1 mois / 1 an 11 mois
3e échelon	2 ans 1 mois / 1 an 11 mois
2e échelon	2 ans 1 mois / 1 an 11 mois
1er échelon	1 an 1 mois / 11 mois
Conservateur de 1re classe	
5e échelon	
4e échelon	3 ans 1 mois / 2 ans 11 mois
3e échelon	2 ans 7 mois / 2 ans 5 mois
2e échelon	2 ans 1 mois / 1 an 11 mois
1er échelon	1 an 1 mois / 11 mois
Conservateur de 2e classe	
3e échelon	
2e échelon	3 ans 1 mois / 2 ans 11 mois
1er échelon	2 ans 1 mois / 1 an 11 mois

2.1.1.4.3. Dispositions diverses

Dans la proportion d'un cinquième des recrutements intervenus dans l'établissement ou l'ensemble des établissements affiliés à un centre de gestion, peuvent être inscrits sur la liste d'aptitude les bibliothécaires territoriaux âgés de plus de 45 ans et ayant au moins dix ans de services effectifs en catégorie A.

Peuvent être inscrits au tableau d'avancement pour l'accès au grade de conservateur de bibliothèques de 1re classe les conservateurs de bibliothèque de 2e classe ayant atteint le 3e échelon depuis un an.

Peuvent être inscrits au tableau d'avancement pour l'accès au grade de conservateur en chef les conservateurs de bibliothèque de 1re classe ayant atteint le 3e échelon.

Les fonctionnaires de catégorie A exerçant des fonctions de même nature que celles des membres du cadre d'emplois peuvent être détachés dans le cadre d'emplois des conservateurs territoriaux de bibliothèque sous réserve que l'indice brut terminal de leur grade ou du grade le plus élevé de leur corps ou cadre d'emplois soit supérieur à 920.

Les fonctionnaires détachés dans le cadre d'emplois des conservateurs territoriaux de bibliothèque peuvent, sur leur demande, y être intégrés lorsqu'ils y ont été détachés depuis cinq ans au moins.

2.1.2. Statut particulier du cadre d'emplois des bibliothécaires territoriaux

Les bibliothécaires territoriaux travaillent dans un service ou un établissement correspondant à l'une des spécialités suivantes : bibliothèques ou documentation.

[T. R. : Décret n° 91-845 du 2 septembre 1991 portant statut particulier du cadre d'emplois des bibliothécaires territoriaux.]

2.1.2.1. Missions

« Les bibliothécaires territoriaux participent à la constitution, l'organisation, l'enrichissement, l'évaluation et l'exploitation des collections de toute nature des bibliothèques, à la communication de ces dernières au public ainsi qu'au développement de la lecture publique [...] Ils ont vocation à assurer la recherche, la constitution, le classement, la conservation, l'élaboration, l'exploitation et la diffusion de la documentation nécessaire aux missions des collectivités territoriales et de leurs établissements publics. »

2.1.2.2. Recrutement par concours

Le recrutement se fait soit par le biais d'un concours externe, soit par le biais d'un concours interne.

2.1.2.2.1. Concours externe

Le concours externe est ouvert pour les deux tiers au moins des postes à pourvoir aux candidats titulaires d'un diplôme national sanctionnant un second cycle d'études supérieures.

2.1.2.2.2. Concours interne

Le concours interne est ouvert pour le tiers au plus des postes à pourvoir aux fonctionnaires et agents publics ainsi qu'aux agents en fonction dans une organisation internationale intergouvernementale. Les candidats doivent justifier de quatre ans au moins de services publics effectifs.

2.1.2.2.3. Dispositions spéciales

Lorsque le nombre des candidats ayant subi avec succès les épreuves du concours externe ou du concours interne est inférieur au nombre des places offertes à ce concours, le jury peut modifier la répartition des places entre les deux concours dans la limite de 15 % des places offertes à l'un ou l'autre des concours ou d'une place au moins.

2.1.2.2.4. Formation

Au cours de leur stage de titularisation, les bibliothécaires territoriaux doivent suivre une formation, éventuellement discontinue, d'une durée totale de six mois, qui comprend des sessions théoriques d'une durée totale de deux mois et des stages pratiques d'une durée totale de quatre mois dont deux mois au moins accomplis hors de la collectivité employeur[1].

Dans un délai de trois ans après leur titularisation, les bibliothécaires territoriaux doivent suivre une formation d'adaptation à l'emploi, éventuellement discontinue, d'une durée totale de six mois. Cette formation comprend deux mois de sessions théoriques et quatre mois de stages pratiques dont un mois au moins accompli hors de la collectivité employeur. Elle est de deux mois seulement, dans l'année suivant leur titularisation, pour les bibliothécaires territoriaux issus de la promotion interne.

2.1.2.3. Structure de la carrière

2.1.2.3.1. Grades

Le cadre d'emplois de bibliothécaire territorial comprend un seul grade de onze échelons.

2.1.2.3.2. Échelons

Grade et échelon	Ancienneté requise minimale / moyenne
11e échelon	
10e échelon	3 ans 11 mois / 4 ans 1 mois
9e échelon	2 ans 11 mois / 3 ans 1 mois
8e échelon	2 ans 11 mois / 3 ans 1 mois
7e échelon	2 ans 11 mois / 3 ans 1 mois
6e échelon	2 ans 11 mois / 3 ans 1 mois
5e échelon	2 ans 11 mois / 3 ans 1 mois
4e échelon	2 ans 11 mois / 3 ans 1 mois
3e échelon	1 an 11 mois / 2 ans 1 mois
2e échelon	1 an 11 mois / 2 ans 1 mois
1er échelon	1 an / 1 an

2.1.2.3.3. Dispositions diverses

Dans la proportion d'un cinquième des recrutements intervenus dans l'établissement ou l'ensemble des établissements affiliés à un centre de gestion, peuvent être inscrits sur la liste d'aptitude des bibliothécaires territoriaux les assistants territoriaux qualifiés de conservation du patrimoine et des bibliothèques qui, âgés de 40 ans au moins, justifient d'au moins dix années de services effectifs accomplis en qualité de titulaires dont au moins cinq années d'ancienneté dans le cadre d'emplois des assistants territoriaux qualifiés de conservation du patrimoine et des bibliothèques.

---

1. Les stagiaires issus du concours externe peuvent utiliser ces deux derniers mois pour compléter leur formation théorique.

Les fonctionnaires de catégorie A exerçant des fonctions de conservation du patrimoine, de bibliothécaire, de documentaliste, d'enseignement ou de recherche peuvent être détachés dans le cadre d'emplois des bibliothécaires territoriaux.

Les fonctionnaires détachés dans le cadre d'emplois des bibliothécaires territoriaux peuvent, sur leur demande, y être intégrés lorsqu'ils y ont été détachés depuis deux ans au moins.

2.2. Personnels de catégorie B

2.2.1. Statut particulier du cadre d'emplois des assistants territoriaux qualifiés de conservation du patrimoine et des bibliothèques

Les membres du cadre d'emplois des assistants territoriaux qualifiés de conservation du patrimoine et des bibliothèques (AQC) travaillent dans un service ou établissement correspondant à l'une des spécialités suivantes de la conservation : musée ; bibliothèque ; archives ; documentation.

[T. R. : Décret n° 91-847 du 2 septembre 1991 portant statut particulier du cadre d'emplois des assistants territoriaux qualifiés de conservation du patrimoine et des bibliothèques.]

2.2.1.1. Missions

« Les AQC exercent sous l'autorité d'un supérieur hiérarchique des responsabilités techniques supérieures. Ils ont des responsabilités particulières dans le traitement, la mise en valeur, la conservation des collections, la recherche documentaire et la promotion de la lecture publique. Dans chacune de leurs spécialités, ils contribuent au développement d'actions culturelles et éducatives. Ils peuvent être nommés aux emplois de direction des services ou des établissements qui ne sont pas réservés à des fonctionnaires appartenant à des cadres d'emplois culturels de catégorie A. »

2.2.1.2. Recrutement par concours

Le recrutement se fait soit par le biais d'un concours externe, soit par le biais d'un concours interne, soit par le biais d'un « troisième » concours.

2.2.1.2.1. Concours externe

Le concours externe est ouvert pour 40 % au moins des postes à pourvoir aux candidats titulaires du baccalauréat et d'un diplôme sanctionnant deux années de formation technico-professionnelle (comme les DUT ou les DEUST) figurant sur une liste établie par arrêté conjoint du ministre chargé des Collectivités territoriales et du ministre chargé de la Culture[1].

1. Arrêté ministériel du 2 septembre 1992.

2.2.1.2.2. Concours interne

Le concours interne est ouvert pour 40 % au plus des postes à pourvoir aux fonctionnaires et agents publics de l'État, des collectivités territoriales ou d'un établissement public en dépendant. Les candidats doivent justifier de quatre ans au moins de services publics effectifs dans une école ou un établissement ouvrant accès à un grade de la fonction publique, dont deux années au moins dans un des services des musées, bibliothèques, archives ou documentation.

2.2.1.2.3. Troisième concours

Un troisième concours est ouvert pour 20 % au plus du nombre des postes à pourvoir aux candidats justifiant de l'exercice, pendant une durée de quatre ans au moins, d'une ou de plusieurs activités professionnelles, d'un ou de plusieurs mandats de membre d'une assemblée élue d'une collectivité territoriale ou d'une ou de plusieurs activités accomplies en qualité de responsable d'une association. Ces activités doivent correspondre à la participation à des activités de développement culturel ou patrimonial ou bibliothécaire.

2.2.1.2.4. Dispositions spéciales

Lorsque le nombre de candidats ayant subi avec succès les épreuves de l'un des trois concours mentionnés ci-dessus est inférieur au nombre de places offertes à ce concours, le jury peut modifier le nombre de places aux concours externe et interne dans la limite de 15 % ou d'une place au moins.

2.2.1.2.5. Formation

Au cours de leur stage de titularisation, les AQC doivent suivre une formation, éventuellement discontinue, d'une durée totale de trois mois (un mois pour la promotion interne). Cette formation comprend des sessions théoriques d'une durée totale de deux mois et des stages pratiques d'une durée totale d'un mois accomplis en totalité ou en partie hors de la collectivité employeur.

Dans un délai de deux ans après leur titularisation, les AQC doivent suivre une formation d'adaptation à l'emploi, éventuellement discontinue, d'une durée totale de trois mois (deux mois pour la promotion interne). Cette formation comprend deux mois de sessions théoriques et un mois de stages pratiques accomplis en totalité ou en partie hors de la collectivité employeur.

2.2.1.3. Structure de la carrière

2.2.1.3.1. Grades

Le cadre d'emplois d'assistant territorial qualifié de conservation du patrimoine et des bibliothèques comprend trois grades :

- assistant qualifié de conservation de 2e classe (douze échelons) ;
- assistant qualifié de conservation de 1re classe (cinq échelons) ;
- assistant qualifié de conservation hors classe (sept échelons).

2.2.1.3.2. Échelons

Grade et échelon	Ancienneté requise minimale / maximale
Assistant territorial qualifié de conservation du patrimoine et des bibliothèques hors classe	
7e échelon	
6e échelon	2 ans 9 mois / 3 ans
5e échelon	2 ans 9 mois / 3 ans
4e échelon	2 ans 3 mois / 2 ans 6 mois
3e échelon	1 an 9 mois / 2 ans
2e échelon	1 an 9 mois / 2 ans
1er échelon	1 an 9 mois /2 ans
Assistant territorial qualifié de conservation du patrimoine et des bibliothèques de 1re classe	
5e échelon	
4e échelon	3 ans / 3 ans 6 mois
3e échelon	2 ans 6 mois / 3 ans
2e échelon	2 ans 6 mois / 2 ans 9 mois
1er échelon	2 ans 6 mois / 2 ans 9 mois
Assistant territorial qualifié de conservation du patrimoine et des bibliothèques de 2e classe	
12e échelon	
11e échelon	3 ans / 3 ans 3 mois
10e échelon	2 ans 9 mois / 3 ans
9e échelon	2 ans 6 mois / 3 ans
8e échelon	2 ans 6 mois / 2 ans 9 mois
7e échelon	2 ans 6 mois / 2 ans 9 mois
6e échelon	2 ans / 2 ans 3 mois
5e échelon	1 an 6 mois / 1 an 6 mois
4e échelon	1 an 6 mois / 1 an 6 mois
3e échelon	1 an 6 mois / 1 an 6 mois
2e échelon	1 an 6 mois / 1 an 6 mois
1er échelon	1 an / 1 an

2.2.1.3.3. Dispositions diverses

Dans la proportion d'un cinquième, peuvent être inscrits sur la liste d'aptitude les fonctionnaires territoriaux appartenant au cadre d'emplois des assistants territoriaux de conservation du patrimoine et des bibliothèques qui, âgés de 40 ans au moins, justifient de dix années de services effectifs en position d'activité ou de détachement.

Peuvent être nommés assistants qualifiés de conservation de 1re classe après inscription sur un tableau d'avancement les assistants qualifiés de conservation de 2e classe comptant trois ans de services en cette qualité et ayant atteint le 9e échelon de ce grade. Le nombre d'assistants qualifiés de conservation de 1e classe ne peut être supérieur à 25 % du nombre des assistants qualifiés de conservation de 2e classe et des assistants qualifiés de conservation de 1re classe. Un emploi d'agent qualifié de conservation de 1re classe peut être créé s'il existe trois emplois de ce cadre d'emplois dans la collectivité.

Peuvent être nommés assistants qualifiés de conservation hors classe après inscription sur un tableau d'avancement :

– les assistants qualifiés de conservation de 2e classe ayant un an d'ancienneté dans le 8e échelon de leur grade et les assistants qualifiés de conservation de 1re classe sans condition d'ancienneté, comptant trois ans de services dans le cadre d'emplois et ayant satisfait à un examen professionnel organisé par les délégations régionales ou interdépartementales du Centre national de la fonction publique territoriale ;

– les assistants qualifiés de conservation de 1re classe comptant trois ans de services en qualité d'assistant qualifié de conservation de 1re classe et ayant atteint le 3e échelon de leur grade. Le nombre d'assistants qualifiés de conservation hors classe ne peut être supérieur à 15 % du nombre des assistants qualifiés de conservation de 2e classe, des assistants qualifiés de conservation de 1re classe et des assistants qualifiés de conservation hors classe. Un emploi d'assistant qualifié de conservation hors classe peut être créé s'il existe cinq emplois de ce cadre d'emplois dans la collectivité.

Les fonctionnaires de catégorie B exerçant des fonctions équivalentes peuvent être détachés dans le cadre d'emplois des assistants territoriaux qualifiés de conservation du patrimoine et des bibliothèques. Les fonctionnaires territoriaux détachés dans le cadre d'emplois des assistants territoriaux qualifiés de conservation du patrimoine et des bibliothèques peuvent y être intégrés lorsqu'ils y ont été détachés depuis deux ans au moins.

2.2.2. Statut particulier du cadre d'emplois des assistants territoriaux de conservation du patrimoine et des bibliothèques

Les membres du cadre d'emplois des assistants territoriaux de conservation du patrimoine et des bibliothèques (AC) travaillent dans un service ou établissement correspondant à l'une des spécialités suivantes de la conservation : musée ; bibliothèque ; archives ; documentation.

[T. R. : Décret n° 95-33 du 10 janvier 1995 portant statut particulier du cadre d'emplois des assistants territoriaux de conservation du patrimoine et des bibliothèques.]

2.2.2.1. Missions

« Les assistants de conservation assurent les travaux courants dans les établissements ou services où ils sont affectés. Ils sont également chargés du contrôle de la bonne exécution des travaux confiés aux fonctionnaires appartenant aux cadres d'emplois de catégorie C ainsi que de leur encadrement. Lorsqu'ils sont affectés dans les bibliothèques, ils sont chargés de la promotion de la lecture publique. Dans chacune de leurs spécialités, ils contribuent au développement d'actions culturelles et éducatives. »

2.2.2.2. Recrutement par concours

Le recrutement se fait soit par le biais d'un concours externe, soit par le biais d'un concours interne, soit par le biais d'un troisième concours.

2.2.2.2.1. Concours externe

Le concours externe est ouvert aux candidats titulaires du baccalauréat de l'enseignement secondaire ou d'un diplôme homologué au niveau IV.

2.2.2.2.2. Concours interne

Le concours interne est ouvert pour 30 % au plus des postes à pourvoir aux fonctionnaires et agents publics ainsi qu'aux agents en fonction dans une organisation internationale intergouvernementale. Les candidats doivent justifier de quatre ans au moins de services publics effectifs.

2.2.2.2.3. Troisième concours

Le troisième concours est ouvert pour 20 % au plus des postes à pourvoir aux candidats justifiant de l'exercice, pendant une durée de quatre ans au moins, d'une ou de plusieurs activités professionnelles, d'un ou de plusieurs mandats de membre d'une assemblée élue d'une collectivité territoriale ou d'une ou de plusieurs activités accomplies en qualité de responsable d'une association. Les activités professionnelles mentionnées ci-dessus doivent correspondre à la participation à des activités de développement culturel, éducatif ou patrimonial dans des établissements ou structures à vocation culturelle ou éducative.

2.2.2.2.4. Dispositions spéciales

Lorsque le nombre de candidats ayant subi avec succès les épreuves de l'un des concours mentionné ci-dessus est inférieur au nombre de places offertes à ce concours, le jury peut modifier le nombre de places aux concours externe et interne dans la limite de 15 % ou d'une place au moins.

2.2.2.2.5. Formation

Au cours de leur stage, les AC doivent suivre une formation, éventuellement discontinue, d'une durée totale de trois mois (un mois pour la promotion interne). Cette formation comprend des sessions théoriques d'une durée totale de deux mois et des stages pratiques d'une durée totale d'un mois accomplis en totalité ou en partie hors de la collectivité employeur.

Dans un délai de deux ans après leur titularisation, ils doivent suivre une formation d'adaptation à l'emploi, éventuellement discontinue, d'une durée totale de trois mois (deux mois pour la promotion interne). Cette formation comprend deux mois de sessions théoriques et un mois de stages pratiques accomplis en totalité ou en partie hors de la collectivité employeur.

2.2.2.3. Structure de la carrière

2.2.2.3.1. Grades

Le cadre d'emplois des AC comprend trois grades :

- assistant de conservation de 2e classe (treize échelons) ;
- assistant de conservation de 1re classe (huit échelons) ;
- assistant de conservation hors classe (sept échelons).

2.2.2.3.2. Échelons

Grade et échelon	Ancienneté requise maximale / minimale
Assistant de conservation hors classe	
7e échelon	
6e échelon	4 ans 6 mois / 3 ans 6 mois
5e échelon	3 ans 6 mois / 2 ans 6 mois
4e échelon	3 ans 6 mois / 2 ans 6 mois
3e échelon	2 ans 3 mois / 1 an 9 mois
2e échelon	2 ans 3 mois / 1 an 9 mois
1er échelon	2 ans 3 mois / 1 an 9 mois
Assistant de conservation de 1re classe	
8e échelon	
7e échelon	4 ans / 3 ans
6e échelon	4 ans / 3 ans
5e échelon	3 ans / 2 ans 6 mois
4e échelon	2 ans / 1 an 6 mois
3e échelon	2 ans / 1 an 6 mois
2e échelon	2 ans / 1 an 6 mois
1er échelon	1 an 6 mois / 1 an 6 mois
Assistant de conservation de 2e classe	
13e échelon	
12e échelon	4 ans / 3 ans
11e échelon	3 ans / 2 ans 6 mois
10e échelon	3 ans / 2 ans 6 mois
9e échelon	3 ans / 2 ans 6 mois
8e échelon	3 ans / 2 ans 6 mois
7e échelon	3 ans / 2 ans 6 mois
6e échelon	2 ans / 1 an 6 mois
5e échelon	1 an 6 mois / 1 an 6 mois
4e échelon	1 an 6 mois / 1 an 6 mois
3e échelon	1 an 6 mois / 1 an 6 mois
2e échelon	1 an 6 mois / 1 an 6 mois
1er échelon	1 an / 1 an

2.2.2.3.3. Dispositions diverses

Dans la proportion d'un quart, peuvent être inscrits sur la liste d'aptitude des AC correspondant à la spécialité dans laquelle ils ont fait acte de candidature les fonctionnaires territoriaux qui, âgés de 40 ans au moins, justifient de dix ans de services effectifs en position d'activité ou de détachement dans un emploi d'une collectivité territoriale, dont cinq ans au moins en qualité de fonctionnaire territorial d'un cadre d'emplois à caractère culturel ou d'un emploi de catégorie C de même nature.

Peuvent être nommés assistants de conservation de 1re classe les assistants de conservation de 2e classe comptant au moins deux ans d'ancienneté dans le 7e échelon de leur grade après inscription sur un tableau d'avancement. Le nombre des assistants de conservation de 1re classe ne peut être supérieur à 25 % du nombre des assistants de conservation de 1re classe et des assistants de conservation de 2e classe de la collectivité ou de l'établissement.

Peuvent être nommés assistants de conservation hors classe après inscription sur un tableau d'avancement les assistants de conservation de 1re classe ayant atteint le 5e échelon de leur grade et les assistants de conservation de 2e classe ayant atteint le 7e échelon de leur grade et les assistants de conservation de 1re classe sans condition d'ancienneté qui ont satisfait à un examen professionnel. Le nombre des assistants de conservation hors classe ne peut être supérieur à 15 % des effectifs du cadre d'emplois de la collectivité ou de l'établissement.

Les fonctionnaires de catégorie B exerçant des fonctions équivalentes peuvent être détachés dans le cadre d'emplois des assistants territoriaux de conservation du patrimoine. Les fonctionnaires détachés dans le cadre d'emplois des assistants territoriaux de conservation du patrimoine peuvent y être intégrés lorsqu'ils y ont été détachés depuis deux ans au moins.

2.3. Personnels de catégorie C

2.3.1. Statut particulier du cadre d'emplois des agents territoriaux qualifiés du patrimoine

[T. R. : Décret n° 91-853 du 2 septembre 1991 portant statut particulier du cadre d'emplois des agents territoriaux qualifiés du patrimoine modifié.]

2.3.1.1. Missions

« Les agents territoriaux qualifiés du patrimoine de 2e classe assurent l'encadrement des agents du patrimoine placés sous leur autorité [...] Les agents territoriaux qualifiés du patrimoine de 1re classe assurent le contrôle hiérarchique et technique des agents du patrimoine et des agents territoriaux qualifiés du patrimoine de 2e classe [...] Les agents territoriaux qualifiés du patrimoine hors classe assurent le contrôle hiérarchique et technique des agents du patrimoine et des agents territoriaux qualifiés du patrimoine de 2e et de 1re classe... »

« Les agents territoriaux qualifiés du patrimoine sont particulièrement chargés, lorsqu'ils sont affectés dans les bibliothèques, de fonctions d'aide à l'animation, d'accueil du public, notamment des enfants, et de promotion de la lecture publique. Ils participent à la sauvegarde, à la mise en place et à la diffusion des documents. Ils assurent les travaux administratifs courants. »

2.3.1.2. Recrutement par concours

Le recrutement se fait soit par le biais d'un concours externe, soit par le biais d'un concours interne, soit par le biais d'un troisième concours.

2.3.1.2.1. Concours externe

Le concours externe sur titres avec épreuves est ouvert aux candidats titulaires au moins d'un titre ou diplôme homologué au niveau V.

2.3.1.2.2. Concours interne

Le concours interne sur épreuves est ouvert aux fonctionnaires et aux agents publics ainsi qu'aux agents en fonction dans une organisation internationale intergouvernementale. Les candidats doivent justifier de quatre années au moins de services publics effectifs dont deux années au moins dans un des services des musées, bibliothèques, archives ou documentation.

2.3.1.2.3. Troisième concours

Le troisième concours est ouvert aux candidats justifiant de l'exercice, pendant une durée de quatre ans au moins, d'une ou de plusieurs activités professionnelles, d'un ou de plusieurs mandats de membre d'une assemblée élue d'une collectivité territoriale ou d'une ou de plusieurs activités accomplies en qualité de responsable d'une association. Les activités professionnelles mentionnées ci-dessus doivent correspondre à la réalisation de tâches liées à la mise en œuvre d'activités de développement culturel ou du patrimoine.

2.3.1.2.4. Dispositions spéciales

Lorsque le nombre de candidats ayant subi avec succès les épreuves de l'un des trois concours mentionnés ci-dessus est inférieur au nombre de places offertes à ce concours, le jury peut modifier le nombre de places aux concours externe et interne dans la limite de 15 % ou d'une place au moins.

2.3.1.3. Structure de la carrière

2.3.1.3.1. Grades

Le cadre d'emplois d'agent territorial qualifié du patrimoine comprend trois grades :
- agent territorial qualifié du patrimoine de 2e classe (dix échelons) ;
- agent territorial qualifié du patrimoine de 1re classe (dix échelons) ;
- agent territorial qualifié du patrimoine hors classe (trois échelons).

2.3.1.3.2. Échelons

Grade et échelon	Ancienneté requise minimale / maximale
Agent territorial qualifié du patrimoine hors classe	
3e échelon	
2e échelon	3 ans / 4 ans
1er échelon	2 ans / 3 ans
Agent territorial qualifié du patrimoine de 1re classe	
10e échelon	
9e échelon	3 ans / 4 ans
8e échelon	3 ans / 4 ans
7e échelon	2 ans / 3 ans
6e échelon	2 ans / 3 ans
5e échelon	2 ans / 3 ans
4e échelon	1 an 6 mois / 2 ans
3e échelon	1 an 6 mois / 2 ans
2e échelon	1 an 6 mois / 2 ans
1er échelon	1 an / 1 an
Agent territorial qualifié du patrimoine de 2e classe	
10e échelon	
9e échelon	3 ans / 4 ans
8e échelon	3 ans / 4 ans
7e échelon	2 ans / 4 ans
6e échelon	2 ans / 3 ans
5e échelon	2 ans / 3 ans
4e échelon	2 ans / 3 ans
3e échelon	1 an 6 mois / 2 ans
2e échelon	1 an 6 mois / 2 ans
1er échelon	1 an / 1 an

2.3.1.3.3. Dispositions diverses

Dans la proportion d'un cinquième, peuvent être inscrits sur la liste d'aptitude les agents du patrimoine lorsqu'ils comptent au moins dix ans de services publics effectifs, y compris la période normale de stage, dans un ou plusieurs grades du cadre d'emplois des agents du patrimoine.

Peuvent être nommés agents territoriaux qualifiés du patrimoine de 1re classe au choix les agents territoriaux qualifiés du patrimoine de 2e classe ayant atteint le 4e échelon de leur grade.

Peuvent être nommés agents territoriaux qualifiés du patrimoine hors classe au choix les agents territoriaux qualifiés du patrimoine de 1re classe qui justifient de deux ans d'ancienneté dans le 8e échelon de leur grade.

Les agents qualifiés du patrimoine hors classe bénéficiaires de ces dispositions ne doivent pas constituer un effectif supérieur à 15 % de l'effectif total du cadre d'emplois dans la collectivité ou l'établissement. Toutefois, lorsque cet effectif est inférieur à sept agents et supérieur ou égal à trois agents, une nomination peut être prononcée.

Les fonctionnaires appartenant à un cadre d'emplois, un corps ou un emploi de catégorie C peuvent être détachés sous certaines conditions dans le cadre d'emplois au grade d'agent territorial qualifié du patrimoine de 2e classe, de 1re classe ou hors classe. Les fonctionnaires détachés dans le présent cadre d'emplois peuvent y être intégrés lorsqu'ils y ont été détachés depuis deux ans au moins.

2.3.2. Statut particulier du cadre d'emplois des agents territoriaux du patrimoine

[T. R. : Décret n° 91-854 du 2 septembre 1991 portant statut particulier du cadre d'emplois des agents territoriaux du patrimoine.]

2.3.2.1. Missions

« Les membres du cadre d'emplois des agents territoriaux du patrimoine peuvent occuper un emploi de magasinier de bibliothèques, de magasinier d'archives, de surveillant de musées et de monuments historiques, de surveillant des établissements d'enseignement culturel ou de surveillant de parcs et jardins. En qualité de magasiniers de bibliothèques, ils sont chargés de participer à la mise en place et au classement des collections et d'assurer leur équipement, leur entretien matériel ainsi que celui des rayonnages. Ils effectuent les tâches de manutention nécessaires à l'exécution du service et veillent à la sécurité des personnes. »

« Les membres du cadre d'emplois sont chargés de la surveillance des établissements où ils sont affectés. Ils veillent à la sécurité et à la protection des personnes, des biens meubles et immeubles et des locaux en utilisant tous les moyens techniques mis à leur disposition. Ils assurent la surveillance des collections et le classement des ouvrages, ainsi que les travaux administratifs courants. »

2.3.2.2. Recrutement

Selon la loi n° 94-1154 du 27 décembre 1994, art. 23, le recrutement dans le cadre d'emplois des agents territoriaux du patrimoine est désormais assuré directement par la collectivité concernée[1]. Aucun diplôme n'est exigé.

1. Notamment par le biais d'un PACTE.

2.3.2.3. Structure de la carrière

2.3.2.3.1. Grades

Le cadre d'emplois comprend un grade, celui d'agent territorial du patrimoine, comprenant dix échelons.

2.3.2.3.2. Échelons

Agent territorial du patrimoine	Ancienneté requise minimale / maximale
10e échelon	
9e échelon	3 ans / 4 ans
8e échelon	3 ans / 4 ans
7e échelon	3 ans / 4 ans
6e échelon	2 ans / 3 ans
5e échelon	2 ans / 3 ans
4e échelon	2 ans / 3 ans
3e échelon	1 an 6 mois / 2 ans
2e échelon	1 an 6 mois / 2 ans
1er échelon	1 an / 1 an

2.3.2.3.3. Dispositions diverses

Les fonctionnaires appartenant à un cadre d'emplois, un corps ou un emploi de catégorie C peuvent sous certains conditions être détachés dans le cadre d'emplois. Les fonctionnaires détachés dans le présent cadre d'emplois peuvent y être intégrés lorsqu'ils ont été détachés depuis deux ans au moins.

3. Fonction publique territoriale : les personnels des bibliothèques de la Ville de Paris

3.1. Généralités

Les agents qui travaillent dans les services communaux ou départementaux de la Ville de Paris[1] sont régis par des dispositions spécifiques au sein de la fonction publique territoriale, aussi bien en ce qui concerne le cadre général de leur activité que l'aspect individuel de leur carrière.

1. Depuis la loi du 31 décembre 1975, la Ville de Paris possède à la fois le statut de commune et de département. Elle est cependant dotée d'un exécutif unique : le maire de Paris est aussi président du conseil général, et c'est à ce double titre qu'il dirige l'administration parisienne. Il convient de noter par ailleurs que les termes de « Ville » et de « Commune » sont employés s'agissant de la définition des différents corps de personnel. Il n'a pas semblé utile d'harmoniser des intitulés qui figurent en tant que tels dans les textes constitutifs.

Les fonctionnaires parisiens sont organisés en corps, sur le modèle de la fonction publique d'État. Les statuts particuliers des différents corps, ainsi que leur rémunération, sont fixés par référence à ceux des emplois équivalents de la fonction publique de l'État, de la fonction publique territoriale ou hospitalière (corps dits « homologues »). Toute modification statutaire du corps de référence est répercutée sur le statut parisien après avis du Conseil supérieur des administrations parisiennes et délibération du Conseil de Paris. Lorsqu'il n'existe aucun corps comparable dans une autre fonction publique, le statut du corps parisien est « spécifique ». En vertu de ces dispositions, la Ville de Paris a la possibilité de pourvoir ses emplois vacants de deux manières : en organisant ses propres concours de recrutement ou en accueillant des fonctionnaires extérieurs en position de détachement.

La loi n° 84-53 du 26 janvier 1984 portant dispositions statutaires relatives à la fonction publique territoriale précise (article 118) que les fonctionnaires parisiens relèvent d'un statut particulier, fixé par décret en Conseil d'État : le décret n° 94-415 du 24 mai 1994 portant dispositions statutaires relatives aux personnels des administrations parisiennes.

Comme précisé dans le chapitre correspondant[1], les bibliothèques de la Ville de Paris dépendent de la Direction des affaires culturelles. Le bureau des bibliothèques, de la lecture publique et du multimédia assure la mise en œuvre de la politique municipale en matière de lecture publique et gère l'ensemble du réseau des bibliothèques-médiathèques. Les personnels de l'ensemble de la direction sont gérés par le bureau des ressources humaines, qui possède une unité de gestion des personnels de bibliothèques.

Ces personnels sont recrutés par des concours spécifiques, sauf pour les concours de bibliothécaires et de conservateurs où ils le sont par quotas réservés dans les concours organisés sous l'égide de l'Enssib pour le recrutement de bibliothécaires et de conservateurs de l'État. Ces deux derniers concours sont suivis de la même formation post-recrutement, à l'Enssib, que pour les fonctionnaires de l'État.

Au 31 décembre 2004, les effectifs des bibliothèques de la Ville de Paris s'élevaient à environ 1 300 agents (environ 1 200 équivalents temps plein). Jusqu'à cette date, la filière « bibliothèque » parisienne comprenait sept corps :

– deux de catégorie C : magasiniers spécialisés (corps homologue) et adjoints administratifs des bibliothèques (AAB, corps spécifique) ;

– deux de catégorie B : bibliothécaires adjoints (BA, corps spécifique) et bibliothécaires adjoints spécialisés (BAS, corps homologue) ;

– trois de catégorie A : bibliothécaires, conservateurs et conservateurs généraux (corps homologues).

La restructuration de la filière « bibliothèque » des personnels de la Ville de Paris, initiée en 2005, est actuellement en cours, avec un objectif triple : simplifi-

1. Voir le chapitre IV.

cation de la structure générale de l'administration de la ville, plus grande homologie avec les corps de l'État, amélioration du service rendu par une requalification du personnel.

Elle devrait aboutir :

– pour les catégories C, à la création du corps de magasiniers en chef et à l'extinction progressive de celui des AAB ;

– pour les catégories B, à l'extinction progressive du corps de BA et à leur intégration au corps des BAS, et à la création du corps d'assistants de bibliothèque (AB).

Des examens professionnels et des concours internes et externes sont organisés sur plusieurs années de façon à restructurer la pyramide.

Compte tenu du caractère transitoire que présente (pour certaines catégories) le statut des personnels des bibliothèques de la Ville de Paris, le présent ouvrage proposera, pour chaque corps concerné, une présentation de la situation actuelle et de la situation à venir (avec les réserves d'usage pour cette dernière).

Dans une large mesure, et comme indiqué plus haut, les statuts des personnels des bibliothèques de la Ville de Paris sont calqués sur ceux, équivalents, de la fonction publique de l'État, tant en termes de missions que de grades, échelons, etc. Par souci de concision, on s'y reportera en tant que de besoin. Ne seront soulignés ici que les différences et certains éléments qui, bien que communs, méritent néanmoins d'être rappelés.

3.2. Personnels de catégorie A

3.2.1. Personnel scientifique des bibliothèques

Le personnel scientifique est constitué de deux corps de catégorie A : les conservateurs et les conservateurs généraux des bibliothèques de la Ville de Paris.

[T. R. : Délibération D. 1634-1° modifiée en date du 19 octobre 1992 fixant le statut particulier des corps des conservateurs et des conservateurs généraux des bibliothèques de la Commune de Paris ; Délibération D. 1634-3° du 19 octobre 1992 fixant l'échelonnement indiciaire des conservateurs et des conservateurs généraux des bibliothèques de la Commune de Paris ; Délibération D. 136 du 13 février 1995 modifiant le statut particulier applicable au corps des conservateurs et conservateurs généraux des bibliothèques de la Commune de Paris.]

3.2.1.1. Statut particulier du corps des conservateurs généraux des bibliothèques de la Commune de Paris

Le corps des conservateurs généraux comprend un grade unique comportant quatre échelons. Ils sont choisis parmi les conservateurs en chef et parmi les conservateurs de 1re classe inscrits au tableau d'avancement au grade de conservateur en chef.

3.2.1.2. Statut particulier du corps des conservateurs des bibliothèques de la Commune de Paris

Comme précisé plus haut, les conservateurs sont recrutés par quotas réservés pour les concours de conservateurs organisés sous l'égide de l'Enssib pour le recrutement de conservateurs d'État.

Comme les stagiaires de l'État, les conservateurs stagiaires des bibliothèques de la Commune de Paris sont tenus de suivre une scolarité de dix-huit mois à l'Enssib ou, dans le cas d'une promotion interne identique à celle de l'État, d'y effectuer un cycle de perfectionnement de six mois.

Dans la limite d'un sixième des postes mis au concours, des conservateurs peuvent être recrutés parmi les bibliothécaires inscrits sur une liste d'aptitude.

3.2.2. Statut particulier du corps des bibliothécaires de la Commune de Paris

[T. R. : Délibération D.7-1° du 24 janvier 1994 modifiée fixant le statut particulier applicable au corps des bibliothécaires de la Commune de Paris.]

Comme précisé plus haut, les bibliothécaires de la Commune de Paris sont recrutés par quotas réservés sur les concours de bibliothécaires organisés sous l'égide de l'Enssib pour le recrutement de bibliothécaires de l'État. Ce concours est suivi de la même formation post-recrutement, à l'Enssib, que pour les fonctionnaires d'État (soit un an actuellement).

Lorsque cinq nominations ont été effectuées dans le corps des bibliothécaires au titre des concours, un bibliothécaire est nommé parmi les bibliothécaires adjoints de la Commune de Paris ou parmi les bibliothécaires adjoints spécialisés de la Commune de Paris inscrits sur une liste d'aptitude établie après avis de la commission administrative paritaire du corps des bibliothécaires. Les intéressés doivent être âgés de 40 ans au moins au 1er janvier de l'année de nomination, et justifier à cette date de neuf ans de services publics dont cinq ans au moins de services dans l'un des services techniques ou bibliothèques relevant de l'État ou des collectivités territoriales[1].

Le corps des bibliothécaires comporte un grade unique comprenant onze échelons.

1. Vu le faible nombre de recrutements, cette disposition est rarement appliquée. Dans ce cas, « le nombre de postes offerts chaque année [...] est calculé [...] en appliquant la proportion du sixième à 3,5 % de l'effectif budgétaire du corps considéré » (Délibération D7-1°, Chapitre 1er).

3.3. Personnels de catégorie B

3.3.1. Statut particulier du corps des bibliothécaires adjoints spécialisés de la Commune de Paris

[T. R. : Délibération D. 1828 en date des 19 et 20 décembre 1983 modifiée, fixant le statut particulier applicable au corps des bibliothécaires adjoints des bibliothèques municipales de la Commune de Paris ; Délibération D. 8-1° en date du 24 janvier 1984 fixant le statut particulier applicable au corps des bibliothécaires adjoints spécialisés de la Commune de Paris.]

Le recrutement se fait par le biais d'un concours interne et d'un concours externe.

Le concours externe est ouvert aux candidats âgés de 45 ans au plus titulaires d'un diplôme de l'enseignement supérieur des métiers du livre et de la documentation.

Le concours interne est ouvert aux fonctionnaires ayant effectué au moins quatre ans de service dans des services publics, dont au moins deux ans en bibliothèque.

Peuvent être nommés au choix dans le corps des bibliothécaires adjoints spécialisés, dans la proportion d'un sixième des postes attribués au concours, les agents âgés d'au moins 35 ans justifiant de sept années de services publics dont au moins cinq ans passés dans les bibliothèques.

3.3.1.1. Missions

« Les bibliothécaires adjoints spécialisés de la Commune de Paris sont chargés des tâches techniques exigeant une qualification professionnelle dans un domaine particulier. Ils peuvent notamment faire des recherches bibliographiques et documentaires, coordonner des travaux techniques courants et participer à la formation professionnelle dans leur domaine de compétence. Ils participent également à l'accueil du public. Ils exercent leurs fonctions dans les services techniques et les bibliothèques de la Commune de Paris. »

3.3.1.2. Structure de la carrière

Le corps des bibliothécaires adjoints spécialisés de la Commune de Paris comprend trois grades :
- bibliothécaire adjoint spécialisé hors classe (sept échelons) ;
- bibliothécaire adjoint spécialisé de 1re classe (six échelons) ;
- bibliothécaire adjoint spécialisé de 2e classe (douze échelons).

Peuvent être promus à la 1re classe, au choix, les bibliothécaires adjoints spécialisés de 2e classe ayant atteint le 9e échelon de leur grade et justifiant de cinq ans de services publics dans un corps, cadre d'emplois ou emploi de catégorie B.

Peuvent être promus hors classe, après concours ou examen professionnel, les bibliothécaires adjoints spécialisés de 1re classe et les bibliothécaires adjoints spécialisés comptant au moins un an d'ancienneté dans le 7e échelon de la 2e classe.

Peuvent être promus hors classe, au choix, les bibliothécaires adjoints spécialisés de 1re classe ayant atteint le 3e échelon de leur grade et les bibliothécaires adjoints spécialisés de 2e classe ayant atteint le 11e échelon de leur grade.

3.3.2. Statut particulier du corps des bibliothécaires adjoints de la Commune de Paris

L'extinction progressive du corps des bibliothécaires adjoints devrait aboutir à l'intégration des personnels au corps des bibliothécaires adjoints spécialisés. Dans la mesure où cette extinction ne sera pas effective avant quelques années, et ce corps n'ayant plus d'équivalent dans la fonction publique de l'État, nous en proposons une présentation succincte, en excluant, en toute logique, les conditions de leur recrutement[1].

[Délibération D. 1516 1° du 20 novembre 1995 fixant le statut particulier applicable au corps des bibliothécaires adjoints de la Commune de Paris.]

3.3.2.1. Missions

« Les bibliothécaires adjoints sont affectés aux bibliothèques municipales de la Commune de Paris. Ils sont chargés, sous les ordres des conservateurs, des travaux techniques courants. Ils secondent en particulier les conservateurs pour la distribution des livres et les suppléent, le cas échéant, dans la direction de la bibliothèque. Ils sont chargés, lorsqu'ils ont le grade de bibliothécaire adjoint de classe exceptionnelle, de la coordination des travaux techniques ou de la direction de ceux-ci quand l'importance du service ne justifie pas que ces fonctions soient confiées à un agent d'un corps plus élevé. »

3.3.2.2. Structure de la carrière

Le corps des bibliothécaires adjoints de la Commune de Paris comprend trois grades :

- bibliothécaire adjoint de classe normale (treize échelons) ;
- bibliothécaire adjoint de classe supérieure (huit échelons) ;
- bibliothécaire adjoint de classe exceptionnelle (sept échelons).

Peuvent être promus à la classe supérieure, au choix, les bibliothécaires adjoints ayant atteint le 7e échelon de la classe normale depuis au moins deux ans et qui justifient de cinq ans de services publics dans un corps, cadre d'emplois ou emploi de catégorie B.

1. Plus aucun concours ne sera en effet organisé pour le recrutement dans ce corps.

Peuvent être promus à la classe exceptionnelle, après concours ou examen professionnel, les bibliothécaires adjoints de classe normale ayant atteint au moins le 7e échelon ainsi que les bibliothécaires adjoints de classe supérieure, ou au choix les bibliothécaires adjoints de classe supérieure ayant atteint le 4e échelon de leur grade.

3.3.3. Statut particulier du corps des assistants des bibliothèques de la Commune de Paris

3.3.3.1. Missions

Comme précisé plus haut, il s'agit d'un corps nouvellement créé dont les missions sont définies par la délibération 2004 DRH 37-1° en date des 18 et 19 octobre 2004 : « Dans les bibliothèques, départements ou services auxquels ils sont affectés, les assistants des bibliothèques effectuent des tâches de caractère technique dans le domaine du traitement documentaire des collections ainsi que dans celui de leur gestion. Ils peuvent en outre être chargés de la gestion des magasins, des lieux accessibles au public et des matériels, notamment des matériels d'accès à l'information. Ils ont vocation à encadrer les personnels chargés du magasinage. Ils participent à l'accueil, à l'information ainsi qu'à la formation du public. Ils peuvent se voir confier des fonctions touchant à la sécurité des personnes, des locaux et des collections. »

[T. R. : Délibération 2004 DRH 37-1° en date des 18 et 19 octobre 2004 fixant le statut particulier applicable au corps des assistants des bibliothèques de la Commune de Paris.]

3.3.3.2. Structure de la carrière

Le corps des assistants des bibliothèques comprend trois grades :
- assistant des bibliothèques de classe exceptionnelle (sept échelons) ;
- assistant des bibliothèques de classe supérieure (huit échelons) ;
- assistant des bibliothèques de classe normale (treize échelons).

Le recrutement des assistants des bibliothèques se fait par voie de concours externe et interne.

Le concours externe est ouvert aux titulaires d'un baccalauréat ou d'un diplôme homologué au niveau IV ou d'une formation équivalente[1].

Le concours interne est ouvert aux fonctionnaires et aux agents publics des collectivités territoriales, de l'État et des établissements publics, etc., comptant au moins quatre ans de services publics.

Le recrutement peut se faire aussi au choix, dans la limite d'un cinquième des postes offerts aux concours, après inscription sur une liste d'aptitude, parmi les adjoints administratifs des bibliothèques de la Commune de Paris et parmi les

1. Les candidats peuvent venir d'un des États membres de la Communauté européenne.

membres des corps du personnel de magasinage spécialisé des bibliothèques justifiant d'au moins neuf années de services publics.

Peuvent être promus à la classe supérieure, au choix, les assistants des bibliothèques ayant atteint le 7e échelon de la classe normale depuis au moins deux ans et qui justifient de cinq ans de services publics dans un emploi de catégorie B de même niveau.

Peuvent être promus à la classe exceptionnelle : après concours ou examen professionnel, les assistants des bibliothèques de classe normale ayant atteint au moins le 7e échelon, ainsi que les assistants des bibliothèques de classe supérieure (pour les 2/3) ; au choix, les assistants des bibliothèques de classe supérieure ayant atteint le 4e échelon de leur grade (pour 1/3).

Peuvent être placés en position de détachement dans le corps des assistants des bibliothèques les fonctionnaires appartenant à un corps ou à un cadre d'emplois classé dans la catégorie B. Les fonctionnaires placés en position de détachement depuis deux ans au moins dans le corps peuvent y être intégrés (un an seulement dans certains cas).

Sera intégrée dans ce corps une partie des agents du corps des adjoints administratifs des bibliothèques (voir plus loin).

3.4. Personnels de catégorie C

3.4.1. Statut particulier du corps des adjoints administratifs des bibliothèques de la Ville de Paris

Ce corps de catégorie C est spécifique aux personnels des bibliothèques de la Ville de Paris[1].

[T. R. : Délibération D. 1647 du 28 novembre 1983 modifiée fixant le statut particulier des adjoints administratifs des bibliothèques de la Commune de Paris.]

Les adjoints administratifs des bibliothèques de la Ville de Paris (AAB) sont des « agents d'exécution placés sous l'autorité des conservateurs et des bibliothécaires adjoints, chargés notamment du classement, du maintien en état des catalogues et des documents, de leur communication au public ainsi que des travaux administratifs courants... ».

Le corps des AAB comprend trois grades :
– adjoint administratif des bibliothèques (onze échelons) ;
– adjoint administratif des bibliothèques principal de 2e classe (onze échelons) ;
– adjoint administratif des bibliothèques principal de 1re classe (trois échelons).

1. Il convient de noter un certain flou dans la dénomination de ce corps, alternativement nommé par référence à la « commune de Paris » et à la « Ville de Paris ».

Peuvent être promus adjoints administratifs des bibliothèques principaux de 2e classe les adjoints administratifs des bibliothèques ayant atteint au moins le 6e échelon de leur grade.

Peuvent être promus adjoints administratifs des bibliothèques principaux de 1re classe au choix les adjoints administratifs des bibliothèques principaux de 2e classe comptant au moins deux ans d'ancienneté dans le 9e échelon de leur grade.

Les fonctionnaires de l'État, les agents titulaires des collectivités territoriales et de leurs établissements publics, du département de la Ville de Paris appartenant aux catégories C et D peuvent être nommés, dans la limite de 10 % de l'effectif du corps, à l'emploi d'adjoint administratif des bibliothèques par voie de détachement, dès lors qu'ils occupent dans leur administration d'origine un emploi de même niveau hiérarchique et comportant des fonctions analogues.

À l'issue d'un délai de deux ans au moins de services effectifs, ils peuvent être intégrés dans le corps des adjoints administratifs des bibliothèques de la Commune de Paris.

Comme indiqué plus haut, le corps des adjoints administratifs des bibliothèques est voué à l'extinction progressive[1]. Une série de concours est prévue pour faire évoluer les AAB en assistants des bibliothèques, corps nouvellement créé[2]. Le premier concours a été organisé en 2006.

3.4.2. Statut particulier du personnel de magasinage spécialisé des bibliothèques de la Commune de Paris

Depuis la création du corps des magasiniers en chef, le personnel de magasinage spécialisé des bibliothèques de la Commune de Paris comprend deux corps :
- le corps des magasiniers en chef ;
- le corps des magasiniers spécialisés.

[T. R. : Délibération 2004 DRH 39-1° en date des 18 et 19 octobre 2004 fixant le statut particulier applicable au personnel de magasinage spécialisé des bibliothèques de la Commune de Paris.]

3.4.2.1. Statut particulier du corps des magasiniers en chef de la Commune de Paris

3.4.2.1.1. Missions

« Les magasiniers en chef assurent l'encadrement des magasiniers spécialisés placés sous leur autorité et participent à l'exécution de leurs tâches. »

Au titre de la constitution initiale du corps, et pendant une durée de trois ans à compter d'octobre 2004, les magasiniers spécialisés de 1re classe et les magasiniers spécialisés hors classe sont intégrés dans le corps des magasiniers en chef après inscription sur une liste d'aptitude.

1. Plus aucun concours ne sera organisé pour le recrutement dans ce corps.
2. Le délai prévu pour l'intégration complète est pour l'instant de quatre ans.

3.4.2.1.2. Recrutement

Les magasiniers en chef sont recrutés par voie de concours externe et par voie de concours interne, dans la proportion de 20 % pour le concours externe et 80 % pour le concours interne.

– Concours externe : il est ouvert aux candidats âgés de 45 ans au plus, titulaires du brevet des collèges.

– Concours interne : il est ouvert aux magasiniers spécialisés justifiant de quatre années de services effectifs dans le corps.

Dans la proportion d'un sixième des postes proposés aux concours, le recrutement se fait par nomination au choix parmi les magasiniers spécialisés hors classe ayant atteint le 8e échelon de leur grade et inscrits au tableau d'avancement.

Peuvent être promus au grade de magasinier en chef principal au choix, par voie d'inscription sur un tableau annuel d'avancement, les magasiniers en chef comptant au moins deux années d'ancienneté dans le 9e échelon de leur grade.

3.4.2.1.3. Structure de la carrière

Le corps des magasiniers en chef comporte deux grades :

- magasinier en chef ;
- magasinier en chef principal.

3.4.2.2. Statut particulier du corps des magasiniers spécialisés des bibliothèques de la Commune de Paris

3.4.2.2.1. Missions

« Les magasiniers spécialisés participent à la mise en place et au classement des collections et assurent leur équipement, leur entretien matériel ainsi que celui des rayonnages. Ils concourent à l'accueil du public et veillent à la sauvegarde et à la diffusion des documents ainsi qu'à la sécurité des personnes. Ils effectuent les tâches de manutention nécessaires à l'exécution du service. »

3.4.2.2.2. Recrutement

Les magasiniers spécialisés sont recrutés sans concours.

Peuvent être promus magasiniers spécialisés de 1re classe les magasiniers spécialisés de 2e classe qui, ayant atteint le 4e échelon de leur grade, justifient d'au moins trois ans de services effectifs dans ce grade et sont inscrits au tableau d'avancement.

Peuvent être promus magasiniers spécialisés hors classe les magasiniers spécialisés de 1re classe ayant atteint le 6e échelon de leur grade et inscrits au tableau d'avancement.

Des fonctionnaires de catégorie C peuvent être détachés dans le corps des magasiniers en chef ou dans le corps des magasiniers spécialisés, dans la limite de 20 % de l'effectif total de chacun de ces corps. Les fonctionnaires placés en position de détachement dans le corps des magasiniers en chef ou dans le corps des magasiniers spécialisés peuvent demander leur intégration dans le corps où ils sont détachés à l'issue d'un délai d'un an.

3.4.2.2.3. Structure de la carrière

Ce corps de catégorie C comporte trois grades :

- magasiniers spécialisés hors classe ;
- magasiniers spécialisés de 1re classe ;
- magasiniers spécialisés de 2e classe.

VII. Autres personnels exerçant en bibliothèque

Les bibliothèques emploient souvent des personnels qui ne relèvent pas des corps ou cadres d'emplois spécifiques aux fonctions documentaires, et qui exercent au sein de ces établissements des tâches d'encadrement, administratives et financières, spécialisées, etc., dont l'exécution n'est pas propre aux bibliothèques.

Ces corps ou cadres d'emplois sont ici brièvement évoqués, avec leurs principales caractéristiques, mais sans entrer dans le détail des modalités de recrutement, des missions et du déroulement de carrière qui a été fait pour les corps et cadres d'emplois spécifiques aux bibliothèques.

De même, certains corps de l'État ou de la fonction publique territoriale qui peuvent trouver place, mais de manière très restreinte, dans les bibliothèques, ne seront pas évoqués (techniciens d'art, conducteurs d'automobiles, agents de maîtrise, agents d'entretien, agents techniques, etc.).

Pour la clarté de la présentation, on a distingué, par catégories, les corps de la fonction publique de l'État qui peuvent exercer leurs fonctions dans différents ministères (administration centrale ou services déconcentrés) et, à part, les corps de l'administration scolaire et universitaire (ASU) et les corps des ingénieurs, personnels techniques et administratifs de recherche et de formation (ITARF). Les cadres d'emplois propres à la fonction publique territoriale ont, eux aussi, été distingués.

1. Fonction publique de l'État

1.1. Catégorie A

1.1.1. Corps communs

1.1.1.1. Administrateurs civils

Les administrateurs civils constituent un corps à vocation interministérielle relevant du Premier ministre. Ils exercent des fonctions d'encadrement, de direction, d'expertise ou de contrôle dans les administrations et les établissements publics administratifs de l'État. À ce titre, ils exercent, sous l'autorité des directeurs généraux et des directeurs d'administration centrale, des fonctions de conception, de mise en œuvre et d'évaluation des politiques publiques, en assurant notamment l'encadrement et la coordination des services.

Dans les services déconcentrés et les services à compétence nationale, ils assistent les préfets et les directeurs et assurent les fonctions d'encadrement de services ou d'unités les composant. Au sein des services déconcentrés du ministère de l'Éducation nationale, de l'Enseignement supérieur et de la Recherche, ils peuvent exercer également des fonctions de secrétaire général d'établissement public d'enseignement supérieur.

Le recrutement se fait parmi les anciens élèves de l'École normale d'administration, ou sur liste d'aptitude au tour extérieur. Leur carrière s'organise en deux grades : administrateur civil et administrateur civil hors classe.

1.1.1.2. Attachés d'administration centrale

Les attachés d'administration centrale participent sous l'autorité des administrateurs civils à la mise en œuvre des directives générales du gouvernement, et exercent leurs activités dans les directions et les services centraux des ministères. Les activités des attachés d'administration centrale ont le plus souvent une forte composante juridique.

Le corps des attachés d'administration centrale comprend deux grades : attaché, attaché principal de 1re ou de 2e classe.

1.1.1.3. Attachés d'administration

Il existe différentes catégories d'attaché d'administration, en fonction du concours. Quels que soient son statut et son lieu de travail, l'attaché a un rôle d'encadrement auprès des agents de catégorie B (secrétaires d'administration, rédacteurs) et de catégorie C (adjoints administratifs, agents d'administration).

Les corps d'attachés d'administration comprennent deux grades : attaché, attaché principal.

Il faut noter que le décret n° 2005-115 du 26 septembre 2005 devrait aboutir à terme à un rapprochement des différents corps d'attachés, vers une intégration dans un corps unique de l'ensemble des corps d'attachés.

1.1.1.4. Chargés d'études documentaires

Il existe en fait trois corps distincts de chargés d'études documentaires : le corps des chargés d'études documentaires du secrétariat général du gouvernement ; le corps des chargés d'études documentaires des ministères chargés de la Culture et de l'Éducation nationale, et le corps interministériel des chargés d'études documentaires, qui relève du ministère chargé de l'Équipement, et dont les membres peuvent être affectés dans tous les ministères, sauf ceux de l'Éducation nationale et de la Culture.

Les chargés d'études documentaires peuvent être affectés dans les départements ministériels, les services déconcentrés et les établissements publics en relevant.

Sauf précisions spécifiques, l'ensemble des dispositions présentées ci-dessous s'applique à chacun des trois corps concernés.

1.1.1.4.1. Missions

« Les chargés d'études documentaires assurent la recherche, l'acquisition, le classement, la conservation, l'analyse, l'exploitation et la diffusion de la documentation nécessaire aux missions des ministères dont ils relèvent [...] Ils peuvent être chargés de l'élaboration et de la réalisation de programmes de publication incluant la traduction de documents, la sélection ou la rédaction d'études... »

« En outre, les chargés d'études documentaires du ministère chargé de la Culture assurent, dans les secteurs des archives, des musées et du patrimoine, des missions de traitement des archives, d'inventaire et de recensement... »

1.1.1.4.2. Recrutement par concours

Le recrutement se fait soit par concours externe, soit par concours interne.

1.1.1.4.2.1. Concours externe

Le concours externe est ouvert aux candidats âgés de moins de 35 ans, titulaires de l'un des titres ou diplômes exigés pour se présenter au premier concours d'entrée à l'École nationale d'administration. Des dérogations sont possibles.

Le nombre de places offertes au concours externe ne peut être inférieur à 50 % du nombre total de places offertes aux deux concours.

Sauf pour le corps interministériel, le concours est également ouvert aux ressortissants des États membres de la Communauté européenne ou d'un autre État partie à l'accord sur l'Espace économique européen.

1.1.1.4.2.2. Concours interne

Le concours interne est ouvert aux fonctionnaires et agents de l'État, des collectivités territoriales et des établissements publics qui en dépendent, justifiant de quatre années d'ancienneté de services publics.

1.1.1.4.3. Structure de la carrière

1.1.1.4.3.1. Grades

Chaque corps de chargés d'études documentaires comprend deux grades :

– le grade de chargé d'études documentaires principal, qui comprend une 1re classe (3 échelons) et une 2e classe (six échelons) ;

– le grade de chargé d'études documentaires (douze échelons).

1.1.1.4.3.2. Échelons

Grade et échelon	Ancienneté requise minimale / moyenne
Chargé d'études documentaires de 1re classe	
3e échelon	
2e échelon	2 ans 3 mois / 3 ans
1er échelon	2 ans 3 mois / 3 ans
Chargé d'études documentaires de 2e classe	
6e échelon	
5e échelon	2 ans 3 mois / 3 ans
4e échelon	2 ans / 2 ans 6 mois
3e échelon	2 ans / 2 ans 6 mois
2e échelon	1 an 6 mois / 2 ans
1er échelon	1 an 6 mois / 2 ans
Chargé d'études documentaires	
12e échelon	
11e échelon	3 ans / 4 ans
10e échelon	2 ans 3 mois / 3 ans
9e échelon	2 ans 3 mois / 3 ans
8e échelon	2 ans 3 mois / 3 ans
7e échelon	2 ans 3 mois / 3 ans
6e échelon	2 ans / 2 ans 6 mois
5e échelon	1 an 6 mois / 2 ans
4e échelon	1 an 6 mois / 2 ans
3e échelon	1 an 6 mois / 2 ans
2e échelon	1 an / 1 an
1er échelon	1 an / 1 an

1.1.1.4.3.3. Dispositions diverses

Dans la limite d'un cinquième des postes pourvus au titre du concours, un chargé d'études documentaires est nommé, par inscription sur une liste d'aptitude et après avis de la CAP du corps, parmi les fonctionnaires civils de l'État appartenant à un corps classé dans la catégorie B ou de même niveau de chacune des administrations concernées. Les intéressés doivent être âgés de 40 ans au moins et justifier de neuf années de services publics dont au moins cinq dans une administration de l'État[1].

Peuvent être promus chargés d'études documentaires principaux de 1re classe au choix les chargés d'études documentaires principaux de 2e classe ayant accompli au mois deux ans de services effectifs au 6e échelon de leur corps.

1. Ces dispositions s'entendent corps par corps pour chacun des trois corps concernés.

Peuvent être promus au grade de chargé d'études documentaires principal de 2e classe, par voie d'examen professionnel, les chargés d'études documentaires ayant accompli au moins huit années de services effectifs dans un corps, un cadre d'emplois ou un emploi de catégorie A, et comptant au moins deux ans d'ancienneté au 6e échelon.

Peuvent également être nommés au choix chargés d'études documentaires principaux de 2e classe, dans la limite de un sixième des promotions par voie d'examen professionnel des chargés d'études documentaires, les chargés d'études documentaires comptant au moins un an d'ancienneté au 10e échelon de leur grade et justifiant de dix ans de services effectifs dans un corps, un cadre d'emplois ou un emploi de catégorie A.

Peuvent être placés en position de détachement dans un des corps de chargés d'études documentaires les fonctionnaires civils appartenant à un corps, à un cadre d'emplois ou à un emploi classé dans la catégorie A. Au bout de deux ans, les fonctionnaires en détachement peuvent demander leur intégration dans le corps.

1.1.1.5. Secrétaires de documentation

Par le décret n° 2005-1653 du 21 décembre 2005 portant suppression du corps des secrétaires de documentation de l'Éducation nationale, les fonctionnaires appartenant au corps des secrétaires de documentation ont été intégrés dans le corps des techniciens de recherche et de formation.

1.1.2. Corps propres à l'Éducation nationale

1.1.2.1. Secrétaires généraux d'administration scolaire et universitaire (SGASU)

Les secrétaires généraux d'administration scolaire et universitaire (SGASU) exercent leurs fonctions soit en rectorat, soit en inspection académique, soit en université. Ils peuvent avoir des responsabilités dans les domaines juridique, administratif et financier. Ils assurent également des fonctions d'encadrement, d'animation et de coordination des services dont ils ont la charge et mettent en œuvre les orientations nationales et académiques relevant de leurs attributions.

1.1.2.2. Conseillers d'administration scolaire et universitaire (CASU)

Les conseillers d'administration scolaire et universitaire (CASU) occupent des postes d'encadrement importants à tous les niveaux du système éducatif : rectorats, inspections académiques, universités, IUFM, établissements publics locaux d'enseignement, grands établissements, administration centrale, etc. Ils participent à l'élaboration et à la mise en œuvre de la politique éducative. Ils exercent des responsabilités de nature administrative, économique, financière et comptable.

Le corps des CASU comprend deux grades : normal et hors classe.

1.1.2.3. Attachés d'administration scolaire et universitaire (AASU)

Les attachés d'administration scolaire et universitaire (AASU) assurent un rôle de préparation et d'application des décisions administratives, et le plus souvent d'encadrement. Ils exercent leurs fonctions aussi bien dans les services administratifs du ministère de l'Éducation nationale que dans les établissements d'enseignement. Ils peuvent également être affectés dans les grands établissements, les œuvres universitaires, les services du ministère chargé de la Jeunesse et des Sports. En administration centrale, dans un rectorat, une inspection académique, une université, ils sont chargés de fonctions de gestion variées : personnels, moyens, scolarité, finances, contentieux, international.

Le corps des AASU comprend trois grades : AASU, AASU principal de 2e classe, AASU principal de 1re classe.

1.1.2.4. Ingénieurs d'études

Les ingénieurs d'études contribuent à l'élaboration, à la mise au point et au développement des techniques et méthodes mises en œuvre dans les établissements où ils exercent, ainsi qu'à l'organisation de leur application et à l'amélioration de leurs résultats. Ils peuvent exercer des fonctions d'administration et assurer des responsabilités d'encadrement, principalement à l'égard des personnels techniques. Les ingénieurs d'études exercent leurs activités dans les établissements d'enseignement supérieur, les grands établissements scientifiques et littéraires, les établissements sous tutelle (CNDP, CNED, INRP, etc.) et les IUFM.

Le corps des ingénieurs d'études comprend trois grades : 2e classe, 1re classe, hors classe.

1.1.2.5. Ingénieurs de recherche

Les ingénieurs de recherche participent à la mise en œuvre des activités de recherche, de formation, de gestion, de diffusion des connaissances et de valorisation de l'information scientifique et technique incombant aux établissements où ils exercent. Ils sont chargés des fonctions d'orientation, d'animation et de coordination dans les domaines techniques ou, le cas échéant, administratifs, et ils concourent à l'accomplissement des missions d'enseignement. À ce titre, ils peuvent être chargés de toute étude ou mission spéciale ou générale. Ils peuvent assumer des responsabilités d'encadrement, principalement à l'égard des personnels techniques. Ils exercent leur activité dans les établissements d'enseignement supérieur, les grands établissements scientifiques et littéraires, les établissements sous tutelle (CNDP, CNED, INRP, etc.) et les IUFM.

Le corps des ingénieurs de recherche comprend trois grades : 2e classe, 1re classe, hors classe.

1.1.2.6. Assistants ingénieurs

Les assistants ingénieurs sont chargés de veiller à la préparation et au contrôle de l'exécution d'opérations techniques ou spécialisées, réalisées dans les établissements où ils exercent. Ils peuvent se voir confier des missions d'administration. Ils peuvent participer à l'encadrement des personnels techniques ou administratifs des établissements où ils exercent : établissements d'enseignement supérieur, grands établissements scientifiques et littéraires, établissements sous tutelle (CNED, INRP, etc.) et les IUFM.

Le corps des assistants ingénieurs ne comprend qu'un grade unique.

1.1.2.7. Professeurs documentalistes

La création du Capes « Sciences et techniques documentaires » en 1989 a permis que les documentalistes exerçant leurs fonctions en CDI bénéficient du statut d'enseignant.

1.1.2.7.1. Missions

L'enseignant documentaliste exerce deux types de responsabilités, liées d'une part à la gestion effective du CDI, de l'autre à la formation des élèves en collaboration avec les autres enseignants.

La formation concerne l'utilisation des ressources documentaires, la maîtrise de l'information par la pratique de toutes les formes de lecture et la reconnaissance de tous les supports d'information, dans le but de développer les compétences informationnelles de l'élève.

La gestion concerne le CDI comme système d'information multimédia, espace de formation, de communication et d'information, laboratoire d'expérimentation de nouvelles technologies éducatives[1]. L'enseignant documentaliste organise l'espace et les ressources, et anime et gère le fonds documentaire.

1.1.2.7.2. Recrutement

Les concours de recrutement des professeurs documentalistes sont les mêmes, pour ce qui est de leurs modalités, que les concours de recrutement des professeurs certifiés ayant vocation à enseigner dans les collèges et dans les lycées.

Le concours de recrutement est donc un Capes (certificat d'aptitude au professorat de l'enseignement du second degré).

1.1.2.7.3. Structure de la carrière

1.1.2.7.3.1. Stage

La formation des professeurs documentalistes reçus au Capes inclut, comme pour tous les professeurs certifiés, un stage « en responsabilité » en établissement. Parallèlement, le stagiaire est affecté pour un an dans un IUFM pour y compléter sa formation. Le stage est validé par un examen de qualification professionnelle. La formation initiale des personnels reçus au Capes de documentation est assurée à l'institut universitaire de formation des maîtres (IUFM) de Lille.

1. Voir le chapitre IV pour une présentation des CDI.

1.1.2.7.3.2. Grades

Le corps des professeurs certifiés comporte deux grades (classes) :
- professeur certifié de classe normale (onze échelons) ;
- professeur certifié hors classe (sept échelons).

1.2. Catégorie B

1.2.1. Corps communs

1.2.1.1. Secrétaires administratifs d'administration centrale

Les secrétaires administratifs assurent des tâches administratives d'application. À ce titre, ils sont chargés notamment d'appliquer les textes de portée générale aux cas particuliers qui leur sont soumis. Ils peuvent exercer des tâches de rédaction, de comptabilité, de contrôle et d'analyse.

Le corps des secrétaires administratifs d'administration centrale comprend trois grades : secrétaire administratif de classe exceptionnelle, secrétaire administratif de classe supérieure, secrétaire administratif de classe normale.

1.2.2. Corps propres à l'Éducation nationale

1.2.2.1. Secrétaires d'administration scolaire et universitaire (SASU)

Les secrétaires d'administration scolaire et universitaire (SASU) assurent des tâches administratives d'application (de rédaction, de comptabilité, de contrôle et d'analyse) et peuvent se voir confier la coordination de plusieurs sections administratives et financières. Les SASU exercent leurs fonctions aussi bien dans les services administratifs du ministère de l'Éducation nationale que dans tous les établissements d'enseignement (collèges, lycées, établissements d'enseignement supérieur).

Le corps des SASU comprend trois grades : SASU de classe normale, SASU de classe supérieure, SASU de classe exceptionnelle.

1.2.2.2. Techniciens de recherche et de formation

Les techniciens de recherche et de formation contribuent à l'accomplissement des missions d'enseignement, ils peuvent participer à la mise au point et à l'adaptation de techniques ou méthodes nouvelles et se voir confier des missions d'administration. Ils exercent leurs activités dans les établissements d'enseignement supérieur, les grands établissements scientifiques et littéraires, les établissements sous tutelle (CNDP, CNED, INRP, etc.) et les IUFM.

Le corps des techniciens de recherche et de formation comprend trois grades : technicien de classe exceptionnelle, technicien de classe supérieure, technicien de classe normale.

1.3. Catégorie C

1.3.1. Corps communs

1.3.1.1. Adjoints administratifs

Les adjoints administratifs exercent des tâches administratives d'exécution comportant la connaissance et l'application de règlements administratifs. Ils peuvent se voir confier des fonctions de secrétariat ou de gestion dans un collège, un lycée ou un établissement d'enseignement supérieur, comme dans une structure administrative du ministère de l'Éducation nationale ou de l'Enseignement supérieur et de la Recherche.

Le corps des adjoints administratifs comprend trois grades : adjoint administratif, adjoint administratif principal de 2e classe, adjoint administratif principal de 1re classe.

1.3.1.2. Agents administratifs

Les agents administratifs sont chargés de tâches administratives d'exécution. Ils peuvent seconder ou suppléer les adjoints administratifs.

Le corps d'agents administratifs comprend un seul grade.

1.3.2. Corps propres à l'Éducation nationale

1.3.2.1. Agents des services techniques de recherche et de formation

Les agents des services techniques sont chargés de l'exécution des tâches de service intérieur. Ils exercent leur activité dans les établissements d'enseignement supérieur, les grands établissements scientifiques et littéraires, les établissements sous tutelle (CNDP, CNED, INRP, etc.) et les IUFM.

Le corps des agents des services techniques de recherche et de formation comprend deux grades : agent des services techniques de 1re classe, agent des services techniques de 2e classe.

1.3.2.2. Agents techniques de recherche et de formation

Les agents techniques de recherche et de formation sont chargés des tâches d'exécution dans les établissements où ils exercent. La formation appropriée leur est assurée au sein de leur service d'affectation. Ils peuvent exercer leur activité dans les établissements d'enseignement supérieur, les grands établissements scientifiques et littéraires, les établissements sous tutelle (CNED, INRP, CNDP, etc.) et les IUFM.

Les emplois types sont répartis en huit branches d'activité professionnelle. Le corps des agents techniques de recherche et de formation comporte deux grades : agent technique principal, agent technique.

1.3.2.3. Ouvriers professionnels

Les ouvriers professionnels sont chargés des travaux nécessaires au fonctionnement des services matériels des établissements d'enseignement du ministère de l'Éducation nationale (collèges et lycées), principalement dans les domaines de l'hébergement et de la maintenance mobilière et immobilière, ou dans la maintenance de premier niveau de matériel informatique ou audiovisuel.

Le corps des ouvriers professionnels comprend deux grades : ouvrier professionnel, ouvrier professionnel principal.

1.3.2.4. Maîtres ouvriers des établissements d'enseignement

Les maîtres ouvriers sont chargés de la conduite des travaux confiés à un groupe d'ouvriers d'entretien et d'accueil ou d'ouvriers professionnels.

Le corps des maîtres ouvriers comprend deux grades : maître ouvrier, maître ouvrier principal.

2. Fonction publique territoriale

2.1. Catégorie A

2.1.1. Administrateurs territoriaux

Les administrateurs territoriaux exercent leurs fonctions dans les collectivités locales importantes (villes et établissements publics de coopération intercommunale de plus de 40 000 habitants), départements, régions, etc., et sont les principaux collaborateurs des élus. Ils sont investis de responsabilités comme directeur général des services, directeur général adjoint supervisant un groupe de directions, directeur d'une direction (par exemple celle des affaires culturelles, de l'informatique), etc.

Le cadre d'emplois des administrateurs territoriaux comprend deux grades : administrateur et administrateur hors classe.

2.1.2. Attachés territoriaux

Sous l'autorité des directeurs de services, les attachés territoriaux participent à la conception, à l'élaboration et à la mise en œuvre des politiques décidées dans les domaines administratif, financier, économique, culturel, etc. Ils peuvent se voir confier des missions, des études spécifiques en matière de gestion des ressources humaines, des achats et des marchés publics, etc. Ils exercent des fonctions d'encadrement et peuvent assurer l'emploi de directeur général des services ou de secrétaire de commune (pour des niveaux de population définis, variables suivant le grade).

Le cadre d'emplois des attachés territoriaux comprend quatre grades : attaché, attaché principal de 2e classe, attaché principal de 1re classe, directeur territorial.

2.1.3. Ingénieurs territoriaux

Les ingénieurs territoriaux exercent entre autres leurs fonctions, selon leur spécialité, dans les domaines de l'ingénierie, de l'architecture, de l'urbanisme, de l'aménagement rural ou urbain, de l'environnement, de l'informatique ou tout autre domaine à caractère scientifique et technique. Ils peuvent notamment occuper l'emploi fonctionnel de directeur ou de directeur général des services techniques des villes ou des établissements publics de coopération intercommunale à partir de 20 000 habitants (variable suivant le grade).

Le cadre d'emplois des ingénieurs territoriaux comprend quatre grades : ingénieur, ingénieur principal, ingénieur en chef de classe normale, ingénieur en chef de classe exceptionnelle.

2.2. Catégorie B

2.2.1. Rédacteurs territoriaux

Les rédacteurs territoriaux sont chargés de l'instruction des affaires qui leur sont confiées, ils exercent leurs fonctions dans le secteur sanitaire et social ou dans l'administration générale. Dans cette spécialité, ils assurent des tâches de gestion administrative et financière, de suivi de la comptabilité et participent à la rédaction des actes juridiques. Ils peuvent, dans certains cas, assurer des fonctions d'encadrement des agents d'exécution et la direction d'un bureau.

Le cadre d'emplois des rédacteurs territoriaux comprend trois grades : rédacteur en chef, rédacteur principal, rédacteur.

2.2.2. Techniciens supérieurs territoriaux

Les techniciens supérieurs territoriaux sont chargés de participer à l'élaboration d'un projet de travaux, de diriger les travaux sur le terrain, de procéder aux enquêtes, contrôles et mesures techniques ou scientifiques. Ils exercent notamment leurs fonctions dans les domaines de la gestion technique, de l'ingénierie et des bâtiments, de l'infrastructure et des réseaux, de l'informatique, etc.

Le cadre d'emplois des techniciens supérieurs territoriaux comprend trois grades : technicien supérieur, technicien supérieur principal, technicien supérieur chef.

2.3. Catégorie C

2.3.1. Adjoints administratifs territoriaux

Les adjoints administratifs territoriaux sont chargés de tâches administratives d'exécution comportant la connaissance et l'application des règlements administratifs et comptables et assurent plus particulièrement les fonctions d'accueil, la correspondance administrative, les travaux de comptabilité. Ils peuvent être chargés de la constitution, de la mise à jour et de l'exploitation de la documentation ainsi que de travaux d'ordre. En outre, les adjoints administratifs territoriaux de 2e et de 1re classe peuvent être chargés du secrétariat de mairie dans une commune de moins de 2 000 habitants.

Le cadre d'emplois des adjoints administratifs territoriaux comprend trois grades : adjoint administratif, adjoint administratif principal de 2e classe, adjoint administratif principal de 1re classe.

2.3.2. Agents administratifs qualifiés territoriaux

Les agents administratifs qualifiés territoriaux sont des agents d'exécution pouvant seconder ou suppléer les adjoints administratifs. Ils peuvent notamment être chargés des travaux de bureautique ou des fonctions de standardiste.

Le cadre d'emplois des agents administratifs qualifiés territoriaux comprend un seul grade.

2.3.3. Agents d'entretien territoriaux

Les agents d'entretien sont chargés des travaux d'entretien de la voirie, des espaces verts et des espaces naturels, de tâches de nettoyage, de tâches techniques d'exécution ne nécessitant pas une expérience professionnelle particulière.

Le cadre d'emplois des agents d'entretien territoriaux comprend deux grades : agent d'entretien, agent d'entretien qualifié.

2.3.4. Agents techniques territoriaux

Les agents techniques sont chargés des tâches techniques, ils exercent leurs fonctions dans les domaines du bâtiment, des travaux publics et de la voirie, des espaces naturels et des espaces verts, de la communication et du spectacle, de l'artisanat d'art, etc.

Le cadre d'emplois des agents techniques territoriaux comprend quatre grades : agent technique, agent technique qualifié, agent technique principal, agent technique en chef.

VIII. Les finances publiques et leur application au budget des bibliothèques

1. Le régime financier

1.1. Le budget

1.1.1. Définitions

Un budget public est un document qui prévoit et autorise les recettes et les dépenses d'une collectivité publique pour une période déterminée[1]. C'est un acte prévisionnel et, en tant que tel, il est susceptible d'être modifié ou complété en cours d'exécution.

Deux notions sont essentielles à la compréhension des budgets publics :

– Crédit : c'est l'autorisation de dépenser en exécution d'une décision budgétaire. Son montant est limitatif, son objet précis et strictement contingenté et contrôlé. Les crédits sont inscrits dans un budget au titre des dépenses et, comme tels, détaillés plus loin.

– Subvention : somme allouée par une personne morale de droit public à un organisme public ou privé ne dépendant pas directement d'elle.

1.1.2. Principes fondamentaux

Le budget de l'État, des collectivités territoriales et des établissements publics administratifs est structuré autour de six principes fondamentaux :

• Principe d'annualité : le budget doit être voté chaque année civile[2], appelée « exercice budgétaire ». Ce principe d'annualité connaît cependant certains aménagements, destinés à compenser ses éventuels effets pervers (impossibilité de

1. Dans la mesure où les principes de base de mise en œuvre d'un budget public n'ont pas fondamentalement évolué, cette partie est largement reprise de la précédente édition de cet ouvrage.
2. À noter que d'autres pays qui reconnaissent le principe d'annualité du budget ne fonctionnent pas pour autant par années civiles : ainsi, aux États-Unis, les budgets sont voté du 1er octobre au 30 septembre de l'année suivante.

raisonner sur le moyen et sur le long terme, risque de surconsommation de crédits en fin d'exercice budgétaire, etc.). Ainsi, est ménagée la possibilité de voter des budgets modificatifs, par exemple, pour l'État, des lois de finances rectificatives appelées collectifs budgétaires. Un engagement pluriannuel de dépenses d'investissement par le biais d'autorisations de programme est également possible[1]. Jusque-là réservée aux dépenses d'investissement, cette possibilité s'étendra à toutes les dépenses de l'État dans le cadre des dispositions de la loi organique relative aux lois de finances, la LOLF, dont il sera largement question plus loin.

• Principe d'unité : toutes les dépenses et toutes les recettes sont rassemblées dans un document unique, communicable de droit au citoyen ou à ses représentants[2]. Pour l'État, ce document unique est la loi de finances. Des exceptions importantes sont permises : ainsi, pour les collectivités locales, la présentation de budgets annexes qui retracent l'activité d'un service précis.

• Principe d'universalité : ce principe recouvre deux notions distinctes, la non-compensation et la non-affectation. La non-compensation signifie que le montant brut de l'ensemble des dépenses et de l'ensemble des recettes doit être mentionné dans le document de présentation, en d'autres termes qu'on ne peut pas indiquer uniquement les « différentiels » éventuels existant entre les unes et les autres. La non-affectation signifie qu'une compensation entre dépenses et recettes est interdite, en d'autres termes qu'on ne peut pas affecter directement le montant d'une recette à une dépense spécifique.

• Principe de spécialité : ce principe impose d'indiquer précisément, et non de manière indistincte et globalisée, le montant et la nature des opérations prévues, ce qui implique une nomenclature budgétaire appropriée, distincte selon le type de budget concerné (État, collectivités territoriales, etc.). La mise en œuvre de la LOLF implique que, désormais, les crédits sont spécialisés par programmes et non par chapitres comme dans l'ancienne nomenclature. Cette transformation, profonde, implique que désormais c'est la destination des crédits qui est prise en compte et non comme auparavant la nature de la dépense.

• Principes d'équilibre et de sincérité : les dépenses ne doivent pas être délibérément sous-estimées, ni les recettes surévaluées[3]. Le principe d'équilibre, lui, est

---

1. Ainsi pour l'État dans le cadre des lois de programmation de certains ministères, celui de la Défense par exemple.

2. Comme le stipule l'article 14 de la Déclaration des droits de l'homme et du citoyen : « Tous les citoyens ont le droit de constater par eux-mêmes ou par leurs représentants la nécessité de la contribution publique, de la consentir librement, d'en suivre l'emploi, et d'en déterminer la quotité, l'assiette, le recouvrement et la durée. »

3. Ce principe qui semblerait aller de soi doit en fait être apprécié selon la nature prévisionnelle des budgets proposés. Ainsi, pour ce qui est du budget de l'État, la LOLF précise que la « sincérité [des lois de finances] s'apprécie compte tenu des informations disponibles et des prévisions qui peuvent raisonnablement en découler ».

appliqué différemment selon qu'il s'agit des collectivités locales (où il doit être strictement appliqué) ou de l'État.

1.2. Préparation, présentation et vote du budget

1.2.1. Principes généraux

Le budget est préparé par le pouvoir exécutif concerné (maire, ministre, etc.). Il s'appuie sur une évaluation des dépenses et des recettes, faite dans le courant de l'année qui précède celle du budget, et qui est généralement réalisée par les services administratifs et financiers de l'organisme concerné.

Les prévisions sont établies, entre autres, en fonction des recettes espérées, des dépenses de l'année précédente, des demandes des différents services, du contexte économique général.

Le budget, après avoir été préparé par les différents services qui sont parties prenantes, est présenté pour discussion et vote aux assemblées délibérantes concernées (Parlement, conseils municipal, général, régional, etc.).

Dans la mesure où le budget est un document public, sa présentation obéit à des règles spécifiques, de façon à ce que (en théorie tout au moins), il soit compréhensible par tous. Néanmoins, cette présentation varie selon le type d'organisme concerné, elle sera examinée plus bas, cas par cas.

1.2.2. Investissement et fonctionnement

Le budget se structure autour de deux parties, la section de fonctionnement d'une part et la section d'investissement d'autre part. Ces deux sections comprennent chacune deux parties, une pour les recettes et une pour les dépenses.

La section de fonctionnement correspond aux dépenses nécessaires au fonctionnement général (charges à caractère général, de personnel, de gestion courante, intérêts de la dette, provisions, etc.).

La section d'investissement concerne notamment : en dépenses, les constructions d'équipement ; en recettes, les emprunts, les dotations et les subventions.

1.2.3. Ordonnancement et paiement

Le principe fondamental est la séparation entre les fonctions liées à la décision de faire une dépense (ordonnancement) et le paiement de cette dépense (paiement).

1.2.3.1. L'ordonnateur

L'ordonnateur ne peut pas manipuler les fonds publics. Il commande, reçoit, utilise une fourniture ou un service. Ce sont par exemple les chefs de service dans les administrations. Ils donnent l'ordre de payer ou d'encaisser (voir plus loin) et, à ce titre, ils sont ordonnateurs de dépenses et/ou ordonnateurs de recettes. On distingue, de par leur position hiérarchique, les ordonnateurs principaux et les ordonnateurs secondaires, par délégation des premiers cités.

L'ordonnateur rend compte annuellement des opérations budgétaires qu'il a exécutées, en établissant à la clôture de l'exercice budgétaire le compte administratif du budget principal, mais aussi et éventuellement des budgets annexes. Le compte administratif permet de comparer les prévisions inscrites au budget et les réalisations effectives en dépenses et en recettes. Il est soumis par l'ordonnateur pour approbation, à l'assemblée concernée, selon le type d'organisme.

1.2.3.2. Le comptable

Le comptable public est chargé d'exécuter, après service fait, les dépenses et les recettes selon les indications de l'ordonnateur, mais il ne lui est pas subordonné. Le comptable manie les fonds, les mouvements de comptes et les disponibilités. Il est responsable du recouvrement des ordres de recettes remis par les ordonnateurs et assure le paiement des dépenses engagées par ce même ordonnateur.

Le comptable public contrôle la régularité des opérations. Il est nommé par le ministre des Finances, dont il relève la plupart du temps. On distingue :

– les trésoriers payeurs généraux (TPG) : ce sont les chefs des services extérieurs du Trésor dans chaque département ;
– les receveurs des finances ;
– les percepteurs-receveurs, percepteurs ou trésoriers principaux ;
– les agents comptables (dans les établissements publics).

Le comptable public est responsable personnellement, sur son propre argent, de ces opérations.

Le comptable public doit établir en fin d'exercice un compte de gestion par budget voté, qui retrace les opérations budgétaires en dépenses et en recettes, selon une présentation comparable à celle du compte administratif. Ce compte de gestion est soumis au vote de l'assemblée délibérante, dans le souci d'une stricte concordance du compte administratif et du compte de gestion. Ce premier examen est suivi d'un second contrôle, réalisé par le juge des comptes.

1.2.4. Régies d'avances et de recettes

Exception à la stricte séparation de l'ordonnateur et du payeur, les régies facilitent le paiement de menues dépenses, en permettant à des agents dits régisseurs, placés sous l'autorité des ordonnateurs et sous la responsabilité des comptables publics et comme eux responsables sur leur propre argent, de gérer des recettes et des dépenses correspondant à des dépenses de fonctionnement courant (paiement de photocopies, petite papeterie, droits divers, etc.).

La création d'une régie s'effectue par arrêté ou par délibération, pour un service déterminé, et pour des opérations bien précises.

La régie de recettes facilite l'encaissement des recettes et l'accès des usagers à un service de proximité. Le régisseur ne peut encaisser que les recettes qui sont énumérées dans l'acte constitutif de la régie.

La régie d'avances permet le paiement immédiat de la dépense publique, dès le service fait, pour des opérations simples et répétitives. Le régisseur d'avances ne peut payer que des dépenses qui sont énumérées dans l'acte constitutif de la régie.

Dans les bibliothèques, ce type de régie permet d'encaisser par exemple les amendes perçues auprès des usagers, ainsi que les recettes de services payants (photocopie, etc.).

1.3. Exécution du budget

1.3.1. Dépenses

L'exécution du budget concerne essentiellement, pour ce qui nous intéresse, l'exécution des dépenses. Celle-ci se décompose en quatre phases : engagement, liquidation, ordonnancement, paiement. La dernière est liée au paiement, les trois premières à l'ordonnancement des dépenses et, par conséquent, elles sont mises en œuvre par des personnes différentes. Les trois premières sont placées sous la responsabilité de l'ordonnateur, la quatrième sous celle du comptable.

1.3.1.1. Engagement

L'engagement est l'acte de passation de commande d'un bien à un fournisseur donné. C'est un acte écrit qui détaille l'objet de la dépense envisagée et le montant du règlement convenu. Il engage juridiquement l'ordonnateur, une fois l'objet fourni et facturé. Toute dépense doit faire l'objet d'un engagement préalable, signé par l'ordonnateur ou, éventuellement, un ordonnateur secondaire.

L'engagement est une décision prise par l'ordonnateur, qui décide d'effectuer une dépense. Il se traduit par l'affectation des crédits nécessaires au règlement de la dépense. D'une manière générale, tous les actes susceptibles de créer une charge financière pour la collectivité publique concernée constituent un engagement de dépenses. Pour procéder à un engagement, il faut identifier sur quelle « enveloppe » est prélevée la somme correspondante. L'engagement doit rester dans la limite des crédits disponibles.

L'engagement peut prendre des formes différentes : décret, arrêté, marché, bon de commande, emprunt, etc.

1.3.1.2. Liquidation

La liquidation de la dépense est l'opération qui autorise le paiement. Elle permet de vérifier la réalité de la dette et de fixer le montant de la dépense induite.

En comptabilité publique, la règle de base est celle du « service fait » : le paiement n'est effectué qu'une fois le bien livré ou le service rendu. L'ordonnateur constate que le service a été fait (livraison d'une commande, etc.). La liquidation détermine le montant exact au vu des titres établis par le créancier.

1.3.1.3. Ordonnancement

L'ordonnancement est le mandat de paiement par lequel l'ordonnateur donne l'ordre au comptable de payer la dépense. C'est un acte administratif, pour lequel on distingue l'ordonnateur principal (on parle alors d'« ordonnance de paiement ») ou l'ordonnateur secondaire (« mandat de paiement »).

1.3.1.4. Paiement

Après certaines vérifications concernant la régularité de la dépense, le comptable procède au paiement de celle-ci en signant le titre de paiement.

1.3.2. Recettes

La procédure concernant les recettes, qui comprend également plusieurs étapes, est pour autant plus simple : elle inclut l'émission d'un ordre de recette par l'ordonnateur (phase administrative) et le recouvrement par le comptable public (phase comptable), après vérification de l'autorisation par l'organisme concerné de percevoir la recette.

1.4. Contrôles de l'exécution du budget

L'exécution du budget est soumise à des contrôles de trois ordres : ordres administratif, juridictionnel et politique. On distingue les contrôles *a priori* et les contrôles *a posteriori*.

1.4.1. Contrôle administratif

Les contrôleurs financiers, recrutés parmi les fonctionnaires des finances, sont placés auprès des ministères ou des établissements publics importants pour contrôler *a priori* les dépenses des organismes considérés. Ils vérifient la régularité de l'engagement de l'ordonnancement de la dépense. Pour ce qui est des collectivités territoriales, ce rôle est assuré par les trésoriers payeurs généraux.

L'inspection générale des finances a aussi en charge le contrôle, en cours ou en fin d'exécution, de l'exécution des budgets publics.

1.4.2. Contrôle juridictionnel

Le contrôle juridictionnel est assuré par la Cour de discipline budgétaire (ordonnateurs) et la Cour des comptes et les cours régionales des comptes (comptables), dont le fonctionnement et les missions ont été développés par ailleurs[1].

1. Voir le chapitre II.

1.4.3. Contrôle politique

Le contrôle politique de l'exécution du budget est assuré par les assemblées délibérantes de l'organisme concerné (Parlement, conseil général ou régional, etc.).

2. Les différents types de budget

2.1. Le budget de l'État

Comme tous les budgets, celui de l'État comprend deux parties, l'une consacrée aux recettes, l'autre aux dépenses. Le budget est adopté par le Parlement sur proposition du gouvernement et se matérialise essentiellement dans un document appelé « loi de finances ».

2.1.1. La LOLF

Mise en application en 2006, la Loi organique relative aux lois de finances (LOLF) répartit désormais les crédits du budget général par missions, programmes et actions selon la finalité de la dépense. Cette présentation devrait permettre une meilleure transparence de la répartition des dépenses, notamment par le biais du regroupement de dépenses concernant un même objet, mais réparties entre plusieurs ministères.

Auparavant, les dépenses étaient présentées par ministère, par titre et par chapitre. À cette répartition la LOLF substitue les notions fondamentales de mission, de programme et d'action.

– La mission regroupe un ensemble de programmes concourant à une même politique publique, et qui peut par conséquent dépendre d'un ou de plusieurs ministères. Il existe 34 missions pour le budget général de l'État.

– Le programme constitue l'unité de répartition de base des crédits et dépend d'un seul ministère. Il est le support de la gestion par objectifs. Il y a 132 programmes pour le budget général. Au sein de chaque programme, les crédits sont ventilés entre 7 titres et 18 catégories selon la nature de la dépense.

– L'action est un élément d'un programme, qui n'a qu'un caractère indicatif et qui permet d'apporter des informations sur le contenu des programmes.

Si la LOLF introduit une modification en profondeur du mode de présentation des recettes et des dépenses, elle engendre aussi d'importants changements concernant le vote : ainsi, à la procédure actuelle dite du « vote des services votés », où 90 % des dépenses, reconduites automatiquement, ne faisaient pas l'objet d'un vote, se substitue celle « au premier euro », où le Parlement sera consulté sur l'ensemble des crédits de chaque mission, y compris celles qui sont reconduites automatiquement. Par ailleurs, à l'intérieur de l'examen de chaque mission, les parlementaires peuvent désormais proposer des redéploiements de crédits entre programmes.

2.1.2. La loi de finances

2.1.2.1. Définition

Les lois de finances sont définies par l'article 1 de la LOLF. Elles « déterminent, pour un exercice[1], la nature, le montant et l'affectation des ressources et des charges de l'État, ainsi que l'équilibre budgétaire et financier qui en résulte ».

En contradiction avec le principe d'unité, il existe en fait plusieurs types de lois de finances, qui font toutes l'objet d'un vote du Parlement.

– La loi de finances initiale (LFI) autorise notamment la perception des ressources de l'État et des impositions de toutes natures attribuées à des personnes morales autres que l'État.

– Les lois de finances rectificatives, ou « collectifs budgétaires », modifient en cours d'année les dispositions de la LFI.

– La loi de règlement arrête le montant définitif des recettes et des dépenses pour l'année écoulée, et permet donc de fixer précisément le déficit ou l'excédent budgétaire qui en découle.

Selon la Constitution, le Parlement ne peut pas proposer une diminution des ressources publiques. Mais il est obligatoirement consulté en cas de création ou de modification d'un impôt.

2.1.2.2. Étapes d'élaboration et d'adoption

Les lois de finances sont préparées dès le mois de décembre de l'année antérieure (soit avec plus d'un an d'avance). S'ensuivent un certain nombre d'échanges entre la direction du budget du ministère des Finances, le Premier ministre et les ministères concernés, jusqu'à la présentation du budget au Parlement dans le courant du mois de septembre précédant l'année d'exécution.

Le projet de budget est examiné par le Parlement entre octobre et décembre. Il doit être adopté dans des délais fixés : en première lecture, pas plus de 40 jours à l'Assemblée nationale et pas plus de 20 jours au Sénat. Au total, le Parlement ne doit pas dépasser un délai de 70 jours après le dépôt du projet. Dans le cas contraire, les dispositions du projet de loi de finances initiale (c'est-à-dire proposée par le gouvernement) peuvent être mises en œuvre par ordonnances, c'est-à-dire par l'exécutif seul[2]. En tout état de cause, la loi de finances doit être publiée au *Journal officiel* avant le 31 décembre de l'année précédant l'année d'exercice.

1. Soit, rappelons-le, une année civile.
2. Cela n'a encore jamais été le cas sous la Ve République.

2.1.3. L'exécution du budget

Le Premier ministre et les ministres sont ordonnateurs principaux du budget de l'État. Par délégation du ministre, sont ordonnateurs secondaires les autorités déconcentrées qui réalisent dans leur circonscription territoriale les opérations budgétaires par délégation du ministre : préfets, recteurs, chefs de services extérieurs.

La LOLF introduit des modifications fondamentales concernant l'exécution des budgets. Les ordonnateurs peuvent désormais librement affecter les crédits entre les différentes actions et les différents titres, mais aussi en leur sein, sous réserve de ne pas dépasser le plafond des dépenses de personnel : c'est la « fongibilité asymétrique », beaucoup plus souple que l'ancien système et sa présentation en chapitres.

2.1.4. Les contrôles

Comme précisé plus haut, il existe différentes instances de contrôle de la bonne exécution du budget de l'État.

– Le contrôle financier administratif interne est assuré d'une part par des « contrôleurs des dépenses engagées », installés dans chaque ministère, mais dépendant hiérarchiquement du ministre des Finances, et par des comptables publics du Trésor. Pour les administrations déconcentrées, ce sont les trésoriers payeurs généraux (TPG) qui se substituent aux contrôleurs des dépenses.

– Le contrôle financier administratif externe est exercé par les corps d'inspection dont le principal est l'Inspection générale des finances, corps à vocation interministérielle directement rattaché au ministre des Finances.

– La Cour des comptes, comme mentionné dans le chapitre II, assiste le Parlement et le gouvernement dans le contrôle de l'exécution des lois de finances, et dans le contrôle de l'application des lois de financement de la Sécurité sociale.

– La Cour de discipline budgétaire et financière sanctionne les actes des agents publics constituant des fautes lourdes ou des irrégularités dans la gestion des finances publiques.

L'application de la LOLF va très certainement modifier les modes de contrôle de la dépense publique, dans un sens qu'il est pour l'instant difficile de préciser.

2.2. Le budget des collectivités territoriales

2.2.1. Principes fondamentaux

Comme souligné plus haut, les principes applicables à l'ensemble des budgets publics sont applicables à ceux des collectivités territoriales : principe d'annualité, principe d'équilibre (entre dépenses et recettes, séparément pour les sections d'investissement et de fonctionnement), principe d'unité, principe d'universalité et principe de spécialité des dépenses.

La préparation du budget relève de la responsabilité de l'exécutif local : maire, président du conseil général ou régional, et est assurée par les services financiers de la collectivité concernée.

L'évaluation des recettes suppose la fourniture par l'État d'un certain nombre d'informations, tant sur le montant de ses dotations que sur la détermination des bases d'imposition, nécessaires pour la collecte d'une large part des recettes des collectivités. Ces informations figurant dans les lois de finances, le vote de celles-ci est indispensable pour que le budget des collectivités territoriales soit élaboré, puis voté : ceci explique le décalage qui existe entre les obligations de délai de l'État et celles des collectivités territoriales quant à l'établissement définitif de leur budget.

Les collectivités ayant à leur charge un certain nombre de dépenses obligatoires (variables selon le type de collectivité), celles-ci doivent être inscrites au budget : à défaut, le préfet peut saisir la chambre régionale des comptes, qui demande les rectifications nécessaires à la collectivité concernée. *A contrario*, il existe un certain nombre de dépenses « interdites », qui ne rentrent pas dans le champ de compétences de la collectivité concernée, et qui attirent la mise en œuvre de procédures comparables. Les mêmes règles s'appliquent quand les collectivités votent un budget en déséquilibre.

2.2.2. Instructions comptables

Chaque collectivité possède sa propre nomenclature comptable, classification numérique qui permet de coder et de regrouper les différentes dépenses et recettes possibles.

La nature de la dépense décrit le bien ou le service attendu (papeterie par exemple), tandis que la fonction concerne l'origine de la dépense (secteur culturel, section « social » par exemple).

La nomenclature varie selon le type de collectivité territoriale concernée :

– petites communes : nomenclature simple, par nature uniquement ;

– grandes communes : la nomenclature la plus courante est la nomenclature M 14, en trois versions différentes selon la taille des communes concernées. Elle s'applique aussi bien aux communes qu'à leurs services publics à caractère administratif, aux centres communaux et intercommunaux d'action sociale, aux caisses des écoles et aux établissements publics de coopération intercommunale ;

– départements : nomenclature M 52 ;

– régions : nomenclature M 71[1].

1. Mise en place à partir du 1er janvier 2005, cette nomenclature doit être généralisée au 1er janvier 2007.

2.2.3. Élaboration du budget

L'élaboration du budget d'une collectivité territoriale se fait selon plusieurs phases.

– Le budget primitif : préparé à partir du mois de mai de l'année précédente, ce document inclut les propositions budgétaires de l'ensemble des services de la collectivité concernée. Ce document est soumis au débat puis au vote des élus. Il doit être transmis dans les quinze jours qui suivent son approbation au représentant de l'État (préfet ou préfet de région selon le cas) au plus tard le 31 mars de l'année d'exécution.

– Le budget supplémentaire : c'est un acte d'ajustement et de report qui offre la possibilité de corriger en cours d'année les prévisions du budget primitif et d'intégrer les résultats de l'année précédente dégagés par le compte administratif – qui doit être approuvé avant le 30 juin de l'année suivant celle du budget concerné. De même structure que le budget primitif, le budget supplémentaire est généralement adopté vers le mois de juin.

– Les décisions modificatives : ces décisions suivent dans leur principe la même procédure administrative et politique que le budget primitif, mais ne peuvent pas concerner des reports, en modifiant seulement ponctuellement le budget initial. Le nombre de ces décisions modificatives est laissé au libre arbitre de chaque collectivité. Elles peuvent être votées tout au long de l'année concernée, et même une partie du mois de janvier de l'année suivante.

Le budget primitif est voté par l'assemblée délibérante de la collectivité concernée (conseil municipal, général ou régional selon le cas). La tenue d'un débat d'orientation budgétaire, dans les deux mois précédant le vote, est obligatoire sauf pour les communes de moins de 3 500 habitants.

Si le budget des collectivités territoriales doit être voté en principe avant le 1er janvier de l'année à laquelle le budget s'applique, un délai leur est laissé par la loi jusqu'au 31 mars de l'année concernée, délai qui peut être porté au 15 avril les années de renouvellement des assemblées locales.

Par entorse au principe d'unité du budget, un certain nombre de budgets annexes, distincts du budget principal proprement dit, mais votés par l'assemblée délibérante, doivent être établis pour certains services locaux spécialisés. Le but est d'établir le coût réel d'un service et de déterminer, par conséquent, le prix à payer par ses utilisateurs pour équilibrer au mieux les comptes.

2.2.4. Ordonnancement et paiement

Dans une collectivité territoriale :

– l'ordonnateur est toujours l'exécutif de la collectivité, c'est-à-dire le maire ou le président du conseil général ou régional ;

– le comptable est le comptable du Trésor public (percepteur), fonctionnaire dépendant directement du ministère des Finances et donc indépendant de la collectivité considérée.

L'ordonnateur peut déléguer son pouvoir à d'autres élus (les maires adjoints par exemple) et à certains fonctionnaires du cadre territorial (directeurs généraux et directeurs généraux d'administration seulement). Ceux-ci deviennent alors des ordonnateurs secondaires, disposant de la délégation de signature du maire ou du président du conseil général.

2.2.5. Imputation budgétaire

La répartition entre crédits d'investissement et crédits de fonctionnement est, dans certains cas, évidente. Pour autant, chaque collectivité peut définir une liste de produits qui sont considérés comme des biens d'investissement.

2.2.6. Clôture budgétaire

Conformément au principe d'annualité des budgets publics, les crédits sont perdus s'ils ne sont pas employés avant la fin de l'année civile considérée. En pratique, la clôture budgétaire a lieu bien avant la fin de l'année civile proprement dite.

3. Le régime financier des différents types de bibliothèques

Le régime financier des bibliothèques est largement conditionné par leur appartenance administrative, ce pourquoi on distinguera ci-dessous les services communs de la documentation et les bibliothèques universitaires d'une part, les bibliothèques des collectivités territoriales de l'autre.

Le budget des bibliothèques qui sont des établissements publics (BnF, BPI, BNUS) n'appelle pas de commentaires spécifiques autres que ceux qui ont été faits d'une part dans la présentation de ces établissements, d'autre part dans la présentation des règles financières spécifiques aux établissements publics.

3.1. Les marchés publics

3.1.1. Principes

Les marchés publics constituent, selon la définition du Code des marchés publics (CMP), « des contrats conclus à titre onéreux [...] par les personnes morales de droit public ».

Ils doivent respecter un certain nombre de principes : liberté d'accès à la commande publique (pas de censure préalable de certains fournisseurs), égalité de traitement des candidats, transparence des procédures.

Le respect des procédures exige, entre autres : une définition préalable des besoins (notamment par le biais de cahiers des charges), le respect des obligations de publicité et de mise en concurrence (par le biais d'appels d'offre) et le choix de l'offre « économiquement la plus avantageuse », notion qui peut bien évidemment prêter à discussion.

La commande publique est basée sur deux notions, la notion de fourniture homogène et la computation des seuils.

– Fourniture homogène : l'acheteur doit définir ses besoins selon les « caractéristiques propres » de « l'unité fonctionnelle » à acheter. Cela peut concerner les livres[1] et, dans des marchés séparés, les disques, les DVD, etc. La détermination des seuils (seuil minimal / seuil maximal) est liée au regroupement des besoins pour une même « famille » dans l'ensemble de la collectivité ou établissement concerné.

Ainsi, dans une mairie où commandent des livres non seulement la médiathèque mais aussi l'école de musique, les archives, etc., c'est l'ensemble de ces commandes qui, pour une même « unité fonctionnelle » (la commande de livres), fera l'objet d'un marché (chaque service concerné pouvant faire l'objet d'un ou de plusieurs lots). Le nouveau CMP n'oblige pas à s'appuyer, pour la passation d'un marché, sur une nomenclature spécifique, mais la « Nomenclature de fournitures et de prestations de services homogènes » reste d'un usage recommandé.

– Computation des seuils : c'est la détermination des montants à partir desquels s'appliquent différents types de marchés, dont les procédures sont d'évidence plus lourdes si les coûts induits sont plus élevés.

Chaque marché peut, tout comme précédemment, être découpé en un certain nombre de lots – mais ceux-ci ne permettent plus de « jouer » sur les montants et les seuils de procédure correspondants. Les lots peuvent être thématiques (livres pour adultes, livres de fiction, bandes dessinées) ou géographiques (selon les sites de la bibliothèque).

« La répartition en lots doit être clairement indiquée dans la publicité du marché (objet du lot, montant de dépenses prévu). Un fournisseur peut présenter une offre pour plusieurs lots (si cette possibilité n'a pas été expressément exclue [...] et plusieurs lots peuvent être attribués à un même fournisseur. »

3.1.2. Procédures applicables

Les procédures applicables varient suivant le montant des marchés concernés.

Les « marchés à bons de commande » ne constituent pas une catégorie spécifique de marché, mais une modalité de leur exécution, indispensable dans les procédures d'acquisition de documents en bibliothèque : par définition, les bibliothèques ne peuvent pas savoir, au moment où les marchés sont passés, quels documents vont être achetés, et les marchés s'exécutent par l'envoi successif de bons

1. Il faut distinguer les livres scolaires et les livres non scolaires.

de commande adressés par la personne publique au fournisseur retenu, au fur et à mesure de ses besoins.

3.1.2.1. Marchés sur appel d'offres

La procédure d'appel d'offres est obligatoire dès que le montant du marché est supérieur à 210 000 euros hors taxes (collectivités territoriales) et 135 000 euros hors taxes (services de l'État, jusqu'à fin 2007).

La publicité est obligatoire dans le *Bulletin officiel des annonces de marchés publics* et le *Journal officiel de l'Union européenne*. La procédure oblige à la réalisation de documents (dossier de consultation des entreprises) et d'actes successifs (publicités préalables, passage en commissions d'appels d'offres, notifications, avis d'attribution, etc.).

Cette procédure permet toutefois, pour des besoins occasionnels, de recourir à d'autres fournisseurs, à condition que le total de ces achats ne dépasse pas 10 000 euros hors taxes et 1 % de la valeur totale du marché.

3.1.2.2. Marchés à procédure adaptée (1er type)

Les marchés à procédure adaptée (MPA) sont obligatoires quand le montant du marché est compris entre 90 000 et 210 000 euros hors taxes (135 000 pour les services de l'État jusqu'à fin 2007).

La publicité est obligatoire mais, au choix, dans le *Bulletin officiel des annonces de marchés publics* ou dans un journal habilité à recevoir des annonces légales.

L'obligation de mise en concurrence subsiste, mais c'est la personne responsable du marché qui détermine les modalités pratiques de passation.

3.1.2.3. Marchés à procédure adaptée (2e type)

Les marchés à procédure adaptée sont aussi obligatoires quand le montant du marché est compris entre 4 000 et 90 000 euros hors taxes, mais selon des modalités simplifiées : la publicité est obligatoire, mais ses modalités sont libres.

La définition de critères d'attribution formalisés n'est pas obligatoire.

3.1.2.4. Marchés sans formalités préalables

Pour les marchés dont le montant est inférieur à 4 000 euros hors taxes, les commandes peuvent être passées sans publicité ni mise en concurrence préalable.

Cette procédure (ou plutôt cette absence de procédure) s'applique aussi dans le cas des documents qui ne peuvent être fournis que par un seul fournisseur.

3.1.3. La loi sur le droit de prêt

3.1.3.1. Principes

La loi sur le droit de prêt a suscité en France un vaste débat, qui a vu s'affronter les opinions contraires de l'ensemble des partenaires de la chaîne du livre et au-delà. La transposition dans le droit français du contenu de la directive européenne du 19 novembre 1992 relative au droit de location et de prêt a connu nombre de reculades et d'atermoiements qui ont obligé la Commission européenne à rappeler le gouvernement français à ses obligations, aboutissant à la promulgation de la loi n° 2003-517 du 18 juin 2003 « relative à la rémunération au titre du prêt en bibliothèque et renforçant la protection sociale des auteurs ».

La loi s'est fixé quatre objectifs majeurs :
– mettre en œuvre le droit des auteurs à une rémunération au titre du prêt de leurs œuvres en bibliothèque ;
– consolider l'action des bibliothèques en écartant le paiement du droit de prêt par l'usager et en supprimant la possibilité d'une interdiction des prêts par les auteurs, instituant une « licence légale » de prêt de tout ouvrage, pourvu qu'il soit édité ;
– améliorer la situation financière des auteurs et des libraires ;
– consolider le partenariat entre bibliothèques et librairies.

Il est bien entendu encore trop tôt pour dire si l'application pratique de la loi produira les bénéfices souhaités.

3.1.3.2. Principales dispositions

3.1.3.2.1. Financement

Le financement du droit de prêt est assuré par deux sources de financement distinctes :
– un paiement forfaitaire annuel par l'État, dont le montant est fixé à 1,5 euro par inscrit en bibliothèque publique de prêt, associative ou privée, à l'exception des bibliothèques scolaires ; à 1 euro par inscrit en bibliothèque de l'enseignement supérieur. Ce paiement forfaitaire est pris en charge par le ministère chargé de l'Éducation pour les usagers inscrits dans les bibliothèques universitaires et les bibliothèques des établissements relevant de l'enseignement supérieur et par le ministère chargé de la Culture pour les usagers inscrits dans les bibliothèques des collectivités territoriales et du « tiers réseau ». Les bibliothèques relevant de l'enseignement primaire et secondaire (écoles, collèges, lycées) ne rentrent pas en compte pour le calcul de la contribution forfaitaire ;
– un prélèvement de 6 % sur le prix public d'achat des ouvrages destinés aux bibliothèques de prêt. Ce prélèvement est versé par les fournisseurs (libraires et grossistes essentiellement) et non par les bibliothèques.

3.1.3.2.2. Rémunération

Les auteurs et leurs éditeurs percevront une rémunération calculée à partir des exemplaires de leurs œuvres achetés par les bibliothèques. Cette rémunération sera répartie à parité entre les auteurs et leurs éditeurs.

Une part des ressources dégagées servira à financer un régime de retraite complémentaire pour les auteurs (écrivains et traducteurs).

Les rabais pour les ventes de livres non scolaires aux collectivités (mairies, départements, universités, etc.) sont désormais plafonnés à hauteur de 9 % du prix de vente.

Comme pour le droit de reprographie[1], la loi instaure une gestion collective obligatoire du droit de prêt. Les auteurs et leurs ayants droit délèguent à une ou des société(s) de perception et de répartition la gestion de ces droits. La loi ne peut imposer le monopole d'une seule société mais prévoit les critères sur la base desquels le ministre chargé de la Culture délivre son agrément.

L'ensemble des sommes perçues par l'organisme de gestion du droit de prêt est réparti en deux parts : l'une est versée directement aux ayants droit, auteurs et éditeurs ; l'autre est versée à la caisse désignée pour gérer la retraite complémentaire des écrivains et des traducteurs.

La part des sommes collectées (au minimum 50 %) répartie entre les ayants droit est partagée à parité entre l'auteur et l'éditeur.

La part des sommes collectées affectée au financement d'un régime de retraite complémentaire pour les écrivains et traducteurs consiste en une prise en charge d'une fraction des cotisations dues par les écrivains et traducteurs affiliés (cette fraction est plafonnée à 50 % des cotisations dues). Son montant, fixé par décret, ne peut excéder 50 % du total des sommes collectées au titre du prêt en bibliothèque.

3.1.3.2.3. Dispositions diverses

Par arrêté du ministre de la Culture et de la Communication en date du 7 mars 2005, la Société française des intérêts des auteurs de l'écrit (SOFIA) a été choisie pour la gestion de la perception et de la répartition des droits pour la gestion du droit à rémunération au titre du droit de prêt en bibliothèque.

Un plan d'aide transitoire aux bibliothèques, mis en place et géré par le Centre national du livre, a pour objectif de faciliter la transition en matière de budgets d'acquisition des bibliothèques, pour éviter une chute brutale du volume d'acquisitions.

3.2. Autres paiements, autres droits

Les bibliothèques ont désormais à charge le paiement d'un grand nombre de droits qui ne sont pas sans incidences financières parfois importantes. C'est par exemple le cas des droits payés à la Sacem (Société des auteurs, compositeurs et éditeurs de musique) pour la diffusion dans l'enceinte de la bibliothèque de programmes musicaux, ou du droit de copie.

---

1. Voir plus loin.

3.2.1. Le droit de copie par reprographie

Le droit de copie par reprographie a été institué par la loi du 3 janvier 1995 qui instaure la gestion collective de la rémunération des auteurs au titre de la reproduction de leurs œuvres par reprographie, soit la reproduction sous forme de copie papier ou support assimilé par une technique photographique.

Ce droit concerne tous les types d'œuvres publiées : la fiction, les romans, les manuels scolaires, les partitions, les textes et les articles économiques, scientifiques, techniques, juridiques. Par définition cependant, le droit de copie ne concerne pas les œuvres tombées dans le domaine public, c'est-à-dire celles pour lesquelles la durée des droits patrimoniaux du droit d'auteur est échue, ou les données publiques.

Un arrêté du 23 juillet 1996 agrée le Centre français d'exploitation du droit de copie (CFC) en tant que société de perception et de répartition des droits en matière de reproduction par reprographie. Cet agrément a été renouvelé pour cinq ans en 2001[1]. Pour la musique imprimée, c'est la Société des éditeurs et auteurs de musique (SEAM) qui a été agréée.

Le Centre français du droit de copie a été créé en 1984 à l'initiative d'un certain nombre d'éditeurs pour lutter contre le « photocopillage ». Il regroupe des représentants de sociétés d'auteurs, d'éditeurs de livres et de presse. Le CFC établit des tarifs de redevance par page, variant selon les catégories d'œuvres et le tirage (quatorze tarifs différents).

Les droits versés aux auteurs le sont par le biais des éditeurs. Ils représentaient en 2005 plus de 20 millions d'euros : 41 % de ce montant proviennent du secteur de l'enseignement secondaire, 24 % de l'enseignement supérieur, 20 % des entreprises et des administrations et 12 % de la formation.

Ces sommes concernent près de 65 600 œuvres (57 600 livres et 8 000 titres de presse) publiées en France. 38 % des sommes réparties concernent les livres scolaires et parascolaires, 23 % la presse professionnelle, 16 % les livres universitaires et professionnels et 14 % la presse grand public.

3.2.2. Les droits applicables aux documents audiovisuels : cédéroms, DVD, etc.

Sans en avoir toujours conscience, les bibliothèques financent aussi d'autres types de droit, ainsi de la redevance sur les matériels de reprographie.

C'est aussi le cas pour la sonorisation générale des locaux accessibles au public, qui oblige au paiement d'une tarification annuelle versée à la Sacem[2], ou

1. Arrêté ministériel du 17 juillet 2001.

2. Cette rémunération inclut deux parts : l'une destinée aux auteurs, perçue par la Sacem et reversée par elle à ses ayants droit au titre du droit de représentation, art. L. 122-4 du CPI, et l'autre, correspondant à la licence légale pour la diffusion publique des phonogrammes, au titre des droits voisins des artistes interprètes et des producteurs de phonogrammes. Cette part perçue par la Sacem est reversée à la Société civile pour la perception de la rémunération équitable de la communication au public des phonogrammes du commerce (SPRE).

pour la mise à disposition au sein de la discothèque de casques d'écoute en libre accès (droits forfaitaires par casque ou au forfait quotidien à la Sacem). Les mêmes dispositions s'appliquent pour la diffusion dans les locaux de l'établissement d'œuvres audiovisuelles.

L'acquisition par les établissements de documents audiovisuels à fin de diffusion et de prêt suppose aussi le paiement au producteur de droits spécifiques. Dans la pratique et sauf exception, ces droits sont négociés par des organismes intermédiaires proposant des catalogues d'œuvres avec droits négociés[1].

D'autres types de droits, parfois inattendus, peuvent générer des paiements : ainsi de toutes les séances de projection programmées dans les établissements, mais aussi des attentes téléphoniques musicales.

3.3. Les services communs de la documentation, les bibliothèques universitaires

Services communs des universités n'ayant pas l'autonomie financière, les services communs de la documentation ou les bibliothèques universitaires ont un budget intégré à leur université de rattachement, comme d'autres services de cette même université : UFR, laboratoires, autres services communs, etc.

3.3.1. Le budget des universités

3.3.1.1. Principes

Le régime budgétaire des universités ne déroge pas aux règles applicables à tous les EPSCP.

Il reste basé sur les règles fondamentales de la comptabilité publique, à savoir la séparation des ordonnateurs et des comptables d'une part, la responsabilité pécuniaire et personnelle des comptables de l'autre.

L'ordonnateur principal est le président de l'université, et le comptable l'agent comptable de l'université.

Juridiquement, les universités disposent d'un budget unique voté par le conseil d'administration. Ce budget unique est composé de la somme des budgets propres intégrés, qui sont votés par les conseils de composante : c'est le cas des services communs de la documentation, mais aussi des instituts, écoles, UFR, etc.

3.3.1.2. Ordonnateur

Le président est l'ordonnateur principal des recettes et des dépenses.

---

1. Pour une présentation générale de l'application du droit d'auteur en bibliothèque, on se reportera à l'ouvrage dirigé par Yves Alix, *Le Droit d'auteur et les bibliothèques* même si, inévitablement, certaines dispositions qu'il évoque sont désormais obsolètes. Pour les droits plus spécifiquement appliqués aux documents audiovisuels, se reporter à *Cinéma en bibliothèque*. Voir Bibliographie pour ces deux ouvrages.

Il élabore le projet de budget de l'établissement, complété par son projet de budget de gestion et choisit l'agent comptable. Il peut nommer des agents comptables secondaires et peut désigner comme ordonnateurs secondaires du budget de l'établissement pour l'exécution de leur budget propre les responsables des composantes et des services communs.

Le président peut déléguer sa signature aux vice-présidents des trois conseils, au secrétaire général, aux directeurs d'UFR, d'instituts ou d'écoles. Cependant, en tant qu'ordonnateur principal des recettes et des dépenses, il a seul qualité pour requérir l'agent comptable de payer en recette (il émet les ordres de recettes et les notifie au comptable pour leur recouvrement) et en dépense (il engage et liquide les dépenses).

Le président anime la politique des achats et passe les marchés, conclut tous les accords, contrats et conventions, et peut créer des régies d'avances et de recettes. Les régisseurs sont nommés par le président après agrément de l'agent comptable.

3.3.1.3. Agent comptable

L'agent comptable est nommé sur proposition du président de l'université par arrêté conjoint du ministre de l'Éducation nationale et du ministre du Budget. Dans cette fonction, il n'est le subordonné d'aucun comptable supérieur et est directement justiciable de la Cour des comptes. Dans l'exercice de ses prérogatives de comptable public, il dispose d'une indépendance non seulement à l'égard du président de l'université mais encore à l'égard de l'autorité qui l'a nommé. Il a une responsabilité pécuniaire qui lui est propre.

En tant que comptable public, il est chargé du recouvrement des recettes, du paiement des dépenses, de la conservation des fonds et valeurs de l'établissement, du maniement des fonds et des mouvements de comptes, de la conservation des pièces justificatives et de la tenue de la comptabilité. Il prépare le compte financier.

En tant que chef du service de la comptabilité de l'université il exécute le budget de l'établissement. Il peut refuser de déférer à la réquisition de l'ordonnateur pour l'un des motifs suivants : l'indisponibilité des crédits, l'absence de justification du service fait, le caractère non libératoire du règlement, le manque de fonds disponibles.

L'agent comptable participe avec voix consultative au conseil d'administration et aux différentes instances de l'université.

L'agent comptable peut aussi être nommé par le président chef des services financiers de l'université. Dans ce cas, il participe à l'élaboration du budget et des documents financiers de l'université, son avis est requis par l'ordonnateur principal pour le placement des fonds disponibles de l'établissement, et il tient un inventaire permanent de tous les biens mobiliers et immobiliers de l'établissement.

La gestion de l'agent comptable est soumise au contrôle des comptables supérieurs du Trésor.

3.3.1.4. Le régime financier

Le budget et le régime financier des EPCSCP sont régis par le décret n° 94-39 du 14 janvier 1994 et l'arrêté du 19 mai 1994. Le budget de l'université intègre le budget de chaque unité, institut ou service commun. Il est établi pour une année civile et présenté par nature de recettes et dépenses. Il est complété par un budget de gestion qui représente les recettes et les dépenses par destination, et retrace les objectifs de gestion correspondant aux grands axes de développement de l'établissement.

3.3.1.4.1. Préparation du budget

L'ordonnateur principal élabore le projet de budget de l'établissement, complété par son projet de budget de gestion. Dans ce cadre, chaque composante ou service établit son projet de budget complété par son projet de budget de gestion.

La préparation du budget de l'établissement se fait en plusieurs phases qui se complètent.

Les composantes établissent leur projet de budget en fonction des prévisions d'activité conformément aux priorités politiques et financières de l'établissement.

Le conseil d'administration centralise les projets de budget de chaque composante et délibère sur leur contenu en fonction des priorités. Les prévisions, lorsqu'elles concernent la recherche, sont soumises pour avis au conseil scientifique. Le conseil d'administration arrête l'équilibre financier et les catégories de recettes et dépenses.

Le projet de budget de l'établissement est communiqué au recteur d'académie, chancelier des universités ou, pour les établissements qui lui sont directement rattachés, au ministre de l'Éducation nationale, quinze jours au moins avant sa présentation au conseil d'administration de l'établissement.

3.3.1.4.2. Vote et exécution du budget

Chaque conseil de composante ou de service adopte son budget. Le conseil d'administration vote le budget de l'établissement complété par le budget de gestion. Le budget doit être voté en équilibre réel. Un budget voté par le conseil d'administration non présenté en équilibre ou ne respectant pas l'affectation des moyens alloués par l'État peut être refusé par le recteur. À défaut de nouvelles présentations conformes à la loi, le budget est arrêté par le recteur ou par le ministre pour les établissements qui lui sont directement rattachés, après avis du ministre chargé du Budget.

Le budget voté devient exécutoire : l'ordonnateur peut engager l'ensemble des opérations de recettes et de dépenses prévues, et l'agent comptable est autorisé à l'exécuter.

En fin d'exercice budgétaire, l'agent comptable établit le compte financier de l'université qui doit être approuvé par le conseil d'administration avant l'expiration du sixième mois suivant la clôture de l'exercice, avant d'être communiqué au recteur.

3.3.1.4.3. Répartition du budget

Les recettes comprennent : des crédits attribués par l'État, des subventions de fonctionnement, d'enseignement et d'équipement, des ressources propres (droits d'inscription versés par les étudiants, legs, donations, rémunérations de services, contrats de recherche, fonds de concours, taxes d'apprentissage, subventions des collectivités territoriales).

L'université doit élaborer de manière parallèle deux budgets qui ont une finalité distincte et des caractéristiques spécifiques : le budget par nature d'une part, le budget de gestion de l'autre.

Présenté par nature de recette et de dépense, le budget par nature comporte des chapitres selon une nomenclature budgétaire en conformité avec le plan comptable particulier des établissements publics à caractère scientifique, culturel et professionnel.

Le budget de gestion représente les recettes et les dépenses par destination et retrace les objectifs de gestion correspondant aux grands axes de développement de l'établissement. C'est une présentation budgétaire par objectifs, où l'établissement détermine librement la nomenclature des destinations.

Ces deux budgets obéissent à un certain nombre de contraintes communes : calendrier et procédure, montant des recettes et des dépenses, équilibre.

Mais, là où le budget par nature ne permet pas une vision des efforts financiers de l'université par rapport aux actions menées, le budget par gestion permet de traduire en termes financiers la politique de l'établissement, ainsi que son suivi.

3.3.1.4.4. Nouvelle approche budgétaire et comptable

La nouvelle approche budgétaire et comptable (NABUCO) a été mise en place à la suite du décret du 14 janvier 1994 qui initie la refonte du cadre budgétaire et comptable des EPSCP. Son ambition était de mettre en œuvre une pratique budgétaire qui traduise la politique pédagogique et scientifique des universités dans le cadre organisationnel de leur choix.

Plus de dix ans plus tard, force est de constater que, sans être abandonné par l'Agence de mutualisation des universités et établissements de l'enseignement supérieur (AMUE) qui en assure la maintenance et le développement, NABUCO ne s'est pas imposé comme l'outil informatique indispensable et répandu dans l'ensemble des universités, qui ont souvent mis en œuvre en la matière leurs propres systèmes de gestion budgétaire, avec tous les risques d'hétérogénéité que cela peut comporter.

3.3.1.4.5. D'autres solutions de gestion budgétaire et comptable

L'AMUE diffuse, par ailleurs, un certain nombre de logiciels destinés à faciliter la gestion du personnel et la gestion financière et comptable des universités, et par conséquent des SCD. L'application la plus connue est JEFYCO. On compte aussi (liste non exhaustive) : GEPETO (emplois et personnels), PAPAYE (paie, ARTT), KIWI (missions), gestion de la scolarité (SCOLARIX), etc.

3.3.2. Le budget des services communs de la documentation et des bibliothèques universitaires

Comme indiqué plus haut, le service commun de la documentation possède un « budget propre intégré », ainsi qualifié parce que le budget est élaboré par le directeur du SCD, ordonnateur secondaire du budget de l'université pour la bibliothèque, qu'il se présente selon la même forme que le budget de l'université, et qu'il est voté par le conseil d'administration après avis du conseil de la documentation.

Pour autant, ce budget est intégré dans le budget unique de l'établissement, car il n'existe qu'une seule personne morale de droit public et qu'un seul ordonnateur principal, le président de l'université.

Les SICD nécessitent un suivi particulier sur le plan budgétaire et comptable, et font l'objet d'une comptabilité distincte de la comptabilité générale des différentes universités parties prenantes.

3.4. Les bibliothèques territoriales[1]

3.4.1. Principes généraux

À l'issue du vote du budget primitif, la bibliothèque dispose d'un crédit réparti conformément aux principes de la nomenclature budgétaire utilisée dans la collectivité considérée.

Le directeur n'est jamais, dans une bibliothèque de collectivité territoriale, ordonnateur secondaire des dépenses. Il a par contre la responsabilité de s'assurer, au sein de la bibliothèque, d'initier correctement la procédure d'engagement et de s'assurer du non-dépassement des budgets alloués, etc. De la même manière, c'est lui qui atteste de la livraison du bien commandé ou du service rendu, pour déclencher la liquidation de la dépense et, par conséquent, le paiement du fournisseur, même si l'ensemble de ces opérations est assuré en propre par le service financier de la collectivité considérée.

3.4.2. Nomenclatures budgétaires

Comme indiqué plus haut, le budget des collectivités territoriales (sauf pour les communes de moins de 3 500 habitants) est géré par le biais d'instructions comptables, dont les plus répandues sont la M 14 pour les communes et la M 52 pour les départements.

---

1. Comme beaucoup d'autres parties de cet ouvrage, ce chapitre doit beaucoup au livre de Claudine Belayche et Hugues Van Besien (voir Bibliographie).

3.4.3. La dotation générale de décentralisation

3.4.3.1. Généralités

Les lois de décentralisation de 1983 ont posé en principe le transfert aux collectivités concernées des moyens effectivement consacrés aux missions qui leur ont été transférées. Ces crédits, regroupés au sein de la dotation générale de décentralisation (DGD), font l'objet de mécanismes de réactualisation et de modes de répartition relativement complexes, mais en voie de simplification.

La DGD constitue une part importante du budget des collectivités territoriales, aux côtés du montant des taxes et autres recettes perçues directement par ces collectivités.

Le concours particulier de la dotation générale de décentralisation pour les bibliothèques municipales et départementales de prêt est dérogatoire au caractère global de la DGD, puisque ces crédits ne peuvent être utilisés que pour les bibliothèques (« crédits fléchés »).

Comme évoqué à propos de la Direction du livre et de la lecture, ces crédits sont octroyés par le ministère de l'Intérieur. Ils sont attribués sous forme de dotations et gérés par le préfet de région.

3.4.3.2. Ancien dispositif

Le décret n° 2006-1247 du 11 octobre 2006 a réformé les modalités d'attribution de ce concours particulier. Pour mémoire, on peut rappeler que l'ancien système de répartition inclut trois parts différentes :

- La première part est une aide au fonctionnement des bibliothèques municipales qui dépassent (selon leur taille) un certain seuil de dépenses pour leur bibliothèque, l'État prenant en charge le remboursement d'une partie de ces dépenses.
- La deuxième part représente l'aide apportée par l'État à l'investissement des bibliothèques municipales, les dossiers étant instruits par les DRAC.
- La troisième part, créée à titre provisoire par la loi du 13 juillet 1992, a permis d'aider la construction et l'équipement de douze bibliothèques municipales à vocation régionale (BMVR) à hauteur de 40 % du coût subventionnable des opérations. Le programme étant achevé, cette troisième part a été redéployée sur les 1re et 2e parts.

Toujours dans le cadre de la DGD, avait été mis en place un concours particulier concernant les dépenses d'investissement liées aux bibliothèques départementales[1].

1. Les crédits de fonctionnement des bibliothèques départementales de prêt sont quant à eux inclus dans la DGD, et donc indifférenciés.

3.4.3.3. Nouveau dispositif

La réforme du concours particulier, telle que présentée dans le décret du 11 octobre 2006, a essentiellement pour but de simplifier le dispositif, et de prendre en compte certaines évolutions en matière de lecture publique comme l'intercommunalité[1].

Les objectifs sont les suivants :
– extinction progressive de la 1re part du concours particulier (en quatre ans) par une diminution des versements aux communes éligibles de 25 % la première année, 50 % la deuxième, 75 % la troisième et du solde sur la quatrième ; transfert progressif des crédits ainsi récupérés sur une part dédiée à l'investissement ;
– suppression du concours particulier départemental en tant que tel et intégration des crédits correspondants dans la part dédiée à l'investissement ;
– concentration des aides à l'investissement dans une enveloppe globale, destinée tant aux bibliothèques municipales qu'aux bibliothèques départementalcs de prêt, au terme des quatre années de montée en charge. La partie la plus large de cette enveloppe serait déconcentrée pour des projets d'équipements courants.

Le concours particulier comportera donc, à terme, deux parts :
• La première part a pour objet de contribuer au financement des investissements consentis au profit des bibliothèques municipales et des bibliothèques départementales de prêt.
Elle est attribuée en fonction de critères qui prennent notamment en compte le ratio entre la surface construite et la population de la collectivité concernée (commune, établissement public de coopération intercommunale, département). Les crédits peuvent être attribués au titre de la construction ou de l'extension de l'établissement, pour la construction mais aussi pour l'achat de mobilier, pour l'informatisation, la numérisation de collections, etc.

• La deuxième part contribue au financement des investissements consentis au profit des bibliothèques municipales et des bibliothèques départementales de prêt, d'intérêt régional ou national, qui permettent le développement d'actions de coopération avec les différents organismes en charge du livre et de la lecture.
Elle est attribuée en fonction de critères qui prennent notamment en compte le ratio entre la surface construite et la population de la collectivité concernée (commune, établissement public de coopération intercommunale, département). Les crédits peuvent être attribués au titre de la construction ou de l'extension de l'établissement pour la construction mais aussi pour l'achat de mobilier ou pour l'informatisation.

---

1. Un grand merci à François Rouyer-Gayette de la Direction du livre et de la lecture pour ces précisions.

Le montant des crédits de cette deuxième part est calculé en appliquant au montant total du concours particulier un taux déterminé chaque année par arrêté conjoint du ministre de l'Intérieur et du ministre chargé de la Culture. Il est au plus égal à 15 % de l'ensemble de la dotation.

Comme indiqué plus haut, la première part de l'ancien dispositif continuera à être attribuée jusqu'à la fin de l'année 2008.

Bibliographie

Ouvrages

Bernard Paulme, *Les Concours des bibliothèques et de la documentation*, 9e éd. revue et corrigée, Ville de Paris, 2006.

Edward Arkwright, Jean-Luc Bouef, Cécile Courrèges [*et al.*], *Les Finances publiques et la réforme budgétaire*, La Documentation française, 2006 (Découverte de la vie publique). ISBN 2-11-005944-3.

Ministère de la Culture et de la Communication, Direction du livre et de la lecture, *Achats publics de livres : vade-mecum à l'usage des bibliothèques territoriales*, juin 2005, disponible sur le site : <http://www.culture.gouv.fr/culture/ sedocum/dll-cd.htm>.

Frédéric Duton, *La Lecture à l'hôpital : état stationnaire, critique ou convalescent ?*, Presses de l'Enssib, 2005. ISBN 2-910227-63-4.

Claudine Lieber, Dominique Chavigny, *Les Bibliothèques des établissements pénitentiaires*, ministère de la Culture et de la Communication, 2005.

Charte documentaire des acquisitions de la Bibliothèque nationale de France, Bibliothèque nationale de France, 2005, disponible sur le site : <http://www.bnf.fr>.

Bibliothèque publique d'information : projet d'établissement, Bibliothèque publique d'information, 2005, disponible sur le site : <http://www.bpi.fr>.

Bibliothèque publique d'information, Centre Pompidou, *Rapport d'activité 2004*, Bibliothèque publique d'information, 2005.

Claudine Belayche, Hugues Van Besien, *Les Bibliothèques de collectivités territoriales : guide de gestion administrative et financière*, Éditions du Cercle de la Librairie, 2004 (Bibliothèques). ISBN 2-7654-0891-2.

Cinéma en bibliothèque, sous la direction d'Yves Desrichard, Éd. du Cercle de la Librairie, 2004 (Bibliothèques). ISBN 2-7654-0892-0.

Laurent Coutron, Marion Gaillard, Philippe Tronquoy, *L'Union européenne et le projet de Constitution,* La Documentation française, 2004 (Découverte de la vie publique). ISBN 2-11-5724-6.

Sous-direction des bibliothèques et de la documentation, *Organismes documentaires placés sous la tutelle de la direction de l'enseignement supérieur,* Sous-direction des bibliothèques et de la documentation, 2004.

Luc Rouban, *La Fonction publique*, 2e éd., La Découverte, 2004 (Repères). ISBN 2-7071-4226-3.

Anne-Marie Bertrand, *Les Bibliothèques* (nouv. éd.), La Découverte, 2004 (Repères). ISBN 2-7071-4334-0.

Guide du fonctionnaire : édition 2004-2005, La Documentation française, 2004 (Droits et démarches). ISBN 2-11-005553-7.

Francis Pian, *Panorama des collectivités territoriales,* MB Édition, 2003.

Association des bibliothécaires français, *Le Métier de bibliothécaire*, Éditions du Cercle de la Librairie, 2003. ISBN 2-7654-0866-1.

Ministère de la Jeunesse, de l'Éducation nationale et de la Recherche, Direction des personnels administratifs, techniques et d'encadrement, Sous-direction de la formation des personnels, *Les Établissements d'enseignement supérieur : structure et fonctionnement : guide pratique*, Chasseneuil, DPATE D2, 2002.

Denis Pallier, *Les Bibliothèques*, 10e éd. mise à jour, PUF, 2002 (Que sais-je ?). ISBN 2-13-052932-1.

Anne-Marie Bertrand, *Les Bibliothèques municipales : enjeux culturels, sociaux, politiques*, Éditions du Cercle de la Librairie, 2002 (Bibliothèques). ISBN 2-7654-0837-8.

Laurence Jegouzo Vienot, *Fonctionnaires : le guide pratique,* éd. 2003, Issy-les-Moulineaux, Prat, 2002. ISBN 2-85890-655-6.

Le Droit d'auteur et les bibliothèques, sous la direction de Yves Alix, Éditions du Cercle de la Librairie, 2000 (Bibliothèques). ISBN 2-7654-0785-1.

Serge Salon, Jean-Charles Savignac, *Fonctions publiques et fonctionnaires : statuts, garanties, déontologie, responsabilités*, Armand Colin, 1997 (Concours Droit). ISBN 2-200-01754-5.

Les Bibliothèques dans l'université, sous la direction de Daniel Renoult, Éditions du Cercle de la Librairie, 1994 (Bibliothèques). ISBN 2-7654-0548-4.

Conseil supérieur des bibliothèques, *Rapport du président [André Miquel] pour l'année 1991*, Association du Conseil supérieur des bibliothèques, 1992.

Propositions pour une Grande Bibliothèque, Rapport au Premier ministre ; [réd. par] Patrice Cahart et Michel Melot, La Documentation française, 1989 (Collection des rapports officiels). ISBN 2-11-002226-4.

Retraite des fonctionnaires : guide pratique, Ministère des Affaires sociales, du Travail et de la Solidarité ; Ministère de la Fonction publique, de la Réforme de l'État et de l'Aménagement du territoire [s. d.].

Carole Tilbian, *School Libraries and School Librarians in Secondary Schools in France*, en ligne sur <http://savoirscdi.cndp.fr>.

Articles et contributions

Cuffini (Emmanuel), Payen (Emmanuèle), « Réaménagement : attention travaux ! », *Bulletin BPI*, avril-juin 2006, p. 3-4.

Danis (Sophie), Antonutti (Isabelle), « Carel, Consortium pour l'acquisition de ressources en ligne : Bilan d'étape », *Bulletin des bibliothèques de France*, 2006, t. 51, n° 1, p. 72.

Klee (Louis), « Couperin, Consortium universitaire de publications numériques », *Bulletin des bibliothèques de France*, 2006, t. 51, n° 1, p. 66-71.

Joly (Claude), « Les Cadist : réseau national de bibliothèques de référence et de recours », *Bulletin des bibliothèques de France*, 2006, t. 51, n° 1, p. 56-61.

Alix (Yves), « Marchés publics et acquisitions documentaires », *Bulletin des bibliothèques de France*, 2006, t. 51, n° 1, p. 24-31.

Pavlidès (Christophe), « Bibliothécaires et LMD : harmonisation européenne des diplômes ou exception française ? », *Bibliothèque(s),* n° 22, octobre 2005, p. 35-38.

« Les bibliothèques universitaires », dans *Rapport au président de la République suivi des réponses des administrations, collectivités, organismes et entreprises*, Cour des comptes, 2005, p. 399-422.

Baratault (Jean-Pierre), « L'ABCD de la BCD », *Bibliothèque(s),* n° 11-12, décembre 2003, p. 16-18.

Blanc-Montmayeur (Martine), « La Bibliothèque publique d'information : une bibliothèque revisitée », *Bulletin des bibliothèques de France*, 1999, t. 44, n° 6, p. 44-49.

Blanchard (Martine), « Quelles missions pour les bibliothèques départementales de prêt ? », *Bulletin des bibliothèques de France*, 1997, t. 42, n° 5, p. 8-15.

Caraco (Alain), « Dix ans après : l'évolution des bibliothèques départementales de prêt depuis la décentralisation », *Bulletin des bibliothèques de France*, 1997, t. 42, n° 5, p. 16-20.

Calenge (Bertrand), « Les bibliothèques centrales de prêt : naissance de la lecture publique rurale », dans *Histoire des bibliothèques françaises,* t. 4 : *Les bibliothèques au XXe siècle*, sous la direction de Martine Poulain, Promodis / Éditions du Cercle de la Librairie, 1992, p. 296-315.

Calenge (Bertrand), « Les bibliothèques centrales de prêt à la recherche d'une définition », dans *Histoire des bibliothèques françaises,* t. 4 : *Les bibliothèques au XXe siècle*, sous la direction de Martine Poulain, Promodis / Éditions du Cercle de la Librairie, 1992, p. 647-659.

Barnett (Graham Keith), « La léthargie des bibliothèques municipales », dans *Histoire des bibliothèques françaises,* t. 4 : *Les bibliothèques au XXe siècle*, sous la direction de Martine Poulain, Promodis / Éditions du Cercle de la Librairie, 1992, p. 52-81.

Bertrand (Anne-Marie), « Le développement des bibliothèques municipales », dans *Histoire des bibliothèques françaises,* t. 4 : *Les bibliothèques au* XXe *siècle*, sous la direction de Martine Poulain, Promodis / Éditions du Cercle de la Librairie, 1992, p. 628-645.

Richard (Hélène), « Des bibliothèques des districts aux bibliothèques municipales », dans *Histoire des bibliothèques françaises,* t. 3 : *Les bibliothèques de la Révolution et du* XIXe *siècle : 1789-1914*, sous la direction de Dominique Varry, Promodis / Éditions du Cercle de la Librairie, 1991, p. 43-59.

Marcetteau-Paul (Agnès), « Les bibliothèques municipales », dans *Histoire des bibliothèques françaises,* t. 3 : *Les bibliothèques de la Révolution et du* XIXe *siècle : 1789-1914,* sous la direction de Dominique Varry, Promodis / Éditions du Cercle de la Librairie, 1991, p. 438-453.

Liste des sigles utilisés

AAB / Adjoint administratif des bibliothèques de la Commune de Paris
AAD / Allocation d'adoption
ABES / Agence bibliographique de l'enseignement supérieur
ABF / Association des bibliothécaires français
AC / Assistant territorial de conservation du patrimoine et des bibliothèques
ADBDP / Association des directeurs de bibliothèques départementales de prêt
AFEAMA / Aide à la famille pour l'emploi d'une assistante maternelle agréée
AGED / Allocation de garde d'enfant à domicile
AMUE / Agence de mutualisation des universités et établissements de l'enseignement supérieur
APE / Allocation parentale d'éducation
AP-HP / Assistance publique-Hôpitaux de Paris
APJE / Allocation pour jeune enfant
AQC / Assistant territorial qualifié de conservation du patrimoine et des bibliothèques
ASSEDIC / Association pour l'emploi dans l'industrie et le commerce
ASSU / Attaché d'administration scolaire et universitaire
ASU / Administration scolaire et universitaire
BAA / Bibliothèque d'art et d'archéologie
BAG / Bibliothèque des arts graphiques
BALO / Bulletin des annonces légales obligatoires
BAVP / Bibliothèque administrative de la ville de Paris
BBF / Bulletin des bibliothèques de France
BCD / Bibliothèque centre documentaire
BDIC / Bibliothèque de documentation internationale contemporaine
BHVP / Bibliothèque historique de la ville de Paris
BILIPO / Bibliothèque des littératures policières
BIU / Bibliothèque interuniversitaire
BIULO / Bibliothèque des langues orientales
BIUM / Bibliothèque interuniversitaire de médecine
BIUP / Bibliothèque interuniversitaire de pharmacie
BIUSJ / Bibliothèque interuniversitaire scientifique Jussieu

BMAF / Base mensuelle de calcul des allocations familiales
BMC / Bibliothèque municipale classée
BMO / Bibliothèque-musée de l'Opéra
BMR / Bibliothèque municipale rétroconvertie
BMVR / Bibliothèque municipale à vocation régionale
BNF / Bibliothèque nationale de France
BNUS / Bibliothèque nationale et universitaire de Strasbourg
BOAMP / Bulletin officiel des annonces de marchés publics
BODACC / Bulletin officiel des annonces civiles et commerciales
BTS / Brevet de technicien supérieur
BULAC / Bibliothèque des langues et civilisations
CADA / Commission d'accès aux documents administratifs
CADIST / Centre d'acquisition et de diffusion de l'information scientifique et technique
CAE / Contrat d'accompagnement vers l'emploi
CAEN / Conseil académique de l'Éducation nationale
CAP / Commission administrative paritaire
CAPA / Commission administrative paritaire académique
CAPES / Certificat d'aptitude au professorat de l'enseignement du second degré
CAR / Comité de l'administration régionale
CARAN / Centre d'accueil et de recherche des Archives nationales
CARD / Comité américain pour les régions dévastées de France
CAREL / Consortium pour l'acquisition de ressources électroniques en ligne
CASU / Conseiller d'administration scolaire et universitaire
CAV / Contrat d'avenir
CCDL / Comité de coordination du dépôt légal
CCFr / Catalogue collectif de France
CCN-PS / Catalogue collectif national des publications en série
CD / Compact disc
CDDP / Centre départemental de documentation pédagogique
CDI / Centre de documentation et d'information
CDSH / Centre de documentation en sciences humaines
CDST / Centre de documentation scientifique et technique
CDU / Classification décimale universelle
CECA / Communauté européenne du charbon et de l'acier
CEDH / Cour européenne des droits de l'homme
CEREQ / Centre d'études et de recherches sur les qualifications
CERIMES / Centre de ressources et d'information sur les multimédias pour l'enseignement supérieur
CESR / Conseil économique et social régional
CEVU / Conseil des études et de la vie universitaire
CFA / Centre de formation d'apprentis
CFBM / Comité français de la bibliothèque moderne
CFC / Centre français d'exploitation du droit de copie
CGE / Conférence des grandes écoles

CHS / Comité d'hygiène et de sécurité
CHU / Centre hospitalier universitaire
CIEP / Centre international d'études pédagogiques
CINES / Centre informatique national de l'enseignement supérieur
CIP / Conseiller d'insertion et de probation
CIRA / Centre interministériel de renseignements administratifs
CJCE / Cour de justice des Communautés européennes
CLDP / Centre local de documentation pédagogique
CLEMI / Centre de liaison de l'enseignement et des médias d'information
CLOUS / Centre local des œuvres universitaires et scolaires
CMP / Code des marchés publics
CNAC-GP / Centre national d'art et de culture Georges-Pompidou
CNC / Centre national de la cinématographie
CNCP / Commission nationale de la certification professionnelle
CNE / Comité national d'évaluation
CNED / Centre national d'enseignement à distance
CNESER / Conseil national de l'enseignement supérieur et de la recherche
CNFPT / Centre national de la fonction publique territoriale
CNIL / Commission nationale de l'informatique et des libertés
CNL / Centre national du livre
CNOUS / Centre national des œuvres universitaires et scolaires
CNRACL / Caisse nationale de retraite des agents des collectivités locales
CNRS / Centre national de la recherche scientifique
CNU / Conseil national des universités
COUPERIN / Consortium pour les périodiques numériques
CPA / Cessation progressive d'activité
CPAM / Caisse primaire d'assurance maladie
CPE / Classe préparatoire aux grandes écoles
CPE / Commission paritaire d'établissement
CPER / Contrat de plan État-Région
CPU / Conférence des présidents d'université
CRDP / Centre régional de documentation pédagogique
CRDS / Contribution au remboursement de la dette sociale
CRFCB / Centre régional de formation aux carrières des bibliothèques, du livre et de la documentation
CROUS / Centre régional des œuvres universitaires et scolaires
CSE / Conseil supérieur de l'éducation
CSFPE / Conseil supérieur de la fonction publique de l'État
CSFPT / Conseil supérieur de la fonction publique territoriale
CSG / Contribution sociale généralisée
CTLES / Centre technique du livre de l'enseignement supérieur
CTP / Commission technique paritaire
CTPA / Comité technique paritaire académique
CTPM / Comité technique paritaire ministériel
DAEU / Diplôme d'accès aux études universitaires

DAFCO / Délégation académique à la formation continue
DBMIST / Direction des bibliothèques, des musées et de l'information scientifique et technique
DCB / Diplôme de conservateur de bibliothèque
DDSR / Direction des services et des réseaux
DEA / Diplôme d'études approfondies
DESS / Diplôme d'études supérieures spécialisées
DEUG / Diplôme d'études universitaires générales
DEUST / Diplôme d'études universitaires scientifiques et techniques
DGD / Dotation générale de décentralisation
DLL / Direction du livre et de la lecture
DPDU / Direction de la programmation et du développement universitaire
DRAC / Direction régionale des affaires culturelles
DUSA / Délégation aux usagers et aux simplifications administratives
DUT / Diplôme universitaire de technologie
DVD / Digital Versatil Disc / Digital Video Disc
ECTS / European Credit Transfer System
EMOC / Établissement public de maîtrise des ouvrages culturels
ENA / École nationale d'administration
ENS/ École normale supérieure
ENSB / École nationale supérieure de bibliothécaires
ENSSIB / École nationale supérieure des sciences de l'information et des bibliothèques
EPA / Établissement public à caractère administratif
EPA / Établissement public d'aménagement
EPCC / Établissement public de coopération culturelle
EPCI / Établissement public de coopération intercommunale
EPCSCP / Établissement public à caractère scientifique culturel et professionnel
EPIC / Établissement public à caractère industriel et commercial
EPLE / Établissement public local d'enseignement
EPST / Établissement public à caractère scientifique et technologique
ESGBU / Enquête statistique générale auprès des services documentaires de l'enseignement supérieur
FADBEN / Fédération des enseignants documentalistes de l'Éducation nationale
FAE / Formation d'adaptation à l'emploi
FAT / Formation avant titularisation
FFCB / Fédération française pour la coopération des bibliothèques, des métiers du livre et de la documentation
FILL / Fédération interrégionale du livre et de la lecture
FNABEH / Fédération nationale des associations de bibliothèques en établissements hospitaliers
FORMIST / Formation à l'information scientifique et technique
FPE / Fonction publique d'État
FPT / Fonction publique territoriale
FRAB / Fonds régional d'acquisition des bibliothèques
GIP / Groupement d'intérêt public

HCE / Haut Conseil de l'éducation
HLM / Habitation à loyer modéré
HTML / Hypertext Markup Language
IA-IPR / Inspecteur d'académie-inspecteur pédagogique régional
ICP / Institut catholique de Paris
IEN / Inspecteur de l'Éducation nationale
IEN-EG / Inspecteur de l'Éducation nationale-enseignement général
IEN-ET / Inspecteur de l'Éducation nationale-enseignement technique
IFB / Institut de formation des bibliothécaires
IFLA / International Federation of Library Associations
IFTS / Indemnités forfaitaires pour travaux supplémentaires
IGB / Inspection générale des bibliothèques
IGF / Inspection générale des finances
IHTS / Indemnités horaires pour travaux supplémentaires
IN2P3 / Institut national de physique nucléaire et de physique des particules
INALCO / Institut national des langues et civilisations orientales
INET / Institut national des études territoriales
INHA / Institut national d'histoire de l'art
INIST / Institut national de l'information scientifique et technique
INRP / Institut national de la recherche pédagogique
INSEE / Institut national de la statistique et des études économiques
INSERM / Institut national de la santé et de la recherche médicale
INSU / Institut national des sciences de l'univers
INTD / Institut national des techniques documentaires
IRCAM / Institut de recherche et de coordination acoustique / musique
IRCANTEC / Institution de retraite complémentaire des agents non titulaires de l'État et des collectivités publiques
ISBD / International Standard Bibliographic Description
ISD / International Science Database
ISSN / International Standard Serial Number
ITARF / Ingénieurs, techniciens, administratifs de recherche et formation
IUFM / Institut universitaire de formation des maîtres
IUP / Institut universitaire professionnalisé
IUT / Institut universitaire de technologie
JO / Journal officiel
LFI / Loi de finances initiale
LMD / Licence-master-doctorat
LOLF / Loi organique relative aux lois de finances
MENESR / Ministère de l'Éducation nationale, de l'Enseignement supérieur et de la Recherche
MGEN / Mutuelle générale de l'Éducation nationale
MMP / Médiathèque musicale de Paris
MPA / Marché à procédure adaptée
NABUCO / Nouvelle approche budgétaire et comptable
NBI / Nouvelle bonification indiciaire

OCLC / Online Computer Library Center
ONISEP / Office national d'information sur les enseignements et les professions
OPAC / Office public d'aménagement et de construction
PACTE / Parcours d'accès particulier pour l'accès aux carrières de la fonction publique
PAJE / Prestation d'accueil du jeune enfant
PDF / Portable Document Format
PEB / Prêt entre bibliothèques
PIB / Prêt interbibliothèques
PLU / Plan local d'urbanisme
PMI / Protection maternelle et infantile
PRE / Prime régionale à l'emploi
PRISME / Pôle de ressources et d'informations sur le monde de l'entreprise
RADIS / Réponses à distance
RAMEAU / Répertoire d'autorités matières encyclopédique, alphabétique et unifié
RCR / Répertoire des centres de ressources
RMI / Revenu minimum d'insertion
RNBCD / Répertoire national des bibliothèques et centres de documentation
RNCP / Répertoire national des certifications professionnelles
SACEM / Société des auteurs, compositeurs et éditeurs de musique
SAN / Syndicat d'agglomération nouvelle
SCD / Service commun de documentation
SCEREN / Services culture, éditions, ressources pour l'Éducation nationale
SCOT / Schéma de cohérence territoriale
SDAP / Service départemental de l'architecture et du patrimoine
SDBIS / Sous-direction des bibliothèques et de l'information scientifique
SDI / Service de documentation et d'information
SEAM / Société des éditeurs et auteurs de musique
SGASU / Secrétaire général d'administration scolaire et universitaire
SICD / Service interétablissements de coopération documentaire
SIDA / Syndrome immuno-déficitaire acquis
SINDBAD / Service d'information des bibliothécaires à distance
SIRENE / Système national d'identification des personnes physiques et morales
SIVOM / Syndicat intercommunal à vocation multiple
SIVU / Syndicat intercommunal à vocation unique
SMIC / Salaire minimum interprofessionnel de croissance
SNCF / Société nationale des chemins de fer français
SOFIA / Société française des intérêts des auteurs de l'écrit
SPIP / Service pénitentiaire d'insertion et de probation
STS / Section de technicien supérieur
SUDOC / Système universitaire de documentation
TEF / Thèses électroniques françaises
TER / Transport express régional
TPG / Trésorier payeur général
U3M / Université 3e millénaire
UFR / Unité de formation et de recherche

UNCBPT / Union nationale culture et bibliothèques pour tous
UNEDIC / Union nationale professionnelle pour l'emploi dans l'industrie et le commerce
UNIMARC / Universal Machine Readable Cataloging
URFIST / Unité régionale de formation à l'information scientifique et technique
VAE / Validation des acquis de l'expérience
XML / Extended Markup Language

Index

Les entrées de l'index ne figurent que sous leur forme développée ; pour la recherche par sigle ou par acronyme, il faut d'abord identifier la forme développée grâce à l'annexe précédente ; seuls sont indiqués les folios où l'entrée d'index est traitée de manière informative.

Table des matières

COLLECTION BIBLIOTHÈQUES

Sous la direction de Martine POULAIN

Accueillir, orienter, informer. L'organisation des services aux publics dans les bibliothèques, par Bertrand CALENGE

L'Action culturelle en bibliothèque, sous la direction de Viviane CABANNES et Martine POULAIN

Administration et bibliothèques (nouvelle éd. 2006), par Yves DESRICHARD

L'Art d'informatiser une bibliothèque. Guide pratique (2e édition mise à jour et augmentée), par Pierre-Yves DUCHEMIN

Arts en bibliothèques, sous la direction de Nicole PICOT

Bibliothécaire, quel métier ? sous la direction de Bertrand CALENGE

La Bibliothécaire-jeunesse : une intervenante culturelle – 60 animations pour les enfants de 18 mois à 11 ans, par Dominique ALAMICHEL

La Bibliothèque « hors les murs » (nouvelle édition), par Claudie TABET

La Bibliothèque nationale de France : collections, services, publics, sous la direction de Daniel RENOULT et Jacqueline MELET-SANSON

Les Bibliothèques dans la chaîne du livre, sous la direction de Emmanuèle PAYEN

Les Bibliothèques dans l'université, sous la direction de Daniel RENOULT

Les Bibliothèques en France, 1991-1997, sous la direction de Dominique AROT

Bibliothèques et documents numériques : concepts, composantes, techniques et enjeux (nouvelle édition 2005), par Alain JACQUESSON et Alexis RIVIER

Bibliothèques et évaluation, sous la direction d'Anne KUPIEC

Les Bibliothèques municipales, par Anne-Marie BERTRAND

Les Bibliothèques pour enfants entre 1945 et 1975. Modèles et modélisation d'une culture pour l'enfance, par Hélène WEIS

Les Bibliothèques publiques en Europe, sous la direction de Martine POULAIN

Le Catalogage : méthode et pratiques. I. Monographies et publications en série, par Marie-Renée CAZABON et Isabelle DUSSERT-CARBONE

Le Catalogage : méthode et pratiques. II. Les enregistrements sonores, la musique imprimée, les ressources électroniques, les documents cartographiques, les vidéogrammes, sous la direction de Marie-Renée CAZABON

Les Chercheurs et la Documentation numérique, sous la direction de Ghislaine CHARTRON

Choix de vedettes matières à l'intention des bibliothèques (nouvelle édition 2002), par Martine BLANC-MONTMAYEUR et Françoise DANSET

Cinéma en bibliothèque, sous la direction d'Yves DESRICHARD, avec la collaboration d'Yves ALIX et Marc VERNET

Concevoir, réaliser et organiser une bibliothèque, par Danielle TAESCH-WAHLEN

Conduire une politique documentaire, par Bertrand CALENGE

La Conservation, sous la direction de Jean-Paul ODDOS

Construire une bibliothèque universitaire. De la conception à la réalisation, sous la direction de Marie-Françoise BISBROUCK et Daniel RENOULT

Conte en bibliothèque, sous la direction d'Évelyne CEVIN

Court traité de signalétique à l'usage des bibliothèques publiques, par Michel PIQUET

Déménager une bibliothèque, par Élisabeth PROST et Nathalie ESNAULT

Désherber en bibliothèque. Manuel pratique de révision des collections, par Françoise GAUDET et Claudine LIEBER

Développer un fonds de référence en bibliothèque. Imprimés, cédéroms, sites Internet, sous la direction d'Annie BÉTHERY

Devenir bibliothécaire-formateur. Organiser, animer, évaluer, par Françoise HECQUARD et Marielle DE MIRIBEL

Le Droit d'auteur et les Bibliothèques, sous la direction de Yves ALIX

Drôles de bibliothèques (2e édition revue et augmentée), par Anne-Marie CHAINTREAU et Renée LEMAÎTRE

Économie et bibliothèques, sous la direction de Jean-Michel SALAÜN

Guide de la classification décimale de Dewey. Tables abrégées de la XXIIe édition intégrale en langue anglaise, par Annie BÉTHERY

Les Images dans les bibliothèques, par Claude COLLARD, Isabelle GIANNATTASIO et Michel MELOT

Jeux et enjeux du livre d'enfance et de jeunesse par Jean PERROT

Lectures, livres et bibliothèques pour enfants, sous la direction de Claude-Anne PARMEGIANI

Lire des livres en France des années 1930 à 2000, par Nicole ROBINE

Lire en France aujourd'hui, sous la direction de Martine POULAIN

Littérature contemporaine en bibliothèque, sous la direction de Martine POULAIN

Management des bibliothèques. Programmer, organiser, conduire et évaluer la politique documentaire et les services des bibliothèques de service public, par Thierry GIAPPICONI et Pierre CARBONE

Le Management du personnel en bibliothèque, par Jöelle MULLER et Jean-Louis MULLER

Manuel théorique et pratique d'évaluation des bibliothèques et centres documentaires, par Thierry GIAPPICONI

Manuel de bibliographie générale (nouvelle édition 2005), par Marie-Hélène PRÉVOTEAU et Jean-Claude UTARD

Musique en bibliothèque, sous la direction de Yves ALIX et Gilles PIERRET

Nouvelles Alexandries. Les grands chantiers de bibliothèques dans le monde, sous la direction de Michel MELOT

Offrir Internet en bibliothèque publique, PAR Gaëlle ENJALBERT

Ouvrages et volumes. Architecture et bibliothèques, par Anne-Marie BERTRAND et Anne KUPIEC

Le Patrimoine. Histoire, pratiques et perspectives, sous la direction de Jean-Paul ODDOS

Les Petites Bibliothèques publiques (nouvelle édition 2006), par Bertrand CALENGE

Les Politiques d'acquisition, par Bertrand CALENGE

Revues et magazines. Guide des périodiques à l'intention des bibliothèques publiques, sous la direction de Éric PELTIER

Science en bibliothèque, sous la direction de Francis AGOSTINI

Stratégie marketing des services d'information : Bibliothèques et centres de documentation, par Florence MUET et Jean-Michel SALAÜN

Unimarc, Manuel de catalogage, par Marie-Renée CAZABON

Le Voyage-lecture. Bibliothèques et écoles associées, par Véronique-Marie LOMBARD

Les Villes et leurs bibliothèques : légitimer et décider 1945-1985, par Anne-Marie BERTRAND

Votre bâtiment de A à Z : mémento à l'usage des bibliothécaires, par Anne-Marie CHAINTREAU et Jacqueline GASCUEL

Sous la direction de Jacqueline GASCUEL,
Conservateur en Chef honoraire

Censure et bibliothèques au XXe siècle, par Marie KUHLMANN, Nelly KUNTZMANN et Hélène BELLOUR

L'Édition électronique. Publication assistée par ordinateur. Information en ligne. Médias optiques, par Hervé Le CROSNIER

Les Logithèques, par Joëlle MULLER

Les Petits Français illustrés, 1860-1940, par Claude-Anne PARMEGIANI

Un espace pour le livre : guide à l'intention de tous ceux qui construisent, aménagent ou rénovent une bibliothèque (2e édition entièrement refondue), par Jacqueline GASCUEL

Photocomposition : I.N.D. (Dole - Brevans)

Achevé d'imprimer par Legoprint-Lavis (TN) Italie
Dépôt légal : Novembre 2006